长阿含经

后秦弘始年佛陀耶舍共竺佛念译

竹和松出版社

©2025 竹和松出版社（Zhu & Song Press）

出版：竹和松出版社（Zhu & Song Press）

Zhu & Song Press, LLC

责任编辑：朱晓红

责编信箱：editor@zhuandsongpress.com

zhuandsongpress@gmail.com

封面设计：竹和松传媒

出版社网址：www.zhuandsongpress.com

印刷地：美国

发行：全球

ISBN-13:978-1-950797-76-9

电子书 ISBN-13:978-1-950797-77-6

版权所有，侵权必究

内容简介

《长阿含经》是小乘佛教的核心经典,中国大乘佛教,往往是忽略此经的,但还是将之结集,编入大乘三藏经典。此经主要是,讲述禅定等实修的。相信对欲进行实修的人,会很有帮助。当然前面的佛经,也都讲了深度精进修行,只是此经中涉及的细节较多。

目录

佛说长阿含经 7
  佛说长阿含经卷第一 7
  佛说长阿含经卷第二 25
  佛说长阿含经卷第三 35
  佛说长阿含经卷第四 48
  佛说长阿含经卷第五 60
  佛说长阿含经卷第六 71
  佛说长阿含经卷第七 80
  佛说长阿含经卷第八 88
  佛说长阿含经卷第九 98
  佛说长阿含经卷第十 109
  佛说长阿含经卷第十一 122
  佛说长阿含经卷第十二 133
  佛说长阿含经卷第十三 147
  佛说长阿含经卷第十四 159
  佛说长阿含经卷第十五 168
  佛说长阿含经卷第十六 180
  佛说长阿含经卷第十七 191

佛说长阿含经卷第十八..................204

佛说长阿含经卷第十九..................216

佛说长阿含经卷第二十..................228

佛说长阿含经卷第二十一.................241

佛说长阿含经卷第二十二.................252

佛说长阿含经

后秦弘始年佛陀耶舍共竺佛念译

佛说长阿含经卷第一

（一）第一分初大本经第一

如是我闻。

一时。佛在舍卫国祇树花林窟。与大比丘众千二百五十人俱。

时。诸比丘于乞食后集花林堂。各共议言。诸贤比丘。唯无上尊为最奇特。神通远达。威力弘大。乃知过去无数诸佛。入于涅槃。断诸结使。消灭戏论。又知彼佛劫数多少。名号．姓字。所生种族。其所饮食。寿命修短。所更苦乐。又知彼佛有如是戒。有如是法。有如是慧。有如是解。有如是住。云何。诸贤。如来为善别法性。知如是事。为诸天来语。乃知此事。

尔时。世尊在闲静处。天耳清净。闻诸比丘作如是议。即从座起。诣花林堂。就座而坐。

尔时。世尊知而故问。谓。诸比丘。汝等集此。何所语议。时。诸比丘具以事答。

尔时。世尊告诸比丘。善哉。善哉。汝等以平等信。出家修道。诸所应行。凡有二业。一曰贤圣讲法。二曰贤圣默然。汝等所论。正应如是。如来神通。威力弘大。尽知过去无数劫事。以能善解法性故知。亦以诸天来语故知。佛时颂曰。

```
比丘集法堂    讲说贤圣论
如来处静室    天耳尽闻知
佛日光普照    分别法界义
亦知过去事    三佛般泥洹
名号姓种族    受生分亦知
随彼之处所    净眼皆记之
```

诸天大威力　　容貌甚端严
　　亦来启告我　　三佛般泥洹
　　记生名号姓　　哀鸾音尽知
　　无上天人尊　　记于过去佛

又告诸比丘。汝等欲闻如来识宿命智。知于过去诸佛因缘不。我当说之。

时。诸比丘白言。世尊。今正是时。愿乐欲闻。善哉。世尊。以时讲说。当奉行之。

佛告诸比丘。谛听。谛听。善思念之。吾当为汝分别解说。时。诸比丘受教而听。

佛告诸比丘。过去九十一劫。时世有佛名毗婆尸如来．至真。出现于世。复次。比丘。过去三十一劫。有佛名尸弃如来．至真。出现于世。复次。比丘。即彼三十一劫中。有佛名毗舍婆如来．至真。出现于世。复次。比丘。此贤劫中有佛名拘楼孙。又名拘那含。又名迦叶。我今亦于贤劫中成最正觉。佛时颂曰。

　　过九十一劫　　有毗婆尸佛
　　次三十一劫　　有佛名尸弃
　　即于彼劫中　　毗舍如来出
　　今此贤劫中　　无数那维岁
　　有四大仙人　　愍众生故出
　　拘楼孙那含　　迦叶释迦文

汝等当知。毗婆尸佛时。人寿八万岁。尸弃佛时。人寿七万岁。毗舍婆佛时。人寿六万岁。拘楼孙佛时。人寿四万岁。拘那含佛时。人寿三万岁。迦叶佛时。人寿二万岁。我今出世。人寿百岁。少出多减。佛时颂曰。

　　毗婆尸时人　　寿八万四千
　　尸弃佛时人　　寿命七万岁
　　毗舍婆时人　　寿命六万岁
　　拘楼孙时人　　寿命四万岁
　　拘那含时人　　寿命三万岁
　　迦叶佛时人　　寿命二万岁
　　如我今时人　　寿命不过百

毗婆尸佛。出刹利种。姓拘利若。尸弃佛．毗舍婆佛。种．姓亦尔。拘楼孙佛。出婆罗门种。姓迦叶。拘那含佛．迦叶佛。种．姓亦尔。我今如来．至真。出刹利种。姓名曰瞿昙。佛时颂曰。

　　毗婆尸如来　　尸弃毗舍婆
　　此三等正觉　　出拘利若姓
　　自余三如来　　出于迦叶姓
　　我今无上尊　　导御诸众生

天人中第一　　勇猛姓瞿昙
　　前三等正觉　　出于刹利种
　　其后三如来　　出婆罗门种
　　我今无上尊　　勇猛出刹利

毗婆尸佛坐波波罗树下成最正觉。尸弃佛坐分陀利树下成最正觉。毗舍婆佛坐娑罗树下成最正觉。拘楼孙佛坐尸利沙树下成最正觉。拘那含佛坐乌暂婆罗门树下成最正觉。迦叶佛坐尼拘律树下成最正觉。我今如来．至真。坐钵多树下成最正觉。佛时颂曰。

　　毗婆尸如来　　往诣波罗树
　　即于彼处所　　得成最正觉
　　尸弃分陀树　　成道灭有原
　　毗舍婆如来　　坐娑罗树下
　　获解脱知见　　神足无所碍
　　拘楼孙如来　　坐尸利沙树
　　一切智清净　　无染无所著
　　拘那含无尼　　坐乌暂树下
　　即于彼处所　　灭诸贪忧恼
　　迦叶如来坐　　尼拘楼树下
　　即于彼处所　　除灭诸有本
　　我今释迦文　　坐于钵多树
　　如来十力尊　　断灭诸结使
　　摧伏众魔怨　　在众演大明
　　七佛精进力　　放光灭闇冥
　　各各坐诸树　　于中成正觉

毗婆尸如来三会说法。初会弟子有十六万八千人。二会弟子有十万人。三会弟子有八万人。尸弃如来亦三会说法。初会弟子有十万人。二会弟子有八万人。三会弟子有七万人。毗舍婆如来二会说法。初会弟子有七万人。次会弟子有六万人。拘楼孙如来一会说法。弟子四万人。拘那含如来一会说法。弟子三万人。迦叶如来一会说法。弟子二万人。我今一会说法。弟子千二百五十人。佛时颂曰。

　　毗婆尸名观　　智慧不可量
　　遍见无所畏　　三会弟子众
　　尸弃光无动　　能灭诸结使
　　无量大威德　　无能测量者
　　彼佛亦三会　　弟子普共集
　　毗舍婆断结　　大仙人要集
　　名闻于诸方　　妙法大名称
　　二会弟子众　　普演深奥义
　　拘楼孙一会　　哀愍疗诸苦

导师化众生　　一会弟子众
　　拘那含如来　　无上亦如是
　　紫磨金色身　　容貌悉具足
　　一会弟子众　　普演微妙法
　　迦叶一一毛　　一心无乱想
　　一语不烦重　　一会弟子众
　　能仁意寂灭　　释种沙门上
　　天中天最尊　　我一会弟子
　　彼会我现义　　演布清净教
　　心常怀欢喜　　漏尽尽后有
　　毗婆尸弃三　　毗舍婆佛二
　　四佛各各一　　仙人会演说

时。毗婆尸佛有二弟子。一名骞茶。二名提舍。诸弟子中最为第一。尸弃佛有二弟子。一名阿毗浮。二名三婆婆。诸弟子中最为第一。毗舍婆佛有二弟子。一名扶游。二名郁多摩。诸弟子中最为第一。拘楼孙佛有二弟子。一名萨尼。二名毗楼。诸弟子中最为第一。拘那含佛有二弟子。一名舒槃那。二名郁多楼。诸弟子中最为第一。迦叶佛有二弟子。一名提舍。二名婆罗婆。诸弟子中最为第一。今我二弟子。一名舍利弗。二名目揵连。诸弟子中最为第一。佛时颂曰。

　　骞茶提舍等　　毗婆尸弟子
　　阿毗浮三婆　　尸弃佛弟子
　　扶游郁多摩　　弟子中第一
　　二俱降魔怨　　毗舍婆弟子
　　萨尸毗楼等　　拘楼孙弟子
　　舒槃郁多楼　　拘那含弟子
　　提舍婆罗婆　　迦叶佛弟子
　　舍利弗目连　　是我第一子

毗婆尸佛有执事弟子。名曰无忧。尸弃佛执事弟子。名曰忍行。毗舍婆佛有执事弟子。名曰寂灭。拘楼孙佛有执事弟子。名曰善觉。拘那含佛有执事弟子。名曰安和。迦叶佛有执事弟子。名曰善友。我执事弟子。名曰阿难。佛时颂曰。

　　无忧与忍行　　寂灭及善觉
　　安和善友等　　阿难为第七
　　此为佛侍者　　具足诸义趣
　　昼夜无放逸　　自利亦利他
　　此七贤弟子　　侍七佛左右
　　欢喜而供养　　寂然归灭度

毗婆尸佛有子。名曰方膺。尸弃佛有子。名曰无量。毗舍婆佛有子。名曰妙觉。拘楼孙佛有子。名曰上胜。拘那含佛有子。名曰导师。迦叶佛有子。名曰集军。今我有子。名曰罗睺罗。佛时颂曰。

　　方膺无量子　　妙觉及上胜
　　导师集军等　　罗睺罗第七
　　此诸豪贵子　　绍继诸佛种
　　爱法好施惠　　于圣法无畏

毗婆尸佛父名槃头。刹利王种。母名槃头婆提。王所治城名曰槃头婆提。佛时颂曰。

　　遍眼父槃头　　母槃头婆提
　　槃头婆提城　　佛于中说法

尸弃佛父名。曰明相。刹利王种。母名光曜。王所治城名曰光相。佛时颂曰。

　　尸弃父明相　　母名曰光曜
　　于明相城中　　威德降外敌

毗舍婆佛父名善灯。刹利王种。母名称戒。王所治城名曰无喻。佛时颂曰。

　　毗舍婆佛父　　善灯刹利种
　　母名曰称戒　　城名曰无喻

拘楼孙佛父名祀得。婆罗门种。母名善枝。王名安和。随王名故城名安和。佛时颂曰。

　　祀得婆罗门　　母名曰善枝
　　王名曰安和　　居在安和城

拘那含佛父名大德。婆罗门种。母名善胜。是时王名清净。随王名故城名清净。佛时颂曰。

　　大德婆罗门　　母名曰善胖
　　王名曰清净　　居在清净城

迦叶佛父名曰梵德。婆罗门种。母名曰财主。时王名汲毗。王所治城名波罗㮈。佛时颂曰。

　　梵德婆罗门　　母名曰财主
　　时王名汲毗　　在波罗㮈城

我父名净饭。刹利王种。母名大清净妙。王所治城名迦毗罗卫。佛时颂曰。

　　父刹利净饭　　母名大清净
　　土广民丰饶　　我从彼而生

此是诸佛因缘．名号．种族．所出生处。何有智者闻此因缘而不欢喜。起爱乐心。

尔时。世尊告诸比丘。吾今欲以宿命智说过去佛事。汝欲闻不。

诸比丘对曰。今正是时。愿乐欲闻。

佛告诸比丘。谛听。谛听。善思念之。吾当为汝分别解说。比丘。当知诸佛常法。毗婆尸菩萨从兜率天降神母胎。从右胁入。正念不乱。当于尔时。地为震动。放大光明。普照世界。日月所不及处皆蒙大明。幽冥众生。各相睹见。知其所趣。时。此光明复照魔宫。诸天．释．梵．沙门．婆罗门及余众生普蒙大明。诸天光明自然不现。佛时颂曰。

　　密云聚虚空　　电光照天下
　　毗婆尸降胎　　光明照亦然
　　日月所不及　　莫不蒙大明
　　处胎净无秽　　诸佛法皆然

诸比丘。当知诸佛常法。毗婆尸菩萨在母胎时。专念不乱。有四天子。执戈矛侍护其人。人与非人不得侵娆。此是常法。佛时颂曰。

　　四方四天子　　有名称威德
　　天帝释所遣　　善守护菩萨
　　手常执戈矛　　卫护不去离
　　人非人不娆　　此诸佛常法
　　天神所拥护　　如天女卫天
　　眷属怀欢喜　　此诸佛常法

又告比丘。诸佛常法。毗婆尸菩萨从兜率天降神母胎。专念不乱。母身安隐。无众恼患。智慧增益。母自观胎。见菩萨身诸根具足。如紫磨金。无有瑕秽。犹如有目之士观净琉璃。内外清彻。无众障翳。诸比丘。此是诸佛常法。尔时。世尊而说偈言。

　　如净琉璃珠　　其明如日月
　　仁尊处母胎　　其母无恼患
　　智慧为增益　　观胎如金像
　　母怀妊安乐　　此诸佛常法

佛告比丘。毗婆尸菩萨从兜率天降神母胎。专念不乱。母心清净。无众欲想。不为淫火之所烧然。此是诸佛常法。尔时。世尊而说偈言。

　　菩萨住母胎　　天终天福成
　　其母心清净　　无有众欲想
　　舍离诸淫欲　　不染不亲近
　　不为欲火燃　　诸佛母常净

佛告比丘。诸佛常法。毗婆尸菩萨从兜率天降神母胎。专念不乱。其母奉持五戒。梵行清净。笃信仁爱。诸善成就。安乐无畏。身坏命终。生忉利天。此是常法。尔时。世尊而说偈言。

　　持人中尊身　　精进戒具足
　　后必受天身　　此缘名佛母

佛告比丘。诸佛常法。毗婆尸菩萨当其生时。从右胁出。地为震动。光明普照。始入胎时。闇冥之处。无不蒙明。此是常法。尔时。世尊而说偈言。

太子生地动　　大光靡不照
　　此界及余界　　上下与诸方
　　放光施净目　　具足于天身
　　以欢喜净音　　转称菩萨名

　佛告比丘。诸佛常法。毗婆尸菩萨当其生时。从右胁出。专念不乱。时。菩萨母手攀树枝。不坐不卧。时。四天子手奉香水。于母前立言。唯然。天母。今生圣子。勿怀忧戚。此是常法。尔时。世尊而说偈言。

　　佛母不坐卧　　住戒修梵行
　　生尊不懈怠　　天人所奉侍

　佛告比丘。诸佛常法。毗婆尸菩萨当其生时。从右胁出。专念不乱。其身清净。不为秽恶之所污染。犹如有目之士。以净明珠投白缯上。两不相污。二俱净故。菩萨出胎亦复如是。此是常法。尔时。世尊而说偈言。

　　犹如净明珠　　投缯不染污
　　菩萨出胎时　　清净无染污

　佛告比丘。诸佛常法。毗婆尸菩萨当其生时。从右胁出。专念不乱。从右胁出。堕地行七步。无人扶侍。遍观四方。举手而言。天上天下唯我为尊。要度众生生老病死。此是常法。尔时。世尊而说偈言。

　　犹如师子步　　遍观于四方
　　堕地行七步　　人师子亦然
　　又如大龙行　　遍观于四方
　　堕地行七步　　人龙亦复然
　　两足尊生时　　安行于七步
　　观四方举声　　当尽生死苦
　　当其初生时　　无等等与等
　　自观生死本　　此身最后边

　佛告比丘。诸佛常法。毗婆尸菩萨当其生时。从右胁出。专念不乱。二泉涌出一温一冷。以供澡浴。此是常法。尔时。世尊而说偈言。

　　两足尊生时　　二泉自涌出
　　以供菩萨用　　遍眼浴清净
　　二泉自涌出　　其水甚清净
　　一温二清冷　　以浴一切智

　太子初生。父王槃头召集相师及诸道术。令观太子。知其吉凶。时。诸相师受命而观。即前披衣。见有具相。占曰。有此相者。当趣二处。必然无疑。若在家者。当为转轮圣王。王四天下。四兵具足。以正法治。无有偏枉。恩及天下。七宝自至。千子勇健。能伏外敌。

兵杖不用。天下太平。若出家学道。当成正觉。十号具足。

时。诸相师即白王言。王所生子。有三十二相。当趣二处。必然无疑。在家当为转轮圣王。若其出家。当成正觉。十号具足。佛时颂曰。

百福太子生	相师之所记
如典记所载	趣二处无疑
若其乐家者	当为转轮王
七宝难可获	为王宝自至
真金千辐具	周匝金辋持
转能飞遍行	故名为天轮
善调七牙住	高广白如雪
能善飞虚空	名第二象宝
马行周天下	朝去暮还食
朱髦孔雀咽	名为第三宝
清净琉璃珠	光照一由旬
照夜明如昼	名为第四宝
色声香味触	无有与等者
诸女中第一	名为第五宝
献王琉璃宝	珠玉及众珍
欢喜而贡奉	名为第六宝
如转轮王念	军众速来去
健疾如王意	名为第七宝
此名为七宝	轮象马纯白
居士珠女宝	典兵宝为七
观此无有厌	五欲自娱乐
如象断鞿鞯	出家成正觉
王有如是子	二足人中尊
处世转法轮	道成无懈怠

是时。父王殷勤再三。重问相师。汝等更观太子三十二相。斯名何等。时诸相师即披太子衣。说三十二相。一者足安平。足下平满。蹈地安隐。二者足下相轮。千辐成就。光光相照。三者手足网缦。犹如鹅王。四者手足柔软。犹如天衣。五者手足指纤。长无能及者。六者足跟充满。观视无厌。七者鹿膊肠。上下[月+庸]直。八者钩锁骨。骨节相钩。犹如锁连。九者阴马藏。十者平立垂手过膝。十一．一一孔一毛生。其毛右旋。绀琉璃色。十二．毛生右旋。绀色仰靡。十三．身黄金色。十四．皮肤细软。不受尘秽。十五．两肩齐亭。充满圆好。十六．胸有万字。十七．身长倍人。十八．七处平满。十九．身长广等。如尼拘卢树。二十．颊车如师子。二十一．胸膺方整如师子。二十二．口四十齿。二十三．方整齐平。二十四．齿密无

间。二十五．齿白鲜明。二十六．咽喉清净。所食众味。无不称适。二十七．广长舌。左右舐耳。二十八．梵音清彻。二十九．眼绀青色。三十．眼如牛王。眼上下俱眴。三十一．眉间白毫柔软细泽。引长一寻。放则右旋螺如真珠。三十二．顶有肉髻。是为三十二相。即说颂曰。

　　善住柔软足　　不蹈地迹现
　　千辐相庄严　　光色靡不具
　　如尼俱类树　　纵广正平等
　　如来未曾有　　秘密马阴藏
　　金宝庄严身　　众相互相映
　　虽顺俗流行　　尘土亦不污
　　天色极柔软　　天盖自然覆
　　梵音身紫金　　如华始出池
　　王以问相师　　相师敬报王
　　称赞菩萨相　　举身光明具
　　手足诸支节　　中外靡不现
　　食味尽具足　　身正不倾斜
　　足下轮相现　　其音如哀鸾
　　[月+庸]胜形相具　　宿业之所成
　　臂肘圆满好　　眉目甚端严
　　人中师子尊　　威力最第一
　　其颊车方整　　卧胁如师子
　　齿方整四十　　齐密中无间
　　梵音未曾有　　远近随缘到
　　平立不倾身　　二手摩扪膝
　　毛齐整柔软　　人尊美相具
　　一孔一毛生　　手足网缦相
　　肉髻目绀青　　眼上下俱眴
　　两肩圆充满　　三十二相具
　　足跟无高下　　鹿髆肠纤[月+庸]
　　天中天来此　　如象绝鞿�
　　解脱众生苦　　处生老病死
　　以慈悲心故　　为说四真谛
　　开演法句义　　令众奉至尊

佛告比丘。毗婆尸菩萨生时。诸天在上。于虚空中手执白盖宝扇。以障寒暑．风雨．尘土。佛时颂曰。

　　人中未曾有　　生于二足尊
　　诸天怀敬养　　奉宝盖宝扇

尔时。父王给四乳母。一者乳哺。二者澡浴。三者涂香。四者娱乐。欢喜养育。无有懈倦。于是颂曰。

　　乳母有慈爱　　子生即付养
　　一乳哺一浴　　二涂香娱乐
　　世间最妙香　　以涂人中尊

为童子时。举国士女视无厌足。于是颂曰。

　　多人所敬爱　　如金像始成
　　男女共谛观　　视之无厌足

为童子时。举国士女众共傅抱。如观宝华。于是颂曰。

　　二足尊生时　　多人所敬爱
　　展转共傅抱　　如观宝花香

菩萨生时。其目不眴。如忉利天。以不眴故。名毗婆尸。于是颂曰。

　　天中天不眴　　犹如忉利天
　　见色而正观　　故号毗婆尸

菩萨生时。其声清彻。柔软和雅。如迦罗频伽鸟声。于是颂曰。

　　犹如雪山鸟　　饮华汁而鸣
　　其彼二足尊　　声清彻亦然

菩萨生时。眼能彻视见一由旬。于是颂曰。

　　清净业行报　　受天妙光明
　　菩萨目所见　　周遍一由旬

菩萨生时。年渐长大。在天正堂。以道开化。恩及庶民。名德远闻。于是颂曰。

　　童幼处正堂　　以道化天下
　　决断众事务　　故号毗婆尸
　　清净智广博　　甚深犹大海
　　悦可于群生　　使智慧增广

于时。菩萨欲出游观。告敕御者严驾宝车。诣彼园林。巡行游观。御者即便严驾讫已还白。今正是时。太子即乘宝车诣彼园观。于其中路见一老人。头白齿落。面皱身偻。拄杖羸步。喘息而行。太子顾问侍者。此为何人。答曰。此是老人。又问。何如为老。答曰。夫老者生寿向尽。余命无几。故谓之老。太子又问。吾亦当尔。不免此患耶。答曰。然。生必有老。无有豪贱。于是。太子怅然不悦。即告侍者回驾还宫。静默思惟。念此老苦。吾亦当有。佛于是颂曰。

　　见老命将尽　　拄杖而羸步
　　菩萨自思惟　　吾未免此难

尔时。父王问彼侍者。太子出游。欢乐不耶。答曰。不乐。又问其故。答曰。道逢老人。是以不乐。尔时。父王默自思念。昔日相师占相太子。言当出家。今者不悦。得无尔乎。当设方便。使处深宫。五欲娱乐。以悦其心。令不出家。即便严饰宫馆。简择婇女以娱乐之。佛于是颂曰。

　　父王闻此言　　方便严宫馆
　　增益以五欲　　欲使不出家

又于后时。太子复命御者严驾出游。于其中路逢一病人。身羸腹大。面目黧黑。独卧粪除。无人瞻视。病甚苦毒。口不能言。顾问御者。此为何人。答曰。此是病人。问曰。何如为病。答曰。病者。众痛迫切。存亡无期。故曰病也。又曰。吾亦当尔。未免此患耶。答曰。然。生则有病。无有贵贱。于是。太子怅然不悦。即告御者回车还宫。静默思惟。念此病苦。吾亦当尔。佛于是颂曰。

　　见彼久病人　　颜色为衰损
　　静默自思惟　　吾未免此患

尔时。父王复问御者。太子出游。欢乐不耶。答曰。不乐。又问其故。答曰。道逢病人。是以不乐。于是父王默然思惟。昔日相师占相太子。言当出家。今日不悦。得无尔乎。吾当更设方便。增诸伎乐。以悦其心。使不出家。即复严饰宫馆。简择婇女以娱乐之。佛于是颂曰。

　　色声香味触　　微妙可悦乐
　　菩萨福所致　　故娱乐其中

又于异时。太子复敕御者严驾出游。于其中路逢一死人。杂色缯幡前后导引。宗族亲里悲号哭泣。送之出城。太子复问。此为何人。答曰。此是死人。问曰。何如为死。答曰。死者。尽也。风先火次。诸根坏败。存亡异趣。室家离别。故谓之死。太子又问御者。吾亦当尔。不免此患耶。答曰。然。生必有死。无有贵贱。于是。太子怅然不悦。即告御者回车还宫。静默思惟。念此死苦。吾亦当然。佛时颂曰。

　　始见有人死　　知其复更生
　　静默自思惟　　吾未免此患

尔时。父王复问御者。太子出游。欢乐不耶。答曰。不乐。又问其故。答曰。道逢死人。是故不乐。于是父王默自思念。昔日相师占相太子。言当出家。今日不悦。得无尔乎。吾当更设方便。增诸伎乐以悦其心。使不出家。即复严饰宫馆。简择婇女以娱乐之。佛于是颂曰。

　　童子有名称　　婇女众围绕
　　五欲以自娱　　如彼天帝释

又于异时。复来御者严驾出游。于其中路逢一沙门。法服持钵。视地而行。即问御者。此为何人。御者答曰。此是沙门。又问。何谓沙门。答曰沙门者。舍离恩爱。出家修道。摄御诸根。不染外欲。慈心一切。无所伤害。逢苦不戚。遇乐不欣。能忍如地。故号沙门。太子曰。善哉。此道真正永绝尘累。微妙清虚。惟是为快。即来御者回车就之。

　　尔时。太子问沙门曰。剃除须发。法服持钵。何所志求。沙门答曰。夫出家者。欲调伏心意。永离尘垢。慈育群生。无所侵娆。虚心静寞。唯道是务。太子曰。善哉。此道最真。寻来御者。赍吾宝衣并及乘舆。还白大王。我即于此剃除须发。服三法衣。出家修道。所以然者。欲调伏心意。舍离尘垢。清净自居。以求道术。于是。御者即以太子所乘宝车及与衣服还归父王。太子于后即剃除须发。服三法衣。出家修道。

　　佛告比丘。太子见老．病人。知世苦恼。又见死人。恋世情灭。及见沙门。廓然大悟。下宝车时。步步中间转远缚着。是真出家。是真远离。时。彼国人闻太子剃除须发。法服持钵。出家修道。咸相谓言。此道必真。乃令太子舍国荣位。捐弃所重。于时。国中八万四千人往就太子。求为弟子。出家修道。佛时颂曰。

　　撰择深妙法　　彼闻随出家
　　离于恩爱狱　　无有众结缚

　　于时。太子即便纳受。与之游行。在在教化。从村至村。从国至国。所至之处。无不恭敬四事供养。菩萨念言。吾与大众。游行诸国。人间愦闹。此非我宜。何时当得离此群众。闲静之处以求道真。寻获志愿。于闲静处专精修道。复作是念。众生可愍。常处闇冥。受身危脆。有生．有老．有病．有死。众苦所集。死此生彼。从彼生此。缘此苦阴。流转无穷。我当何时晓了苦阴。灭生．老．死。

　　复作是念。生死何从。何缘而有。即以智慧观察所由。从生有老死。生是老死缘。生从有起。有是生缘。有从取起。取是有缘。取从爱起。爱是取缘。爱从受起。受是爱缘。受从触起。触是受缘。触从六入起。六入是触缘。六入从名色起。名色是六入缘。名色从识起。识是名色缘。识从行起。行是识缘。行从痴起。痴是行缘。是为缘痴有行。缘行有识。缘识有名色。缘名色有六入。缘六入有触。缘触有受。缘受有爱。缘爱有取。缘取有有。缘有有生。缘生有老．病．死．忧．悲．苦恼。此苦盛阴。缘生而有。是为苦集。菩萨思惟。苦集阴时。生智．生眼．生觉．生明．生通．生慧．生证。

　　于时。菩萨复自思惟。何等无故老死无。何等灭故老死灭。即以智慧观察所由。生无故老死无。生灭故老死灭。有无故生无。有灭故生灭。取无故有无。取灭故有灭。爱无故取无。爱灭故取灭。受无故爱无。受灭故爱灭。触无故受无。触灭故受灭。六入无故触无。六入灭故触灭。名色无故六入无。名色灭故六入灭。识无故名色无。识灭故名色灭。行无故识无。行灭故识灭。痴无故行无。痴灭故行灭。是为痴灭故行灭。行灭故识灭。识灭故名色灭。名色灭故六入灭。六入灭故触灭。触灭故受灭。受灭故爱灭。爱灭故取灭。取灭故有灭。有灭故生灭。生灭故老．死．忧．悲．苦恼灭。菩萨思惟。苦阴灭时。

生智．生眼．生觉．生明．生通．生慧．生证。尔时。菩萨逆顺观十二因缘。如实知。如实见已。即于座上成阿耨多罗三藐三菩提。佛时颂曰。

  此言众中说　　汝等当善听
  过去菩萨观　　本所未闻法
  老死从何缘　　因何等而有
  如是正观已　　知其本由生
  生本由何缘　　因何事而有
  如是思惟已　　知生从有起
  取彼取彼已　　展转更增有
  是故如来说　　取是有因缘
  如众秽恶聚　　风吹恶流演
  如是取相因　　因爱而广普
  爱由于受生　　起苦罗网本
  以染着因缘　　苦乐共相应
  受本由何缘　　因何而有受
  以是思惟已　　知受由触生
  触本由何缘　　因何而有触
  如是思惟已　　触由六入生
  六入本何缘　　因何有六入
  如是思惟已　　六入名色生
  名色本何缘　　因何有名色
  如是思惟已　　名色从识生
  识本由何缘　　因何而有识
  如是思惟已　　知识从行生
  行本由何缘　　因何而有行
  如是思惟已　　知行从痴生
  如是因缘者　　名为实义因
  智慧方便观　　能见因缘根
  苦非贤圣造　　亦非无缘有
  是故变易苦　　智者所断除
  若无明灭尽　　是时则无行
  若无有行者　　则亦无有识
  若识永灭者　　亦无有名色
  名色既已灭　　即无有诸入
  若诸入永灭　　则亦无有触
  若触永灭者　　则亦无有受
  若受永灭者　　则亦无有爱
  若爱永灭者　　则亦无有取

若取永灭者　　则亦无有有
若有永灭者　　则亦无有生
若生永灭者　　无老病苦阴
一切都永尽　　智者之所说
十二缘甚深　　难见难识知
唯佛能善觉　　因是有是无
若能自观察　　则无有诸入
深见因缘者　　更不外求师
能于阴界入　　离欲无染者
堪受一切施　　净报施者恩
若得四辩才　　获得决定证
能解众结缚　　断除无放逸
色受想行识　　犹如朽故车
能谛观此法　　则成等正觉
如鸟游虚空　　东西随风逝
菩萨断众结　　如风靡轻衣
毗婆尸闲静　　观察于诸法
老死何缘有　　从何而得灭
彼作是观已　　生清净智慧
知老死由生　　生灭老死灭

　　毗婆尸佛初成道时。多修二观。一曰安隐观。二曰出离观。佛于是颂曰。

如来无等等　　多修于二观
安隐及出离　　仙人度彼岸
其心得自在　　断除众结使
登山观四方　　故号毗婆尸
大智光除冥　　如以镜自照
为世除忧恼　　尽生老死苦

　　毗婆尸佛于闲静处复作是念。我今已得此无上法。甚深微妙。难解难见。息灭．清净。智者所知。非是凡愚所能及也。斯由众生异忍．异见．异受．异学。依彼异见。各乐所求。各务所习。是故于此甚深因缘。不能解了。然爱尽涅槃。倍复难知。我若为说。彼必不解。更生触扰。作是念已。即便默然不复说法。
　　时。梵天王知毗婆尸如来所念。即自思惟。念此世间便为败坏。甚可哀愍。毗婆尸佛乃得知此深妙之法。而不欲说。譬如力士屈伸臂顷。从梵天宫忽然来下。立于佛前。头面礼足。却住一面。时。梵天王右膝着地。叉手合掌白佛言。唯愿世尊以时说法。今此众生尘垢微薄。诸根猛利。有恭敬心。易可开化。畏怖后世无救之罪。能灭恶法。出生善道。

佛告梵王。如是。如是。如汝所言。但我于闲静处默自思念。所得正法甚深微妙。若为彼说。彼必不解。更生触扰。故我默然不欲说法。我从无数阿僧祇劫。勤苦不懈。修无上行。今始获此难得之法。若为淫．怒．痴众生说者。必不承用。徒自劳疲。此法微妙。与世相反。众生染欲。愚冥所覆。不能信解。梵王。我观如此。是以默然不欲说法。

时。梵天王复重劝请。殷勤恳恻。至于再三。世尊。若不说法。今此世间便为坏败。甚可哀愍。唯愿世尊以时敷演。勿使众生坠落余趣。尔时。世尊三闻梵王殷勤劝请。即以佛眼观视世界。众生垢有厚薄。根有利钝。教有难易。易受教者畏后世罪。能灭恶法。出生善道。譬如优钵罗花．钵头摩华．鸠勿头华．分陀利华。或有始出污泥未至水者。或有已出与水平者。或有出水未敷开者。然皆不为水所染着。易可开敷。世界众生。亦复如是。

尔时。世尊告梵王曰。吾愍汝等。今当开演甘露法门。是法深妙。难可解知。今为信受乐听者说。不为触扰无益者说。

尔时。梵王知佛受请。欢喜踊跃。绕佛三匝。头面礼足。忽然不现。其去未久。是时如来静默自思。我今先当为谁说法。即自念言。当入槃头城内。先为王子提舍．大臣子骞荼开甘露法门。于是。世尊如力士屈伸臂顷。于道树忽然不现。至槃头城槃头王鹿野苑中。敷座而坐。佛于是颂曰。

　　如师子在林　　自恣而游行
　　彼佛亦如是　　游行无挂碍

毗婆尸佛告守苑人曰。汝可入城。语王子提舍．大臣子骞荼。宁欲知不。毗婆尸佛今在鹿野苑中。欲见卿等。宜知是时。时。彼守苑人受教而行。至彼二人所。具宣佛教。二人闻已。即至佛所。头面礼足。却坐一面。佛渐为说法。示教利喜。施论．戒论．生天之论。欲恶不净。上漏为患。赞叹出离为最微妙清净第一。尔时。世尊见此二人心意柔软。欢喜信乐。堪受正法。于是即为说苦圣谛。敷演开解。分布宣释苦集圣谛．苦灭圣谛．苦出要谛。

尔时。王子提舍．大臣子骞荼。即于座上远离尘垢。得法眼净。犹若素质易为受染。是时。地神即唱斯言。毗婆尸如来于槃头城鹿野苑中转无上法轮。沙门．婆罗门．诸天．魔．梵及余世人所不能转。如是展转。声彻四天王。乃至他化自在天。须臾之顷。声至梵天。佛时颂曰。

　　欢喜心踊跃　　称赞于如来
　　毗婆尸成佛　　转无上法轮
　　初从树王起　　往诣槃头城
　　为骞荼提舍　　转四谛法轮
　　时骞荼提舍　　受佛教化已

于净法轮中	梵行无有上
彼忉利天众	及以天帝释
欢喜转相告	诸天无不闻
佛出于世间	转无上法轮
增益诸天众	减损阿须伦
升仙名普闻	善智离世边
于诸法自在	智慧转法轮
观察平等法	息心无垢秽
以离生死扼	智慧转法轮
灭苦离诸恶	出欲得自在
离于恩爱狱	智慧转法轮
正觉人中尊	二足尊调御
一切缚得解	智慧转法轮
教化善导师	能降伏魔怨
彼离于诸恶	智慧转法轮
无漏力降魔	诸根定不懈
尽漏离魔缚	智慧转法轮
若学决定法	知诸法无我
此为法中上	智慧转法轮
不以利养故	亦不求名誉
愍彼众生故	智慧转法轮
见众生苦厄	老病死逼迫
为此三恶趣	智慧转法轮
断贪瞋恚痴	拔爱之根原
不动而解脱	智慧转法轮
难胜我已胜	胜已自降伏
已胜难胜魔	智慧转法轮
此无上法轮	唯佛乃能转
诸天魔释梵	无有能转者
亲近转法轮	饶益天人众
此等天人师	得度于彼岸

是时。王子提舍．大臣子骞茶。见法得果。真实无欺。成就无畏。即白毗婆尸佛言。我等欲于如来法中净修梵行。佛言。善来。比丘。吾法清净自在。修行以尽苦际。尔时。二人即得具戒。具戒未久。如来又以三事示现。一曰神足。二曰观他心。三曰教诫。即得无漏．心解脱．生死无疑智。

尔时。槃头城内众多人民。闻二人出家学道。法服持钵。净修梵行。皆相谓曰。其道必真。乃使此等舍世荣位。捐弃所重。时。城内八万四千人往诣鹿野苑中毗婆尸佛所。头面礼足。却坐一面。佛渐为说法。示教利喜。施论．戒论．生天之论。欲恶不净。上漏为患。赞叹出离为最微妙清净第一。尔时。世尊见此大众心意柔软。欢喜信乐。堪受正法。于是即为说苦圣谛。敷演开解。分布宣释苦集圣谛．苦灭圣谛．苦出要谛。

时。八万四千人即于座上远尘离垢。得法眼净。犹如素质易为受色。见法得果。真实无欺。成就无畏。即白佛言。我等欲于如来法中净修梵行。佛言。善来。比丘。吾法清净自在。修行以尽苦际。时。八万四千人即得具戒。具戒未久。世尊以三事教化。一曰神足。二曰观他心。三曰教诫。即得无漏．心解脱．生死无疑智现前。八万四千人闻佛于鹿野苑中。转无上法轮。沙门．婆罗门．诸天．魔．梵及余世人所不能转。即诣槃头城毗婆尸佛所。头面礼足。却坐一面。佛时颂曰。

　　如人救头燃　　速疾求灭处
　　彼人亦如是　　速诣于如来

时。佛为说法亦复如是。尔时。槃头城有十六万八千大比丘众。提舍比丘．骞荼比丘于大众中上升虚空。身出水火。现诸神变。而为大众说微妙法。尔时。如来默自念言。今此城内乃有十六万八千大比丘众。宜遣游行。各二人俱在在处处。至于六年。还来城内说具足戒。

时。首陀会天知如来心。譬如力士屈伸臂顷。从彼天没。忽然至此。于世尊前。头面礼足。却住一面。须臾白佛言。如是。世尊。此槃头城内比丘众多。宜各分布。处处游行。至于六年。乃还此城。说具足戒。我当拥护。令无伺求得其便者。尔时。如来闻此天语。默然可之。

时。首陀会天见佛默然许可。即礼佛足。忽然不现。还至天上。其去未久。佛告诸比丘。今此城内。比丘众多。宜各分布。游行教化。至六年已。还集说戒。时。诸比丘受佛教已。执持衣钵。礼佛而去。佛时颂曰。

　　佛悉无乱众　　无欲无恋着
　　威如金翅鸟　　如鹤舍空池

时。首陀会天于一年后告诸比丘。汝等游行已过一年。余有五年。汝等当知。讫六年已。还城说戒。如是至于六年。天复告言。六年已满。当还说戒。时。诸比丘闻天语已。摄持衣钵。还槃头城。至鹿野苑毗婆尸佛所。头面礼足。却坐一面。佛时颂曰。

　　如象善调　　随意所之
　　大众如是　　随教而还

尔时。如来于大众前上升虚空。结加趺坐。讲说戒经。忍辱为第一。佛说涅槃最。不以除须发害他为沙门。时。首陀会天去佛不远。以偈颂曰。

如来大智　　微妙独尊
　　止观具足　　成最正觉
　　愍群生故　　在世成道
　　以四真谛　　为声闻说
　　苦与苦因　　灭苦之谛
　　贤圣八道　　到安隐处
　　毗婆尸佛　　出现于世
　　在大众中　　如日光曜

说此偈已。忽然不现。

尔时。世尊告诸比丘。我自思念。昔一时于罗阅城耆阇崛山。时生是念。我所生处。无所不遍。唯除首陀会天。设生彼天。则不还此。我时。比丘。复生是念。我欲至无造天上。时。我如壮士屈伸臂顷。于此间没。现于彼天。时。彼诸天见我至彼。头面作礼。于一面立。而白我言。我等皆是毗婆尸如来弟子。从彼佛化。故来生此。具说彼佛因缘本末。又尸弃佛．毗沙婆佛．拘楼孙佛．拘那含佛．迦叶佛．释迦牟尼佛。皆是我师。我从受化。故来生此。亦说诸佛因缘本末。至生阿迦尼吒诸天。亦复如是。佛时颂曰。

　　譬如力士　　屈伸臂顷
　　我以神足　　至无造天
　　第七大仙　　降伏二魔
　　无热无见　　叉手敬礼
　　如昼度树　　释师远闻
　　相好具足　　到善见天
　　犹如莲华　　水所不着
　　世尊无染　　至大善见
　　如日初出　　净无尘翳
　　明若秋月　　诣一究竟
　　此五居处　　众生所净
　　心净故来　　诣无烦恼
　　净心而来　　为佛弟子
　　舍离染取　　乐于无取
　　见法决定　　毗婆尸子
　　净心善来　　诣大仙人
　　尸弃佛子　　无垢无为
　　以净心来　　诣离有尊
　　毗沙婆子　　诸根具足
　　净心诣我　　如日照空
　　拘楼孙子　　舍离诸欲
　　净心诣我　　妙光焰盛

拘那含子	无垢无为
净心诣我	光如月满
迦叶弟子	诸根具足
净心诣我	不乱大仙
神足第一	以坚固心
为佛弟子	净心而来
为佛弟子	礼敬如来
具启人尊	所生成道
名姓种族	知见深法
成无上道	比丘静处
离于尘垢	精勤不懈
断诸有结	此是诸佛
本末因缘	释迦如来
之所演说	

佛说此大因缘经已。诸比丘闻佛所说。欢喜奉行。

佛说长阿含经卷第二

（二）第一分游行经第二初

如是我闻。

一时。佛在罗阅城耆阇崛山中。与大比丘众千二百五十人俱。

是时。摩竭王阿阇世欲伐跋祇。王自念言。彼虽勇健。人众豪强。以我取彼。未足为有。时。阿阇世王命婆罗门大臣禹舍。而告之曰。汝诣耆阇崛山。至世尊所。持我名字。礼世尊足。问讯世尊。起居轻利。游步强耶。又白世尊。跋祇国人自恃勇健。民众豪强。不顺伏我。我欲伐之。不审世尊何所诫敕。若有教诫。汝善忆念。勿有遗漏。如所闻说。如来所言。终不虚妄。

大臣禹舍受王教已。即乘宝车诣耆阇崛山。到所止处。下车步进。至世尊所。问讯毕。一面坐。白世尊曰。摩竭王阿阇世稽首佛足。敬问殷勤。起居轻利。游步强耶。又白世尊。跋祇国人自恃勇健。民众豪强。不顺伏我。我欲伐之。不审世尊何所诫敕。

尔时。阿难在世尊后执扇扇佛。佛告阿难。汝闻跋祇国人数相集会。讲议正事不。

答曰。闻之。

佛告阿难。若能尔者。长幼和顺。转更增盛。其国久安。无能侵损。阿难。汝闻跋祇国人君臣和顺。上下相敬不。

答曰。闻之。

阿难。若能尔者。长幼和顺。转更增盛。其国久安。无能侵损。

阿难。汝闻跋祇国人奉法晓忌。不违礼度不。

答曰。闻之。

阿难。若能尔者。长幼和顺。转更增盛。其国久安。无能侵损。阿难。汝闻跋祇国人孝事父母。敬顺师长不。

答曰。闻之。

阿难。若能尔者。长幼和顺。转更增上。其国久安。无能侵损。阿难。汝闻跋祇国人恭于宗庙。致敬鬼神不。

答曰。闻之。

阿难。若能尔者。长幼和顺。转更增上。其国久安。无能侵损。阿难。汝闻跋祇国人闺门真正洁净无秽。至於戏笑。言不及邪不。

答曰。闻之。

阿难。若能尔者。长幼和顺。转更增盛。其国久安。无能侵损。阿难。汝闻跋祇国人宗事沙门。敬持戒者。瞻视护养。未尝懈惓不。答曰。闻之。

阿难。若能尔者。长幼和顺。转更增盛。其国久安。无能侵损。

时。大臣禹舍白佛言。彼国人民。若行一法。犹不可图。况复具七。国事多故。今请辞还归。

佛言。可。宜知是时。时。禹舍即从座起。绕佛三匝。揖让而退。其去未久。佛告阿难。汝敕罗阅祇左右诸比丘尽集讲堂。

对曰。唯然。即诣罗阅祇城。集诸比丘。尽会讲堂。白世尊曰。诸比丘已集。唯圣知时。

尔时。世尊即从座起。诣法讲堂。就座而坐。告诸比丘。我当为汝说七不退法。谛听。谛听。善思念之。

时。诸比丘白佛言。唯然。世尊。愿乐欲闻。

佛告诸比丘。七不退法者。一曰数相集会。讲论正义。则长幼和顺。法不可坏。二曰上下和同。敬顺无违。则长幼和顺。法不可坏。三曰奉法晓忌。不违制度。则长幼和顺。法不可坏。四曰若有比丘力能护众。多诸知识。宜敬事之。则长幼和顺。法不可坏。五曰念护心意。孝敬为首。则长幼和顺。法不可坏。六曰净修梵行。不随欲态。则长幼和顺。法不可坏。七曰先人后己。不贪名利。则长幼和顺。法不可坏。

佛告比丘。复有七法。令法增长。无有损耗。一者乐于少事。不好多为。则法增长。无有损耗。二者乐于静默。不好多言。三者少于睡眠。无有昏昧。四者不为群党。言无益事。五者不以无德而自称誉。六者不与恶人而为伴党。七者乐于山林闲静独处。如是比丘。则法增长。无有损耗。

佛告比丘。复有七法。令法增长。无有损耗。何谓为七。一者有信。信于如来．至真．正觉。十号具足。二者知惭。耻于己阙。三者知愧。羞为恶行。四者多闻。其所受持。上中下善。义味深奥。清净无秽。梵行具足。五者精勤苦行。灭恶修善。勤习不舍。六者昔所学习。忆念不忘。七者修习智慧。知生灭法。趣贤圣要。尽诸苦本。如是七法。则法增长。无有损耗。

佛告比丘。复有七法。令法增长。无有损耗。何谓为七。一者敬佛。二者敬法。三者敬僧。四者敬戒。五者敬定。六者敬顺父母。七者敬不放逸。如是七法。则法增长。无有损耗。

佛告比丘。复有七法。则法增长。无有损耗。何谓为七法。一者观身不净。二者观食不净。三者不乐世间。四者常念死想。五者起无常想。六者无常苦想。七者苦无我想。如是七法。则法增长。无有损耗。

佛告比丘。复有七法。则法增长。无有损耗。何谓为七。一者修念觉意。闲静无欲。出要无为。二者修法觉意。三者修精进觉意。四者修喜觉意。五者修猗觉意。六者修定觉意。七者修护觉意。如是七法。则法增长。无有损耗。

佛告比丘。有六不退法。令法增长。无有损耗。何谓为六。一者身常行慈。不害众生。二者口宣仁慈。不演恶言。三者意念慈心。不怀坏损。四者得净利养。与众共之。平等无二。五者持贤圣戒。无有阙漏。亦无垢秽。必定不动。六者见贤圣道。以尽苦际。如是六法。则法增长。无有损耗。

佛告比丘。复有六不退法。令法增长。无有损耗。一者念佛。二者念法。三者念僧。四者念戒。五者念施。六者念天。修此六念。则法增长。无有损耗。

尔时。世尊于罗阅祇随宜住已。告阿难言。汝等皆严。吾欲诣竹园。

对曰。唯然。即严衣钵。与诸大众侍从世尊。路由摩竭。次到竹园。往堂上坐。与诸比丘说戒．定．慧。修戒获定。得大果报。修定获智。得大果报。修智心净。得等解脱。尽于三漏。欲漏．有漏．无明漏。已得解脱生解脱智。生死已尽。梵行已立。所作已办。不受后有。

尔时。世尊于竹园随宜住已。告阿难曰。汝等皆严。当诣巴陵弗城。

对曰。唯然。即严衣钵。与诸大众侍从世尊。路由摩竭。次到巴陵弗城。巴陵树下坐。

时。诸清信士闻佛与诸大众远来至此巴陵树下。即共出城。遥见世尊在巴陵树下。容貌端正。诸根寂定。善调第一。譬犹大龙。以水清澄。无有尘垢。三十二相．八十种好。庄严其身。见已欢喜。渐到佛所。头面礼足。却坐一面。

尔时。世尊渐为说法。示教利喜。诸清信士闻佛说法。即白佛言。我欲归依佛．法．圣众。唯愿世尊哀愍。听许为优婆塞。自今已后。不杀．不盗．不淫．不欺．不饮酒。奉戒不忘。明欲设供。唯愿世尊与诸大众垂愍屈顾。

尔时。世尊默然许可。诸清信士见佛默然。即从座起。绕佛三匝。作礼而归。寻为如来起大堂舍。平治处所。扫洒烧香。严敷宝座。供设既办。往白世尊。所设已具。唯圣知时。

于是。世尊即从座起。着衣持钵。与大众俱诣彼讲堂。澡手洗足。处中而坐。时。诸比丘在左面坐。诸清信士在右面坐。

尔时。世尊告诸清信士曰。凡人犯戒。有五衰耗。何谓为五。一者求财。所愿不遂。二者设有所得。日当衰耗。三者在所至处。众所不敬。四者丑名恶声。流闻天下。五者身坏命终。当入地狱。

又告诸清信士。凡人持戒。有五功德。何谓为五。一者诸有所求。辄得如愿。二者所有财产。增益无损。三者所往之处。众人敬爱。四者好名善誉。周闻天下。五者身坏命终。必生天上。

时。夜已半。告诸信士。宜各还归。诸清信士即承佛教。绕佛三匝。礼足而归。

尔时。世尊于后夜明相出时。至闲静处。天眼清彻。见诸大天神各封宅地。中神．下神亦封宅地。是时。世尊即还讲堂。就座而坐。世尊知时故问阿难。谁造此巴陵弗城。

阿难白佛。此是禹舍大臣所造。以防御跋祇。

佛告阿难。造此城者。正得天意。吾于后夜明相出时。至闲静处。以天眼见诸大神天各封宅地。中．下诸神亦封宅地。阿难。当知诸大神天所封宅地。有人居者。安乐炽盛。中神所封。中人所居。下神所封。下人所居。功德多少。各随所止。阿难。此处贤人所居。商贾所集。国法真实。无有欺罔。此城最胜。诸方所推。不可破坏。此城久后若欲坏时。必以三事。一者大水。二者大火。三者中人与外人谋。乃坏此城。

时。巴陵弗诸清信士通夜供办。时到白佛。食具已办。唯圣知时。

时。清信士即便施设。手自斟酌。食讫行水。别取小敷在佛前坐。

尔时。世尊即示之曰。今汝此处贤智所居。多持戒者。净修梵行。善神欢喜。即为咒愿。可敬知敬。可事知事。博施兼爱。有慈愍心。诸天所称。常与善俱。不与恶会。

尔时。世尊为说法已。即从座起。大众围绕。侍送而还。大臣禹舍从佛后行。时作是念。今沙门瞿昙出此城门。即名此门为瞿昙门。又观如来所渡河处。即名此处为瞿昙河。尔时。世尊出巴陵弗城。至于水边。时水岸上人民众多。中有乘船渡者。或有乘筏。或有乘桴而渡河者。尔时。世尊与诸大众。譬如力士屈伸臂顷。忽至彼岸。世尊观此义已。即说颂曰。

佛为海船师　　法桥渡河津
　　　大乘道之舆　　一切渡天人
　　　亦为自解结　　渡岸得升仙
　　　都使诸弟子　　缚解得涅槃
　　尔时。世尊从跋祇游行至拘利村。在一林下告诸比丘。有四深法。一曰圣戒。二曰圣定。三曰圣慧。四曰圣解脱。此法微妙。难可解知。我及汝等。不晓了故。久在生死。流转无穷。尔时。世尊观此义已。即说颂曰。
　　　戒定慧解上　　唯佛能分别
　　　离苦而化彼　　令断生死习
　　尔时。世尊于拘利村随宜住已．告阿难俱诣那陀村。阿难受教。即着衣持钵。与大众俱侍从世尊。路由跋祇。到那陀村。止揵椎处。
　　尔时。阿难在闲静处。默自思惟。此那陀村十二居士。一名伽伽罗。二名伽陵伽。三名毗伽陀。四名伽利输。五名遮楼。六名婆耶楼。七名婆头楼。八名薮婆头楼。九名陀梨舍瓮。十名薮达利舍瓮。十一名耶输。十二名耶输多楼。此诸人等。今者命终。为生何处。复有五十人命终。又复有五百人命终。斯生何处。作是念已。从静处起至世尊所。头面礼足。在一面坐。白佛言。世尊。我向静处。默自思惟。此那陀村十二居士伽伽罗等命终。复有五十人命终。又有五百人命终。斯生何处。唯愿解说。
　　佛告阿难。伽伽罗等十二人。断五下分结。命终生天。于彼即般涅槃。不复还此。五十人命终者。断除三结。淫．怒．痴薄。得斯陀含。还来此世。尽于苦本。五百人命终者。断除三结。得须陀洹。不堕恶趣。必定成道。往来七生。尽于苦际。阿难。夫生有死。自世之常。此何足怪。若一一人死。来问我者。非扰乱耶。
　　阿难答曰。信尔。世尊。实是扰乱。
　　佛告阿难。今当为汝说于法镜。使圣弟子知所生处。三恶道尽。得须陀洹。不过七生。必尽苦际。亦能为他说如是事。阿难。法镜者。谓圣弟子得不坏信。欢喜信佛。如来．无所著．等正觉。十号具足。欢喜信法。真正微妙。自恣所说。无有时节。示涅槃道。智者所行。欢喜信僧。善共和同。所行质直。无有谀谄。道果成就。上下和顺。法身具足。向须陀洹．得须陀洹。向斯陀含．得斯陀含。向阿那含．得阿那含。向阿罗汉．得阿罗汉。四双八辈。是谓如来贤圣之众。甚可恭敬。世之福田。信贤圣戒。清净无秽。无有缺漏。明哲所行。获三昧定。阿难。是为法镜。使圣弟子知所生处。三恶道尽。得须陀洹。不过七生。必尽苦际。亦能为他说如是事。
　　尔时。世尊随宜住已。告阿难俱诣毗舍离国。即受教行。着衣持钵。与大众俱侍从世尊。路由跋祇。到毗舍离。坐一树下。有一淫女。名庵婆婆梨。闻佛将诸弟子来至毗舍离。坐一树下。即严驾宝车。欲往诣佛所礼拜供养。未至之间。遥见世尊颜貌端正。诸根特异。相好备足。如星中月。见已欢喜。下车步进。渐至佛所。头面礼足。却坐一面。

尔时。世尊渐为说法。示教利喜。闻佛所说。发欢喜心。即白佛言。从今日始。归依三尊。唯愿听许于正法中为优婆夷。尽此形寿。不杀．不盗．不邪淫．不妄语．不饮酒。又白佛言。唯愿世尊及诸弟子明受我请。即于今暮止宿我园。尔时。世尊默然受之。女见佛默然许可。即从座起。头面礼足。绕佛而归。

其去未久。佛告阿难。当与汝等诣彼园观。

对曰。唯然。佛即从座起。摄持衣钵。与众弟子千二百五十人俱诣彼园。

时。毗舍离诸隶车辈。闻佛在庵婆婆梨园中止住。即便严驾五色宝车。或乘青车青马。衣．盖．幢幡．官属皆青。五色车马。皆亦如是。时。五百隶车服色尽同。欲往诣佛。庵婆婆梨辞佛还家。中路逢诸隶车。时。车行奔疾。与彼宝车共相钩拨。损折幢盖而不避道。隶车责曰。汝恃何势。行不避道。冲拨我车。损折麾盖。

报曰。诸贵。我已请佛明日设食。归家供办。是以行速。无容相避。

诸隶车即语女曰。且置汝请。当先与我。我当与汝百千两金。

女寻答曰。先请已定。不得相与。

时。诸隶车又语女曰。我更与汝十六倍百千两金。必使我先。

女犹不肯。我请已定。不可尔也。

时。诸隶车又语女曰。我今与尔中分国财。可先与我。

女又报曰。设使举国财宝。我犹不取。所以然者。佛住我园。先受我请。此事已了。终不相与。

诸隶车等各振手叹咤。今由斯女阙我初福。即便前进径诣彼园。

尔时。世尊遥见五百隶车。车马数万。填道而来。告诸比丘。汝等欲知忉利诸天游戏园观。威仪容饰。与此无异。汝等比丘。当自摄心。具诸威仪。云何比丘自摄其心。于是比丘内身身观。精勤不懈。忆念不忘。舍世贪忧。外身身观。精勤不懈。忆念不忘。舍世贪忧。内外身观。精勤不懈。舍世贪忧。受．意．法观。亦复如是。云何比丘具诸威仪。于是比丘可行知行。可止知止。左右顾视。屈伸俯仰。摄持衣钵。食饮汤药。不失宜则。善设方便。除去荫盖。行住坐卧。觉寤语默。摄心不乱。是谓比丘具诸威仪。

尔时。五百隶车往至庵婆婆梨园。欲到佛所。下车步进。头面礼足。却坐一面。如来在座。光相独显。蔽诸大众。譬如秋月。又如天地清明。净无尘翳。日在虚空。光明独照。尔时。五百隶车围绕侍坐。佛于众中。光相独明。是时。坐中有一梵志名曰并[既/食]。即从座起。偏袒右臂。右膝着地。叉手向佛。以偈赞曰。

30

摩竭鸯伽王	为快得善利
身被宝珠铠	世尊出其土
威德动三千	名显如雪山
如莲花开敷	香气甚微妙
今睹佛光明	如日之初出
如月游虚空	无有诸云翳
世尊亦如是	光照于世间
观如来智慧	犹闇睹锭镣
施众以明眼	决了诸疑惑

时。五百隶车闻此偈已。复告并[既/食]。汝可重说。

尔时。并[既/食]即于佛前再三重说。时。五百隶车闻重说偈已。各脱宝衣。以施并[既/食]。并[既/食]即以宝衣奉上如来。佛愍彼故。即为纳受。

尔时。世尊告毗舍离诸隶车曰。世有五宝甚为难得。何等为五。一者如来．至真出现于世。其为难得。二者如来正法能演说者。此人难得。三者如来演法能信解者。此人难得。四者如来演法能成就者。此人难得。五者险危救厄知反复者。此人难得。是谓五宝为难得也。

时。五百隶车闻佛示教利喜已。即白佛言。唯愿世尊及诸弟子明受我请。

佛告隶车。卿已请我。我今便为得供养已。庵婆婆梨女先已请讫。

时。五百隶车闻庵婆婆梨女已先请佛。各振手而言。吾欲供养如来。而今此女已夺我先。即从座起。头面礼佛。绕佛三匝。各自还归。

时。庵婆婆梨女即十其夜种种供办。明日时到。世尊即与千一百五十比丘整衣持钵。前后围绕。诣彼请所。就座而坐。时。庵婆婆梨女即设上馔。供佛及僧。食讫去钵。并除机案。时。女手执金瓶。行澡水毕。前白佛言。此毗耶离城所有园观。我园最胜。今以此园贡上如来。哀愍我故。愿垂纳受。

佛告女曰。汝可以此园施佛为首及招提僧。所以然者。如来所有园林．房舍．衣钵六物。正使诸魔．释．梵．大神力天。无有能堪受此供者。时。女受教。即以此园施佛为首及招提僧。佛愍彼故。即为受之。而说偈言。

起塔立精舍	园果施清凉
桥船以渡人	旷野施水草
及以堂阁施	其福日夜增
戒具清净者	彼必到善方

时。庵婆婆梨女取一小床于佛前坐。佛渐为说法。示教利喜。施论．戒论．生天之论。欲为大患。秽污不净。上漏为碍。出要为上。

尔时。世尊知彼女意柔软和悦。荫盖微薄。易可开化。如诸佛法。即为彼女说苦圣谛。苦集．苦灭．苦出要谛。

时。庵婆婆梨女信心清净。譬如净洁白毡易为受色。即于座上远尘离垢。诸法法眼生。见法得法。决定正住。不堕恶道。成就无畏。而白佛言。我今归依佛。归依法。归依僧。如是再三。唯愿如来听我于正法中为优婆夷。自今已后。尽寿不杀．不盗．不邪淫．不欺．不饮酒。时。彼女从佛受五戒已。舍本所习。秽垢消除。即从座起。礼佛而去。

尔时。世尊于毗舍离。随宜住已。告阿难言。汝等皆严。吾欲诣竹林丛。

对曰。唯然。即严衣钵。与大众侍从世尊。路由跋祇。至彼竹林。

时。有婆罗门名毗沙陀耶。闻佛与诸大众诣此竹林。默自思念。此沙门瞿昙。名德流布。闻于四方。十号具足。于诸天．释．梵．魔．若魔．天．沙门．婆罗门中。自身作证。为他说法。上中下言。皆悉真正。义味深奥。梵行具足。如此真人。宜往瞻睹。

时。婆罗门出于竹丛。往诣世尊。问讯讫。一面坐。世尊渐为说法。示教利喜。婆罗门闻已欢喜。即请世尊及诸大众明日舍食。时。佛默然受请。婆罗门知已许可。即从座起。绕佛而归。即于其夜。供设饮食。明日时到。唯圣知之。

尔时。世尊着衣持钵。大众围绕往诣彼舍。就座而坐。时。婆罗门设种种甘馔。供佛及僧。食讫去钵。行澡水毕。取一小床于佛前坐。尔时。世尊为婆罗门而作颂曰。

若以饮食　衣服卧具
施持戒人　则获大果
此为真伴　终始相随
所至到处　如影随形
是故种善　为后世粮
福为根基　众生以安
福为天护　行不危险
生不遭难　死则上天

尔时。世尊为婆罗门说微妙法。示教利喜已。从座而去。于时彼土谷贵饥馑。乞求难得。佛告阿难。敕此国内现诸比丘尽集讲堂。

对曰。唯然。即承教旨。宣令远近普集讲堂。

是时。国内大众皆集。阿难白佛言。大众已集。唯圣知时。

尔时。世尊即从座起。诣于讲堂。就座而坐。告诸比丘。此土饥馑。乞求难得。汝等宜各分部。随所知识。诣毗舍离及越祇国。于彼安居。可以无乏。吾独与阿难于此安居。所以然者。恐有短乏。是时。诸比丘受教即行。佛与阿难独留。

于后夏安居中。佛身疾生。举体皆痛。佛自念言。我今疾生。举身痛甚。而诸弟子悉皆不在。若取涅槃。则非我宜。今当精勤自力以留寿命。

尔时。世尊于静室出。坐清凉处。阿难见已。速疾往诣。而白佛言。今观尊颜。疾如有损。

阿难又言。世尊有疾。我心惶惧。忧结荒迷。不识方面。气息未绝。犹少醒悟。默思。如来未即灭度。世眼未灭。大法未损。何故今者不有教令于众弟子乎。

佛告阿难。众僧于我有所须耶。若有自言。我持众僧。我摄众僧。斯人于众应有教命。如来不言。我持于众。我摄于众。岂当于众有教令乎。阿难。我所说法。内外已讫。终不自称所见通达。吾已老矣。年粗八十。譬如故车。方便修治得有所至。吾身亦然。以方便力得少留寿。自力精进。忍此苦痛。不念一切想。入无想定。时我身安隐。无有恼患。是故。阿难。当自炽燃。炽燃于法。勿他炽燃。当自归依。归依于法。勿他归依。云何自炽燃。炽燃于法。勿他炽燃。当自归依。归依于法。勿他归依。阿难。比丘观内身精勤无懈。忆念不忘。除世贪忧。观外身．观内外身。精勤不懈。忆念不忘。除世贪忧。受．意．法观。亦复如是。是谓。阿难。自炽燃。炽燃于法。勿他炽燃。当自归依。归依于法。勿他归依。

佛告阿难。吾灭度后。能有修行此法者。则为真我弟子第一学者。

佛告阿难。俱至遮婆罗塔。

对曰。唯然。

如来即起。着衣持钵。诣一树下。告阿难。敷座。吾患背痛。欲于此止。

对曰。唯然。寻即敷座。

如来坐已。阿难敷一小座于佛前坐。佛告阿难。诸有修四神足。多修习行。常念不忘。在意所欲。可得不死一劫有余。阿难。佛四神足已多修行。专念不忘。在意所欲。如来可止一劫有余。为世除冥。多所饶益。天人获安。

尔时。阿难默然不对。如是再三。又亦默然。是时阿难为魔所蔽。曚曚不悟。佛三现相而不知请。

佛告阿难。宜知是时。阿难承佛意旨。即从座起。礼佛而去。去佛不远。在一树下静意思惟。

其间未久。时魔波旬来白佛。佛意无欲。可般涅槃。今正是时。宜速灭度。

佛告波旬。且止。且止。我自知时。如来今者未取涅槃。须我诸比丘集。又能自调。勇捍无怯。到安隐处。逮得己利。为人导师。演布经教。显于句义。若有异论。能以正法而降伏之。又以神变。自身作证。如是弟子皆悉未集。又诸比丘尼．优婆塞．优婆夷。普皆如是。亦复未集。今者要当广于梵行。演布觉意。使诸天人普见神变。

时。魔波旬复白佛言。佛昔于郁鞞罗尼连禅水边。阿游波尼俱律树下初成正觉。我时至世尊所。劝请如来可般涅槃。今正是时。宜速灭度。尔时。如来即报我言。止。止。波旬。我自知时。如来今者未取涅槃。须我诸弟子集。乃至天人见神变化乃取灭度。佛今弟子已集。乃至天人见神变化。今正是时。何不灭度。

佛言。止。止。波旬。佛自知时不久住也。是后三月。于本生处拘尸那竭婆罗园双树间。当取灭度。时。魔即念。佛不虚言。今必灭度。欢喜踊跃。忽然不现。

魔去未久。佛即于遮婆罗塔。定意三昧。舍命住寿。当此之时。地大震动。举国人民莫不惊怖。衣毛为竖。佛放大光。彻照无穷。幽冥之处。莫不蒙明。各得相见。尔时。世尊以偈颂曰。

　　有无二行中　　吾今舍有为
　　内专三昧定　　如鸟出于卵

尔时。贤者阿难心惊毛竖。疾行诣佛。头面礼足。却住一面。白佛言。怪哉。世尊。地动乃尔。是何因缘。

佛告阿难。凡世地动。有八因缘。何等八。夫地在水上。水止于风。风止于空。空中大风有时自起。则大水扰。大水扰则普地动。是为一也。复次。阿难。有时得道比丘．比丘尼及大神尊天。观水性多。观地性少。欲知试力。则普地动。是为二也。复次。阿难。若始菩萨从兜率天降神母胎。专念不乱。地为大动。是为三也。复次。阿难。菩萨始出母胎。从右胁生。专念不乱。则普地动。是为四也。复次。阿难。菩萨初成无上正觉。当于此时。地大震动。是为五也。复次。阿难。佛初成道。转无上法轮。魔．若魔．天．沙门．婆罗门．诸天．世人所不能转。则普地动。是为六也。复次。阿难。佛教将毕。专念不乱。欲舍性命。则普地动。是为七也。复次。阿难。如来于无余涅槃界般涅槃时。地大振动。是为八也。以是八因缘。令地大动。尔时。世尊即说偈言。

　　无上二足尊　　照世大沙门
　　阿难请天师　　地动何因缘
　　如来演慈音　　声如迦毗陵
　　我说汝等听　　地动之所由
　　地因水而止　　水因风而住
　　若虚空风起　　则地为大动
　　比丘比丘尼　　欲试神足力
　　山海百草木　　大地皆震动
　　释梵诸尊天　　意欲动于地

山海诸鬼神	大地为震动
菩萨二足尊	百福相已具
始入母胎时	地则为大动
十月处母胎	如龙卧茵蓐
初从右胁生	时地则大动
佛为童子时	消灭使缘缚
成道胜无量	地则为大动
升仙转法轮	于鹿野苑中
道力降伏魔	则地大为动
天魔频来请	劝佛般泥洹
佛为舍性命	地则为大动
人尊大导师	神仙尽后有
难动而取灭	时地则大动
净眼说诸缘	地动八事动
有此亦有余	时地皆震动

佛说长阿含经卷第三

游行经第二中

佛告阿难。世有八众。何谓八。一曰刹利众。二曰婆罗门众。三曰居士众。四曰沙门众。五曰四天王众。六曰忉利天众。七曰魔众。八曰梵天众。我自忆念。昔者。往来与刹利众坐起言语。不可称数。以精进定力。在所能现。彼有好色。我色胜彼。彼有妙声。我声胜彼。彼辞我退。我不辞彼。彼所能说。我亦能说。彼所不能。我亦能说。阿难。我广为说法。示教利喜已。即于彼没。彼不知我是天．是人。如是至梵天众。往返无数。广为说法。而莫知我谁。

阿难白佛言。甚奇。世尊。未曾有也。乃能成就如是。

佛言。如是微妙希有之法。阿难。甚奇。甚特。未曾有也。唯有如来能成此法。

又告阿难。如来能知受起．住．灭。想起．住．灭。观起．住．灭。此乃如来甚奇甚特未曾有法。汝当受持。

尔时。世尊告阿难。俱诣香塔。在一树下。敷座而坐。

佛告阿难。香塔左右现诸比丘。普敕令集讲堂。

阿难受教。宣令普集。阿难白佛。大众已集。唯圣知时。

尔时。世尊即诣讲堂。就座而坐。告诸比丘。汝等当知我以此法自身作证。成最正觉。谓四念处．四意断．四神足．四禅．五根．五力．七觉意．贤圣八道。汝等宜当于此法中和同敬顺。勿生诤讼。同一师受。同一水乳。于我法中宜勤受学。共相炽然。共相娱乐。比丘当知我于此法自身作证。布现于彼。谓贯经．祇夜经．受记经．偈经．法句经．相应经．本缘经．天本经．广经．未曾有经．证喻经．大教经。汝等当善受持。称量分别。随事修行。所以者何。如来不久。是后三月当般泥洹。

诸比丘闻此语已。皆悉愕然。殒绝迷荒。自投于地。举声大呼曰。一何駛哉。佛取灭度。一何痛哉。世间眼灭。我等于此。已为长衰。或有比丘悲泣躄踊。宛转嚘啕。不能自胜。犹如斩蛇。宛转回遑。莫知所奉。

佛告诸比丘曰。汝等且止。勿怀忧悲。天地人物。无生不终。欲使有为不变易者。无有是处。我亦先说恩爱无常。合会有离。身非己有。命不久存。尔时。世尊以偈颂曰。

```
我今自在    到安隐处
和合大众    为说此义
吾年老矣    余命无几
所作已办    今当舍寿
念无放逸    比丘戒具
自摄定意    守护其心
若于我法    无放逸者
能灭苦本    尽生老死
```

又告比丘。吾今所以诫汝者何。天魔波旬向来请我。佛意无欲。可般泥洹。今正是时。宜速灭度。我言。止。止。波旬。佛自知时。须我诸比丘集。乃至诸天普见神变。波旬复言。佛昔于郁鞞罗尼连禅河水边。阿游波尼俱律树下初成佛道。我时白佛。佛意无欲。可般泥洹。今正是时。宜速灭度。尔时。如来即报我言。止。止。波旬。我自知时。如来今者未取灭度。须我诸弟子集。乃至天人见神变化。乃取灭度。今者如来弟子已集。乃至天人见神变化。今正是时。宜可灭度。我言。止。止。波旬。佛自知时。不久住也。是后三月当般涅槃。时。魔即念。佛不虚言。今必灭度。欢喜踊跃。忽然不现。魔去未久。即于遮波罗塔。定意三昧。舍命住寿。当此之时。地大震动。天人惊怖。衣毛为竖。佛放大光。彻照无穷。幽冥之处。莫不蒙明。各得相见。我时颂曰。

```
有无二行中    吾今舍有为
内专三昧定    如鸟出于卵
```

尔时。贤者阿难即从座起。偏袒右肩。右膝着地。长跪叉手白佛言。唯愿世尊留住一劫。勿取灭度。慈愍众生。饶益天人。

尔时。世尊默然不对。如是三请。佛告阿难。汝信如来正觉道不。

对曰。唯然。实信。

佛言。汝若信者。何故三来触娆我为。汝亲从佛闻。亲从佛受。

诸有能修四神足。多修习行。常念不忘。在意所欲。可得不死一劫有余。佛四神足已多习行。专念不忘。在意所欲。可止不死一劫有余。为世除冥。多所饶益。天人获安。尔时。何不重请。使不灭度。再闻尚可。乃至三闻。犹不劝请留住一劫。一劫有余。为世除冥。多所饶益。天人获安。今汝方言。岂不愚耶。吾三现相。汝三默然。汝于尔时。何不报我。如来可止一劫。一劫有余。为世除冥。多所饶益。且止。阿难。吾已舍性命。已弃已吐。欲使如来自违言者。无有是处。譬如豪贵长者。吐食于地。宁当复有肯还取食不。

对曰。不也。

如来亦然。已舍已吐。岂当复自还食言乎。

佛告阿难俱诣庵婆罗村。即严衣钵。与诸大众侍从世尊。路由跋祇到庵婆罗村。在一山林。尔时。世尊为诸大众说戒．定．慧。修戒获定。得大果报。修定获智。得大果报。修智心净。得等解脱。尽于三漏。欲漏．有漏．无明漏。已得解脱。生解脱智。生死已尽。梵行已立。所作已办。不受后有。

尔时。世尊于庵婆罗村。随宜住已。

佛告阿难。汝等皆严。当诣瞻婆村．揵荼村．婆梨婆村及诣负弥城。

对曰。唯然。即严衣钵。与诸大众侍从世尊。路由跋祇渐至他城。于负弥城北。止尸舍婆林。

佛告诸比丘。当与汝等说四大教法。谛听。谛听。善思念之。

诸比丘言。唯然。世尊。愿乐欲闻。

何谓为四。若有比丘作如是言。诸贤。我于彼村．彼城．彼国。躬从佛闻。躬受是教。从其闻者。不应不信。亦不应毁。当于诸经推其虚实。依律．依法究其本末。若其所言非经．非律．非法。当语彼言。佛不说此。汝谬受耶。所以然者。我依诸经．依律．依法。汝先所言。与法相违。贤士。汝莫受持。莫为人说。当捐舍之。若其所言依经．依律．依法者。当语彼言。汝所言是真佛所说。所以然者。我依诸经．依律．依法。汝先所言。与法相应。贤士。汝当受持。广为人说。慎勿捐舍。此为第一大教法也。

复次。比丘作如是言。我于彼村．彼城．彼国。和合众僧．多闻耆旧。亲从其闻。亲受是法．是律．是教。从其闻者。不应不信。亦不应毁。当于诸经推其虚实。依法．依律究其本末。若其所言非经．非律．非法者。当语彼言。佛不说此。汝于彼众谬听受耶。所以然者。我依诸经．依律．依法。汝先所言。与法相违。贤士。汝莫持此。莫为人说。当捐舍之。若其所言依经．依律．依法者。当语彼言。汝所言是真佛所说。所以者何。我依诸经．依律．依法。汝先所言。与法相应。贤士。汝当受持。广为人说。慎勿捐舍。此为第二大教法也。

复次。比丘作如是言。我于彼村．彼城．彼国。众多比丘持法．持律．持律仪者。亲从其闻。亲受是法．是律．是教。从其闻者。不应不信。亦不应毁。当于诸经推其虚实。依法．依律究其本末。若其所言非经．非律．非法者。当语彼言。佛不说此。汝于众多比丘谬听受耶。所以然者。我依诸经．依律．依法。汝先所言。与法相违。贤士。汝莫受持。莫为人说。当捐舍之。若其所言依经．依律．依法者。当语彼言。汝所言是真佛所说。所以然者。我依诸经．依律．依法。汝先所言。与法相应。贤士。汝当受持。广为人说。慎勿捐舍。是为第三大教法也。

复次。比丘作如是言。我于彼村．彼城．彼国。一比丘持法．持律．持律仪者。亲从其闻。亲受是法．是律．是教。从其闻者。不应不信。亦不应毁。当于诸经推其虚实。依法．依律究其本末。若所言非经．非律．非法者。当语彼言。佛不说此。汝于一比丘所谬听受耶。所以然者。我依诸经．依法．依律。汝先所言。与法相违。贤士。汝莫受持。莫为人说。当捐舍之。若其所言依经．依律．依法者。当语彼言。汝所言是真佛所说。所以然者。我依诸经．依律．依法。汝先所言。与法相应。贤士。当勤受持。广为人说。慎勿捐舍。是为第四大教法也。

尔时。世尊于负弥城随宜住已。告贤者阿难俱诣波婆城。对曰。唯然。即严衣钵。与诸大众侍从世尊。路由末罗至波婆城阇头园中。时。有工师子。名曰周那。闻佛从彼末罗来至此城。即自严服。至世尊所。头面礼足。在一面坐。时。佛渐为周那说法正化。示教利喜。周那闻佛说法。信心欢喜。即请世尊明日舍食。时。佛默然受请。周那知佛许可。即从座起。礼佛而归。寻于其夜供设饭食。明日时到。唯圣知时。

尔时。世尊法服持钵。大众围绕。往诣其舍。就座而坐。是时。周那寻设饮食。供佛及僧。别煮栴檀树耳。世所奇珍。独奉世尊。

佛告周那。勿以此耳与诸比丘。周那受教。不敢辄与。时。彼众中有一长老比丘。晚暮出家。于其座上以余器取。

尔时。周那见众食讫。并除钵器。行澡水毕。即于佛前以偈问曰。

　　敢问大圣智　　正觉二足尊
　　善御上调伏　　世有几沙门

尔时。世尊以偈答曰。

　　如汝所问者　　沙门凡有四
　　志趣各不同　　汝当识别之
　　一行道殊胜　　二善说道义
　　三依道生活　　四为道作秽
　　何谓道殊胜　　善说于道义

依道而生活	有为道作秽
能度恩爱刺	入涅槃无疑
超越天人路	说此道殊胜
善解第一义	说道无垢秽
慈仁决众疑	是为善说道
善敷演法句	依道以自生
遥望无垢场	名依道生活
内怀于奸邪	外像如清白
虚诳无成实	此为道作秽
云何善恶俱	净与不净杂
相似现外好	如铜为金涂
俗人遂见此	谓圣智弟子
余者不尽尔	勿舍清净信
一人持大众	内浊而外清
现闭奸邪迹	而实怀放荡
勿视外容貌	卒见便亲敬
现闭奸邪迹	而实怀放荡

尔时。周那取一小座于佛前坐。渐为说法。示教利喜已。大众围绕。侍从而还。中路止一树下。告阿难言。吾患背痛。汝可敷座。

对曰。唯然。寻即敷座。世尊止息。时。阿难又敷一小座于佛前坐。

佛告阿难。向者周那无悔恨意耶。设有此意。为由何生。

阿难白佛言。周那设供。无有福利。所以者何。如来最后于其舍食便取涅槃。

佛告阿难。勿作是言。勿作是言。今者周那为获大利。为得寿命。得色。得力。得善名誉。生多财宝。死得生天。所欲自然。所以者何。佛初成道能施食者。佛临灭度能施食者。此二功德正等无异。汝今可往语彼周那。我亲从佛闻。亲受佛教。周那设食。今获大利。得大果报。

时。阿难承佛教旨。即诣彼所。告周那曰。我亲从佛闻。亲从佛受教。周那设食。今获大利。得大果报。所以然者。佛初得道能饭食者。及临灭度能饭食者。此二功德正等无异。

周那舍食已	始闻如此言
如来患甚笃	寿行今将讫
虽食栴檀耳	而患犹更增
抱病而涉路	渐向拘夷城

尔时。世尊即从座起。小复前行。诣一树下。又告阿难。吾背痛甚。汝可敷座。

对曰。唯然。寻即敷座。如来止息。阿难礼佛足已。在一面坐。

时。有阿罗汉弟子。名曰福贵。于拘夷那竭城向波婆城。中路见佛在一树下。容貌端正。诸根寂定。得上调意第一寂灭。譬如大龙。亦如澄水。清净无秽。见已欢喜。善心生焉。即到佛所。头面礼足。在一面坐。而白佛言。世尊。出家之人在清净处。慕乐闲居。甚奇特也。有五百乘车经过其边。而不闻见。我师一时在拘夷那竭城．波婆城。二城中间道侧树下。静默而坐。时有五百乘车经过其边。车声轰轰觉而不闻。是时。有人来问我师。向群车过。宁见不耶。对曰。不见。又问。闻耶。对曰。不闻。又问。汝在此耶。在余处耶。答曰。在此。又问。汝醒悟耶。答曰。醒悟。又问。汝为觉寐。答曰。不寐。彼人默念。是希有也。出家之人专精乃尔。车声轰轰觉而不闻。即语我师曰。向有五百乘车从此道过。车声振动。尚自不闻。岂他闻哉。即为作礼。欢喜而去。

佛告福贵。我今问汝。随意所答。群车振动觉而不闻。雷动天地觉而不闻。何者为难。

福贵白佛言。千万车声。岂等雷电。不闻车声未足为难。雷动天地觉而不闻。斯乃为难。

佛告福贵。我于一时游阿越村。在一草庐。时有异云暴起。雷电霹雳。杀四特牛。耕者兄弟二人。人众大聚。时。我出草庐。彷徉经行。彼大众中有一人来至我所。头面礼足。随我经行。我知而故问。彼大众聚何所为耶。其人即问。佛向在何所。为觉寐耶。答曰。在此。时不寐也。其人亦叹希闻得定如佛者也。雷电霹雳。声聒天地。而独寂定觉而不闻。乃白佛言。向有异云暴起。雷电霹雳。杀四特牛．耕者兄弟二人。彼大众聚。其正为此。其人心悦即得法喜。礼佛而去。

尔时。福贵被二黄叠。价直百千。即从座起。长跪叉手而白言。今以此叠奉上世尊。愿垂纳受。

佛告福贵。汝以一叠施我。一施阿难。尔时。福贵承佛教旨。一奉如来。一施阿难。佛愍彼故。即为纳受。时。福贵礼佛足已。于一面坐。佛渐为说法。示教利喜。施论．戒论．生天之论。欲为大患．不净．秽污。上漏为碍。出要为上。

时。佛知福贵意。欢喜柔软。无诸盖．缠。易可开化。如诸佛常法。即为福贵说苦圣谛。苦集．苦灭．苦出要谛。时。福贵信心清净。譬如净洁白叠。易为受色。即于座上远尘离垢。诸法法眼生。见法得法。决定正住。不堕恶道。成就无畏。而白佛言。我今归依佛．归依法．归依僧。唯愿如来听我于正法中为优婆塞。自今已后。尽寿不杀．不盗．不淫．不欺．不饮酒。唯愿世尊听我于正法中为优婆塞。

又白佛言。世尊。游化若诣波婆城。唯愿屈意过贫聚中。所以然者。欲尽有家饮食．床卧．衣服．汤药。奉献世尊。世尊受已。家内获安。

佛言。汝所言善。

尔时。世尊为福贵说法。示教利喜已。即从座起。头面礼足。欢喜而去。其去未久。阿难寻以黄叠奉上如来。如来哀愍。即为受之。被于身上。尔时。世尊颜貌纵容。威光炽盛。诸根清净。面色和悦。阿难见已。默自思念。自我得侍二十五年。未曾见佛面色光泽。发明如金。即从座起。右膝着地。叉手合掌。前白佛言。自我得侍二十五年。未曾见佛光色如金。不审何缘。愿闻其意。

佛告阿难。有二因缘。如来光色有殊于常。一者佛初得道。成无上正真觉时。二者临欲灭度。舍于性命般涅槃时。阿难。以此二缘。光色殊常。尔时。世尊即说颂曰。

  金色衣光悦　　细软极鲜净
  福贵奉世尊　　如雪白毫光

佛命阿难。吾渴欲饮。汝取水来。

阿难白言。向有五百乘车于上流渡。水浊未清。可以洗足。不中饮也。

如是三敕。阿难。汝取水来。

阿难白言。今拘孙河去此不远。清冷可饮。亦可澡浴。

时。有鬼神居在雪山。笃信佛道。即以钵盛八种净水。奉上世尊。佛愍彼故。寻为受之。而说颂曰。

  佛以八种音　　敕阿难取水
  吾渴今欲饮　　饮已诣拘尸
  柔软和雅音　　所言悦众心
  给侍佛左右　　寻白于世尊
  向有五百车　　截流渡彼岸
  浑浊于此水　　饮恐不便身
  拘留河不远　　水美甚清冷
  往彼可取饮　　亦可澡浴身
  雪山有鬼神　　奉上如来水
  饮已威势强　　众中师子步
  其水神龙居　　清澄无浊秽
  圣颜如雪山　　安详度拘孙

尔时。世尊即诣拘孙河。饮已澡浴。与众而去。中路止息在一树下。告周那曰。汝取僧伽梨四牒而敷。吾患背痛。欲暂止息。周那受教。敷置已讫。佛坐其上。周那礼已。于一面坐。而白佛言。我欲般涅槃。我欲般涅槃。

佛告之曰。宜知是时。于是。周那即于佛前便般涅槃。佛时颂曰。

  佛趣拘孙河　　清凉无浊秽

人中尊入水　　澡浴度彼岸
　　大众之原首　　教敕于周那
　　吾今身疲极　　汝速敷卧具
　　周那寻受教　　四牒衣而敷
　　如来既止息　　周那于前坐
　　即白于世尊　　我欲取灭度
　　无爱无憎处　　今当到彼方
　　无量功德海　　最胜告彼曰
　　汝所作已办　　今宜知是时
　　见佛已听许　　周那倍精勤
　　灭行无有余　　如灯尽火灭
　　时。阿难即从座起。前白佛言。佛灭度后。葬法云何。
　　佛告阿难。汝且默然。思汝所业。诸清信士自乐为之。
　　时。阿难复重三启。佛灭度后。葬法云何。
　　佛言。欲知葬法者。当如转轮圣王。
　　阿难又白。转轮圣王葬法云何。
　　佛告阿难。圣王葬法。先以香汤洗浴其体。以新劫贝周遍缠身。以五百张叠次如缠之。内身金棺灌以麻油毕。举金棺置于第二大铁椁中。栴檀香椁次重于外。积众名香。厚衣其上而阇维之。讫收舍利。于四衢道起立塔庙。表刹悬缯。使国行人皆见法王塔。思慕正化。多所饶益。阿难。汝欲葬我。先以香汤洗浴。用新劫贝周遍缠身。以五百张叠次如缠之。内身金棺灌以麻油毕。举金棺置于第二大铁椁中。旃檀香椁次重于外。积众名香。厚衣其上而阇维之。讫收舍利。于四衢道起立塔庙。表刹悬缯。使诸行人皆见佛塔。思慕如来法王道化。生获福利。死得上天。于时。世尊重观此义。而说颂曰。

　　阿难从坐起　　长跪白世尊
　　如来灭度后　　当以何法葬
　　阿难汝且默　　思惟汝所行
　　国内诸清信　　自当乐为之
　　阿难三请已　　佛说转轮葬
　　欲葬如来身　　叠裹内棺椁
　　四衢起塔庙　　为利益众生
　　诸有礼敬者　　皆获无量福

　　佛告阿难。天下有四种人。应得起塔。香花缯盖。伎乐供养。何等为四。一者如来应得起塔。二者辟支佛。三者声闻人。四者转轮王。阿难。此四种人应得起塔。香华缯盖。伎乐供养。尔时。世尊以偈颂曰。

　　佛应第一塔　　辟支佛声闻
　　及转轮圣王　　典领四域主

斯四应供养　　如来之所记
　　佛辟支声闻　　及转轮王塔
　　尔时。世尊告阿难。俱诣拘尸城。末罗双树间。
　　对曰。唯然。即与大众围绕世尊。在道而行。
　　有一梵志从拘尸城趣波婆城。中路遥见世尊颜貌端正。诸根寂定。见已欢喜。善心自生。前至佛所。问讯讫。一面住。而白佛言。我所居村去此不远。唯愿瞿昙于彼止宿。清旦食已。然后趣城。
　　佛告梵志。且止。且止。汝今便为供养我已。
　　时。梵志殷勤三请。佛答如初。又告梵志。阿难在后。汝可语意。
　　时。梵志闻佛教已。即诣阿难。问讯已。于一面立。白阿难言。我所居村去此不远。欲屈瞿昙于彼止宿。清旦食已。然后趣城。
　　阿难报曰。止。止。梵志。汝今已为得供养已。
　　梵志复请。殷勤至三。阿难答曰。时既暑热。彼村远迥。世尊疲极。不足劳娆。
　　尔时。世尊观此义已。即说颂曰。
　　净眼前进路　　疲极向双树
　　梵志遥见佛　　速诣而稽首
　　我村今在近　　哀愍留一宿
　　清旦设微供　　然后向彼城
　　梵志我身倦　　道远不能过
　　监藏者在后　　汝可住语意
　　承佛教旨已　　即诣阿难所
　　唯愿至我村　　清旦食已去
　　阿难曰止止　　时热不相赴
　　三请不遂愿　　忧恼不悦乐
　　咄此有为法　　流迁不常住
　　今于双树间　　灭我无漏身
　　佛辟支声闻　　一切皆归灭
　　无常无拣择　　如火焚山林
　　尔时。世尊入拘尸城。向本生处末罗双树间。告阿难曰。汝为如来于双树间敷置床座。使头北首。面向西方。所以然者。吾法流布。当久住北方。
　　对曰。唯然。即敷座。令北首。
　　尔时。世尊自四㪺僧伽梨。偃右胁如师子王。累足而卧。
　　时。双树间所有鬼神笃信佛者。以非时花布散于地。尔时。世尊告阿难曰。此双树神以非时华供养于我。此非供养如来。
　　阿难白言。云何名为供养如来。
　　语阿难。人能受法。能行法者。斯乃名曰供养如来。佛观此义。

而说颂曰。
　　佛在双树间　　偃卧心不乱
　　树神心清净　　以花散佛上
　　阿难白佛言　　斋何名供养
　　受法而能行　　觉华而为供
　　紫金华如轮　　散佛未为供
　　阴界入无我　　乃名第一供
　尔时。梵摩那即于佛前执扇扇佛。佛言。汝却。勿在吾前。
　时。阿难默自思念。此梵摩那常在佛左右。供给所须。当尊敬如来。视无厌足。今者末后须其瞻视。乃命使却。意将何因。于是。阿难即整衣服。前白佛言。此梵摩那常在佛左右。供给所须。当尊敬如来。视无厌足。今者末后须其瞻视。而命使却。将有何因。
　佛告阿难。此拘尸城外有十二由旬。皆是诸大神天之所居宅。无空缺处。此诸大神皆嫌此比丘当佛前立。今佛末后垂当灭度。吾等诸神。冀一奉觐。而此比丘有大威德。光明映蔽。使我曹等不得亲近礼拜供养。阿难。我以是缘。故命使却。
　阿难白佛。此尊比丘本积何德。修何行业。今者威德乃如是乎。
　佛告阿难。乃往过去久远九十一劫。时世有佛。名毗婆尸。时此比丘以欢喜心。手执草炬。以照彼塔。由此因缘。使今威光上彻二十八天。诸天神光所不能及。
　尔时。阿难即从座起。偏袒右肩。长跪叉手而白佛言。莫于此鄙陋小城荒毁之土取灭度也。所以者何。更有大国瞻婆大国．毗舍离国．王舍城．婆祇国．舍卫国．迦维罗卫国．波罗棕国。其土人民众多。信乐佛法。佛灭度已。必能恭敬供养舍利。
　佛言。止。止。勿造斯观。无谓此土以为鄙陋。所以者何。昔者。此国有王名大善见。此城时名拘舍婆提。大王之都城。长四百八十里。广二百八十里。是时。谷米丰贱。人民炽盛。其城七重。绕城栏楯亦复七重。雕文刻镂。间悬宝铃。其城下基深三仞。高十二仞。城上楼观高十二仞。柱围三仞。金城银门。银城金门。琉璃城水精门。水精城琉璃门。
　其城周圆四宝庄严。间错栏楯亦以四宝。金楼银铃。银楼金铃。宝堑七重。中生莲花。优钵罗花．钵头摩花．俱物头花．分陀利花。下有金沙布现其底。侠道两边生多邻娑树。其金树者。银叶花实。其银树者。金叶花实。水精树者。琉璃花实。琉璃树者。水精花实。多邻树间有众浴池。清流深潭。洁净无秽。以四宝砖间砌其边。金梯银蹬。银梯金蹬。琉璃梯金蹬。琉璃梯陛水精为蹬。水精梯陛琉璃为蹬。周匝栏楯。辽绕相承。其城处处生多邻树。其金树者。银叶花实。其银树者。金叶花实。水精树者。琉璃花实。琉璃树者。水精花实。树间亦有四种宝池。生四种花。街巷齐整。行伍相当。风吹众花。纷纷路侧。微风四起。吹诸宝树。出柔软音。犹如天乐。其国人民。男女大小。共游树间。以自娱乐。其国常有十种声。贝声．鼓声．波罗声．歌声．舞声．吹声．象声．马声．车声．饮食戏笑声。

尔时。大善见王七宝具足。王有四德。主四天下。何谓七宝。一．金轮宝。二．白象宝。三．绀马宝。四．神珠宝。五．玉女宝。六．居士宝。七．主兵宝。云何善见大王成就金轮宝。王常以十五日月满时。沐浴香汤。升高殿上。婇女围绕。自然轮宝忽现在前。轮有千辐。光色具足。天匠所造。非世所有。真金所成。轮径丈四。大善见王默自念言。我曾从先宿诸旧闻如是语。刹利王水浇头种。以十五日月满时。沐浴香汤。升宝殿上。婇女围绕。自然金轮忽现在前。轮有千辐。光色具足。天匠所造。非世所有。真金所成。轮径丈四。是则名为转轮圣王。今此轮现。将无是耶。今我宁可试此轮宝。

时。大善见王即召四兵。向金轮宝偏露右臂。右膝着地。以右手摩扪金轮。语言。汝向东方。如法而转。勿违常则。轮即东转。时。善见王即将四兵随其后行。金轮宝前有四神引导。轮所住处。王即止驾。尔时。东方诸小国王见大王至。以金钵盛银粟。银钵盛金粟。来趣王所。拜首白言。善来。大王。今此东方土地丰乐。人民炽盛。志性仁和。慈孝中顺。唯愿圣王于此治政。我等当给使左右。承受所宜。当时。善见大王语小王言。止。止。诸贤。汝等则为供养我已。但当以正法治。勿使偏枉。无令国内有非法行。此即名曰我之所治。

时。诸小王闻此教已。即从大王巡行诸国。至东海表。次行南方．西方．北方。随轮所至。其诸国王各献国土。如东方诸小王此。时。善见王既随金轮。周行四海。以道开化。安慰民庶已。还本国拘舍婆城。时。金轮宝在宫门上虚空中住。大善见王踊跃而言。此金轮宝真为我瑞。我今真为转轮圣王。是为金轮宝成就。

云何善见大王成就白象宝。时。善见大王清旦在正殿上坐。自然象宝忽现在前。其毛纯白。七处平住。力能飞行。其首杂色。六牙纤[月+庸]。真金间填。时王见已。念言。此象贤良。若善调者。可中御乘。即试调习。诸能悉备。时。善见大王欲自试象。即乘其上。清旦出城。周行四海。食时已还。时。善见王踊跃而言。此白象宝真为我瑞。我今真为转轮圣王。是为象宝成就。

云何善见大王成就马宝。时。善见大王清旦在正殿上坐。自然马宝忽现在前。绀青色。朱髦尾。头颈如象。力能飞行。时王见已。念言。此马贤良。若善调者。可中御乘。即试调习。诸能悉备。时。善见王欲自试马宝。即乘其上。清旦出城。周行四海。食时已还。时。善见王踊跃而言。此绀马宝真为我瑞。我今真为转轮圣王。是为绀马宝成就。

云何善见大王神珠宝成就。时。善见大王于清旦在正殿上坐。自然神珠忽现在前。质色清彻。无有瑕秽。时王见已。言。此珠妙好。

45

若有光明。可照宫内。时。善见王欲试此珠。即召四兵。以此宝珠置高幢上。于夜冥中赍幢出城。其珠光明。照诸军众。犹如昼日。于军众外周匝。复能照一由旬。现城中人皆起作务。谓为是昼。时。王善见踊跃而言。今此神珠真为我瑞。我今真为转轮圣王。是为神珠宝成就。

云何善见大王成就玉女宝。时。玉女宝忽然出现。颜色从容。面貌端正。不长不短。不粗不细。不白不黑。不刚不柔。冬则身温。夏则身凉。举身毛孔出栴檀香。口出优钵罗华香。言语柔软。举动安详。先起后坐。不失宜则。时。王善见清净无著。心不暂念。况复亲近。时。王善见踊跃而言。此玉女宝真为我瑞。我今真为转轮圣王。是为玉女宝成就。

云何善见大王居士宝成就。时。居士丈夫忽然自出。宝藏自然。财富无量。居士宿福眼。能彻视地中伏藏。有主无主。皆悉见知。其有主者。能为拥护。其无主者。取给王用。时。居士宝往白王言。大王。有所给与。不足为忧。我自能办。时。善见王欲试居士宝。即来严船于水游戏。告居士曰。我须金宝。汝速与我。居士报曰。大王小待。须至岸上。王寻逼言。我停须用。正今得来。时。居士宝被王严来。即于船上长跪。以右手内着水中。水中宝瓶随手而出。如虫缘树。彼居士宝。亦复如是。内手水中。宝缘手出。充满船上。而白王言。向须宝用。为须几许。时。王善见语居士言。止。止。吾无所须。向相试耳。汝今便为供养我已。时。彼居士闻王语已。寻以宝物还投水中。时。善见王踊跃而言。此居士宝真为我瑞。我今真为转轮圣王。是为居士宝成就。

云何善见大王主兵宝成就。时。主兵宝忽然出现。智谋雄猛。英略独决。即诣王所白言。大王。有所讨罚。王不足忧。我自能办。时。善见大王欲试主兵宝。即集四兵而告之曰。汝今用兵。未集者集。已集者放。未严者严。已严者解。未去者去。已去者住。时。主兵宝闻王语已。即令四兵。未集者集。已集者放。未严者严。已严者解。未去者去。已去者住。时。善见王踊跃而言。此主兵宝真为我瑞。我今真为转轮圣王。阿难。是为善见转轮圣王成就七宝。

何谓四神德。一者长寿不夭。无能及者。二者身强无患。无能及者。三者颜貌端正。无能及者。四者宝藏盈溢。无能及者。是为转轮圣王成就七宝及四功德。

阿难。时。善见王久乃命驾。出游后园。寻告御者。汝当善御。安详而行。所以然者。吾欲谛观国土人民安乐无患。时。国人民路次观者。复语侍人。汝且徐行。吾欲谛观圣王威颜。阿难。时。善见王慈育民物。如父爱子。国民慕王。如子仰父。所有珍奇尽以贡王。愿垂纳受。在意所与。时王报曰。且止。诸人。吾自有宝。汝可自用。复于异时。王作是念。我今宁可造作宫观。适生是意。时国人民诣王善见。各白王言。我今为王造作宫殿。王报之曰。我今以为得汝供养。我有宝物。自足成办。时。国人民复重启王。我欲与王造立宫殿。王告人民。随汝等意。时。诸人民承王教已。即以八万四千两车。载金而来。诣拘舍婆城。造立法殿。时。第二忉利妙匠天子默自思念。唯我能堪与善见王起正法殿。

阿难。时。妙匠天造法殿。长六十里。广三十里。四宝庄严。下基平整。七重宝砖以砌其阶。其法殿柱有八万四千。金柱银栌。银柱金栌。琉璃．水精栌柱亦然。绕殿周匝。有四栏楯。皆四宝成。又四阶陛亦四宝成。其法殿上有八万四千宝楼。其金楼者银为户牖。其银楼者金为户牖。水精．琉璃楼户亦然。金楼银床。银楼金床。綩綖细软。金缕织成。布其座上。水精．琉璃楼床亦然。其殿光明。眩曜人目。犹日盛明。无能视者。时。善见王自生念言。我今可于是殿左右起多邻园池。即造园池。纵广一由旬。

又复自念。于法殿前造一法池。寻即施造。纵广一由旬。其水清澄。洁净无秽。以四宝砖厕砌其下。绕池四边。栏楯周匝。皆以黄金．白银．水精．琉璃四宝合成。其池中水生众杂华。优钵罗华．波头摩华．俱物头华．分陀利华。出微妙香。馚馥四散。其池四面陆地生华。阿醯物多华．瞻卜华．波罗罗华．须曼陀华．婆师迦华．檀俱摩梨华。使人典池。诸行过者将入洗浴。游戏清凉。随意所欲。须浆与浆。须食与食。衣服．车马．香华．财宝。不逆人意。

阿难。时。善见王有八万四千象。金银校饰。络用宝珠。齐象王为第一。八万四千马。金银校饰。络用宝珠。力马王为第一。八万四千车。师子革络。四宝庄严。金轮宝为第一。八万四千珠。神珠宝为第一。八万四千玉女。玉女宝为第一。八万四千居士。居士宝为第一。八万四千刹利。主兵宝为第一。八万四千城。拘尸婆提城为第一。八万四千殿。正法殿为第一。八万四千楼。大正楼为第一。八万四千床。皆以黄金．白银．众宝所成。氍[毯-炎+數]氀[毯-炎+登]。綩綖细软。以布其上。八万四千亿衣。初摩衣．迦尸衣．劫波衣为第一。八万四千种食。日日供设。味味各异。

阿难。时。善见王八万四千象。乘齐象上。清旦出拘尸城。案行天下。周遍四海。须臾之间。还入城食。八万四千马。乘力马宝。清旦出游。案行天下。周遍四海。须臾之间。还入城食。八万四千车。乘金轮车。驾力马宝。清旦出游。案行天下。周遍四海。须臾之间。还入城食。八万四千神珠。以神珠宝。照于宫内。昼夜常明。八万四千玉女。玉女宝善贤给侍左右。八万四千居士。有所给与。任居士宝。八万四千刹利。有所讨罚。任主兵宝。八万四千城。常所治都。在拘尸城。八万四千殿。王所常止。在正法殿。八万四千楼。王所常止。在大正楼。八万四千座。王所常止。在颇梨座。以安禅故。八万四千亿衣。上妙宝饰。随意所服。以惭愧故。八万四千种食。王所常食。食自然饭。以知足故。

时。八万四千象来现王时。蹹蹋冲突。伤害众生。不可称数。时王念言。此象数来。多所损伤。自今而后。百年听现一象。如是转次百年现一。周而复始。

佛说长阿含经卷第四

游行经第二后

尔时。佛告阿难。时王自念。我本积何功德。修何善本。今获果报。巍巍如是。复自思念。以三因缘。致此福报。何谓三。一曰布施。二曰持戒。三曰禅思。以是因缘。今获大报。王复自念。我今已受人间福报。当复进修天福之业。宜自抑损。去离愦闹。隐处闲居。以崇道术。时。王即命善贤宝女。而告之曰。我今已受人间福报。当复进修天福之业。宜自抑损。去离愦闹。隐处闲居。以崇道术。女言。唯诺。如大王教。即来内外。绝于侍觐。

时。王即升法殿。入金楼观。坐银御床。思惟贪淫欲．恶不善。有觉．有观。离生喜．乐。得第一禅。除灭觉．观。内信欢悦。捡心专一。无觉．无观。定生喜．乐。得第二禅。舍喜守护。专念不乱。自知身乐。贤圣所求。护念乐行。得第三禅。舍灭苦．乐。先除忧．喜。不苦不乐。护念清净。得第四禅。时。善见王起银御床。出金楼观。诣大正楼。坐琉璃床。修习慈心。遍满一方。余方亦尔。周遍广普无二无量。除众结恨。心无嫉恶。静默慈柔以自娱乐。悲．喜．舍心。亦复如是。

时。玉女宝默自念言。久违颜色。思一侍觐。今者宁可奉现大王。时。宝女善贤告八万四千诸婇女曰。汝等宜各沐浴香汤。严饰衣服。所以然者。我等久违颜色。宜一奉觐。诸女闻已。各严衣服。沐浴澡洁。时。宝女善贤又告主兵宝臣集四种兵。我等久违朝觐。宜一奉现。时。主兵臣即集四兵。白宝女言。四兵已集。宜知是时。于是。宝女将八万四千婇女。四兵导从。诣金多邻园。大众震动。声闻于王。王闻声已。临牖而观。宝女即前。户侧而立。

时。王见女。寻告之曰。汝止勿前。吾将出观。时。善见王起颇梨座。出大正楼。下正法殿。与玉女宝诣多邻园。就座而坐。时。善见王容颜光泽有逾于常。善贤宝女即自念言。今者大王色胜于常。是何异瑞。时。女寻白大王。今者颜色异常。将非异瑞。欲舍寿耶。今此八万四千象。白象宝为第一。金银交饰。珞用宝珠。自王所有。愿少留意。共相娱乐。勿便舍寿。孤弃万民。又八万四千马。力马王为第一。八万四千车。轮宝为第一。八万四千珠。神珠宝第一。八万四千女。玉女宝第一。八万四千居士。居士宝第一。八万四千刹利。主兵宝第一。八万四千城。拘尸城第一。八万四千殿。正法殿第一。八万四千楼。大正楼第一。八万四千座。宝饰第一。八万四千亿衣。柔软第一。八万四千种食。味味珍异。凡此众宝。皆王所有。愿少留意。共相娱乐。勿便舍寿。孤弃万民。

时。善见王答宝女曰。自汝昔来恭奉于我。慈柔敬顺。言无粗漏今者何故。乃作此语。女白王曰。不审所白有何不顺。王告女曰。汝向所言。象马．宝车．金轮．宫观．名服．肴膳。斯皆无常。不可久保。而劝我留。岂是顺耶。女白王言。不审慈顺当何以言。王告女曰。汝若能言。象马．宝车．金轮．宫观．名服．肴膳。斯皆无常。不可久保。愿不恋着。以劳神思。所以然者。王命未几当就后世。夫生有死。合会有离。何有生此而永寿者。宜割恩爱以存道意。斯乃名曰敬顺言也。

阿难。时。玉女宝闻王此教。悲泣[跳-兆+虎]啼。抆泪而言。象马．宝车．金轮．宫观．名服．肴膳。斯皆无常。不可久保。愿不恋着。以劳神思。所以然者。王寿未几当就后世。夫生有死。合会有离。何有生此而永寿者。宜割恩爱以存道意。

阿难。彼玉女宝抚此言顷。时善见王忽然命终。犹如壮士美饭一餐。无有苦恼。魂神上生第七梵天。其王善见死七日后。轮宝．珠宝自然不现。象宝．马宝．玉女宝．居士宝．主兵宝同日命终。城池．法殿．楼观．宝饰．金多邻园。皆变为土木。

佛告阿难。此有为法。无常变易。要归磨灭。贪欲无厌。消散人命。恋着恩爱。无有知足。唯得圣智。谛见道者。尔乃知足。阿难。我自忆念。曾于此处六返。作转轮圣王。终措骨于此。今我成无上正觉。复舍性命。措身于此。自今已后。生死永绝。无有方土。措吾身处。此最后边。更不受有。

尔时。世尊在拘尸那竭城本所生处。娑罗园中双树间。临将灭度。告阿难曰。汝入拘尸那竭城。告诸末罗。诸贤。当知如来夜半于娑罗园双树间当般涅槃。汝等可往咨问所疑。面受教诫。宜及是时。无从后悔。

是时。阿难受佛教已。即从座起。礼佛而去。与一比丘垂泪而行。入拘尸城。见五百末罗以少因缘。集在一处。

时。诸末罗见阿难来。即起作礼。于一面立。白阿难言。不审尊者今入此城。何甚晚暮。欲何作为。

阿难垂泪言。吾为汝等。欲相饶益。故来相告。卿等当知。如来夜半当般涅槃。汝等可往咨问所疑。面受教诫。宜及是时。无从后悔。

时。诸末罗闻是言已。举声悲号。宛转躄地。绝而复苏。譬如大树根拔。枝条摧折。同举声言。佛取灭度。何其驶哉。佛取灭度。何其速哉。群生长衰。世间眼灭。

是时。阿难慰劳诸末罗言。止。止。勿悲。天地万物。无生不终。欲使有为而常存者。无有是处。佛不云乎。合会有离。生必有尽。

　　时。诸末罗各相谓言。吾等还归。将诸家属。并持五百张白叠。共诣双树。

　　时。诸末罗各归舍已。将诸家属。并持白叠。出拘尸城。诣双树间。至阿难所。阿难遥见。默自念言。彼人众多。若一一见佛。恐未周闻。佛先灭度。我今宁可使于前夜。同时见佛。即将五百末罗及其家属。至世尊所。头面礼足。在一面立。阿难前白佛言。某甲某甲诸末罗等及其家属。问讯世尊起居增损。

　　佛报言。劳汝等来。当使汝等寿命延长。无病无痛。阿难乃能将诸末罗及其家属。使见世尊。

　　时。诸末罗头面礼足。于一面坐。尔时。世尊为说无常。示教利喜。时。诸末罗闻法欢喜。即以五百张叠。奉上世尊。佛为受之。诸末罗即从座起。礼佛而去。

　　是时。拘尸城内。有一梵志。名曰须跋。年百二十。耆旧多智。闻沙门瞿昙今夜于双树间当取灭度。自念言。吾于法有疑。唯有瞿昙能解我意。今当及时自力而行。即于其夜。出拘尸城。诣双树间。至阿难所。问讯已。一面立。白阿难曰。我闻瞿昙沙门今夜当取灭度。故来至此。求一相见。我于法有疑。愿见瞿昙。一决我意。宁有闲暇得相见不。

　　阿难报言。止。止。须跋。佛身有疾。无劳扰也。

　　须跋固请。乃至再三。吾闻如来时一出世。如优昙钵花时时乃出。故来求现。欲决所疑。宁有闲暇暂相见不。

　　阿难答如初。佛身有疾。无劳扰也。

　　时。佛告阿难。汝勿遮止。听使来入。此欲决疑。无娆乱也。设闻我法。必得开解。

　　阿难乃告须跋。汝欲觐佛。宜知是时。

　　须跋即入。问讯已。一面坐。而白佛言。我于法有疑。宁有闲暇一决所滞不。

　　佛言。恣汝所问。

　　须跋即问。云何。瞿昙。诸有别众。自称为师。不兰迦叶．末伽梨憍舍利．阿浮陀翅舍金披罗．波浮迦旃．萨若毗耶梨弗．尼揵子。此诸师等。各有异法。瞿昙沙门能尽知耶。不尽知耶。

　　佛言。止。止。用论此为。吾悉知耳。今当为汝说深妙法。谛听。谛听。善思念之。

　　须跋受教。佛告之曰。若诸法中。无八圣道者。则无第一沙门果。第二．第三．第四沙门果。须跋。以诸法中有八圣道故。便有第一沙门果。第二．第三．第四沙门果。须跋。今我法中有八圣道。有第一沙门果。第二．第三．第四沙门果。外道异众无沙门果。尔时。世尊为须跋而说颂曰。

　　我年二十九　　出家求善道
　　须跋我成佛　　今已五十年
　　戒定智慧行　　独处而思惟
　　今说法之要　　此外无沙门

　　佛告须跋。若诸比丘皆能自摄者。则此世间罗汉不空。

　　是时。须跋白阿难言。诸有从沙门瞿昙已行梵行。今行．当行者。为得大利。阿难。汝于如来所修行梵行。亦得大利。我得面觐如来。咨问所疑。亦得大利。今者。如来则为以弟子荊而别我已。

　　即白佛言。我今宁得于如来法中出家受具戒不。

　　佛告须跋。若有异学梵志于我法中修梵行者。当试四月。观其人行。察其志性。具诸威仪无漏失者。则于我法得受具戒。须跋。当知在人行耳。

　　须跋复白言。外道异学于佛法中当试四月。观其人行。察其志性。具诸威仪无漏失者。乃得具戒。今我能于佛正法中四岁使役。具诸威仪。无有漏失。乃受具戒。

　　佛告须跋。我先已说在人行耳。

　　于是。须跋即于其夜。出家受戒。净修梵行。于现法中。自身作证。生死已尽。梵行已立。所作已办。得如实智。更不受有。时夜未久。即成罗汉。是为如来最后弟子。便先灭度而佛后焉。

　　是时。阿难在佛后立。抚床悲泣。不能自胜。歔欷而言。如来灭度。何其驶哉。世尊灭度。何其疾哉。大法沦曀。何其速哉。群生长衰。世间眼灭。所以者何。我蒙佛恩。得在学地。所业未成。而佛灭度。

　　尔时。世尊知而故问。阿难比丘今为所在。

　　时。诸比丘白如来曰。阿难比丘今在佛后抚床悲泣。不能自胜。歔欷而言。如来灭度。何其驶哉。世尊灭度。何其疾哉。大法沦曀。何其速哉。群生长衰。世间眼灭。所以者何。我蒙佛恩。得在学地。所业未成。而佛灭度。

　　佛告阿难。止。止。勿忧莫悲泣也。汝侍我以来。身行有慈。无二无量。言行有慈。意行有慈。无二无量。阿难。汝供养我。功德甚大。若有供养诸天．魔．梵．沙门．婆罗门。无及汝者。汝但精进。成道不久。

　　尔时。世尊告诸比丘。过去诸佛给侍弟子亦如阿难。未来诸佛给侍弟子亦如阿难。然过去佛给侍弟子。语然后知。今我阿难。举目即知。如来须是。世尊须是。此是阿难未曾有法。汝等持之。转轮圣王有四奇特未曾有法。何等四。圣王行时。举国民庶皆来奉迎。见已欢喜。闻教亦喜。瞻仰威颜。无有厌足。转轮圣王若住．若坐。及与卧时。国内臣民尽来王所。见王欢喜。闻教亦喜。瞻仰威颜。无有厌足。是为转轮圣王四奇特法。今我阿难亦有此四奇特之法。何等四。阿难默然入比丘众。众皆欢喜。为众说法。闻亦欢喜。观其仪容。听其说法。无有厌足。复次。阿难默然至比丘尼众中．优婆塞众中．优婆夷众中。见俱欢喜。若与说法。闻亦欢喜。观其仪容。听其说法。无有厌足。是为阿难四未曾有奇特之法。

尔时。阿难偏露右肩。右膝着地。而白佛言。世尊。现在四方沙门耆旧多智。明解经律。清德高行者来觐世尊。我因得礼敬。亲觐问讯。佛灭度后。彼不复来。无所瞻对。当如之何。

佛告阿难。汝勿忧也。诸族姓子常有四念。何等四。一曰念佛生处。欢喜欲见。忆念不忘。生恋慕心。二曰念佛初得道处。欢喜欲见。忆念不忘。生恋慕心。三曰念佛转法轮处。欢喜欲见。忆念不忘。生恋慕心。四曰念佛般泥洹处。欢喜欲见。忆念不忘。生恋慕心。阿难。我般泥洹后。族姓男女念佛生时。功德如是。佛得道时。神力如是。转法轮时。度人如是。临灭度时。遗法如是。各诣其处。游行礼敬诸塔寺已。死皆生天。除得道者。

佛告阿难。我般涅槃后。诸释种来。求为道者。当听出家。授具足戒。勿使留难。诸异学梵志来求为道。亦听出家受具足戒。勿试四月。所以者何。彼有异论。若小稽留。则生本见。

尔时。阿难长跪叉手。前白佛言。阐怒比丘虏[悷-犬+邑]自用。佛灭度后。当如之何。

佛告阿难。我灭度后。若彼阐怒不顺威仪。不受教诫。汝等当共行梵檀罚。敕诸比丘不得与语。亦勿往返教授从事。

是时。阿难复白佛言。佛灭度后。诸女人辈未受诲者。当如之何。

佛告阿难。莫与相见。

阿难又白。设相见者。当如之何。

佛言。莫与共语。

阿难又白。设与语者。当如之何。

佛言。当自捡心。阿难。汝谓佛灭度后。无复覆护。失所持耶。勿造斯观。我成佛来所说经戒。即是汝护。是汝所持。阿难。自今日始。听诸比丘舍小小戒。上下相呼。当顺礼度。斯则出家敬顺之法。

佛告诸比丘。汝等。若于佛．法．众有疑。于道有疑者。当速咨问。宜及是时。无从后悔。及吾现存。当为汝说。时诸比丘默然无言。

佛又告曰。汝等。若于佛．法．众有疑。于道有疑。当速咨问。宜及是时。无从后悔。及吾现存。当为汝说。时。诸比丘又复默然。

佛复告曰。汝等若自惭愧。不敢问者。当因知识。速来咨问。宜及是时。无从后悔。时。诸比丘又复默然。

阿难白佛言。我信此众皆有净信。无一比丘疑佛．法．众。疑于道者。

佛告阿难。我亦自知今此众中最小比丘皆见道迹。不趣恶道。极七往返。必尽苦际。尔时。世尊即记莂千二百弟子所得道果。

时。世尊披郁多罗僧。出金色臂。告诸比丘。汝等当观如来时时出世。如优昙钵花时一现耳。尔时。世尊重观此义。而说偈言。

　　右臂紫金色　　佛现如灵瑞
　　去来行无常　　现灭无放逸

是故。比丘。无为放逸。我以不放逸故。自致正觉。无量众善。亦由不放逸得。一切万物无常存者。此是如来末后所说。于是。世尊即入初禅定。从初禅起。入第二禅。从第二禅起。入第三禅。从第三禅起。入第四禅。从四禅起。入空处定。从空处定起。入识处定。从识处定起。入不用定。从不用定起。入有想无想定。从有想无想定起。入灭想定。

是时。阿难问阿那律。世尊已般涅槃耶。

阿那律言。未也。阿难。世尊今者在灭想定。我昔亲从佛闻。从四禅起。乃般涅槃。

于时。世尊从灭想定起。入有想无想定。从有想无想定起。入不用定。从不用定起。入识处定。从识处定起。入空处定。从空处定起。入第四禅。从第四禅起。入第三禅。从三禅起。入第二禅。从二禅起。入第一禅。从第一禅起。入第二禅。从二禅起。入第三禅。从三禅起。入第四禅。从四禅起。佛般涅槃。当于尔时。地大震动。诸天．世人皆大惊怖。诸有幽冥日月光明所不照处。皆蒙大明。各得相见。迭相谓言。彼人生此。彼人生此。其光普遍。过诸天光。

时。忉利天于虚空中。以文陀岁花．优钵罗．波头摩．拘摩头．分陀利花散如来上。及散众会。又以天末栴檀而散佛上。及散大众。佛灭度已。时梵天王于虚空中以偈颂曰。

　　一切昏萌类　　皆当舍诸阴
　　佛为无上尊　　世间无等伦
　　如来大圣雄　　有无畏神力
　　世尊应久住　　而今般涅槃

尔时。释提桓因复作颂曰。

　　阴行无有常　　但为兴衰法
　　生者无不死　　佛灭之为乐

尔时。毗沙门王复作颂曰。

　　福树大丛林　　无上福娑罗
　　受供之良田　　双树间灭度

尔时。阿那律复作颂曰。

　　佛以无为住　　不用出入息

本由寂灭来　　灵曜于是没

尔时。梵摩那比丘复作颂曰。

不以懈慢心　　约己修上慧
无著无所染　　离爱无上尊

尔时。阿难比丘复作颂曰。

天人怀恐怖　　衣毛为之竖
一切皆成就　　正觉取灭度

尔时。金毗罗神复作颂曰。

世间失覆护　　群生永盲冥
不复睹正觉　　人雄释师子

尔时。密迹力士复作颂曰。

今世与后世　　梵世诸天人
更不复睹见　　人雄释师子

尔时。佛母摩耶复作颂曰。

佛生楼毗园　　其道广流布
还到本生处　　永弃无常身

尔时。双树神复作颂曰。

何时当复以　　非时花散佛
十力功德具　　如来取灭度

尔时。娑罗园林神复作颂曰。

此处最妙乐　　佛于此生长
即此转法轮　　又于此灭度

尔时。四天王复作颂曰。

如来无上智　　常说无常论
解群生苦缚　　究竟入寂灭

尔时。忉利天王复作颂曰。

于亿千万劫　　求成无上道
解群生苦缚　　究竟入寂灭

尔时。焰天王复作颂曰。

此是最后衣　　缠裹如来身
佛既灭度已　　衣当何处施

尔时。兜率陀天王复作颂曰。

此是末后身　　阴界于此灭
无忧无喜想　　无复老死患

尔时。化自在天王复作颂曰。

佛于今后夜　　偃右胁而卧
于此娑罗园　　释师子灭度

尔时。他化自在天王复作颂曰。

世间永衰冥　　星王月奄坠

无常之所覆　　大智日永翳
尔时。异比丘而作颂曰。
　　是身如泡沫　　危脆谁当乐
　　佛得金刚身　　犹为无常坏
　　诸佛金刚体　　皆亦归无常
　　速灭如少雪　　其余复何冀
　佛般涅槃已。时诸比丘悲恸殒绝。自投于地。宛转号啕。不能自胜。歔欷而言。如来灭度。何其驶哉。世尊灭度。何其疾哉。大法沦翳。何其速哉。群生长衰。世间眼灭。譬如大树根拔。枝条摧折。又如斩蛇。宛转回遑。莫知所奉。
　时。诸比丘亦复如是。悲恸殒绝。自投于地。宛转号啕。不能自胜。歔欷而言。如来灭度。何其驶哉。世尊灭度。何其疾哉。大法沦翳。何其速哉。群生长衰。世间眼灭。
　尔时。长老阿那律告诸比丘。止。止。勿悲。诸天在上。傥有怪责。
　时。诸比丘问阿那律。上有几天。
　阿那律言。充满虚空。岂可计量。皆于空中徘徊骚扰。悲号躄踊。垂泪而言。如来灭度。何其驶哉。世尊灭度。何其疾哉。大法沦翳。何其速哉。群生长衰。世间眼灭。譬如大树根拔。枝条摧折。又如斩蛇。宛转回遑。莫知所奉。是时。诸天亦复如是。皆于空中徘徊骚扰。悲号躄踊。垂泪而言。如来灭度。何其驶哉。世尊灭度。何其疾哉。大法沦翳。何其速哉。群生长衰。世间眼灭。
　时。诸比丘竟夜达晓。讲法语已。阿那律告阿难言。汝可入城。语诸末罗。佛已灭度。所欲施作。宜及时为。
　是时。阿难即起。礼佛足已。将一比丘。涕泣入城。遥见五百末罗以少因缘。集在一处。诸末罗见阿难来。皆起奉迎。礼足而立。白阿难言。今来何早。
　阿难答言。我今为欲饶益汝故。晨来至此。汝等当知。如来昨夜已取灭度。汝欲施作。宜及时为。
　时。诸末罗闻是语已。莫不悲恸。扪泪而言。一何驶哉。佛般涅槃。一何疾哉。世间眼灭。
　阿难报曰。止。止。诸君勿为悲泣。欲使有为不变易者。无有是处。佛已先说。生者有死。合会有离。一切恩爱。无常存者。
　时。诸末罗各相谓言。宜各还归。办诸香花及众伎乐。速诣双树。供养舍利。竟一日已。以佛舍利置于床上。使末罗童子举床四角。擎持幡盖。烧香散华。伎乐供养。入东城门。遍诸里巷。使国人民皆得供养。然后出西城门。诣高显处而阇维之。时。诸末罗作此论已。各自还家。供办香华及众伎乐。诣双树间。供养舍利。竟一日已。以佛舍利置于床上。诸末罗等众来举床。皆不能胜。

时。阿那律语诸末罗。汝等且止。勿空疲劳。今者诸天欲来举床。

诸末罗曰。天以何意。欲举此床。

阿那律曰。汝等欲以香花伎乐供养舍利。竟一日已。以佛舍利置于床上。使末罗童子举床四角。擎持幡盖。烧香散花。伎乐供养。入东城门。遍诸里巷。使国人民皆得供养。然后出西城门。诣高显处而阇维之。而诸天意欲留舍利七日之中。香花伎乐。礼敬供养。然后以佛舍利置于床上。使末罗童子举床四角。擎持幡盖。散花烧香。作众伎乐。供养舍利。入东城门。遍诸里巷。使国人民皆得供养。然后出城北门。渡熙连禅河。到天冠寺而阇维之。是上天意。使床不动。

末罗曰。诺。快哉斯言。随诸天意。

时。诸末罗自相谓言。我等宜先入城。街里街里。平治道路。扫洒烧香。还来至此。于七日中供养舍利。时。诸末罗即共入城。街里街里。平治道路。扫洒烧香。讫已出城。于双树间。以香花伎乐供养舍利。讫七日已。时日向暮举佛舍利置于床上。末罗童子奉举四角。擎持幡盖。烧香散花。作众伎乐。前后导从。安详而行。

时。忉利诸天以文陀罗花．优钵罗花．波头摩花．拘物头花．分陀利花。天末栴檀散舍利上。充满街路。诸天作乐。鬼神歌咏。时。诸末罗自相谓言。且置人乐。请设天乐供养舍利。

于是。末罗奉床渐进。入东城门。止诸街巷。烧香散花。伎乐供养。时。有路夷末罗女笃信佛道。手擎金花。大如车轮。供养舍利。时。有一老母举声赞曰。此诸末罗为得大利。如来末后于此灭度。举国士民快得供养。

时。诸末罗设供养已。出城北门。渡熙连禅河。到天冠寺。置床于地。告阿难曰。我等当复以何供养。

阿难报曰。我亲从佛闻。亲受佛教。欲葬舍利者。当如转轮圣王葬法。

又问阿难。转轮圣王葬法云何。

答曰。圣王葬法。先以香汤洗浴其身。以新劫贝周遍缠身。五百张叠次如缠之。内身金棺。灌以麻油毕。举金棺置于第二大铁椁中。栴檀香椁次重于外。积众名香。厚衣其上而阇维之。收拾舍利。于四衢道起立塔庙。表刹悬缯。使国行人皆见王塔。思慕正化。多所饶益。阿难。汝欲葬我。先以香汤洗浴。用新劫贝周匝缠身。以五百张叠次如缠之。内身金棺。灌以麻油毕。举金棺置于第二大铁椁中。栴檀香椁次重于外。积众名香。厚衣其上而阇维之。收捡舍利。于四衢道起立塔庙。表刹悬缯。使诸行人皆见佛塔。思慕如来法王道化。生获福利。死得上天。除得道者。

时。诸末罗各相谓言。我等还城。供办葬具．香花．劫贝．棺椁．香油及与白叠。时。诸末罗即共入城。供办葬具已。还到天冠寺。以净香汤洗浴佛身。以新劫贝周匝缠身。五百张叠次如缠之。内身金棺。灌以香油。奉举金棺置于第二大铁椁中。栴檀木椁重衣其外。以众名香而积其上。

时。有末罗大臣名曰路夷。执大炬火。欲燃佛积。而火不燃。又有大末罗次前燃其积。火又不燃。时。阿那律语诸末罗言。止。止。诸贤。非汝所能。火灭不燃。是诸天意。

末罗又问。诸天何故使火不燃。

阿那律言。天以大迦叶将五百弟子从波婆国来。今在半道。及未阇维。欲见佛身。天知其意。故火不燃。

末罗又言。愿遂此意。

尔时。大迦叶将五百弟子从波婆国来。在道而行。遇一尼乾子手执文陀罗花。时。大迦叶遥见尼乾子。就往问言。汝从何来。

报言。吾从拘尸城来。

迦叶又言。汝知我师问乎。

答曰。知。

又问。我师存耶。

答曰。灭度已来。已经七日。吾从彼来。得此天华。迦叶闻之。怅然不悦。时。五百比丘闻佛灭度。皆大悲泣。宛转号啕。不能自胜。扪泪而言。如来灭度。何其驶哉。世尊灭度。何其疾哉。大法沦翳。何其速哉。群生长衰。世间眼灭。譬如大树根拔。枝条摧折。又如斩蛇。宛转回遑。莫知所奉。

时。彼众中有释种子。字拔难陀。止诸比丘言。汝等勿忧。世尊灭度。我得自在。彼者常言。当应行是。不应行是。自今已后。随我所为。

迦叶闻已。怅然不悦。告诸比丘曰。速严衣钵。时诣双树。及未阇维。可得见佛。

时。诸比丘闻大迦叶语已。即从座起。侍从迦叶。诣拘尸城。渡尼连禅河水。到天冠寺。至阿难所。问讯已。一面住。语阿难言。我等欲一面觐舍利。及未阇维。宁可见不。

阿难答言。虽未阇维。难复可见。所以然者。佛身既洗以香汤缠以劫贝。五百张叠次如缠之。藏于金棺。置铁椁中。栴檀香椁重衣其外。以为佛身难复可睹。

迦叶请至三。阿难答如初。以为佛身难复得见。

时。大迦叶适向香[艹/积]。于时佛身从重椁内双出两足。足有异色。迦叶见已。怪问阿难。佛身金色。是何故异。

阿难报曰。向者。有一老母悲哀而前手抚佛足。泪堕其上。故色异耳。

迦叶闻已。又大不悦。即向香[艹/积]。礼佛舍利。时。四部众及上诸天同时俱礼。于是佛足忽然不现。时。大迦叶绕[艹/积]三匝。而作颂曰。

诸佛无等等	圣智不可称
无等之圣智	我今稽首礼
无等等沙门	最上无瑕秽
牟尼绝爱枝	大仙天人尊
人中第一雄	我今稽首礼
苦行无等侣	离着而教人
无染无垢尘	稽首无上尊
三垢垢已尽	乐于空寂行
无二无畴匹	稽首十力尊
远逝为最上	二足尊中尊
觉四谛止息	稽首安隐智
沙门中无上	回邪令入正
世尊施寂灭	稽首湛然迹
无热无瑕郄	其心当寂定
练除诸尘秽	稽首无垢尊
慧眼无限量	甘露灭名称
希有难思议	稽首无等伦
吼声如师子	在林无所畏
降魔越四姓	是故稽首礼

大迦叶有大威德。四辩具足。说此偈已。时彼佛［廿/积］不烧自燃。诸末罗等各相谓言。今火猛炽。焰盛难止。阇维舍利。或能消尽。当于何所求水灭之。时。佛［廿/积］侧有娑罗树神。笃信佛道。寻以神力灭佛［廿/积］火。

时。诸末罗复相谓言。此拘尸城左右十二由旬。所有香花。尽当采取。供佛舍利。寻诣城侧。取诸香花。以用供养。

时。波婆国末罗民众。闻佛于双树灭度。皆自念言。今我宜往。求舍利分。自于本土。起塔供养。时。波婆国诸末罗即下国中。严四种兵。象兵．马兵．车兵．步兵。到拘尸城。遣使者言。闻佛众祐。止此灭度。彼亦我师。敬慕之心。来请骨分。当于本国起塔供养。

拘尸王答曰。如是。如是。诚如所言。但为世尊垂降此土。于兹灭度。国内士民。当自供养。远劳诸君。舍利分不可得。

时。遮罗颇国诸跋离民众。及罗摩伽国拘利民众．毗留提国婆罗门众．迦维罗卫国释种民众．毗舍离国离车民众。及摩竭王阿阇世。闻如来于拘尸城双树间而取灭度。皆自念言。今我宜往。求舍利分。

时。诸国王阿阇世等。即下国中。严四种兵。象兵．马兵．车兵．步兵。进渡恒水。即敕婆罗门香姓。汝持我名。入拘尸城。致问诸末罗等。起居轻利。游步强耶。吾于诸贤。每相宗敬。邻境义和。曾无诤讼。我闻如来于君国内而取灭度。唯无上尊。实我所天。故从远来。求请骨分。欲还本土。起塔供养。设与我者。举国重宝。与君共之。

时。香姓婆罗门受王教已。即诣彼城。语诸末罗曰。摩竭大王致问无量。起居轻利。游步强耶。吾于诸君。每相宗敬。邻境义和。曾无诤讼。我闻如来于君国内而取灭度。唯无上尊。实我所天。故从远来。求请骨分。欲还本土。起塔供养。设与我者。举国重宝。与君共之。

时。诸末罗报香姓曰。如是。如是。诚如君言。但为世尊垂降此土。于兹灭度。国内士民自当供养。远劳诸君。舍利分不可得。

时。诸国王即集群臣。众共立议。作颂告曰。

　吾等和议　　远来拜首
　逊言求分　　如不见与
　四兵在此　　不惜身命
　义而弗获　　当以力取

时。拘尸国即集群臣。众共立议。以偈答曰。

　远劳诸君　　屈辱拜首
　如来遗形　　不敢相许
　彼欲举兵　　吾斯亦有
　毕命相抵　　未之有畏

时。香姓婆罗门晓众人曰。诸贤。长夜受佛教诫。口诵法言。心服仁化。一切众生常念欲安。宁可诤佛舍利共相残害。如来遗形欲以广益。舍利现在但当分取。

众咸称善。寻复议言。谁堪分者。

皆言香姓婆罗门仁智平均。可使分也。

时。诸国土即命香姓。汝为我等分佛舍利。均作八分。

于时。香姓闻诸王语已。即诣舍利所。头面礼毕。徐前取佛上牙。别置一面。寻遣使者。赍佛上牙。诣阿阇世王所。语使者言。汝以我声。上白大王。起居轻利。游步强耶。舍利未至。倾迟无量耶。今付使者如来上牙。并可供养。以慰企望。明星出时。分舍利讫。当自奉送。

时。彼使者受香姓语已。即诣阿阇世王所。白言。香姓婆罗门致问无量。起居轻利。游步强耶。舍利未至。倾迟无量耶。今付使者如来上牙。并可供养。以慰企望。明星出时。分舍利讫。当自奉送。

尔时。香姓以一瓶受一石许。即分舍利。均为八分已。告众人言。愿以此瓶。众议见与。自欲于舍起塔供养。

皆言。智哉。是为知时。即共听与。

时。有毕钵村人白众人言。乞地燋炭。起塔供养。皆言与之。

时。拘尸国人得舍利分。即于其土起塔供养。波婆国人．遮罗国．罗摩伽国．毗留提国．迦维罗卫国．毗舍离国．摩竭国阿阇世王等。得舍利分已。各归其国。起塔供养。香姓婆罗门持舍利瓶归起塔庙。毕钵村人持地燋炭归起塔庙。当于尔时。如来舍利起于八塔。第九瓶塔。第十炭塔。第十一生时发塔。何等时佛生。何等时成道。何等时灭度。沸星出时生。沸星出出家。沸星出成道。沸星出灭度(丹本注云问中应有何等时出家诸本并阙)。

何等生二足尊　何等出丛林苦
何等得最上道　何等入涅槃城
沸星生二足尊　沸星出丛林苦
沸星得最上道　沸星入涅槃城
八日如来生　　八日佛出家
八日成菩提　　八日取灭度
八日生二足尊　八日出丛林苦
八日成最上道　八日入泥洹城
二月如来生　　二月佛出家
二月成菩提　　八日取涅槃
二月生二足尊　二月出丛林苦
二月得最上道　八日入涅槃城
婆罗花炽盛　　种种光相照
于其本生处　　如来取灭度
大慈般涅槃　　多人称赞礼
尽度诸恐畏　　决定取灭度

佛说长阿含经卷第五

(三)第一分典尊经第三

如是我闻。

一时。佛在罗阅祇耆阇崛山。与大比丘众千二百五十人俱。

尔时。执乐天般遮翼子。于夜静寂无人之时。放大光明。照耆阇崛山来至佛所。头面礼佛足已。在一面立。时。般遮翼白世尊言。昨梵天王至忉利天。与帝释共议。我亲从彼闻。今者宁可向世尊说不。

佛言。汝欲说者。便可说之。

般遮翼言。一时。忉利诸天集法讲堂。有所讲论。时。四天王随其方面。各当位坐。提帝赖吒天王在东方坐。其面西向。帝释在前。毗楼勒天王在南方坐。其面北向。帝释在前。毗楼博叉天王在西方坐。其面东向。帝释在前。毗沙门天王在北方坐。其面南向。帝释在前。时。四天王皆先坐已。然后我坐。复有余大神天。皆先于佛所。净修梵行。于此命终。生忉利天。使彼诸天。增益五福。一者天寿。二者天色。三者天名称。四者天乐。五者天威德。时。诸忉利天皆踊跃欢喜言。增益诸天众。减损阿须伦众。尔时。释提桓因知诸天人有欢喜心。即为忉利诸天而作颂曰。

　　忉利诸天人　　帝释相娱乐
　　礼敬于如来　　最上法之王
　　诸天受影福　　寿色名乐威
　　于佛修梵行　　故来生此间
　　复有诸天人　　光色甚巍巍
　　佛智慧弟子　　生此复殊胜
　　忉利及因提　　思惟此自乐
　　礼敬于如来　　最上法之王

　　尔时。忉利诸天闻此偈已。倍复欢喜。不能自胜。增益诸天众。减损阿须伦众。释提桓因见忉利天欢喜悦豫。即告之曰。诸贤。汝等颇欲闻如来八无等法不。时。忉利诸天言。愿乐欲闻。

　　帝释报言。谛听。谛听。善思念之。诸贤。如来．至真．等正觉。十号具足。不见过去．未来．现在有如来．至真．十号具足。如佛者也。佛法微妙。善可讲说。智者所行。不见过去．未来．现在有微妙法。如佛者也。佛由此法。而自觉悟。通达无碍。以自娱乐。不见过去．未来．现在能于此法而自觉悟。通达无碍。以自娱乐。如佛者也。诸贤。佛以此法自觉悟已。亦能开示涅槃径路。亲近渐至。入于寂灭。譬如恒河水．炎摩水。二水并流。入于大海。佛亦如是。善能开示涅槃径路。亲近渐至。入于寂灭。不见过去．未来．现在有能开示涅槃径路。如佛者也。诸贤。如来眷属成就。刹利．婆罗门．居士．沙门．有智慧者。皆是如来成就眷属。不见过去．未来．现在眷属成就。如佛者也。诸贤。如来大众成就。所谓比丘．比丘尼．优婆塞．优婆夷。不见过去．未来．现在人众成就。如佛者也。诸贤。如来言行相应。所言如行。所行如言。如是则为法法成就。不见过去．未来．现在言行相应。法法成就。如佛者也。诸贤。如来多所饶益。多所安乐。以慈愍心利益天人。不见过去．未来．现在多所饶益。多所安乐。如佛者也。诸贤。是为如来八无等法。

　　时。忉利天作是说言。若使世间有八佛出者。当大增益诸天众。减损阿须伦众。时。忉利天言。且置八佛。正使七佛．六佛。乃至二佛出世者。亦大增益诸天众。减损阿须伦众。何况八佛。时。释提桓因告忉利天言。我从佛闻。亲从佛受。欲使一时二佛出世。无有是处。但使如来久存于世。多所慈愍。多所饶益。天人获安。则大增益诸天。减损阿须伦众。

　　时。般遮翼白佛言。世尊。忉利诸天所以集法讲堂上者。共议思惟。称量观察。有所教令。然后为四天王。四天王受教已。各当位而坐。其坐未久。有大异光照于四方。时。忉利天见此光已。皆大惊愕。今此异光。将有何怪。诸大神天有威德者。亦皆惊怖。今此异光。将有何怪。时。大梵王即化为童子。头五角髻。在大众上虚空中立。颜貌端正。与众超绝。身紫金色。蔽诸天光。时。忉利天亦不起迎。亦不恭敬。又不请坐。时。梵童子随所诣坐。坐生欣悦。譬如刹利水浇头种。登王位时。踊跃欢喜。来坐未久。复自变身。作童子像。头五角髻。在大众上虚空中坐。譬如力士坐于安座。嶷然不动。而作颂曰。

　　　　忉利诸天人　　帝释相娱乐
　　　　礼敬于如来　　最上法之王
　　　　诸天受影福　　寿色名乐威
　　　　于佛修梵行　　故来生此间
　　　　复有诸天人　　光色甚巍巍
　　　　佛智慧弟子　　生此复殊胜
　　　　忉利及因提　　思惟此自乐
　　　　礼敬于如来　　最上法之王

　　时。诸忉利天语童子曰。吾等闻天帝释称说如来八无等法。欢喜踊跃。不能自胜。时。梵童子语忉利天言。何等如来八无等法。吾亦乐闻。时。天帝释即为童子说如来八无等法。忉利诸天．童子闻说已。倍复欢喜。不能自胜。增益诸天众。减损阿须伦众。是时。童子见天欢喜。复增欣跃。即告忉利天曰。汝等欲闻一无等法不。天曰。善哉。愿乐欲闻。

　　童子告曰。汝乐闻者。谛听。谛受。当为汝说。告诸天曰。如来往昔为菩萨时。在所生处聪明多智。诸贤。当知过去久远时。世有王名曰地主。第一太子名曰慈悲。王有大臣名曰典尊。大臣有子名曰焰鬘。太子慈悲有朋友。其朋亦与六刹利大臣而为朋友。地主大王欲入深宫游戏娱乐时。即以国事委付典尊大臣。然后入宫作倡伎乐。五欲自娱。时。典尊大臣欲理国事。先问其子。然后决断。有所处分。亦问其子。

　　其后典尊忽然命终。时地主王闻其命终。愍念哀伤。抚膺而曰。咄哉。何辜失国良干。太子慈悲默自念宫。王失典尊以为忧苦。今我宜往谏于大王。无以彼丧而生忧苦。所以然者。典尊有子名曰焰鬘。聪明多智乃过其父。今可征召以理国事。时。慈悲太子即诣王所。具以上事白其父王。闻太子语已。即召焰鬘而告之曰。吾今以汝补卿父处。授汝相印。彼时焰鬘受相印已。王欲入宫。复付后事。

　　时。相焰鬘明于治理。父先所为焰鬘亦知。父所不及焰鬘亦知。其后名称流闻海内。天下咸称为大典尊。时。大典尊后作是念。今王地主年已朽迈。余寿未几。若以太子绍王位者。未为难也。我今宁可先往语彼六刹利大臣。今王地主年已朽迈。余寿未几。若以太子绍王位者。未为难也。君等亦当别封王土。居位之日。勿相忘也。

　　时。大典尊即往诣六刹利大臣。而告之曰。诸君。当知今王地主年已朽迈。余寿未几。若以太子绍王位者。未为难也。汝等可往白太子此意。我等与尊生小知旧。尊苦我苦。尊乐我乐。今王衰老。年已朽迈。余寿未几。今者太子绍王位者。未为难也。尊设登位。当与我封。时。六刹利大臣闻其语已。即诣太子。说如上事。太子报言。设吾登位。列土封国。当更与谁。

时。王未久忽然而崩。国中大臣寻拜太子补王正位。王居位已。默自思念。今立宰相。宜准先王。复自思念。谁堪此举。正当即任大典尊位。时。王慈悲即告大典尊。我今使汝即于相位。授以印信。汝当勤忧。综理国事。时。大典尊闻王教已。即受印信。王每入宫。辄以后事付大典尊。

大典尊复自念言。吾今宜往六刹利所。问其宁忆昔所言不。即寻往诣语刹利曰。汝今宁忆昔所言不。今者太子以登王位。隐处深宫。五欲自娱。汝等今者可往问王。王居天位。五欲自娱。宁复能忆昔所言不。时。六刹利闻是语已。即诣王所。白大王言。王居天位。五欲自娱。宁复能忆昔所言不。列土封邑。谁应居之。王曰。不忘昔言。列土封邑。非卿而谁。王复自念。此阎浮提地。内广外狭。谁能分此以为七分。复自念言。唯有大典尊乃能分尔。即告之曰。汝可分此阎浮提地。使作七分。

时。大典尊即寻分之。王所治城。村邑郡国。皆悉部分。六刹利国亦与分部。王自庆言。我愿已果。时。六刹利复自庆幸。我愿已果。得成此业。大典尊力也。六刹利王复自思念。吾国初建。当须宰辅。谁能堪任。如大典尊。即当使之。通领国事。尔时。六刹利王即命典尊。而告之曰。吾国须相。卿当为吾通领国事。于是。六国各授相印。

时。大典尊受相印已。六土入宫游观娱乐。时皆以国事付大典尊。大典尊理七国事。无不成办。时。国内有七大居士。典尊亦为处分家事。又能教授七百梵志讽诵经典。七王敬视大典尊相。犹如神明。国七居士视如大王。七百梵志视如梵天。时。七国王．七大居士．七百梵志皆自念言。大典尊相。常与梵天相见。言语坐起亲善。

时。大典尊默识七王．居士．梵志意。谓我常与梵天相见。言语坐起。然我实不见梵天。不与言语。不可餐默。虚受此称。我亦曾闻诸先宿言。于夏四月闲居静处。修四无量者。梵天则下。与共相见。今我宁可修四无量。使梵天下。共相见不。于是。典尊至七王所而白王言。唯愿大王顾临国事。我欲于夏四月修四无量。七王告曰。宜知是时。大典尊相又告七居士。汝等各勤己务。吾欲夏四月修四无量。居士曰。诺。宜知是时。又告七百梵志。卿等当勤讽诵。转相教授。我欲于夏四月修四无量。梵志曰。诺。今者大师宜知是时。

时。大典尊于彼城东造闲静室。于夏四月。即于彼止。修四无量。然彼梵天犹不来下。典尊自念。我闻先宿旧言。于夏四月。修四无量。梵天下现。今者寂然。聊无仿佛。时。大典尊以十五日月满时。出其静室。于露地坐。坐未久顷。有大光现。典尊默念。今此异光。将无是梵欲下瑞耶。

时。梵天王即化为童子。头五角髻。在典尊上虚空中坐。典尊见已。即说颂曰。

　　此是何天像　　在于虚空中
　　光照于四方　　如大火[廿/积]燃
时。梵童子以偈报曰。
　　唯梵世诸天　　知我梵童子
　　其余人谓我　　祀祠于大神
时。大典尊以偈报曰。
　　今我当咨承　　奉诲致恭敬
　　设种种上味　　愿天知我心
时。梵童子以偈报曰。
　　典尊汝所修　　为欲何志求
　　今设此供养　　当为汝受之

又告大典尊。汝若有所问。自恣问之。当为汝说。时。大典尊即自念言。我今当问现在事耶。问未然事耶。复自念言。今世现事。用复问为。当问未然幽冥之事。即向梵童子以偈问曰。

　　今我问梵童　　能决疑无疑
　　学何住何法　　得生于梵天
时。梵童子以偈报曰。
　　当舍我人想　　独处修慈心
　　除欲无臭秽　　乃得生梵天
时。大典尊闻是偈已。即自念言。梵童子说偈。宜除臭秽。我不解此。今宜更问。时。大典尊即以偈问曰。
　　梵偈言臭秽　　愿今为我说
　　谁开世间门　　堕恶不生天
时。梵童子以偈报曰。
　　欺妄怀嫉妒　　习慢增上慢
　　贪欲瞋恚痴　　自恣藏于心
　　此世间臭秽　　今说令汝知
　　此开世间门　　堕恶不生天
时。大典尊闻此偈已。复自念言。梵童子所说臭秽之义我今已解。但在家者无由得除。今我宁可舍世出家。剃除须发。法服修道耶。

时。梵童子知其志念。以偈告曰。
　　汝能有勇猛　　此志为胜妙
　　智者之所为　　死必生梵天

于是。梵童子忽然不现。

时。大典尊还诣七王白言。大王。唯愿垂神善理国事。今我意欲出家离世。法服修道。所以者何。我亲于梵童子闻说臭秽。心甚恶之。若在家者。无由得除。彼时。七王即自念言。凡婆罗门多贪财宝。我今宁可大开库藏。恣其所须。使不出家。时。七国王即命典尊。而告之曰。设有所须。吾尽相与。不足出家。时。大典尊寻白王曰。我今以为蒙王赐已。我亦大有财宝。今者尽留以上大王。愿听出家。遂我志愿。

时。七国王复作是念。凡婆罗门多贪美色。今我宁可出宫婇女。以满其意。使不出家。王即命典尊而告之曰。若须婇女。吾尽与汝。不足出家。典尊报曰。我今已为蒙王赐已。家内自有婇女众多。今尽放遣。求离恩爱。出家修道。所以然者。我亲从梵童子闻说臭秽。心甚恶之。若在家者。无由得除。

时。大典尊向慈悲王。以偈颂曰。

　　王当听我言　　王为人中尊
　　赐财宝婇女　　此宝非所乐

时。慈悲王以偈报曰。

　　檀特伽陵城　　阿婆布和城
　　阿槃大天城　　鸯伽瞻婆城
　　数弥萨罗城　　西陀路楼城
　　婆罗伽尸城　　尽汝典尊造
　　五欲有所少　　吾尽当相与
　　宜共理国事　　不足出家去

时。大典尊以偈报曰。

　　我五欲不少　　自不乐世间
　　已闻天所语　　无心复在家

时。慈悲王以偈报曰。

　　大典尊所言　　为从何天闻
　　舍离于五欲　　今问当答我

时。大典尊以偈答曰。

　　昔我于静处　　独坐自思惟
　　时梵天王来　　普放大光明
　　我从彼闻已　　不乐于世间

时。慈悲王以偈告曰。

　　小住大典尊　　共弘善法化
　　然后俱出家　　汝即为我师
　　譬如虚空中　　清净琉璃满
　　今我清净信　　充遍佛法中

时。大典尊复作颂曰。

> 诸天及世人　　皆应舍五欲
> 蠲除诸秽污　　净修于梵行

尔时。七国王语大典尊曰。汝可留住七岁之中。极世五欲。共相娱乐。然后舍国。各付子弟。俱共出家。不亦善耶。如汝所获。我亦当同。时。大典尊报七王曰。世间无常。人命逝速。喘息之间。犹亦难保。乃至七岁。不亦远耶。七王又言。七岁远者。六岁．五岁。乃至一岁。留住静宫。极世五欲。共相娱乐。然后舍国。各付子弟。俱共出家。不亦善耶。如汝所得。我亦宜同。时。大典尊复报王曰。此世间无常。人命逝速。喘息之间。犹亦难保。乃至一岁尚亦久尔。如是七月。至于一月。犹复不可。王又语言。可至七日。留住深宫。极世五欲。共相娱乐。然后舍国。各付子弟。俱共出家。不亦善耶。大典尊答曰。七日不远。自可留尔。唯愿大王勿违信誓。过七日已。王若不去。我自出家。

时。大典尊又至七居士所语言。汝等各理己务。吾欲出家。修无为道。所以然者。我亲从梵天闻说臭秽。心甚恶之。若在家者。无由得除。时。七居士报典尊曰。善哉。斯志。宜知是时。我等亦欲俱共出家。如汝所得。我亦宜同。

时。大典尊复诣七百梵志所。而告之曰。卿等当勤讽诵。广探道义。转相教授。吾欲出家修无为道。所以然者。我亲从梵天闻说臭秽。心甚恶之。若在家者。无由得除。时。七百梵志白典尊曰。大师。勿出家也。夫在家安乐。五欲自娱。多人侍从。心无忧苦。出家之人独在空野。所欲悉无。无可贪取。典尊报曰。吾若以在家为乐。出家为苦。终不出家。吾以在家为苦。出家为乐。故出家尔。梵志答曰。大师出家。我亦出家。大师所行。我亦尽当行。

时。大典尊至诸妻所。而告之曰。卿等随宜欲住者住。欲归者归。吾欲出家。求无为道。具论上事。明出家意。时。诸妇答曰。大典尊在。一如我夫。一如我父。设今出家。亦当随从。典尊所行。我亦宜行。

过七日已。时大典尊即剃除须发。服三法衣。舍家而去。时。七国王．七大居士．七百梵志及四十夫人。如是展转。有八万四千人同时出家。从大典尊。时。大典尊与诸大众游行诸国。广弘道化。多所饶益。

尔时。梵王告诸天众曰。时。典尊大臣岂异人乎。莫造斯观。今释迦文佛即其身也。世尊尔时过七日已。出家修道。将诸大众。游行诸国。广弘道化。多所饶益。汝等若于我言有余疑者。世尊今在耆阇崛山。可往问也。如佛所言。当受持之。

般遮翼言。我以是缘。故来诣此。唯然。世尊。彼大典尊即世尊是耶。世尊尔时过七日已。出家修道。与七国王乃至八万四千人同时出家。游行诸国。广弘道化。多所饶益耶。

佛告般遮翼曰。尔时大典尊岂异人乎。莫造斯观。即我身是也。尔时。举国男女行来举动。有所破损。皆寻举声曰。南无大典尊七王大相。南无大典尊七王大相。如是至三。般遮翼。时。大典尊有大德力。然不能为弟子说究竟道。不能使得究竟梵行。不能使至安隐之处。其所说法。弟子受行。身坏命终。得生梵天。其次。行浅者生他化自在天。次生化自在天．兜率陀天．焰天．忉利天．四天王．刹利．婆罗门．居士大家。所欲自在。

般遮翼。彼大典尊弟子。皆无疑出家。有果报。有教诫。然非究竟道。不能使得究竟梵行。不能使至安隐之处。其道胜者。极至梵天尔。今我为弟子说法。则能使其得究竟道．究竟梵行．究竟安隐。终归涅槃。我所说法弟子受行者。舍有漏成无漏心解脱．慧解脱。于现法中。自身作证。生死已尽。梵行已立。所作已办。更不受有。其次。行浅者断五下结。即于天上而般涅槃。不复还此。其次。三结尽。薄淫．怒．痴。一来世间而般涅槃。其次。断三结。得须陀洹。不堕恶道。极七往返。必得涅槃。般遮翼。我诸弟子不疑出家。有果报。有教诫。究竟道法。究竟梵行。究竟安隐。终归灭度。

尔时。般遮翼闻佛所说。欢喜奉行。

（四）第一分阇尼沙经第四
如是我闻。
一时。佛游那提揵稚住处。与大比丘众千二百五十人俱。
尔时。尊者阿难在静室坐。默自思念。甚奇。甚特。如来授人记别。多所饶益。彼伽伽罗大臣命终。如来记之。此人命终。断五下结。即于天上而取灭度。不来此世。第二迦陵伽。三毗伽陀。四伽利输。五遮楼。六婆耶楼。七婆头楼。八薮婆头。九他梨舍㝹。十薮达梨舍㝹。十一耶输。十二耶输多楼。诸大臣等命终。佛亦记之。断五下结。即于天上而取灭度。不来生此。复有余五十人命终。佛亦记之。断三结。淫．怒．痴薄。得斯陀含。一来此世便尽苦际。复有五百人命终。佛亦记之。三结尽。得须陀洹。不堕恶趣。极七往返必尽苦际。有佛弟子处处命终。佛皆记之。某生某处．某生某处。鸯伽国．摩竭国．迦尸国．居萨罗国．拔祇国．末罗国．支提国．拔沙国．居楼国．般阇罗国．颇漯波国．阿般提国．婆蹉国．苏罗婆国．乾陀罗国．剑洴沙国。彼十六大国有命终者。佛悉记之。摩竭国人皆是王种王所亲任。有命终者。佛不记之。

尔时。阿难于静室起。至世尊所。头面礼足。在一面坐。而白佛言。我向于静室默自思念。甚奇。甚特。佛授人记。多所饶益。十六大国有命终者。佛悉记之。唯摩竭国人。王所亲任。有命终者。独不蒙记。唯愿世尊当为记之。唯愿世尊当为记之。饶益一切。天人得安。又佛于摩竭国得道。其国人命终。独不与记。唯愿世尊当为记之。唯愿世尊当为记之。又摩竭国瓶沙王为优婆塞。笃信于佛。多设供养。然后命终。由此王故。多人信解。供养三宝。而今如来不为授记。唯愿世尊当与记之。饶益众生。使天人得安。尔时。阿难为摩竭人劝请世尊。即从座起。礼佛而去。

尔时。世尊着衣持钵。入那伽城乞食已。至大林处坐一树下。思惟摩竭国人命终生处。时。去佛不远。有一鬼神。自称己名。白世尊曰。我是阇尼沙。我是阇尼沙。

佛言。汝因何事。自称己名为阇尼沙（阇尼沙秦言胜结使）。汝因何法。自以妙言称见道迹。

阇尼沙言。非余处也。我本为人王。于如来法中为优婆塞。一心念佛而取命终。故得生为毗沙门天王太子。自从是来。常照明诸法。得须陀洹。不堕恶道。于七生中常名阇尼沙。

时。世尊于大林处随宜住已。诣那陀揵稚处。就座而坐。告一比丘。汝持我声。唤阿难来。

对曰。唯然。即承佛教。往唤阿难。

阿难寻来。至世尊所。头面礼足。在一面住。而白佛言。今观如来颜色胜常。诸根寂定。住何思惟。容色乃尔。

尔时。世尊告阿难曰。汝向因摩竭国人来至我所。请记而去。我寻于后。着衣持钵。入那罗城乞食。乞食讫已。诣彼大林。坐一树下。思惟摩竭国人命终生处。时。去我不远。有一鬼神。自称己名。而白我言。我是阇尼沙。我是阇尼沙。阿难。汝曾闻彼阇尼沙名不。

阿难白佛言。未曾闻也。今闻其名。乃至生怖畏。衣毛为竖。世尊。此鬼神必有大威德。故名阇尼沙尔。

佛言。我先问彼。汝因何法。自以妙言称见道迹。阇尼沙言。我不于余处。不在余法。我昔为人王。为世尊弟子。以笃信心为优婆塞。一心念佛。然后命终。为毗沙门天王作子。得须陀洹。不堕恶趣。极七往返。乃尽苦际。于七生名中。常名阇尼沙。一时。世尊在大林中一树下坐。我时乘天千辐宝车。以少因缘。欲诣毗楼勒天王。遥见世尊在一树下。颜貌端正。诸根寂定。譬如深渊澄静清明。见已念言。我今宁可往问世尊。摩竭国人有命终者。当生何所。又复一时。毗沙门王自于众中。而说偈言。

　　我等不自忆　　过去所更事
　　今遭遇世尊　　寿命得增益

又复一时。忉利诸天以少因缘。集在一处。时。四天王各当位坐。提头赖吒在东方坐。其面西向。帝释在前。毗楼勒叉天在南方坐。其面北向。帝释在前。毗楼博叉天王在西方坐。其面东向。帝释在前。毗沙门天王在北方坐。其面南向。帝释在前。时。四天王皆先坐已。然后我坐。复有余诸大神天。皆先佛所。净修梵行。于此命终。生忉利天。增益诸天。受天五福。一者天寿。二者天色。三者天名称。四者天乐。五者天威德。时。诸忉利天皆踊跃欢喜言。增益诸天众。减损阿须伦众。尔时。释提桓因知忉利诸天有欢喜心。即作颂曰。

忉利诸天人	帝释相娱乐
礼敬于如来	最上法之法
诸天受影福	寿色名乐威
于佛修梵行	故来生此间
复有诸天人	光色甚巍巍
佛智慧弟子	生此复殊胜
忉利及因提	思惟此自乐
礼敬于如来	最上法之法

阇尼沙神复言。所以忉利诸天集法堂者。共议思惟。观察称量。有所教令。然后敕四天王。四王受教已。各当位而坐。其坐未久。有大异光照于四方。时忉利天见此异光。皆大惊愕。今此异光将有何怪。余大神天有威德者。皆亦惊怪。今此异光将有何怪。时。大梵王即化作童子。头五角髻。在天众上虚空中立。颜貌端正。与众超绝。身紫金色。蔽诸天光。时。忉利天亦不起迎。亦不恭敬。又不请坐。时。梵童子随所诣座。座生欣悦。譬如刹利水浇头种。登王位时。踊跃欢喜。其坐未久。复自变身。作童子像。头五角髻。在大众上虚空中坐。譬如力士坐于安座。嶷然不动。而作颂曰。

调伏无上尊	教世生明处
大明演明法	梵行无等侣
使清净众生	生于净妙天

时。梵童子说此偈已。告忉利天曰。其有音声。五种清净。乃名梵声。何等五。一者其音正直。二者其音和雅。三者其音清彻。四者其音深满。五者周遍远闻。具此五者。乃名梵音。我今更说。汝等善听。如来弟子摩竭优婆塞。命终有得阿那含。有得斯陀含。有得须陀洹者。有生他化自在天者。有生化自在．兜率天．焰天．忉利天．四天王者。有生刹利．婆罗门．居士大家。五欲自然者。时。梵童子以偈颂曰。

摩竭优婆塞	诸有命终者
八万四千人	吾闻俱得道
成就须陀洹	不复堕恶趣
俱乘平正路	得道能救济
此等群生类	功德所扶持
智慧舍恩爱	惭愧离欺妄
于彼诸天众	梵童记如是
言得须陀洹	诸天皆欢喜

时。毗沙门王闻此偈已。欢喜而言。世尊出世说真实法。甚奇。

甚特。未曾有也。我本不知如来出世。说如是法。于未来世。当复有佛说如是法。能使忉利诸天发欢喜心。

时。梵童子告毗沙门王曰。汝何故作此言。如来出世说如是法。为甚奇。甚特。未曾有也。如来以方便力说善不善。具足说法而无所得。说空净法而有所得。此法微妙。犹如醍醐。

时。梵童子又告忉利天曰。汝等谛听。善思念之。当更为汝说。如来．至真善能分别说四念处。何谓为四。一者内身观。精勤不懈。专念不忘。除世贪忧。外身观。精勤不懈。专念不忘。除世贪忧。受意法观。亦复如是。精勤不懈。专念不忘。除世贪忧。内身观已。生他身智。内观受已。生他受智。内观意已。生他意智。内观法已。生他法智。是为如来善能分别说四念处。复次。诸天。汝等善听。吾当更说。如来善能分别说七定具。何等为七。正见．正志．正语．正业．正命．正方便．正念。是为如来善能分别说七定具。复次。诸天。如来善能分别说四神足。何等谓四。一者欲定灭行成就修习神足。二者精进定灭行成就修习神足。三者意定灭行成就修习神足。四者思惟定灭行成就修习神足。是为如来善能分别说四神足。

又告诸天。过去诸沙门．婆罗门以无数方便。现无量神足。皆由四神足起。正使当来沙门．婆罗门无数方便。现无量神足。亦皆由是四神足起。如今现在沙门．婆罗门无数方便。现无量神足者。亦皆由是四神足起。时。梵童子即自变化形为三十三身。与三十三天一一同坐。而告之曰。汝今见我神变力不。答曰。唯然已见。梵童子曰。我亦修四神足故。能如是无数变化。

时。三十三天各作是念。今梵童子独于我坐而说是语。而彼梵童一化身语。余化亦语。一化身默。余化亦默。时。彼梵童还摄神足。处帝释坐。告忉利天曰。我今当说。汝等善听。如来．至真自以己力开三径路。自致正觉。何谓为三。或有众生亲近贪欲。习不善行。彼人于后近善知识。得闻法言。法法成就。于是离欲舍不善行。得欢喜心。恬然快乐。又于乐中。复生大喜。如人舍于粗食。食百味饭。食已充足。复求胜者。行者如是。离不善法。得欢喜乐。又于乐中。复生大喜。是为如来自以己力开初径路。成最正觉。又有众生多于瞋恚。不舍身．口．意恶业。其人于后遇善知识。得闻法言。法法成就。离身恶行。口．意恶行。生欢喜心。恬然快乐。又于乐中。复生大喜。如人舍于粗食。食百味饭。食已充足。复求胜者。行者如是。离不善法。得欢喜乐。又于乐中。复生大喜。是为如来开第二径路。又有众生愚冥无智。不识善恶。不能如实知苦．习．尽．道。其人于后遇善知识。得闻法言。法法成就。识善不善。能如实知苦．习．尽．道。舍不善行。生欢喜心。恬然快乐。又于乐中。复生大喜。如人舍于粗食。食百味饭。食已充足。复求胜者。行者如是。离不善法。得欢喜乐。又于乐中。复生大喜。是为如来开第三径路。

时。梵童子于忉利天上说此正法。毗沙门天王复为眷属说此正法。阇尼沙神复于佛前说是正法。世尊复为阿难说此正法。阿难复为比丘．比丘尼．优婆塞．优婆夷说是正法。

是时。阿难闻佛所说。欢喜奉行。

佛说长阿含经卷第六

（五）第二分初小缘经第一

如是我闻。

一时。佛在舍卫国清信园林鹿母讲堂。与大比丘众千二百五十人俱。

尔时。有二婆罗门以坚固信往诣佛所。出家为道。一名婆悉吒。二名婆罗堕。尔时。世尊于静室出。在讲堂上彷徉经行。时。婆悉吒见佛经行。即寻速疾诣婆罗堕。而语之言。汝知不耶。如来今者出于静室。堂上经行。我等可共诣世尊所。傥闻如来有所言说。时。婆罗堕闻其语已。即共诣世尊所。头面礼足。随佛经行。

尔时。世尊告婆悉吒曰。汝等二人出婆罗门种。以信坚固于我法中出家修道耶。

答曰。如是。

佛言。婆罗门。今在我法中出家为道。诸婆罗门得无嫌责汝耶。

答曰。唯然。蒙佛大恩。出家修道。实自为彼诸婆罗门所见嫌责。

佛言。彼以何事而嫌责汝。

寻白佛言。彼言。我婆罗门种最为第一。余者卑劣。我种清白。余者黑冥。我婆罗门种出自梵天。从梵口生。于现法中得清净解。后亦清净。汝等何故舍清净种。入彼瞿昙异法中耶。世尊。彼见我于佛法中出家修道。以如此言而呵责我。

佛告婆悉吒。汝观诸人愚冥无识犹如禽兽。虚假自称。婆罗门种最为第一。余者卑劣。我种清白。余者黑冥。我婆罗门种出自梵天。从梵口生。现得清净。后亦清净。婆悉吒。今我无上正真道中不须种姓。不恃吾我憍慢之心。俗法须此。我法不尔。若有沙门．婆罗门。自恃种姓。怀憍慢心。于我法中终不得成无上证也。若能舍离种姓。除憍慢心。则于我法中得成道证。堪受正法。人恶下流。我法不尔。

佛告婆悉吒。有四姓种。善恶居之。智者所举。智者所责。何谓为四。一者刹利种。二者婆罗门种。三者居士种。四者首陀罗种。婆悉吒。汝听刹利种中有杀生者。有盗窃者。有淫乱者。有欺妄者。有两舌者。有恶口者。有绮语者。有悭贪者。有嫉妒者。有邪见者。婆罗门种．居士种．首陀罗种亦皆如是。杂十恶行。婆悉吒。夫不善行有不善报。为黑冥行则有黑冥报。若使此报独在刹利．居士．首陀罗种。不在婆罗门种者。则婆罗门种应得自言。我婆罗门种最为第一。余者卑劣。我种清白。余者黑冥。我婆罗门种出自梵天。从梵口生。现得清净。后亦清净。若使行不善行有不善报。为黑冥行有黑冥报。必在婆罗门种．刹利．居士．首陀罗种者。则婆罗门不得独称。我种清净。最为第一。

婆悉吒。若刹利种中有不杀者。有不盗．不淫．不妄语．不两舌．不恶口．不绮语．不悭贪．不嫉妒．不邪见。婆罗门种．居士．首陀罗种亦皆如是。同修十善。夫行善法必有善报。行清白行必有白报。若使此报独在婆罗门。不在刹利．居士．首陀罗者。则婆罗门种应得自言。我种清净。最为第一。若使四姓同有此报者。则婆罗门不得独称。我种清净。最为第一。

佛告婆悉吒。今者现见婆罗门种。嫁娶产生。与世无异。而作诈称。我是梵种。从梵口生。现得清净。后亦清净。婆悉吒。汝今当知。今我弟子。种姓不同。所出各异。于我法中出家修道。若有人问。汝谁种姓。当答彼言。我是沙门释种子也。亦可自称。我是婆罗门种。亲从口生。从法化生。现得清净。后亦清净。所以者何。大梵名者即如来号。如来为世间眼。法为世间智。为世间法。为世间梵。为世间法轮。为世间甘露。为世间法主。

婆悉吒。若刹利种中有笃信于佛．如来．至真．等正觉。十号具足。笃信于法。信如来法。微妙清净。现可修行。说无时节。示泥洹要。智者所知。非是凡愚所能及教。笃信于僧。性善质直。道果成就。眷属成就。佛真弟子法法成就。所谓众者。戒众成就。定众．慧众．解脱众．解脱知见众成就。向须陀洹．得须陀洹。向斯陀含．得斯陀含．向阿那含．得阿那含。向阿罗汉．得阿罗汉。四双八辈。是为如来弟子众也。可敬可尊。为世福田。应受人供。笃信于戒。圣戒具足。无有缺漏。无诸瑕隙。亦无点污。智者所称。具足善寂。婆悉吒。诸婆罗门种．居士．首陀罗种亦应如是笃信于佛。信法。信众。成就圣戒。婆悉吒。刹利种中亦有供养罗汉。恭敬礼拜者。婆罗门．居士．首陀罗亦皆供养罗汉。恭敬礼拜。

佛告婆悉吒。今我亲族释种亦奉波斯匿王。宗事礼敬。波斯匿王复来供养礼敬于我。彼不念言。沙门瞿昙出于豪族。我姓卑下。沙门瞿昙出大财富．大威德家。我生下穷鄙陋小家故。致供养礼敬如来也。波斯匿王于法观法。明识真伪。故生净信。致敬如来耳。

婆悉吒。今当为汝说四姓本缘。天地始终。劫尽坏时。众生命终皆生光音天。自然化生。以念为食。光明自照。神足飞空。其后此地尽变为水。无不周遍。当于尔时。无复日月星辰。亦无昼夜年月岁数。唯有大冥。其后此水变成大地。光音诸天福尽命终。来生此间。虽来生此。犹以念食。神足飞空。身光自照。于此住久。各自称言。

众生。众生。其后此地甘泉涌出。状如酥蜜。彼初来天性轻易者。见此泉已。默自念言。此为何物。可试尝之。即内指泉中。而试尝之。如是再三。转觉其美。便以手抄自恣食之。如是乐着。遂无厌足。其余众生复效食之。如是再三。复觉其美。食之不已。其身转粗。肌肉坚鞕。失天妙色。无复神足。履地而行。身光转灭。天地大冥。

婆悉吒。当知天地常法。大冥之后。必有日月星像现于虚空。然后方有昼夜晦明．日月岁数。尔时。众生但食地味。久住世间。其食多者。颜色粗丑。其食少者。色犹悦泽。好丑端正。于是始有。其端正者。生憍慢心。轻丑陋者。其丑陋者。生嫉恶心。憎端正者。众生于是各共忿诤。是时甘泉自然枯涸。其后此地生自然地肥。色味具足。香洁可食。是时众生复取食之。久住世间。其食多者。颜色粗丑。其食少者。色犹悦泽。其端正者。生憍慢心。轻丑陋者。其丑陋者。生嫉恶心。憎端正者。众生于是各共诤讼。是时地肥遂不复生。

其后此地复生粗厚地肥。亦香美可食。不如前者。是时众生复取食之。久住世间。其食多者。色转粗丑。其食少者。色犹悦泽。端正丑陋。迭相是非。遂生诤讼。地肥于是遂不复生。其后此地生自然粳米。无有糠糩。色味具足。香洁可食。是时众生复取食之。久住于世。便有男女。互共相视。渐有情欲。转相亲近。其余众生见已。语言。汝所为非。汝所为非。即排摈驱遣出于人外。过三月已。然后还归。

佛告婆悉吒。昔所非者。今以为是。时。彼众生习于非法。极情恣欲。无有时节。以惭愧故。遂造屋舍。世间于是始有房舍。玩习非法。淫欲转增。便有胞胎。因不净生。世间胞胎始于是也。时。彼众生食自然粳米。随取随生。无可穷尽。时。彼众生有懈惰者。默自念言。朝食朝取。暮食暮取。于我劳勤。今欲并取。以终一日。即寻并取。于后等侣唤共取米。其人答曰。我已并取。以供一日。汝欲取者。自可随意。彼人复自念言。此人黠慧。能先储积。我今亦欲积粮。以供三日。其人即储三日余粮。有余众生复来语言。可共取米。答言。吾已先积三日余粮。汝欲取者可往自取。彼人复念。此人黠慧。先积余粮。以供三日。吾当效彼。积粮以供五日。即便往取。

时。彼众生竞储积已。粳米荒秽。转生糠糩。刈已不生。时。彼众生见此不悦。遂成忧迷。各自念言。我本初生。以念为食。神足飞空。身光自照。于世久住。其后此地甘泉涌出。状如酥蜜。香美可食。我等时共食之。食之转久。其食多者。颜色粗丑。其食少者。色犹悦泽。由是食故。使我等颜色有异。众生于是各怀是非。迭相憎嫉。是时甘泉自然枯竭。其后此地生自然地肥。色味具足。香美可食。时我曹等复取食之。其食多者。颜色粗丑。其食少者。颜色悦泽。众生于是复怀是非。迭相憎嫉。是时地肥遂不复生。其后复生粗厚地肥。亦香美可食。时我曹等复取食之。多食色粗。少食色悦。复生是非。共相憎嫉。是时地肥遂不复现。更生自然粳米。无有糠糩。时我曹等复取食之。久住于世。其懈怠者。竞共储积。由是粳米荒秽。转生糠糩。刈已不生。今当如何。复自相谓言。当共分地。别立幖帜。即寻分地。别立幖帜。

　　婆悉吒。犹此因缘。始有田地名生。彼时众生别封田地。各立疆畔。渐生盗心。窃他禾稼。其余众生见已。语言。汝所为非。汝所为非。自有田地。而取他物。自今已后。勿复尔也。其彼众生犹盗不已。其余众生复重呵责而犹不已。便以手加之。告诸人言。此人自有田稼。而盗他物。其人复告。此人打我。时。彼众人见二人诤已。愁忧不悦。懊恼而言。众生转恶。世间乃有此不善。生秽恶不净。此是生．老．病．死之原。烦恼苦报堕三恶道。由有田地致此诤讼。今者宁可立一人为主以治理之。可护者护。可责者责。众共减米。以供给之。使理诤讼。

　　时。彼众中自选一人。形体长大。颜貌端正。有威德者。而语之言。汝今为我等作平等主。应护者护。应责者责。应遣者遣。当共集米。以相供给。时。彼一人闻众人言。即与为主。断理诤讼。众人即共集米供给。时。彼一人复以善言慰劳众人。众人闻已。皆大欢喜。皆共称言。善哉。大王。善哉。大王。于是。世间便有王名。以正法治民。故名刹利。于是世间始有刹利名生。

　　时。彼众中独有一人作如是念。家为大患。家为毒刺。我今宁可舍此居家。独在山林。闲静修道。即舍居家。入于山林。寂默思惟。至时持器入村乞食。众人见已。皆乐供养。欢喜称赞。善哉。此人能舍家居。独处山林。静默修道。舍离众恶。于是。世间始有婆罗门名生。彼婆罗门中有不乐闲静坐禅思惟者。便入人间。诵习为业。又自称言。我是不禅人。于是。世人称不禅婆罗门。由入人间故。名为人间婆罗门。于是。世间有婆罗门种。彼众生中有人好营居业。多积财宝。因是众人名为居士。彼众生中有多机巧。多所造作。于是世间始有首陀罗工巧之名。

　　婆悉吒。今此世间有四种名。第五有沙门众名。所以然者。婆悉吒。刹利众中。或时有人自厌己法。剃除须发。而披法服。于是始有沙门名生。婆罗门种．居士种．首陀罗种。或时有人自厌己法。剃除须发。法服修道。名为沙门。婆悉吒。刹利种中。身行不善。口行不善。意行不善身坏命终。必受苦报。婆罗门种．居士种．首陀罗种。身行不善。口行不善。意行不善。身坏命终。必受苦报。婆悉吒。刹利种中。有身行善。口．意行善。身坏命终。必受乐报。婆罗门．居士．首陀罗种中。身行善。口．意行善。身坏命终。必受乐报。婆悉吒。刹利众中。身行二种。口．意行二种。身坏命终。受苦乐报。婆罗门种．居士种．首陀罗种。身行二种。口．意行二种。身坏命终。受苦乐报。

婆悉吒。刹利种中。有剃除须发。法服修道。修七觉意。道成不久。所以者何。彼族姓子法服出家。修无上梵行。于现法中自身作证。生死已尽。梵行已立。所作已办。不复受有。婆罗门．居士．首陀罗种中。有剃除须发。法服修道。修七觉意。道成不久。所以者何。彼族姓子法服出家。修无上梵行。于现法中自身作证。生死已尽。梵行已立。所作已办。不复受有。婆悉吒。此四种中皆出明行成就罗汉。于五种中为最第一。

佛告婆悉吒。梵天王颂曰。

生中刹利胜　　能舍种姓去
明行成就者　　世间最第一

佛告婆悉吒。此梵善说。非不善说。此梵善受。非不善受。我时即印可其言。所以者何。今我如来．至真亦说是义。

生中刹利胜　　能舍种姓去
明行成就者　　世间最第一

尔时。世尊说此法已。婆悉吒．婆罗堕无漏心解脱。闻佛所说。欢喜奉行。

（六）第二分转轮圣王修行经第二

如是我闻。

一时。佛在摩罗醯搜人间游行。与千二百五十比丘渐至摩楼国。

尔时。世尊告诸比丘。汝等当自炽燃。炽燃于法。勿他炽燃。当自归依。归依于法。勿他归依。云何比丘当自炽燃。炽燃于法。勿他炽燃。当自归依。归依于法。勿他归依。于是。比丘内身身观。精勤无懈。忆念不忘。除世贪忧。外身身观．内外身身观。精勤无懈。识念不忘。除世贪忧。受．意．法观。亦复如是。是为比丘自炽燃。炽燃于法。不他炽燃。自归依。归依于法。不他归依。

如是行者。魔不能娆。功德日增。所以者何。乃往过去久远世时。有王名坚固念。刹利水浇头种。为转轮圣王。领四天下。时。王自在以法治化。人中殊特。七宝具足。一者金轮宝。二者白象宝。三者绀马宝。四者神珠宝。五者玉女宝。六者居士宝。七者主兵宝。千子具足。勇健雄猛。能伏怨敌。不用兵杖。自然太平。坚固念王久治世已。时金轮宝即于虚空忽离本处。时典轮者速往白王。大王。当知今者轮宝离于本处。时。坚固王闻已念言。我曾于先宿耆旧所闻。若转轮圣王轮宝移者。王寿未几。我今已受人中福乐。宜更方便受天福乐。当立太子领四天下。别封一邑与下发师。命下须发。服三法衣。出家修道。

时。坚固念王即命太子而告之曰。卿为知不。吾曾从先宿耆旧所闻。若转轮圣王金轮离本处者。王寿未几。吾今已受人中福乐。当更方便迁受天福。今欲剃除须发。服三法衣。出家为道。以四天下委付于汝。宜自勉力。存恤民物。是时。太子受王教已。时坚固念王即剃除须发。服三法衣。出家修道。

时。王出家过七日已。彼金轮宝忽然不现。其典轮者往白王言。大王。当知今者轮宝忽然不现。时王不悦。即往诣坚固念王所。到已白王。父王。当知今者轮宝忽然不现。时。坚固念王报其子曰。汝勿怀忧以为不悦。此金轮宝者非汝父产。汝但勤行圣王正法。行正法已。于十五日月满时。沐浴香汤。婇女围绕。升正法殿上。金轮神宝自然当现。轮有千辐。光色具足。天匠所造。非世所有。

子白父王。转轮圣王正法云何。当云何行。王告子曰。当依于法。立法具法。恭敬尊重。观察于法。以法为首。守护正法。又当以法诲诸婇女。又当以法护视教诫诸王子．大臣．群寮．百官及诸人民．沙门．婆罗门。下至禽兽。皆当护视。

又告子曰。又汝土境所有沙门．婆罗门履行清真。功德具足。精进不懈。去离憍慢。忍辱仁爱。闲独自修。独自止息。独到涅槃。自除贪欲。化彼除贪。自除瞋恚。化彼除瞋。自除愚痴。化彼除痴。于染不染。于恶不恶。于愚不愚。可着不着。可住不住。可居不居。身行质直。口言质直。意念质直。身行清净。口言清净。意念清净。正念清净。仁慧无厌。衣食知足。持钵乞食。以福众生。有如是人者。汝当数诣。随时咨问。凡所修行。何善何恶。云何为犯。云何非犯。何者可亲。何者不可亲。何者可作。何者不可作。施行何法。长夜受乐。汝咨问已。以意观察。宜行则行。宜舍则舍。国有孤老。当拯给之。贫穷困劣。有来取者。慎勿违逆。国有旧法。汝勿改易。此是转轮圣王所修行法。汝当奉行。

佛告诸比丘。时。转轮圣王受父教已。如说修行。后于十五日月满时。沐浴香汤。升高殿上。婇女围绕。自然轮宝忽然在前。轮有千辐。光色具足。天匠所造。非世所有。真金所成。轮径丈四。时。转轮王默自念言。我曾从先宿耆旧所闻。若刹利王水浇头种。以十五日月满时。沐浴香汤。升宝殿上。婇女围绕。自然金轮忽现在前。轮有千辐。光色具足。天匠所造。非世所有。真金所成。轮径丈四。是则名为转轮圣王。今此轮现。将无是耶。今我宁可试此轮宝。

时。转轮王即召四兵。向金轮宝偏露右臂。右膝着地。复以右手摩扪金轮。语言。汝向东方。如法而转。勿违常则。轮即东转。时。王即将四兵随从其后。金轮宝前有四神导。轮所住处。王即止驾。尔时。东方诸小国王见大王至。以金钵盛银粟。银钵盛金粟。来趣王所。拜首白言。善来。大王。今此东方土地丰乐。人民炽盛。志性仁和。慈孝忠顺。唯愿圣王于此治正。我等当给使左右。承受所当。时。转轮大王语小王言。止。止。诸贤。汝等则为供养我已。但当以正法治。勿使偏枉。无令国内有非法行。此即名曰我之所治。

时。诸小王闻此教已。即从大王巡行诸国。至东海表。次行南方．西方．北方。随轮所至。其诸国王各献国土。亦如东方诸小国比。时。转轮王既随金轮。周行四海。以道开化。安慰民庶。已还本国。时。金轮宝在宫门上虚空中住。时转轮王踊跃而言。此金轮宝真为我瑞。我今真为转轮圣王。是为金轮宝成就。

其王久治世已。时金轮宝即于虚空忽离本处。其典轮者速往白王。大王。当知今者轮宝离于本处。时。王闻已即自念言。我曾于先宿耆旧所闻。若转轮圣王轮宝移者。王寿未几。我今已受人中福乐。宜更方便受天福乐。当立太子领四天下。别封一邑与下发师。令下须发。服三法衣。出家修道。

时。王即命太子而告之曰。卿为知不。吾曾从先宿耆旧所闻。若转轮圣王金轮宝离本处者。王寿未几。吾今已受人中福乐。当设方便迁受天乐。今欲剃除须发。服三法衣。出家修道。以四天下委付于汝。宜自勉力。存恤民物。尔时。太子受王教已。王即剃除须发。服三法衣。出家修道。时。王出家过七日已。其金轮宝忽然不现。典金轮者往白王言。大王。当知今者轮宝忽然不现。时王闻已。不以为忧。亦复不往问父王意。时。彼父王忽然命终。

自此以前。六转轮王皆展转相承。以正法治。唯此一王自用治国。不承旧法。其政不平。天下怨诉。国土损减。人民凋落。时。有一婆罗门大臣往白王言。大王。当知今者国土损减。人民凋落。转不如常。王今国内多有知识。聪慧博达。明于古今。备知先王治政之法。何不命集问其所知。彼自当答。时。王即召群臣。问其先王治政之道。时。诸智臣具以事答。王闻其言。即行旧政。以法护世。而由不能拯济孤老。施及下穷。

时。国人民转至贫困。遂相侵夺。盗贼滋甚。伺察所得。将诣王所白言。此人为贼。愿王治之。王即问言。汝实为贼耶。答曰。实尔。我贫穷饥饿。不能自存。故为贼耳。时。王即出库物以供给之。而告之曰。汝以此物供养父母。并恤亲族。自今已后。勿复为贼。余人转闻有作贼者。王给财宝。于是复行劫盗他物。复为伺察所得。将诣王所白言。此人为贼。愿王治之。王复问言。汝实为贼耶。答曰。实尔。我贫穷饥饿。不能自存。故为贼耳。时。王复出库财以供给之。复告之曰。汝以此物供养父母。并恤亲族。自今已后。勿复为贼。

复有人闻有作贼者。王给财宝。于是复行劫盗他物。复为伺察所得。将诣王所白言。此人为贼。愿王治之。王复问言。汝实为贼耶。答曰。实尔。我贫穷饥饿。不能自存。故为贼耳。时王念言。先为贼者。吾见贫穷。给其财宝。谓当止息。而余人闻。转更相效。盗贼日滋。如是无已。我今宁可纽械其人。令于街巷。然后载之出城。刑于旷野。以诫后人耶

时。王即敕左右。使收系之。声鼓唱令。遍诸街巷。讫已载之出

城。刑于旷野。国人尽知彼为贼者。王所收系。令于街巷。刑之旷野。时。人展转自相谓言。我等设为贼者。亦当如是。与彼无异。于是。国人为自防护。遂造兵杖．刀剑．弓矢。迭相残害。攻劫掠夺。自此王来始有贫穷。有贫穷已始有劫盗。有劫盗已始有兵杖。有兵杖已始有杀害。有杀害已则颜色憔悴。寿命短促。时。人正寿四万岁。其后转少。寿二万岁。然其众生有寿．有夭．有苦．有乐。彼有苦者。便生邪淫．贪取之心。多设方便。图谋他物。是时。众生贫穷劫盗。兵杖杀害。转转滋甚。人命转减。寿一万岁。

一万岁时。众生复相劫盗。为伺察所得。将诣王所白言。此人为贼。愿王治之。王问言。汝实作贼耶。答曰。我不作。便于众中故作妄语。时。彼众生以贫穷故便行劫盗。以劫盗故便有刀兵。以刀兵故便有杀害。以杀害故便有贪取．邪淫。以贪取．邪淫故便有妄语。有妄语故其寿转减。至于千岁。千岁之时。便有口三恶行始出于世。一者两舌。二者恶口。三者绮语。此三恶业展转炽盛。人寿稍减至五百岁。五百岁时。众生复有三恶行起。一者非法淫。二者非法贪。三者邪见。此三恶业展转炽盛。人寿稍减。三百．二百。我今时人。乃至百岁。少出多减。

如是展转。为恶不已。其寿稍减。当至十岁。十岁时人。女生五月便行嫁。是时世间酥油．石蜜．黑石蜜。诸甘美味不复闻名。粳粮．禾稻变成草莠。缯．绢．锦．绫．劫贝．白氎。今世名服。时悉不现。织粗毛缕以为上衣。是时。此地多生荆棘。蚊．虻．蝇．虱．蛇．蚖．蜂．蛆。毒虫众多。金．银．琉璃．珠玑．名宝。尽没于地。遂有瓦石砂砾出于地上。

当于尔时。众生之类永不复闻十善之名。但有十恶充满世间。是时。乃无善法之名。其人何由得修善行。是时。众生能为极恶。不孝父母。不敬师长。不忠不义。返逆无道者便得尊敬。如今能修善行。孝养父母。敬顺师长。忠信怀义。顺道修行者便得尊敬。尔时。众生多修十恶。多堕恶道。众生相见。常欲相杀。犹如猎师见于群鹿。时。此土地多有沟坑。溪涧深谷。土旷人希。行来恐惧。尔时。当有刀兵劫起。手执草木。皆成戈鉾。于七日中。展转相害。

时。有智者远逃丛林。依倚坑坎。于七日中怀怖畏心。发慈善言。汝不害我。我不害汝。食草木子以存性命。过七日已。从山林出。时有存者。得共相见。欢喜庆贺言。汝不死耶。汝不死耶。犹如父母唯有一子。久别相见。欢喜无量。彼人如是各怀欢喜。迭相庆贺。然后推问其家。其家亲属死亡者众。复于七日中悲泣号啕。啼哭相向。过七日已。复于七日中共相庆贺。娱乐欢喜。寻自念言。吾等积恶弥广。故遭此难。亲族死亡。家属覆没。今者宜当少共修善。宜修何善。当不杀生。

尔时。众生尽怀慈心。不相残害。于是众生色寿转增。其十岁者寿二十岁。二十时人复作是念。我等由少修善行。不相残害故。寿命延长至二十岁。今者宁可更增少善。当修何善。已不杀生。当不窃盗。已修不盗。则寿命延长至四十岁。四十时人复作是念。我等由少修善。寿命延长。今者宁可更增少善。何善可修。当不邪淫。于是。其人尽不邪淫。寿命延长至八十岁。

八十岁人复作是念。我等由少修善。寿命延长。今者宁可更增少善。何善可修。当不妄语。于是。其人尽不妄语。寿命延长至百六十。百六十时人复作是念。我等由少修善。寿命延长。我今宁可更增小善。何善可修。当不两舌。于是。其人尽不两舌。寿命延长至三百二十岁。三百二十岁时人复作是念。我等由少修善故。寿命延长。今者宁可更增少善。何善可修。当不恶口。于是。其人尽不恶口。寿命延长至六百四十。

六百四十时人复作是念。我等由修善故。寿命延长。今者宁可更增少善。何善可修。当不绮语。于是。其人尽不绮语。寿命延长至二千岁。二千岁时人复作是念。我等由修善故。寿命延长。今者宁可更增少善。何善可修。当不悭贪。于是。其人尽不悭贪而行布施。寿命延长至五千岁。五千岁时人复作是念。我等由修善故。寿命延长。今者宁可更增少善。何善可修。当不嫉妒。慈心修善。于是。其人尽不嫉妒。慈心修善。寿命延长至于万岁。

万岁时人复作是念。我等由修善故。寿命延长。今者宁可更增少善。何善可修。当行正见。不生颠倒。于是。其人尽行正见。不起颠倒。寿命延长至二万岁。二万岁时人复作是念。我等由修善故。寿命延长。今者宁可更增少善。何善可修。当灭三不善法。一者非法淫。一者非法贪。三者邪见。于是。其人尽灭三不善法。寿命延长至四万岁。四万岁时人复作是念。我等由修善故。寿命延长。今者宁可更增少善。何善可修。当孝养父母。敬事师长。于是。其人即孝养父母。敬事师长。寿命延长至八万岁。

八万岁时人。女年五百岁始出行嫁。时。人当有九种病。一者寒。二者热。三者饥。四者渴。五者大便。六者小便。七者欲。八者饕餮。九者老。时。此大地坦然平整。无有沟坑．丘墟．荆棘。亦无蚊．虻．蛇．蚖．毒虫。瓦石．沙砾变成琉璃。人民炽盛。五谷平贱。丰乐无极。是时。当起八万大城。村城邻比。鸡鸣相闻。当于尔时。有佛出世。名为弥勒如来．至真．等正觉。十号具足。如今如来十号具足。彼于诸天．释．梵．魔．若魔．天．诸沙门．婆罗门．诸天．世人中。自身作证。亦如我今于诸天．释．梵．魔．若魔．天．沙门．婆罗门．诸天．世人中。自身作证。彼当说法。初言亦善。中下亦善。义味具足。净修梵行。如我今日说法。上中下言。皆悉真正。义味具足。梵行清净。彼众弟子有无数千万。如我今日弟子数百。彼时。人民称其弟子号曰慈子。如我弟子号曰释子。

彼时。有王名曰儴伽。刹利水浇头种转轮圣王。典四天下。以正法治。莫不靡伏。七宝具足。一金轮宝．二白象宝．三绀马宝．四神珠宝．五玉女宝．六居士宝．七主兵宝。王有千子。勇猛雄烈。能却外敌。四方敬顺。不加兵杖。自然太平。尔时。圣王建大宝幢。围十六寻。上高千寻。千种杂色严饰其幢。幢有百觚。觚有百枝。宝缕织成。众宝间厕。于是。圣王坏此幢已。以施沙门．婆罗门．国中贫者。然后剃除须发。服三法衣。出家修道。修无上行。于现法中自身作证。生死已尽。梵行已立。所作已办。不受后有。

佛告诸比丘。汝等当勤修善行。以修善行。则寿命延长。颜色增益。安隐快乐。财宝丰饶。威力具足。犹如诸王顺行转轮圣王旧法。则寿命延长。颜色增益。安隐快乐。财宝丰饶。威力具足。比丘亦如是。当修善法。寿命延长。颜色增益。安隐快乐。财宝丰饶。威力具足。

云何比丘寿命延长。如是比丘修习欲定精勤不懈灭行成就以修神足。修精进定．意定．思惟定精勤不懈灭行成就。以修神足。是为寿命延长。何谓比丘颜色增益。于是比丘戒律具足。成就威仪。见有小罪。生大怖畏。等学诸戒。周满备悉。是为比丘颜色增益。何谓比丘安隐快乐。于是比丘断除淫欲。去不善法。有觉．有观。离生喜．乐。行第一禅。除灭觉．观。内信欢悦。捡心专一。无觉．无观。定生喜．乐。行第二禅。舍喜守护。专心不乱。自知身乐。贤圣所求。护念．乐行。行第三禅。舍灭苦乐。先除忧喜。不苦不乐。护念清净。行第四禅。是为比丘安隐快乐。

何谓比丘财宝丰饶。于是比丘修习慈心。遍满一方。余方亦尔。周遍广普。无二无量。除众结恨。心无嫉恶。静默慈柔。以自娱乐。悲．喜．舍心亦复如是。是为比丘财宝丰饶。何谓比丘威力具足。于是比丘如实知苦圣谛。习．尽．道谛亦如实知。是为比丘威力具足。

佛告比丘。我今遍观诸有力者无过魔力。然漏尽比丘力能胜彼。尔时。诸比丘闻佛所说。欢喜奉行。

佛说长阿含经卷第七

（七）第二分弊宿经第三

尔时。童女迦叶与五百比丘游行拘萨罗国。渐诣斯波醯婆罗门村。时童女迦叶在斯波醯村北尸舍婆林止。时。有婆罗门名曰弊宿。止斯波醯村。此村丰乐。民人众多。树木繁茂。波斯匿王别封此村与婆罗门弊宿。以为梵分。弊宿婆罗门常怀异见。为人说言。无有他世。亦无更生。无善恶报。

时。斯波醯村人闻童女迦叶与五百比丘。从拘萨罗国渐至此尸舍婆林。自相谓言。此童女迦叶有大名闻。已得罗汉。耆旧长宿。多闻广博。聪明睿智。辩才应机。善于谈论。今得见者。不亦善哉。时。彼村人日日次第往诣迦叶。尔时。弊宿在高楼上。见其村人队队相随。不知所趣。即问左右持盖者言。彼人何故群队相随。

侍者答曰。我闻童女迦叶将五百比丘游拘萨罗国。至尸舍婆林。又闻其人有大名称。已得罗汉。耆旧长宿。多闻广博。聪明睿智。辩才应机。善于谈论。彼诸人等。群队相随。欲诣迦叶共相见耳。

时。弊宿婆罗门即敕侍者。汝速往语诸人。且住。当共俱行。往与相见。所以者何。彼人愚惑。欺诳世间。说有他世。言有更生。言有善恶报。而实无他世。亦无更生。无善恶报。

时。使者受教已。即往语彼斯婆醯村人言。婆罗门语。汝等且住。当共俱诣。往与相见。

村人答曰。善哉。善哉。若能来者。当共俱行。

使还寻白。彼人已住。可行者行。

时。婆罗门即下高楼。敕侍者严驾。与彼村人前后围绕。诣舍婆林。到已下车。步进诣迦叶所。问讯讫。一面坐。其彼村人婆罗门．居士。有礼拜迦叶然后坐者。有问讯已而坐者。有自称名已而坐者。有叉手已而坐者。有默然而坐者。时。弊宿婆罗门语童女迦叶言。今我欲有所问。宁有闲暇见听许不。

迦叶报曰。随汝所问。闻已当知。

婆罗门言。今我论者。无有他世。亦无更生。无罪福报。汝论云何。

迦叶答曰。我今问汝。随汝意答。今上日月。为此世耶。为他世耶。为人．为天耶。

婆罗门答曰。日月是他世。非此世也。是天。非人。

迦叶答曰。以此可知。必有他世。亦有更生。有善恶报。

婆罗门言。汝虽云有他世。有更生及善恶报。如我意者。皆悉无有。

迦叶问曰。颇有因缘。可知无有他世。无有更生。无善恶报耶。

婆罗门答曰。有缘。

迦叶问曰。以何因缘。言无他世。

婆罗门言。迦叶。我有亲族知识。遇患困病。我往问言。诸沙门．婆罗门各怀异见。言诸有杀生．盗窃．邪淫．两舌．恶口．妄言．绮语．贪取．嫉妒．邪见者。身坏命终。皆入地狱。我初不信。所以然者。初未曾见死已来还。说所堕处。若有人来说所堕处。我必信受。汝今是我所亲。十恶亦备。若如沙门语者。汝死必入大地狱中。今我相信。从汝取定。若审有地狱者。汝当还来。语我使知。然后当信。迦叶。彼命终已。至今不来。彼是我亲。不应欺我。许而不来。必无后世。

迦叶报曰。诸有智者。以譬喻得解。今当为汝引喻解之。譬如盗贼。常怀奸诈。犯王禁法。伺察所得。将诣王所。白言。此人为贼。愿王治之。王即敕左右。收系其人。遍令街巷。然后载之。出城付刑人者。时。左右人即将彼贼。付刑人者。彼贼以柔软言。语守卫者。汝可放我。见诸亲里。言语辞别。然后当还。云何。婆罗门。彼守卫者宁肯放不。

婆罗门答曰。不可。

迦叶又言。彼同人类。俱存现世。而犹不放。况汝所亲。十恶备足。身死命终。必入地狱。狱鬼无慈。又非其类。死生异世。彼若以软言求于狱鬼。汝暂放我。还到世间。见亲族言语辞别。然后当还。宁得放不。

婆罗门答曰。不可。

迦叶又言。以此相方。自足可知。何为守迷。自生邪见耶。

婆罗门言。汝虽引喻。谓有他世。我犹言无。

迦叶复言。汝颇更有余缘。可知无他世耶。

婆罗门报言。我更有余缘。知无他世。

迦叶问曰。以何缘知。

答曰。迦叶。我有亲族。遇患笃重。我往语言。诸沙门．婆罗门各怀异见。说有他世。言不杀．不盗．不淫．不欺。不两舌．恶口．妄言．绮语．贪取．嫉妒．邪见者。身坏命终。皆生天上。我初不信。所以然者。初未曾见死已来还。说所堕处。若有人来说所堕生。我必信耳。今汝是我所亲。十善亦备。若如沙门语者。汝今命终。必生天上。今我相信。从汝取定。若审有天报者。汝当必来语我使知。然后当信。迦叶。彼命终已。至今不来。彼是我亲。不应欺我。许而不来。必无他世。

迦叶又言。诸有智者。以譬喻得解。我今当复为汝说喻。譬如有人。堕于深厕。身首没溺。王敕左右。挽此人出。以竹为篦。三刮其身。澡豆净灰。次如洗之。后以香汤。沐浴其体。细末众香。坌其身上。敕除发师。净其须发。又敕左右。重将洗沐。如是至三。洗以香汤。坌以香末。名衣上服。庄严其身。百味甘膳。以恣其口。将诣高堂。五欲娱乐。其人复能还入厕不。

答曰。不能。彼处臭恶。何可还入。

迦叶言。诸天亦尔。此阎浮利地。臭秽不净。诸天在上。去此百由旬。遥闻人臭。甚于厕溷。婆罗门。汝亲族知识。十善具足。然必生天。五欲自娱。快乐无极。宁当复肯还来。入此阎浮厕不。

答曰。不也。

迦叶又言。以此相方。自足可知。何为守迷。自生邪见。

婆罗门言。汝虽引喻。言有他世。我犹言无。

迦叶复言。汝颇更有余缘。可知无他世耶。

婆罗门报言。我更有余缘。知无他世。

迦叶问曰。以何缘知。

答曰。迦叶。我有亲族。遇患笃重。我往语言。沙门．婆罗门各怀异见。说有后世。言不杀．不盗．不淫．不欺．不饮酒者。身坏命终。皆生忉利天上。我亦不信。所以然者。初未曾见死已来还。说所堕处。若有人来说所堕生。我必信耳。今汝是我所亲。五戒具足。身坏命终。必生忉利天上。令我相信。从汝取定。若审有天福者。汝当还来。语我使知。然后当信。迦叶。彼命终已。至今不来。彼是我亲。不应有欺。许而不来。必无他世。

迦叶答言。此间百岁。正当忉利天上一日一夜耳。如是亦三十日为一月。十二月为一岁。如是彼天寿千岁。云何。婆罗门。汝亲族五戒具足。身坏命终。必生忉利天上。彼生天已。作是念言。我初生此。当二三日中。娱乐游戏。然后来下报汝言者。宁得见不。

答曰。不也。我死久矣。何由相见。

婆罗门言。我不信也。谁来告汝有忉利天。寿命如是。

迦叶言。诸有智者。以譬喻得解。我今更当为汝引喻。譬如有人。从生而盲。不识五色。青．黄．赤．白。粗．细．长．短。亦不见日．月．星象．丘陵．沟壑。有人问言。青．黄．赤．白五色云何。盲人答曰。无有五色。如是粗．细．长．短．日．月．星象．山陵．沟壑。皆言无有。云何。婆罗门。彼盲人言。是正答不。

答曰。不也。

所以者何。世间现有五色。青．黄．赤．白。粗．细．长．短。日．月．星象．山陵．沟壑。而彼言无。婆罗门。汝亦如是。忉利天寿。实有不虚。汝自不见。便言其无。

婆罗门言。汝虽言有。我犹不信。

迦叶又言。汝复作何缘。而知其无。

答曰。迦叶。我所封村人有作贼者。伺察所得。将诣我所。语我言。此人为贼。唯愿治之。我答言。收缚此人。着大釜中。韦盖厚泥。使其牢密。勿令有泄。遣人围绕。以火煮之。我时欲观知其精神所出之处。将诸侍从。绕釜而观。都不见其神去来处。又发釜看。亦不见神有往来之处。以此缘故。知无他世。

迦叶又言。我今问汝。若能答者随意报之。婆罗门。汝在高楼。息寝卧时。颇曾梦见山林．江河．园观．浴池．国邑．街巷不。

答曰。梦见。

又问。婆罗门。汝当梦时。居家眷属侍卫汝不。

答曰。侍卫。

又问。婆罗门。汝诸眷属见汝识神有出入不。

答曰。不见。

迦叶又言。汝今生存。识神出入。尚不可见。况于死者乎。汝不可以目前现事观于众生。婆罗门。有比丘初夜．后夜捐除睡眠。精勤不懈。专念道品。以三昧力。修净天眼。以天眼力。观于众生。死此生彼。从彼生此。寿命长短。颜色好丑。随行受报。善恶之趣。皆悉知见。汝不可以秽浊肉眼。不能彻见众生所趣。便言无也。婆罗门。以此可知。必有他世。

婆罗门言。汝虽引喻说有他世。如我所见。犹无有也。

迦叶又言。汝颇更有因缘。知无他世耶。

婆罗门言。有。

迦叶言。以何缘知。

婆罗门言。我所封村人有作贼者。伺察所得。将诣我所。语我言。此人为贼。唯愿治之。我敕左右收缚此人。生剥其皮。求其识神。而都不见。又敕左右脔割其肉。以求识神。又复不见。又敕左右截其筋．脉．骨间求神。又复不见。又敕左右打骨出髓。髓中求神。又复不见。迦叶。我以此缘。知无他世。

迦叶复言。诸有智者。以譬喻得解。我今复当为汝引喻。乃往过去久远世时。有一国坏。荒毁未复。时有商贾五百乘车经过其土。有一梵志奉事火神。常止一林。时。诸商人皆往投宿。清旦别去。时事火梵志作是念言。向诸商人宿此林中。今者已去。傥有遗漏可试往看。寻诣彼所。都无所见。唯有一小儿始年一岁。独在彼坐。梵志复念。我今何忍见此小儿于我前死。今者宁可将此小儿至吾所止。养活之耶。即抱小儿往所住处而养育之。其儿转大。至十余岁。

时。此梵志以少因缘欲游人间。语小儿曰。我有少缘。欲暂出行。汝善守护此火。慎勿使灭。若火灭者。当以钻钻木。取火燃之。具诫敕已。出林游行。梵志去后。小儿贪戏。不数视火。火遂便灭。小儿戏还。见火已灭。懊恼而言。我所为非。我父去时。具约敕我。守护此火。慎勿令灭。而我贪戏。致使火灭。当如之何。彼时。小儿吹灰求火。不能得已。便以斧劈薪求火。复不能得。又复斩薪置于臼中。捣以求火。又不能得。

尔时。梵志于人间还。诣彼林所。问小儿曰。吾先敕汝使守护火。火不灭耶。小儿对曰。我向出戏。不时护视。火今已灭。复问小儿。汝以何方便更求火耶。小儿报曰。火出于木。我以斧破木求火。不得火。复斩之令碎。置于臼中。杵捣求火。复不能得。时。彼梵志以钻钻木出火。积薪而燃。告小儿曰。夫欲求火。法应如此。不应破析杵碎而求。

婆罗门。汝亦如是无有方便。皮剥死人而求识神。汝不可以目前现事观于众生。婆罗门。有比丘初夜后夜捐除睡眠。精勤不懈。专念道品。以三昧力。修净天眼。以天眼力。观于众生。死此生彼。从彼生此。寿命长短。颜色好丑。随行受报。善恶之趣。皆悉知见。汝不可以秽浊肉眼。不能彻见众生所趣。便言无也。婆罗门。以此可知。

必有他世。

婆罗门言。汝虽引喻说有他世。如我所见。犹无有也。

迦叶复言。汝颇更有因缘。知无他世耶。

婆罗门言。有。

迦叶言。以何缘知。

婆罗门言。我所封村人有作贼者。伺察所得。将诣我所。语我言。此人为贼。唯愿治之。我敕左右。将此人以秤秤之。侍者受命。即以秤秤。又告侍者。汝将此人安徐杀之。勿损皮肉。即受我教。杀之无损。我复敕左右。更重秤之。乃重于本。迦叶。生秤彼人。识神犹在。颜色悦豫。犹能言语。其身乃轻。死已重秤。识神已灭。无有颜色。不能语言。其身更重。我以此缘。知无他世。

迦叶语婆罗门。吾今问汝。随意答我。如人称铁。先冷称已。然后热称。何有光色柔软而轻。何无光色坚鞕而重。

婆罗门言。热铁有色。柔软而轻。冷铁无色。刚强而重。

迦叶语言。人亦如是。生有颜色。柔软而轻。死无颜色。刚强而重。以此可知。必有他世。

婆罗门言。汝虽引喻说有他世。如我所见。必无有也。

迦叶言。汝复有何缘。知无他世。

婆罗门答言。我有亲族。遇患笃重。时。我到彼语言。扶此病人。令右胁卧。视瞻．屈伸．言语如常。又使左卧。反覆宛转。屈伸．视瞻．言语如常。寻即命终。吾复使人扶转。左卧右卧。反覆谛观。不复屈伸．视瞻．言语。吾以是知。必无他世。

迦叶复言。诸有智者。以譬喻得解。今当为汝引喻。昔有一国不闻贝声。时有一人善能吹贝。往到彼国。入一村中。执贝三吹。然后置地。时。村人男女闻声惊动。皆就往问。此是何声。哀和清彻乃如是耶。彼人指贝曰。此物声也。时。彼村人以手触贝曰。汝可作声。汝可作声。贝都不鸣。其主即取贝三吹置地。时。村人言。向者。美声非是贝力。有手有口。有气吹之。然后乃鸣。人亦如是。有寿有识。有息出入。则能屈伸．视瞻．语言。无寿无识。无出入息。则无屈伸．视瞻．语言。

又语婆罗门。汝今宜舍此恶邪见。勿为长夜自增苦恼。

婆罗门言。我不能舍。所以然者。我自生来长夜讽诵。玩习坚固。何可舍耶。

迦叶复言。诸有智者。以譬喻得解。我今当更为汝引喻。乃往久远有一国土。其土边疆。人民荒坏。彼国有二人。一智一愚。自相谓言。我是汝亲。共汝出城。采侣求财。即寻相随。诣一空聚。见地有麻即语愚者。共取持归。时。彼二人各取一担。复过前村。见有麻缕。其一智者言。麻缕成功。轻细可取。其一人言。我已取麻。系缚牢固。不能舍也。其一智者即取麻缕。重担而去。复共前进。见有麻布。其一智者言。麻布成功。轻细可取。彼一人言。我以取麻。系缚牢固。不能复舍。其一智者即舍麻缕取布自重。复共前行。见有劫贝。其一智者言。劫贝价贵。轻细可取。彼一人言。我已取麻。系缚牢固。赍来道远。不能舍也。时。一智者即舍麻布而取劫贝。

如是前行。见劫贝缕。次见白叠。次见白铜。次见白银。次见黄金。其一智者言。若无金者。当取白银。若无白银。当取白铜。乃至麻缕。若无麻缕。当取麻耳。今者此村大有黄金。众宝之上。汝宜舍麻。我当舍银。共取黄金。自重而归。彼一人言。我取此麻。系缚牢固。赍来道远。不能舍也。汝欲取者。自随汝意。其一智者舍银取金。重担而归其家。亲族遥见彼人大得金宝。欢喜奉迎。时。得金者见亲族迎。复大欢喜。其无智人负麻而归居家。亲族见之。不悦亦不起迎。其负麻者倍增忧愧。婆罗门。汝今宜舍恶习邪见。勿为长夜自增苦恼。如负麻人执意坚固。不取金宝。负麻而归。空自疲劳。亲族不悦。长夜贫穷。自增忧苦也。

婆罗门言。我终不能舍此见也。所以者何。我以此见多所教授。多所饶益。四方诸王皆闻我名。亦尽知我是断灭学者。

迦叶复言。诸有智者。以譬喻得解。我今当更为汝引喻。乃往久远有一国土。其土边疆。人民荒坏。时有商人。有千乘车。经过其土。水谷．薪草不自供足。时商主念言。我等伴多。水谷．薪草不自供足。今者宁可分为二分。其一分者于前发引。其前发导师见有一人。身体粗大。目赤面黑。泥涂其身。遥见远来。即问。汝从何来。报言。我从前村来。又问彼言。汝所来处。多有水谷．薪草不耶。其人报言。我所来处。丰有水谷。薪草无乏。我于中路逢天暴雨。其处多水。亦丰薪草。又语商主。汝曹车上若有谷草。尽可捐弃。彼自丰有。不须重车。

时。彼商主语众商言。吾向前行。见有一人。目赤面黑。泥涂其身。我遥问言。汝从何来。即答我言。我从前村来。我寻复问。汝所来处。丰有水谷．薪草不也。答我言。彼大丰耳。又语我言。向于中路。逢天暴雨。此处多水。又丰薪草。复语我言。君等车上若有谷草。尽可捐弃。彼自丰有。不须重车。汝等宜各弃诸谷草。轻车速进。即如其言。各共捐弃谷草。轻车速进。

如是一日不见水草。二日．三日。乃至七日。又复不见。时。商人穷于旷泽。为鬼所食。其后一部。次复进路。商主时前复见一人。目赤面黑。泥涂其身。遥见问言。汝从何来。彼人答言。从前村来。又问。汝所来处。丰有水谷．薪草不耶。彼人答曰。大丰有耳。又语商主。吾于中路。逢天暴雨。其处多水。亦丰薪草。又语商主。君等车上若有谷草。便可捐弃。彼自丰有。不须重车。

时。商主还语诸商人言。吾向前行。见有一人。道如此事。君等车上若有谷草。可尽捐弃。彼自丰有。不须重车。时。商主言。汝等谷草慎勿捐弃。须得新者然后当弃。所以者何。新陈相接。然后当得度此旷野时。彼商人重车而行。如是一日不见水草。二日．三日至于七日。又亦不见。但见前人为鬼所食。骸骨狼藉。

婆罗门。彼赤眼黑面者。是罗刹鬼也。诸有随汝教者。长夜受苦。亦当如彼。前部商人无智慧故。随导师语。自没其身。婆罗门。诸有沙门．婆罗门。精进智慧。有所言说。承用其教者。则长夜获安。如彼后部商人有智慧故。得免危难。婆罗门。汝今宁可舍此恶见。勿为长夜自增苦恼。

婆罗门言。我终不能舍所见也。设有人来强谏我者。生我忿耳。终不舍见。

迦叶又言。诸有智者。以譬喻得解。我今当复为汝引喻。乃昔久远有一国土。其土边疆。人民荒坏。时有一人。好喜养猪。诣他空村。见有干粪。寻自念言。此处饶粪。我猪豚饥。今当取草裹此干粪。头戴而归。即寻取草。裹粪而戴。于其中路。逢天大雨。粪汁流下。至于足跟。众人见已。皆言。狂人。粪除臭处。正使天晴。尚不应戴。况于雨中戴之而行。其人方怒。逆骂詈言。汝等自痴。不知我家猪豚饥饿。汝若知者。不言我痴。婆罗门。汝今宁可舍此恶见。勿守迷惑。长夜受苦。如彼痴子戴粪而行。众人诃谏。逆更瞋骂。谓他不知。

婆罗门语迦叶言。汝等若谓行善生天。死胜生者。汝等则当以刀自刎。饮毒而死。或五缚其身。自投高岸。而今贪生不能自杀者。则知死不胜生。

迦叶复言。诸有智者。以譬喻得解。我今当更为汝引喻。昔者。此斯波醯村有一梵志。耆旧长宿。年百二十。彼有二妻。一先有子。一始有娠。时。彼梵志未久命终。其大母子语小母言。所有财宝。尽应与我。汝无分也。时小母言。汝为小待。须我分娠。若生男者。应有财分。若生女者。汝自嫁娶。当得财物。彼子殷勤再三索财。小母答如初。其子又逼不已。时彼小母即以利刀自决其腹。知为男女。

语婆罗门言。母今自杀。复害胎子。汝婆罗门。亦复如是。既自杀身。复欲杀人。若沙门．婆罗门。精勤修善。戒德具足。久存世者。多所饶益。天人获安。吾今末后为汝引喻。当使汝知恶见之殃。昔者。此斯波醯村有二伎人。善于弄丸。二人角伎。一人得胜。时。不如者语胜者言。今日且停。明当更共试。其不如者即归家中。取其戏丸。涂以毒药。暴之使干。明持此丸诣胜者所。语言。更可角伎。即前共戏。先以毒丸授彼胜者。胜者即吞。其不如者复授毒丸。得已随吞。其毒转行。举身战动。时。不如者以偈骂曰。

　　吾以药涂丸　　而汝吞不觉
　　小伎汝为吞　　久后自当知

迦叶语婆罗门言。汝今当速舍此恶见。勿为专迷。自增苦毒。如彼伎人。吞毒不觉。

时。婆罗门白迦叶言。尊者初设月喻。我时已解。所以往返。不时受者。欲见迦叶辩才智慧。生牢固信耳。我今信受。归依迦叶。

迦叶报言。汝勿归我。如我所归无上尊者。汝当归依。

婆罗门言。不审所归无上尊者。今为所在。

迦叶报言。今我师世尊。灭度未久。

婆罗门言。世尊若在。不避远近。其当亲见。归依礼拜。今闻迦叶言。如来灭度。今即归依灭度如来及法。众僧。迦叶。听我于正法中为优婆塞。自今已后。尽寿不杀．不盗．不淫．不欺．不饮酒。我今当为一切大施。

迦叶语言。若汝宰杀众生。挝打僮仆。而为会者。此非净福。又如硗确薄地。多生荆棘。于中种植。必无所获。汝若宰杀众生。挝打僮仆。而为大会。施邪见众。此非净福。若汝大施。不害众生。不以杖楚加于僮仆。欢喜设会。施清净众。则获大福。犹如良田。随时种植。必获果实。

迦叶。自今已后。常净施众僧。不令断绝。

时。有一年少梵志。名曰摩头在弊宿后立。弊宿顾语曰。吾欲设一切大施。汝当为我经营处分。

时。年少梵志闻弊宿语已。即为经营。为大施已。而作是言。愿使弊宿今世．后世不获福报。

时。弊宿闻彼梵志经营施已。有如是言。愿使弊宿今世．后世不获果报。即命梵志而告之曰。汝当有是言耶。

答曰。如是。实有是言。所以然者。今所设食。粗涩弊恶。以此施僧。若以示王。王尚不能以手暂向。况当食之。现在所设。不可喜乐。何由后世得净果报。王施僧衣纯以麻布。若以示王。王尚不能以足暂向。况能自着。现在所施。不可喜乐。何由后世得净果报。

时。婆罗门又告梵志。自今已后。汝以我所食．我所著衣以施众僧。

时。梵志即承教旨。以王所食．王所著衣供养众僧。时。婆罗门设此净施。身坏命终。生一下劣天中。梵志经营会者。身坏命终。生忉利天。

尔时。弊宿婆罗门．年少梵志及斯婆醯婆罗门．居士等。闻童女迦叶所说。欢喜奉行。

佛说长阿含经卷第八

（八）第二分散陀那经第四

如是我闻。

一时。佛在罗阅祇毗诃罗山七叶树窟。与大比丘众千二百五十人俱。

时。王舍城有一居士。名散陀那。好行游观。日日出城。至世尊所。时。彼居士仰观日时。默自念言。今往觐佛。非是时也。今者世尊必在静室三昧思惟。诸比丘众亦当禅静。我今宁可往诣乌暂婆利梵志女林中。须日时到。当诣世尊。礼敬问讯。并诣诸比丘所。致敬问讯。

时。梵志女林中有一梵志。名尼俱陀。与五百梵志子俱止彼林。时。诸梵志众聚一处。高声大论。俱说遮道浊乱之言。以此终日。或论国事。或论战斗兵杖之事。或论国家义和之事。或论大臣及庶民事。或论车马游园林事。或论坐席．衣服．饮食．妇女之事。或论山海龟鳖之事。但说如是遮道之论。以此终日。

时。彼梵志遥见散陀那居士来。即敕其众。令皆静默。所以然者。彼沙门瞿昙弟子今从外来。沙门瞿昙白衣弟子中。此为最上。彼必来此。汝宜静默。时。诸梵志各自默然。

散陀那居士至梵志所。问讯已。一面坐。语梵志曰。我师世尊常乐闲静。不好愦闹。不如汝等与诸弟子处在人中。高声大论。但说遮道无益之言。

梵志又语居士言。沙门瞿昙颇曾与人共言论不。众人何由得知沙门有大智慧。汝师常好独处边地。犹如瞎牛食草。偏逐所见。汝师瞿昙亦复如是。偏好独见。乐无人处。汝师若来。吾等当称以为瞎牛。彼常自言有大智慧。我以一言穷彼。能使默然如龟藏六。谓可无患。以一箭射。使无逃处。

尔时。世尊在闲静室。以天耳闻梵志居士有如是论。即出七叶树窟。诣乌暂婆利梵志女林。时。彼梵志遥见佛来。敕诸弟子。汝等皆默。瞿昙沙门欲来至此。汝等慎勿起迎．恭敬礼拜。亦勿请坐。取一别座。与之令坐。彼既坐已。卿等当问。沙门瞿昙。汝从本来。以何法教训于弟子。得安隐定。净修梵行。

尔时。世尊渐至彼园。时彼梵志不觉自起。渐迎世尊。而作是言。善来。瞿昙。善来。沙门。久不相见。今以何缘而来至此。可前小坐。尔时。世尊即就其座。嬉怡而笑。默自念言。此诸愚人不能自专。先立要令。竟不能全。所以然者。是佛神力令彼恶心自然败坏。

时。散陀那居士礼世尊足。于一面坐。尼俱陀梵志问讯佛已。亦一面坐。而白佛言。沙门瞿昙。从本以来。以何法教训诲弟子。得安隐定。净修梵行。

世尊告曰。且止。梵志。吾法深广。从本以来。诲诸弟子。得安隐处。净修梵行。非汝所及。

又告梵志。正使汝师及汝弟子所行道法。有净不净。我尽能说。

时。五百梵志弟子各各举声。自相谓言。瞿昙沙门有大威势。有大神力。他问己义。乃开他义。

时。尼俱陀梵志白佛言。善哉。瞿昙。愿分别之。

佛告梵志。谛听。谛听。当为汝说。

梵志答言。愿乐欲闻。

佛告梵志。汝所行者皆为卑陋。离服裸形。以手障蔽。不受瓨食。不受盂食。不受两壁中间食。不受二人中间食。不受两刀中间食。不受两盂中间食。不受共食家食。不受怀妊家食。见狗在门则不受其食。不受多蝇家食。不受请食。他言先识则不受其食。不食鱼。不食肉。不饮酒。不两器食。一餐一咽。至七餐止。受人益食。不过七益。或一日一食。或二日.三日.四日.五日.六日.七日一食。或复食果。或复食莠。或食饭汁。或食麻米。或食穄稻。或食牛粪。或食鹿粪。或食树根.枝叶.果实。或食自落果。

或被衣。或披莎衣。或衣树皮。或草襜身。或衣鹿皮。或留头发。或被毛编。或着坟间衣。或有常举手者。或不坐床席。或有常蹲者。或有剃发留髦须者。或有卧荆棘者。或有卧果蓏上者。或有裸形卧牛粪上者。或一日三浴。或有一夜三浴。以无数众苦。苦役此身。云何。尼俱陀。如此行者。可名净法不。

梵志答曰。此法净。非不净也。

佛告梵志。汝谓为净。吾当于汝净法中说有垢秽。

梵志曰。善哉。瞿昙。便可说之。愿乐欲闻。

佛告梵志。彼苦行者。常自计念。我行如此。当得供养恭敬礼事。是即垢秽。彼苦行者。得供养已。乐着坚固。爱染不舍。不晓远离。不知出要。是为垢秽。彼苦行者。遥见人来。尽共坐禅。若无人时。随意坐卧。是为垢秽。

彼苦行者。闻他正义。不肯印可。是为垢秽。彼苦行者。他有正问。吝而不答。是为垢秽。彼苦行者。设见有人供养沙门.婆罗门。则诃止之。是为垢秽。彼苦行者。若见沙门.婆罗门食更生物。就呵责之。是为垢秽。彼苦行者。有不净食。不肯施人。若有净食。贪着自食。不见己过。不知出要。是为垢秽。彼苦行者。自称己善。毁訾他人。是为垢秽。彼苦行者。为杀.盗.淫.两舌.恶口.妄言.绮语.贪取.嫉妒.邪见.颠倒。是为垢秽。

彼苦行者。懈堕喜忘。不习禅定。无有智慧。犹如禽兽。是为垢秽。彼苦行者。贵高.憍慢.增上慢。是为垢秽。彼苦行者。无有信义。亦无反复。不持净戒。不能精勤受人训诲。常与恶人以为伴党。为恶不已。是为垢秽。彼苦行者。多怀瞋恨。好为巧伪。自怙己见。求人长短。恒怀邪见。与边见俱。是为垢秽。云何。尼俱陀。如此行者可言净不邪。

答曰。是不净。非是净也。

佛言。今当于汝垢秽法中。更说清净无垢秽法。

梵志言。唯愿说之。

佛言。彼苦行者。不自计念。我行如是。当得供养恭敬礼事。是为苦行无垢法也。彼苦行者。得供养已。心不贪着。晓了远离。知出要法。是为苦行无垢法也。彼苦行者。禅有常法。有人．无人。不以为异。是为苦行无垢法也。彼苦行者。闻他正义。欢喜印可。是为苦行无垢法也。彼苦行者。他有正问。欢喜解说。是为苦行离垢法也。

彼苦行者。设见有人供养沙门．婆罗门。代其欢喜而不呵止。是为苦行离垢法也。彼苦行者。若见沙门．婆罗门食更生之物。不呵责之。是为苦行离垢法也。彼苦行者。有不净食。心不吝惜。若有净食。则不染着。能见己过。知出要法。是为苦行离垢法也。彼苦行者。不自称誉。不毁他人。是为苦行离垢法也。彼苦行者。不杀．盗．淫．两舌．恶口．妄言．绮语．贪取．嫉妒．邪见。是为苦行离垢法也。

彼苦行者。精勤不忘。好习禅行。多修智慧。不愚如兽。是为苦行离垢法也。彼苦行者。不为高贵．憍慢．自大。是为苦行离垢法也。彼苦行者。常怀信义。修反复行。能持净戒。勤受训诲。常与善人而为伴党。积善不已。是为苦行离垢法也。彼苦行者。不怀瞋恨。不为巧伪。不恃己见。不求人短。不怀邪见。亦无边见。是为苦行离垢法也。云何。梵志。如是苦行。为是清净离垢法耶。

答曰。如是。实是清净离垢法也。

梵志白佛言。齐有此苦行。名为第一坚固行耶。

佛言。未也。始是皮耳。

梵志言。愿说树节。

佛告梵志。汝当善听。吾今当说。

梵志言唯然。愿乐欲闻。

梵志。彼苦行者。自不杀生。不教人杀。自不偷盗。不教人盗。自不邪淫。不教人淫。自不妄语。亦不教人为。彼以慈心遍满一方。余方亦尔。慈心广大。无二无量。无有结恨。遍满世间。悲．喜．舍心。亦复如是。齐此苦行。名为树节。

梵志白佛言。愿说苦行坚固之义。

佛告梵志。谛听。谛听。吾当说之。

梵志曰。唯然。世尊。愿乐欲闻。

佛言。彼苦行者。自不杀生。教人不杀。自不偷盗。教人不盗。自不邪淫。教人不淫。自不妄语。教人不妄语。彼以慈心遍满一方。余方亦尔。慈心广大。无二无量。无有结恨。遍满世间。悲．喜．舍心。亦复如是。彼苦行者。自识往昔无数劫事。一生．二生。至无数生。国土成败。劫数终始。尽见尽知。又自见知。我曾生彼种姓。如是名字。如是饮食。如是寿命。如是所受苦乐。从彼生此。从此生彼。如是尽忆无数劫事。是为梵志彼苦行者牢固无坏。

梵志白佛言。云何为第一。

佛言。梵志。谛听。谛听。吾当说之。

梵志言。唯然。世尊。愿乐欲闻。

佛言。彼苦行者。自不杀生。教人不杀。自不偷盗。教人不盗。自不邪淫。教人不淫。自不妄语。教人不欺。彼以慈心遍满一方。余方亦尔。慈心广大。无二无量。无有结恨。遍满世间。悲．喜．舍心。亦复如是。彼苦行者。自识往昔无数劫事。一生．二生。至无数生。国土成败。劫数终始。尽见尽知。又自知见。我曾生彼种姓。如是名字．饮食．寿命。如是所经苦乐。从彼生此。从此生彼。如是尽忆无数劫事。彼天眼净观众生类。死此生彼。颜色好丑．善恶所趣。随行所堕。尽见尽知。又知众生身行不善。口行不善。意行不善。诽谤贤圣。信邪倒见。身坏命终。堕三恶道。或有众生身行善。口．意亦善。不谤贤圣。见正信行。身坏命终。生天．人中。行者天眼清净。观见众生。乃至随行所堕。无不见知。是为苦行第一胜也。

佛告梵志。于此法中复有胜者。我常以此法化诸声闻。彼以此法得修梵行。

时。五百梵志弟子各大举声。自相谓言。今观世尊为最尊上。我师不及。

时。彼散陀那居士语梵志曰。汝向自言。瞿昙若来。吾等当称以为瞎牛。世尊今来。汝何不称。又汝向言。当以一言穷彼瞿昙。能使默然。如龟藏六。谓可无患。以一箭射。使无逃处。汝今何不以汝一言穷如来耶。

佛问梵志。汝忆先时有是言不。

答曰。实有。

佛告梵志。汝岂不从先宿梵志闻诸佛．如来独处山林。乐闲静处。如我今日乐于闲居。不如汝法。乐于愦闹。说无益事。以终日耶。

梵志曰。闻过去诸佛乐于闲静。独处山林。如今世尊。不如我法。乐于愦闹。说无益事。以终日耶。

佛告梵志。汝岂不念。瞿昙沙门能说菩提。自能调伏。能调伏人。自得止息。能止息人。自度彼岸。能使人度。自得解脱。能解脱人。自得灭度。能灭度人。

时。彼梵志即从座起。头面作礼。手扪佛足。自称己名曰。我是尼俱陀梵志。我是尼俱陀梵志。今者自归。礼世尊足。

佛告梵志。止。止。且住。使汝心解。便为礼敬。

时。彼梵志重礼佛足。在一面坐。

佛告梵志。汝将无谓佛为利养而说法耶。勿起是心。若有利养。尽以施汝。吾所说法。微妙第一。为灭不善。增益善法。

又告梵志。汝将无谓佛为名称。为尊重故。为导首故。为眷属故。为大众故。而说法耶。勿起此心。今汝眷属尽属于汝。我所说法。为灭不善。增长善法。

又告梵志。汝将无谓佛以汝置不善聚．黑冥聚中耶。勿生是心。诸不善聚及黑冥聚汝但舍去。吾自为汝说善净法。

又告梵志。汝将无谓佛黜汝于善法聚．清白聚耶。勿起是心。汝但于善法聚．清白聚中精勤修行。吾自为汝说善净法。灭不善行。增益善法。

尔时。五百梵志弟子皆端心正意。听佛所说。时。魔波旬作此念言。此五百梵志弟子端心正意。从佛听法。我今宁可往坏其意。尔时。恶魔即以己力坏乱其意。尔时。世尊告散陀那曰。此五百梵志子端心正意。从我听法。天魔波旬坏乱其意。今吾欲还。汝可俱去。尔时。世尊以右手接散陀那居士置掌中。乘虚而归。

时。散陀那居士．俱陀梵志及五百梵志子闻佛所说。欢喜奉行。

（九）第二分众集经第五

如是我闻。

一时。佛于末罗游行。与千二百五十比丘俱。渐至波婆城阇头庵婆园。

尔时。世尊以十五日月满时。于露地坐。诸比丘僧前后围绕。世尊于夜多说法已。告舍利弗言。今者四方诸比丘集。皆共精勤。捐除睡眠。吾患背痛。欲暂止息。汝今可为诸比丘说法。

对曰。唯然。当如圣教。

尔时。世尊即四牒僧伽梨。偃右胁如师子。累足而卧。

时。舍利弗告诸比丘。今此波婆城有尼乾子命终未久。其后弟子分为二部。常共诤讼相求长短。迭相骂詈。各相是非。我知此法。汝不知此。汝在邪见。我在正法。言语错乱。无有前后。自称己言。以为真正。我所言胜。汝所言负。我今能为谈论之主。汝有所问。可来问我。

诸比丘。时。国人民奉尼乾者。厌患此辈斗讼之声。皆由其法不真正故。法不真正无由出要。譬如朽塔不可复圬。此非三耶三佛所说。诸比丘。唯我释迦无上尊法。最为真正可得出要。譬如新塔易可严饰。此是三耶三佛之所说也。诸比丘。我等今者。宜集法．律。以防诤讼。使梵行久立。多所饶益。天．人获安。诸比丘。如来说一正法。一切众生皆仰食存。如来所说复有一法。一切众生皆由行往。是为一法如来所说。当共集之。以防诤讼。使梵行久立。多所饶益。天．人获安。

诸比丘。如来说二正法。一名。二色。复有二法。一痴。二爱。复有二法。有见．无见。复有二法。一无惭。二无愧。复有二法。一有惭。二有愧。复有二法。一尽智。二无生智。复有二法。二因二缘生于欲爱。一者净妙色。二者不思惟。复有二法。二因二缘生于瞋恚。一者怨憎。二者不思惟。复有二法。二因二缘生于邪见。一者从他闻。二者邪思惟。复有二法。二因二缘生于正见。一者从他闻。二者正思惟。复有二法。二因二缘。一者学解脱。二者无学解脱。复有二法。二因二缘。一者有为界。二者无为界。诸比丘。是为如来所说。当共撰集以防诤讼。使梵行久立。多所饶益。天．人获安。

诸比丘。如来说三正法。谓三不善根。一者贪欲。二者瞋恚。三者愚痴。复有三法。谓三善根。一者不贪。二者不恚。三者不痴。复有三法。谓三不善行。一者不善身行。二者不善口行。三者不善意行。复有三法。谓三不善行。身不善行．口不善行．意不善行。复有三法。谓三恶行。身恶行．口恶行．意恶行。复有三法。谓三善行。身善行．口善行．意善行。复有三法。谓三不善想。欲想．瞋想．害想。复有三法。谓三善想。无欲想．无瞋想．无害想。复有三法。谓三不善思。欲思．恚思．害思。复有三法。谓三善思。无欲思．无恚思．无害思。

复有三法。谓三福业。施业．平等业．思惟业。复有三法。谓三受。乐受．苦受．不苦不乐受。复有三法。谓三爱。欲爱．有爱．无有爱。复有三法。谓三有漏。欲漏．有漏．无明漏。复有三法。谓三火。欲火．恚火．愚痴火。复有三法。谓三求。欲求．有求．梵行求。复有三法。谓三增盛。我增盛．世增盛．法增盛。复有三法。谓三界。欲界．恚界．害界。复有三法。谓三界。出离界．无恚界．无害界。复有三法。谓三界。色界．无色界．尽界。复有三法。谓三聚。戒聚．定聚．慧聚。复有三法。谓三戒。增盛戒．增盛意．增盛慧。

复有三法。谓三三昧。空三昧．无愿三昧．无相三昧。复有三法。谓三相。止息相．精勤相．舍相。复有三法。谓三明。自识宿命智明．天眼智明．漏尽智明。复有三法。谓三变化。一者神足变化。二者知他心随意说法。三者教诫。复有三法。谓三欲生本。一者由现欲生人天。二者由化欲生化自在天。三者由他化欲生他化自在天。复有三法。谓三乐生。一者众生自然成办。生欢乐心。如梵光音天初始生时。二者有众生以念为乐。自唱善哉。如光音天。三者得止息乐。如遍净天。

复有三法。谓三苦。行苦．苦苦．变易苦。复有三法。谓三根。未知欲知根．知根．知已根。复有三法。谓三堂。贤圣堂．天堂．梵堂。复有三法。谓三发。见发．闻发．疑发。复有三法。谓三论。过去有如此事。有如是论。未来有如此事。有如是论。现在有如此事。有如是论。复有三法。谓三聚。正定聚．邪定聚．不定聚。复有三法。谓三忧。身忧．口忧．意忧。复有三法。谓三长老。年耆长老．法长老．作长老。复有三法。谓三眼。肉眼．天眼．慧眼。诸比丘。是为如来所说正法。当共撰集。以防诤讼。使梵行久立。多所饶益。天．人获安。

诸比丘。如来说四正法。谓口四恶行。一者妄语。二者两舌。三者恶口。四者绮语。复有四法。谓口四善行。一者实语。二者软语。三者不绮语。四者不两舌。

复有四法。谓四不圣语。不见言见。不闻言闻。不觉言觉。不知言知。复有四法。谓四圣语。见则言见。闻则言闻。觉则言觉。知则言知。复有四法。谓四种食。抟食．触食．念食．识食。复有四法。谓四受。有现作苦行后受苦报。有现作苦行后受乐报。有现作乐行后受苦报。有现作乐行后受乐报。复有四法。谓四受。欲受．我受．戒受．见受。复有四法。谓四缚。贪欲身缚．瞋恚身缚．戒盗身缚．我见身缚。

复有四法。谓四刺。欲刺．恚刺．见刺．慢刺。复有四法。谓四生。卵生．胎生．湿生．化生。复有四法。谓四念处。于是。比丘内身身观。精勤不懈。忆念不忘。舍世贪忧。外身身观。精勤不懈。忆念不忘。舍世贪忧。内外身身观。精勤不懈。忆念不忘。舍世贪忧。受．意．法观。亦复如是。复有四法。谓四意断。于是。比丘未起恶法。方便使不起。已起恶法。方便使灭。未起善法。方便使起。已起善法。方便思惟。使其增广。

复有四法。谓四神足。于是。比丘思惟欲定灭行成就。精进定．意定．思惟定。亦复如是。复有四法。谓四禅。于是。比丘除欲．恶不善法。有觉．有观。离生喜．乐。入于初禅。灭有觉．观。内信．一心。无觉．无观。定生喜．乐。入第二禅。离喜修舍．念．进。自知身乐。诸圣所求。忆念．舍．乐。入第三禅。离苦．乐行。先灭忧．喜。不苦不乐。舍．念．清净。入第四禅。复有四法。谓四梵堂。一慈．二悲．三喜．四舍。复有四法。谓四无色定。于是。比丘越一切色想。先尽瞋恚想。不念异想。思惟无量空处。舍空处已入识处。舍识处已入不用处。舍不用处已入有想无想处。

复有四法。谓四法足。不贪法足．不瞋法足．正念法足．正定法足。复有四法。谓四贤圣族。于是。比丘衣服知足。得好不喜。遇恶不忧。不染不着。知所禁忌。知出要路。于此法中精勤不懈。成办其事。无阙无减。亦能教人成办此事。是为第一知足住贤圣族。从本至今。未常恼乱。诸天．魔．梵．沙门．婆罗门．天及世间人。无能毁骂。饭食．床卧具．病瘦医药。皆悉知足。亦复如是。复有四法。谓四摄法。惠施．爱语．利人．等利。复有四法。谓四须陀洹支。比丘于佛得无坏信。于法。于僧。于戒得无坏信。复有四法。谓四受证。见色受证．身受灭证．念宿命证．知漏尽证。复有四法。谓四道。苦迟得．苦速得．乐迟得．乐速得。

复有四法。谓四圣谛。苦圣谛．苦集圣谛．苦灭圣谛．苦出要圣谛。复有四法。谓四沙门果。须陀洹果．斯陀含果．阿那含果．阿罗汉果。复有四法。谓四处。实处．施处．智处．止息处。复有四法。谓四智。法智．未知智．等智．知他人心智。复有四法。谓四辩才。法辩．义辩．词辩．应辩。复有四法。谓四识住处。色识住．缘色．住色。与爱俱增长。受．想．行识中亦如是住。复有四法。谓四扼。欲扼．有扼．见扼．无明扼。复有四法。谓四无扼。无欲扼．无有扼．无见扼．无无明扼。

复有四法。谓四净。戒净．心净．见净．度疑净。复有四法。谓四知。可受知受．可行知行．可乐知乐．可舍知舍。复有四法。谓四威仪。可行知行．可住知住．可坐知坐．可卧知卧。复有四法。谓四思惟。少思惟．广思惟．无量思惟．无所有思惟。复有四法。谓四记论。决定记论．分别记论．诘问记论．止住记论。复有四法。谓佛四不护法。如来身行清净。无有阙漏。可自防护。口行清净．意行清净．命行清净。亦复如是。是为如来所说正法。当共撰集。以防诤讼。使梵行久立。多所饶益。天．人获安。

又。诸比丘。如来说五正法。谓五入。眼色．耳声．鼻香．舌味．身触。复有五法。谓五受阴。色受阴。受．想．行．识受阴。复有五法。谓五盖。贪欲盖．瞋恚盖．睡眠盖．掉戏盖．疑盖。复有五法。谓五下结。身见结．戒盗结．疑结．贪欲结．瞋恚结。复有五法。谓五上结。色爱．无色爱．无明．慢．掉。复有五法。谓五根。信根．精进根．念根．定根．慧根。复有五法。谓五力。信力．精进力．念力．定力．慧力。

复有五法。谓灭尽枝。一者比丘信佛。如来．至真．等正觉。十号具足。二者比丘无病。身常安隐。三者质直无有谀谄。能如是者。如来则示涅槃径路。四者自专其心。使不错乱。昔所讽诵。忆持不忘。五者善于观察法之起灭。以贤圣行。尽于苦本。复有五法。谓五发。非时发．虚发．非义发．虚言发．无慈发。复有五法。谓五善发。时发．实发．义发．和言发．慈心发。复有五法。谓五憎嫉。住处憎嫉．檀越憎嫉．利养憎嫉．色憎嫉．法憎嫉。

复有五法。谓五趣解脱。一者身不净想。二者食不净想。三者一切行无常想。四者一切世间不可乐想。五者死想。复有五法。谓五出要界。一者比丘于欲不乐。不动。亦不亲近。但念出要。乐于远离。亲近不怠。其心调柔。出要离欲。彼所因欲起诸漏缠。亦尽舍灭而得解脱。是为欲出要。瞋恚出要．嫉妒出要．色出要．身见出要。亦复如是。

复有五法。谓五喜解脱入。若比丘精勤不懈。乐闲静处。专念一心。未解得解。未尽得尽。未安得安。何谓五。于是。比丘闻如来说法。或闻梵行者说。或闻师长说法。思惟观察。分别法义。心得欢喜。得欢喜已。得法爱。得法爱已。身心安隐。身心安隐已。则得禅定。得禅定已。得实知见。是为初解脱入。于是。比丘闻法喜已。受持讽诵。亦复欢喜。为他人说。亦复欢喜。思惟分别。亦复欢喜。于法得定。亦复如是。复有五法。谓五人。中般涅槃．生般涅槃．无行般涅槃．有行般涅槃．上流阿迦尼吒。诸比丘。是为如来所说正法。当共撰集。以防诤讼。使梵行久立。多所饶益。天．人获安。

又。诸比丘。如来说六正法。谓内六入。眼入．耳入．鼻入．舌入．身入．意入。复有六法。谓外六入。色入．声入．香入．味入．触入．法入。复有六法。谓六识身。眼识身．耳．鼻．舌．身．意识身。复有六法。谓六触身。眼触身．耳．鼻．舌．身．意触身。复有六法。谓六受身。眼受身．耳．鼻．舌．身．意受身。复有六法。谓六想身。色想．声想．香想．味想．触想．法想。复有六法。谓六思身。色思．声思．香思．味思．触思．法思。复有六法。谓六爱身。色爱身．声．香．味．触．法爱身。复有六法。谓六诤本。若比丘好瞋不舍。不敬如来。亦不敬法。亦不敬众。于戒穿漏。染污不净。好于众中多生诤讼。人所憎恶。娆乱净众。天．人不安。诸比丘。汝等当自内观。设有瞋恨。如彼娆乱者。当集和合众。广设方便。拔此诤本。汝等又当专念自观。若结恨已灭。当更方便。遮止其心。勿复使起。诸比丘。很戾不谛．悭吝嫉妒．巧伪虚妄．自因己见．谬受不舍．迷于邪见．与边见俱。亦复如是。复有六法。谓六界。地界．火界．水界．风界．空界．识界。复有六法。谓六察行。眼察色。耳声．鼻香．舌味．身触．意察法。

复有六法。谓六出要界。若比丘作是言。我修慈心。更生瞋恚。余比丘语言。汝勿作此言。勿谤如来。如来不作是说。欲使修慈解脱。更生瞋恚想。无有是处。佛言。除瞋恚已。然后得慈。若比丘言。我行悲解脱。生憎嫉心。行喜解脱。生忧恼心。行舍解脱。生憎爱心。行无我行。生狐疑心。行无想行。生众乱想。亦复如是。复有六法。谓六无上。见无上．闻无上．利养无上．戒无上．恭敬无上．忆念无上。复有六法。谓六思念。佛念．法念．僧念．戒念．施念．天念。是为如来所说正法。当共撰集。以防诤讼。使梵行久立。多所饶益。天．人获安。

诸比丘。如来说七正法。谓七非法。无信．无惭．无愧．少闻．懈怠．多忘．无智。复有七法。谓七正法。有信．有惭．有愧．多闻．精进．总持．多智。复有七法。谓七识住。或有众生。若干种身。若干种想。天及人是。是初识住。或有众生。若干种身而一想者。梵光音天最初生时是。是二识住。或有众生。一身若干种想。光音天是。是三识住。或有众生。一身一想。遍净天是。是四识住。或有众生。空处住．识处住．不用处住。

复有七法。谓七勤法。一者比丘勤于戒行。二者勤灭贪欲。三者勤破邪见。四者勤于多闻。五者勤于精进。六者勤于正念。七者勤于禅定。复有七法。谓七想。不净想．食不净想．一切世间不可乐想．无想．无常想．无常苦想．苦无我想。复有七法。谓七三昧具。正见．正思．正语．正业．正命．正方便．正念。复有七法。谓七觉意。念觉意．法觉意．精进觉意．喜觉意．猗觉意．定觉意．护觉意。是为如来所说正法。当共撰集。以防诤讼。使梵行久立。多所饶益。天．人获安。

诸比丘。如来说八正法。谓世八法。利．衰．毁．誉．称．讥．苦．乐。复有八法。谓八解脱。色观色。一解脱。内无色想观外色。二解脱。净解脱。三解脱。度色想灭瞋恚想住空处解脱。四解脱。度空处住识处。五解脱。度识处住不用处。六解脱。度不用处住有想无想处。七解脱。度有想无想处住想知灭。八解脱。复有八法。谓八圣道。正见．正志．正语．正业．正命．正方便．正念．正定。复有八法。谓八人。须陀洹向．须陀洹．斯陀含向．斯陀含．阿那含向．阿那含．阿罗汉向．阿罗汉。是为如来所说正法。当共撰集。以防诤讼。使梵行久立。多所饶益。天．人获安。

诸比丘。如来说九正法。所谓九众生居。或有众生。若干种身。若干种想。天及人是。是初众生居。复有众生。若干种身而一想者。梵光音天最初生时是。是二众生居。复有众生。一身若干种想。光音天是。是三众生居。复有众生。一身一想。遍净天是。是四众生居。复有众生。无想无所觉知。无想天是。是五众生居。复有众生。空处住。是六众生居。复有众生。识处住。是七众生居。复有众生。不用处住。是八众生居。复有众生。住有想无想处。是九众生居。是为如来所说正法。当共撰集。以防诤讼。使梵行久立。多所饶益。天．人获安。

诸比丘。如来说十正法。所谓十无学法。无学正见．正思．正语．正业．正命．正念．正方便．正定．正智．正解脱。是为如来所说正法。当共撰集。以防诤讼。使梵行久立。多所饶益。天．人获安。

尔时。世尊印可舍利弗所说。时。诸比丘闻舍利弗所说。欢喜奉行。

佛说长阿含经卷第九

（一〇）第二分十上经第六

如是我闻。

一时。佛游鸯伽国。与大比丘众千二百五十人俱。诣瞻婆城。止宿伽伽池侧。

以十五日月满时。世尊在露地坐。大众围绕。竟夜说法。告舍利弗。今者四方诸比丘集。皆各精勤。捐除眠睡。欲闻说法。吾患背痛。欲小止息。卿今可为诸比丘说法。

时。舍利弗受佛教已。尔时世尊即四牒僧伽梨。偃右胁卧如师子。累足而卧。

尔时。耆年舍利弗告诸比丘。今我说法。上中下言。皆悉真正。义味具足。梵行清净。汝等谛听。善思念之。当为汝说。

时。诸比丘受教而听。舍利弗告诸比丘。有十上法。除众结缚。得至泥洹。尽于苦际。又能具足五百五十法。今当分别。汝等善听。诸比丘。有一成法．一修法．一觉法．一灭法．一退法．一增法．一难解法．一生法．一知法．一证法。云何一成法。谓于诸善法能不放逸。云何一修法。谓常自念身。云何一觉法。谓有漏触。云何一灭法。谓是我慢。云何一退法。谓不恶露观。云何一增法。谓恶露观。云何一难解法。谓无间定。云何一生法。谓有漏解脱。云何一知法。谓诸众生皆仰食存。云何一证法。谓无碍心解脱。

又有二成法．二修法．二觉法．二灭法．二退法．二增法．二难解法．二生法．二知法．二证法。云何二成法。谓知惭．知愧。云何二修法。谓止与观。云何二觉法。谓名与色。云何二灭法。谓无明．爱。云何二退法。谓毁戒．破见。云何二增法。戒具．见具。云何二难解法。有因有缘。众生生垢。有因有缘。众生得净。云何二生法。尽智．无生智。云何二知法。谓是处．非处。云何二证法。谓明与解脱。

又有三成法．三修法．三觉法．三灭法．三退法．三增法．三难解法．三生法．三知法．三证法。云何三成法。一者亲近善友。二者耳闻法音。三者法法成就。云何三修法。谓三三昧。空三昧．无相三昧．无作三昧。云何三觉法。谓三受。苦受．乐受．不苦不乐受。云何三灭法。谓三爱。欲爱．有爱．无有爱。云何三退法。谓三不善根。贪不善根．恚不善根．痴不善根。云何三增法。谓三善根。无贪善根．无恚善根．无痴善根。云何三难解法。谓三难解。贤圣难解．闻法难解．如来难解。云何三生法。谓三相。息止相．精进相．舍离相。云何三知法。谓三出要界。欲出要至色界。色界出要至无色界。舍离一切诸有为法。彼名为尽。云何三证法。谓三明。宿命智．天眼智．漏尽智。诸比丘。是为三十法。如实无虚。如来知已。平等说法。

复有四成法．四修法．四觉法．四灭法．四退法．四增法．四难解法．四生法．四知法．四证法。云何四成法。谓四轮法。一者住中国。二者近善友。三者自谨慎。四者宿植善本。云何四修法。谓四念处。比丘内身身观。精勤不懈。忆念不忘。舍世贪忧。外身身观。精勤不懈。忆念不忘。舍世贪忧。内外身身观。精勤不懈。忆念不忘。舍世贪忧。受．意．法观。亦复如是。云何四觉法。谓四食。抟食．触食．念食．识食。云何四灭法。谓四受。欲受．我受．戒受．见受。

云何四退法。谓四扼。欲扼．有扼．见扼．无明扼。云何四增法。谓四无扼。无欲扼．无有扼．无见扼．无无明扼。云何四难解法。谓有四圣谛。苦谛．集谛．灭谛．道谛。云何四生法。谓四智。法智．未知智．等智．知他心智。云何四知法。谓四辩才。法辩．义辩．辞辩．应辩。云何四证法。谓四沙门果。须陀洹果．斯陀含果．阿那含果．阿罗汉果。诸比丘。是为四十法。如实无虚。如来知已。平等说法。

复有五成法．五修法．五觉法．五灭法．五退法．五增法．五难解法．五生法．五知法．五证法。云何五成法。谓五灭尽枝。一者信佛。如来．至真。十号具足。二者无病。身常安隐。三者质直无有谀谄。直趣如来涅槃径路。四者专心不乱。讽诵不忘。五者善于观察法之起灭。以贤圣行尽于苦本。云何五修法。谓五根。信根．精进根．念根．定根．慧根。云何五觉法。谓五受阴。色受阴．受．想．行．识受阴。

云何五灭法。谓五盖。贪欲盖．瞋恚盖．眠睡盖．掉戏盖．疑盖。云何五退法。谓五心碍结。一者比丘疑佛。疑佛已。则不亲近。不亲近已。则不恭敬。是为初心碍结。又比丘于法。于众。于戒。有穿漏行．不真正行．为污染行。不亲近戒。亦不恭敬。是为四心碍结。又复比丘于梵行人生恶向心。心不喜乐。以粗恶言而毁骂之。是为五心碍结。云何五增法。谓五喜本。一悦．二念．三猗．四乐．五定。

云何五难解法。谓五解脱入。若比丘精勤不懈。乐闲静处。专念一心。未解得解。未尽得尽。未安得安。何谓五。若比丘闻佛说法。或闻梵行者说。或闻师长说。思惟观察。分别法义。心得欢喜。得欢喜已。便得法爱。得法爱已。身心安隐。身心安隐已。则得禅定。得禅定已。得如实智。是为初解脱入。于是。比丘闻法欢喜。受持讽诵。亦复欢喜。为他人说。亦复欢喜。思惟分别。亦复欢喜。于法得定。亦复如是。

云何五生法。谓贤圣五智定。一者修三昧现乐后乐。生内外智。二者贤圣无爱。生内外智。三者诸佛贤圣之所修行。生内外智。四者猗寂灭相。独而无侣。而生内外智。五者于三昧一心入．一心起。生内外智。云何五知法。谓五出要界。一者比丘于欲不乐。不念。亦不亲近。但念出要。乐于远离。亲近不怠。其心调柔。出要离欲。因欲起漏亦尽舍灭。而得解脱。是为欲出要。瞋恚出要．嫉妒出要．色出要．身见出要。亦复如是。云何五证法。谓五无学聚。无学戒聚．定聚．慧聚．解脱聚．解脱知见聚。是为五十法。如实无虚。如来知已。平等说法。

复有六成法．六修法．六觉法．六灭法．六退法．六增法．六难解法．六生法．六知法．六证法。云何六成法。谓六重法。若有比丘修六重法。可敬可重。和合于众。无有诤讼。独行无杂。云何六。于是。比丘身常行慈。敬梵行者。住仁爱心。名曰重法。可敬可重。和合于众。无有诤讼。独行无杂。复次。比丘口慈．意慈。以法得养及钵中余。与人共之。不怀彼此。复次。比丘圣所行戒。不犯不毁。无有染污。智者所称。善具足持。成就定意。复次。比丘成就贤圣出要。平等尽苦。正见及诸梵行。是名重法。可敬可重。和合于众。无有诤讼。独行不杂。

云何六修法。谓六念。念佛．念法．念僧．念戒．念施．念天。云何六觉法。谓六内入。眼入．耳入．鼻入．舌入．身入．意入。云何六灭法。谓六爱。色爱．声爱．香．味．触．法爱。云何六退法。谓六不敬法。不敬佛．不敬法．不敬僧．不敬戒．不敬定．不敬父母。云何六增法。谓六敬法。敬佛．敬法．敬僧．敬戒．敬定．敬父母。云何六难解法。谓六无上。见无上．闻无上．利养无上．戒无上．恭敬无上．念无上。云何六生法。谓六等法。于是。比丘眼见色无忧无喜。住舍专念。耳声．鼻香．舌味．身触．意法。不喜不忧。住舍专念。

云何六知法。谓六出要界。若比丘作是言。我修慈心。更生瞋恚。余比丘言。汝勿作此言。勿谤如来。如来不作是说。欲使修慈解脱更生瞋恚者。无有是处。佛言。除瞋恚已。然后得慈。若比丘言。我行悲解脱。生憎嫉心。行喜解脱。生忧恼心。行舍解脱。生憎爱心。行无我行。生狐疑心。行无想行。生众乱想。亦复如是。云何六证法。谓六神通。一者神足通证。二者天耳通证。三者知他心通证。四者宿命通证。五者天眼通证。六者漏尽通证。是为六十法。诸比丘。如实无虚。如来知已。平等说法。

复有七成法．七修法．七觉法．七灭法．七退法．七增法．七难解法．七生法．七知法．七证法。云何七成法。谓七财。信财．戒财．惭财．愧财．闻财．施财．慧财。为七财。云何七修法。谓七觉意。于是。比丘修念觉意。依无欲．依寂灭．依远离。修法．修精进．修喜．修猗．修定．修舍。依无欲．依寂灭．依远离。

云何七觉法。谓七识住处。若有众生。若干种身。若干种想。天及人是。是初识住。复有众生。若干种身而一想者。梵光音天最初生时是。是二识住。复有众生。一身若干种想。光音天是。是三识住。复有众生。一身一想。遍净天是。是四识住。或有众生。空处住。是五识住。或识处住。是六识住。或不用处住。是七识住。云何七灭法。谓七使法。欲爱使．有爱使．见使．慢使．瞋恚使．无明使．疑使。

云何七退法。谓七非法。是比丘无信．无惭．无愧．少闻．懈堕．多忘．无智。云何七增法。谓七正法。于是。比丘有信．有惭．有愧．多闻．不懈堕．强记．有智。云何七难解法。谓七正善法。于是。比丘好义．好法．好知时．好知足．好自摄．好集众．好分别人。云何七生法。谓七想。不净想．食不净想．一切世间不可乐想．死想．无常想．无常苦想．苦无我想。

云何七知法。谓七勤。勤于戒行．勤灭贪欲．勤破邪见．勤于多闻．勤于精进．勤于正念．勤于禅定。云何七证法。谓七漏尽力。于是。漏尽比丘于一切诸苦．集．灭．味．过．出要。如实知见。观欲如火坑。亦如刀剑。知欲见欲。不贪于欲。心不住欲。漏尽比丘逆顺观察。如实觉知。如实见已。世间贪嫉。恶不善法不漏不起。修四念处。多修多行。五根．五力．七觉意．贤圣八道。多修多行。诸比丘。是为七十法。如实不虚。如来知已。平等说法。

复有八成法．八修法．八觉法．八灭法．八退法．八增法．八难解法．八生法．八知法．八证法。云何八成法。谓八因缘。不得梵行而得智。得梵行已智增多。云何为八。于是。比丘依世尊住。或依师长。或依智慧梵行者住。生惭愧心。有爱有敬。是谓初因缘。未得梵行而得智。得梵行已智增多。复次。依世尊住。随时请问。此法云何。义何所趣。时。诸尊长即为开演甚深义理。是为二因缘。既闻法已。身心乐静。是为三因缘。既乐静已。不为遮道无益杂论。彼到众中。或自说法。或请他说。犹复不舍贤圣默然。是为四因缘。多闻广博。守持不忘。诸法深奥。上中下善。义味谛诚。梵行具足。闻已入心。见不流动。是为五因缘。修习精勤。灭恶增善。勉力堪任。不舍斯法。是为六因缘。有以智慧知起灭法。贤圣所趣。能尽苦际。是为七因缘。观五受阴。生相．灭相。此色．色集．色灭。此受．想．行．识。识集．识灭。是为八因缘。未得梵行而有智。得梵行已智增多。

云何八修法。谓贤圣八道。正见．正志．正语．正业．正命．正方便．正念．正定。云何八觉法。谓世八法。利．衰．毁．誉．称．讥．苦．乐。云何八灭法。谓八邪。邪见．邪思．邪语．邪业．邪命．邪方便．邪念．邪定。云何八退法。谓八懈怠法。何谓八懈怠。比丘乞食不得食。便作是念。我于今日下村乞食不得。身体疲极。不能堪任坐禅．经行。今宜卧息。懈怠比丘即便卧息。不肯精勤未得欲得。未获欲获。未证欲证。是为初懈怠。懈怠比丘得食既足。复作是念。我朝入村乞食。得食过足。身体沉重。不能堪任坐禅．经行。今宜寝息。懈怠比丘即便寝息。不能精勤未得欲得．未获欲获．未证欲证。懈怠比丘设少执事。便作是念。我今日执事。身体疲极。不能堪任坐禅．经行。今宜寝息。懈怠比丘即便寝息。懈怠比丘设欲执事。便作是念。明当执事。必有疲极。今者不得坐禅．经行。当豫卧息。懈怠比丘即便卧息。懈怠比丘设少行来。便作是念。我朝行来。身体疲极。不能堪任坐禅．经行。我今宜当卧息。懈怠比丘即便卧息。懈怠比丘设欲少行。便作是念。我明当行。必有疲极。今者不得坐禅．经行。当豫寝息。懈怠比丘即寻寝息。不能精勤未得欲得．未获欲获．未证欲证。是为六懈怠比丘。设遇小患。便作是念。我得重病。困笃羸瘦。不能堪任坐禅．经行。当须寝息。懈怠比丘即寻寝息。不能精勤未得欲得．未获欲获．未证欲证。懈怠比丘所患已差。复作是念。我病差未久。身体羸瘦。不能堪任坐禅．经行。宜自寝息。懈怠比丘即寻寝息。不能精勤未得欲得．未获欲获．未证欲证。云何八增法。谓八不怠。

云何八精进。比丘入村乞食。不得食还。即作是念。我身体轻便。少于睡眠。宜可精进坐禅．经行。未得者得。未获者获。未证者证。于是。比丘即便精进。是为初精进比丘。乞食得足。便作是念。我今入村。乞食饱满。气力充足。宜勤精进坐禅．经行。未得者得。未获者获。未证者证。于是。比丘即寻精进。精进比丘设有执事。便作是念。我向执事。废我行道。今宜精进坐禅．经行。未得者得。未获者获。未证者证。于是。比丘即寻精进。精进比丘设欲执事。便作是念。明当执事。废我行道。今宜精进坐禅．经行。未得者得。未获者获。未证者证。于是。比丘即便精进。精进比丘设有行来。便作是念。我朝行来。废我行道。今宜精进坐禅．经行。未得者得。未获者获。未证者证。于是。比丘即寻精进。精进比丘设欲行来。便作是念。我明当行。废我行道。今宜精进坐禅．经行。未得者得。未获者获。未证者证。于是比丘即便精进。精进比丘设遇患时。便作是念。我得重病或能命终。今宜精进。未得者得。未获者获。未证者证。于是比丘即便精进。精进比丘患得小差。复作是念。我病初差。或更增动。废我行道。今宜精进坐禅．经行。未得者得。未获者获。未证者证。于是。比丘即便精进坐禅．经行。是为八。

云何八难解法。谓八不闲妨修梵行。云何八。如来．至真出现于世。说微妙法。寂灭无为。向菩提道。有人生地狱中。是为不闲处。不得修梵行。如来．至真出现于世。说微妙法。寂灭无为。向菩提道。而有众生在畜生中．饿鬼中．长寿天中．边地无识。无佛法处。是为不闲处。不得修梵行。如来．至真．等正觉出现于世。说微妙法。寂灭无为。向菩提道。或有众生生于中国。而有邪见。怀颠倒心。恶行成就。必入地狱。是为不闲处。不得修梵行。如来．至真．等正觉出现于世。说微妙法。寂灭无为。向菩提道。或有众生生于中国。聋．盲．暗．哑不得闻法。修行梵行。是为不闲。如来．至真．等正觉不出世间。无有能说微妙法。寂灭无为。向菩提道。而有众生生于中国。彼诸根具足。堪受圣教。而不值佛。不得修行梵行。

是为八不闲。

云何八生法。谓八大人觉。道当少欲。多欲非道。道当知足。无厌非道。道当闲静。乐众非道。道当自守。戏笑非道。道当精进。懈怠非道。道当专念。多忘非道。道当定意。乱意非道。道当智慧。愚痴非道。云何八知法。谓八除入。内有色想。观外色少。若好若丑。常观常念。是为初除入。内有色想。观外色无量。若好若丑。常观常念。是为二除入。内无色想。外观色少。若好若丑。常观常念。是为三除入。内无色想。外观色无量。若好若丑。常观常念。是为四除入。内无色想。外观色青。青色．青光．青见。譬如青莲华。亦如青波罗㮈衣。纯一青色．青光．青见。作如是想。常观常念。是为五除入。内无色想。外观色黄。黄色．黄光．黄见。譬如黄华．黄波罗㮈衣。黄色．黄光．黄见。常念常观。作如是想。是为六除入。内无色想。观外色赤。赤色．赤光．赤见。譬如赤华．赤波罗㮈衣。纯一赤色．赤光．赤见。常观常念。作如是想。是为七除入。内无色想。外观色白。白色．白光．白见。譬如白华．白波罗㮈衣。纯一白色．白光．白见。常观常念。作如是想。是为八除入。

云何八证法。谓八解脱。色观色。一解脱。内无色想。观外色。二解脱。净解脱。三解脱。度色想。灭瞋恚想。住空处。四解脱。度空处。住识处。五解脱。度识处。住不用处。六解脱。度不用处。住有想无想处。七解脱。度有想无想处。住想知灭。八解脱。诸比丘。是为八十法。如实无虚。如来知已。平等说法。

复有九成法．九修法．九觉法．九灭法．九退法．九增法．九难解法．九生法．九知法．九证法。云何九成法。谓九净灭枝。法戒净灭枝．心净灭枝．见净灭枝．度疑净灭枝．分别净灭枝．道净灭枝．除净灭枝．无欲净灭枝．解脱净灭枝。云何九修法。谓九喜本。一喜。二爱。三悦。四乐。五定。六如实知。七除舍。八无欲。九解脱。

云何九觉法。谓九众生居。或有众生。若干种身若干种想。天及人是。是初众生居。或有众生。若干种身而一想者。梵光音天最初生时是。是二众生居。或有众生。一身若干种想。光音天是。是三众生居。或有众生。一身一想。遍净天是。是四众生居。或有众生。无想无所觉知。无想天是。是五众生居。复有众生。空处住。是六众生居。复有众生。识处住。是七众生居。复有众生。不用处住。是八众生居。复有众生。住有想无想处。是九众生居。

云何九灭法。谓九爱本。因爱有求。因求有利。因利有用。因用有欲。因欲有着。因著有嫉。因嫉有守。因守有护。云何九退法。谓九恼法。有人已侵恼我。今侵恼我。当侵恼我。我所爱者。已侵恼。今侵恼。当侵恼。我所憎者。已爱敬。今爱敬。当爱敬。云何九增法。谓无恼。彼已侵我。我恼何益。已不生恼。今不生恼。当不生恼。我所爱者。彼已侵恼。我恼何益。已不生恼。今不生恼。当不生恼。我所憎者。彼已爱敬。我恼何益。已不生恼。今不生恼。当不生恼。

云何九难解法。谓九梵行。若比丘有信而不持戒。则梵行不具。比丘有信．有戒．则梵行具足。若比丘有信．有戒而不多闻。则梵行不具。比丘有信．有戒．有多闻．则梵行具足。若比丘有信．有戒．有多闻。不能说法。则梵行不具。比丘有信．有戒．有多闻。能说法。则梵行具足。若比丘有信．有戒．有多闻。能说法。不能养众。则梵行不具。若比丘有信．有戒．有多闻。能说法．能养众．则梵行具足。若比丘有信．有戒．有多闻。能说法．能养众．不能于大众中广演法言。则梵行不具。若比丘有信．有戒．有多闻。能说法．能养众．能于大众广演法言。则梵行具足。若比丘有信．有戒．有多闻。能说法．能养众．能在大众广演法言。而不得四禅。则梵行不具。若比丘有信．有戒．有多闻。能说法．能养众．能于大众广演法言。又得四禅。则梵行具足。若比丘有信．有戒．多闻。能说法．能养众．在大众中广演法言。又得四禅。不于八解脱逆顺游行。则梵行不具。有比丘有信．有戒．有多闻。能说法．能养众．于大众中广演法言。具足四禅。于八解脱逆顺游行。则梵行具足。若比丘有信．有戒．有多闻。能说法．能养众．在大众中广演法言。得四禅。于八解脱逆顺游行。然不能尽有漏成无漏。心解脱．智慧解脱。于现法中自身作证。生死已尽。梵行已立。所作已办。更不受有。则梵行不具。若比丘有信．有戒．有多闻。能说法．能养众．能在大众广演法言。成就四禅。于八解脱逆顺游行。舍有漏成无漏。心解脱．智慧解脱。于现法中自身作证。生死已尽。梵行已立。所作已办。更不受有。则梵行具足。

云何九生法。谓九想。不净想．观食想．一切世间不可乐想．死想．无常想．无常苦想。苦无我想。尽想。无欲想。云何九知法。谓九异法。生果异。因果异。生触异。因触异。生受异。因受异。生想异。因想异。生集异。因集异。生欲异。因欲异。生利异。因利异。生求异。因求异。生烦恼异．因烦恼异。云何九证法。谓九尽。若入初禅。则声刺灭。入第二禅。则觉观刺灭。入第三禅。则喜刺灭。入第四禅。则出入息刺灭。入空处。则色想刺灭。入识处。则空想刺灭。入不用处。则识想刺灭。入有想无想处。则不用想刺灭。入灭尽定。则想受刺灭。诸比丘。是为九十法。如实不虚。如来知已。平等说法。

复有十成法．十修法．十觉法．十灭法．十退法．十增法．十难解法．十生法．十知法．十证法。云何十成法。谓十救法。一者比丘二百五十戒具。威仪亦具。见有小罪。生大怖畏。平等学戒。心无倾邪。二者得善知识。三者言语中正。多所含受。四者好求善法。分布不吝。五者诸梵行人有所施设。辄往佐助。不以为劳。难为能为。亦教人为。六者多闻。闻便能持。未曾有忘。七者精进。灭不善法。增长善法。八者常自专念。无有他想。忆本善行。若在目前。九者智慧成就。观法生灭。以贤圣律而断苦本。十者乐于闲居。专念思惟。于禅中间无有调戏。

云何十修法。谓十正行。正见．正思．正语．正业．正命．正方便．正念．正定．正解脱．正知。云何十觉法。谓十色入。眼入．耳入．鼻入．舌入．身入．色入．声入．香入．味入．触入。云何十灭法。谓十邪行。邪见．邪思．邪语．邪业．邪命．邪方便．邪念．邪定．邪解脱．邪智。云何十退法。谓十不善行迹。身杀．盗．淫。口两舌．恶骂．妄言．绮语。意贪取．嫉妒．邪见。云何十增法。谓十善行。身不杀．盗．淫。口不两舌．恶骂．妄言．绮语。意不贪取．嫉妒．邪见。云何十难解法。谓十贤圣居。一者比丘除灭五枝。二者成就六枝。三者舍一。四者依四。五者灭异谛。六者胜妙求。七者无浊想。八者身行已立。九者心解脱。十者慧解脱。

云何十生法。谓十称誉处。若比丘自得信已。为他人说。亦复称叹诸得信者。自持戒已。为他人说。亦复称叹诸持戒者。自少欲已。为他人说。亦复称叹诸少欲者。自知足已。为他人说。亦复称叹诸知足者。自乐闲静。为他人说。亦复称叹乐闲静者。自多闻已。为他人说。亦复称叹诸多闻者。自精进已。为他人说。亦复称叹诸精进者。自专念已。为他人说。亦复称叹诸专念者。自得禅定。为他人说。亦复称叹得禅定者。自得智慧。为他人说。亦复称叹得智慧者。

云何十知法。谓十灭法。正见之人能灭邪见。诸缘邪见。起无数恶。亦尽除灭。诸因正见。生无数善。尽得成就正思．正语．正业．正命．正方便．正念．正定．正解脱．正智。正智之人能灭邪智。诸因邪智。起无数恶。悉皆除灭。诸因正智。起无数善法。尽得成就。云何十证法。谓十无学法。无学正见．正思．正语．正业．正命．正方便．正念．正定．正解脱．正智。诸比丘。是为百法。如实无虚。如来知已。平等说法。

尔时。舍利弗佛所印可。诸比丘闻舍利弗所说。欢喜奉行。

（一一）第二分增一经第七

如是我闻。

一时。佛在舍卫国祇树给孤独园。与大比丘众千二百五十人俱。

尔时。世尊告诸比丘。我与汝等说微妙法。上中下言。皆悉真正。义味清净。梵行具足。谓一增法也。汝等谛听。善思念之。当为汝说。

时。诸比丘受教而听。佛告比丘。一增法者。谓一成法．一修法．一觉法．一灭法．一证法。云何一成法。谓不舍善法。云何一修法。谓常自念身。云何一觉法。谓有漏触。云何一灭法。谓有我慢。云何一证法。谓无碍心解脱。

又有二成法．二修法．二觉法．二灭法．二证法。云何二成法。谓知惭．知愧。云何二修法。谓止与观。云何二觉法。谓名与色。云何二灭法。谓无明．有爱。云何二证法。谓明与解脱。

又有三成法．三修法．三觉法．三灭法．三证法。云何三成法。一者亲近善友。二者耳闻法音。三法法成就。云何三修法。谓三三昧。空三昧．无想三昧．无作三昧。云何三觉法。谓三受．苦受．乐受．不苦不乐受。云何三灭法。谓三爱．欲爱．有爱．无有爱。云何三证法。谓三明。宿命智．天眼智．漏尽智。

又有四成法．四修法．四觉法．四灭法．四证法。云何四成法。一者住中国。二者近善友。三者自谨慎。四者宿殖善本。云何四修法。住四念处。比丘内身身观。精勤不懈。忆念不忘。舍世贪忧。外身身观。精勤不懈。忆念不忘。舍世贪忧。内外身身观。精勤不懈。忆念不忘。舍世贪忧。受．意．法观。亦复如是。云何四觉法。谓四食。抟食．触食．念食．识食。云何四灭法。谓四受。欲受．我受．戒受．见受。云何四证法。谓四沙门果。须陀洹果．斯陀含果．阿那含果．阿罗汉果。

又有五成法．五修法．五觉法．五灭法．五证法。云何五成法。谓五灭尽支。一者信佛．如来．至真．十号具足。二者无病。身常安隐。三者质直无有谀谄。真趣如来涅槃径路。四者专心不乱。讽诵不忘。五者善于观察法之起灭。以贤圣行尽于苦本。云何五修法。谓五根。信根．精进根．念根．定根．慧根。云何五觉法。谓五受阴。色受阴．受．想．行．识受阴。云何五灭法。谓五盖。贪欲盖．瞋恚盖．睡眠盖．掉戏盖．疑盖。云何五证法。谓五无学聚。无学戒聚．无学定聚．慧聚．解脱聚．解脱知见聚。

复有六成法．六修法．六觉法．六灭法．六证法。云何六成法。谓六重法。若有比丘修六重法。可敬可重。和合于众。无有诤讼。独行无杂。云何六。于是。比丘身常行慈及修梵行。住仁爱心。名曰重法。可敬可重。和合于众。无有诤讼。独行无杂。复次。比丘口慈．意慈。以己供养及钵中余。与人共之。不怀彼此。复次。比丘圣所行戒。不犯不毁。无有染污。智者所称。善具足持戒。成就贤圣出要。平等尽苦。正见及诸梵行。是名重法。可敬可重。和合于众。无有诤讼。独行不杂。

云何六修法。谓六念。佛念．法念．僧念．戒念．施念．天念。云何六觉法。谓六内入。眼入．耳入．鼻入．舌入．身入．意入。云何六灭法。谓六爱。色爱．声爱．香．味．触．法爱。云何六证法。谓六神通。一者神足通证。二者天耳通证。三者知他心通证。四者宿命通证。五者天眼通证。六者漏尽通证。

复有七成法．七修法．七觉法．七灭法．七证法。云何七成法。谓七财。信财．戒财．惭财．愧财．闻财．施财．惠财。是为七财。云何七修法。谓七觉意。于是。比丘修念觉意。依无欲．依寂灭．依远离。修法．修精进．修喜．修猗．修定．修舍。依无欲．依寂灭．依远离。

云何七觉法。谓七识住处。若有众生。若干种身若干种想。天及人。此是初识住。复有众生。若干种身而一想者。梵光音天最初生时是。是二识住。复有众生。一身若干种想。光音天是。是三识住。复有众生。一身一想。遍净天是。是四识住处。复有众生。空处住。是五识住。或识处住。是六识住。或不用处。是七识住。

云何七灭法。谓七使法。欲爱使．有爱使．见使．慢使．瞋恚使．无明使．疑使。云何七证法。为七漏尽力。于是。漏尽比丘于一切诸苦．集．灭．味．过．出要。如实知见。观欲如火坑。亦如刀剑。知欲见欲。不贪于欲。心不住欲于中复善观察。如实得知。如实见已。世间贪淫．恶不善法不起不漏。修四念处。多修多行。五根．五力．七觉意．贤圣八道。多修多行。

复有八成法．八修法．八觉法．八灭法．八证法。云何八成法。谓八因缘。未得梵行而得智。得梵行已智增多。云何为八。如是比丘依世尊住。或依师长。或依智慧梵行者住。生惭愧心。有爱有敬。是为初因缘。未得梵行而得智。得梵行已智增多。复次。依世尊住。随时请问。此法云何义．何所趣。尊长即为开演深义。是为二因缘。既闻法已。身心乐静。是为三因缘。不为遮道无益杂论。彼到众中。或自说法。或请他说。犹复不舍贤圣默然。是为四因缘。多闻广博。守持不忘。诸法深奥。上中下善。义味诚谛。梵行具足。闻已入心。见不流动。是为五因缘。修习精勤。灭不善行。善行日增。勉力堪任。不舍斯法。是为六因缘。又以智慧知起灭法。贤圣所趣能尽苦际。是为七因缘。又观五受阴。生想．灭想。此色．色集．色灭。此受．想．行．识。识集．识灭。是为八因缘。未得梵行而有智。已得梵行智增多。

云何八修法。谓贤圣八道。正见．正志．正语．正业．正命．正方便．正念．正定。云何八觉法。谓世八法。利．衰．毁．誉．称．讥．苦．乐。云何八灭法。谓八邪。邪见．邪志．邪语．邪业．邪命．邪方便．邪念．邪定。云何八证法。谓八解脱。色观色。一解脱。内无色想。外观色。二解脱。净解脱。三解脱。度色想。灭瞋恚想。住空处。四解脱。度空处。住识处。五解脱。度识处。住不用处。六解脱。度不用处。住有想无想处。七解脱。度有想无想处。住想知灭。八解脱。

复有九成法．九修法．九觉法．九灭法．九证法。云何九成法。谓九净灭枝法。戒净灭枝．心净灭枝．见净灭枝．度疑净灭枝．分别净灭枝．道净灭枝．除净灭枝．无欲净灭枝．解脱净灭枝。云何九修法。谓九喜本。一喜。二爱。三悦。四乐。五定。六如实知。七除舍。八无欲。九解脱。云何九觉法。谓九众生居。或有众生。若干种身若干种想。天及人是。是初众生居。或有众生。若干种身而一想者。梵光音天最初生时是。是二众生居。或有众生。一身若干种想。光音天是。是三众生居。或有众生。一身一想。遍净天是。是四众生居。无想无所觉知。无想天是。是五众生居。复有众生。空处住。是六众生居。复有众生。识处住。是七众生居。复有众生。不用处住。是八众生居。复有众生。住有想无想处。是九众生居。

云何九灭法。谓九爱本。因爱有求。因求有利。因利有用。因用有欲。因欲有着。因著有嫉。因嫉有守。因守有护。云何九证法。谓九尽。若入初禅。则声刺灭。入第二禅。则觉观刺灭。入第三禅。则喜刺灭。入第四禅。则出入息刺灭。入空处。则色想刺灭。入识处。则空想刺灭。入不用处。则识想刺灭。入有想无想处。则不用想刺灭。入灭尽定。则想受刺灭。

复有十成法．十修法．十觉法．十灭法．十证法。云何十成法。谓十救法。一者比丘二百五十戒具。威仪亦具。见有小罪。生大怖畏。平等学戒。心无倾邪。二者得善知识。三者言语中正。多所堪忍。四者好求善法。分布不吝。五者诸梵行人有所施设。辄往佐助。不以为劳。难为能为。亦教人为。六者多闻。闻便能持。未曾有忘。七者精勤。灭不善法。增长善法。八者常自专念。无有他想。忆本善行。如在目前。九者智慧成就。观法生灭。以贤圣律断于苦本。十者乐于闲居。专念思惟。于禅中间无有调戏。

云何十修法。谓十正行。正见．正志．正语．正业．正命．正方便．正念．正定．正解脱．正智。云何十觉法。谓十色入。眼入．耳入．鼻入．舌入．身入．色入．声入．香入．味入．触入。云何十灭法。谓十邪行。邪见．邪志．邪语．邪业．邪命．邪方便．邪念．邪定．邪解脱．邪智。云何十证法。谓十无学法。无学正见．正志．正语．正业．正命．正方便．正念．正定．正解脱．正智。诸比丘。此名一增法。我今为汝等说如是法。吾为如来．为诸弟子所应作者。皆已备悉。慈愍殷勤。训诲汝等。汝等亦宜勤奉行之。诸比丘。当在闲居树下空处。精勤坐禅。勿自放恣。今不勉力。后悔何益。此是我教。勤受持之。

尔时。诸比丘闻佛所说。欢喜奉行。

佛说长阿含经卷第十

（一二）第二分三聚经第八

如是我闻。

一时。佛在舍卫国祇树给孤独园。与大比丘众千二百五十人俱。

尔时。世尊告诸比丘。我与汝等说微妙法。义味清净。梵行具足。谓三聚法。汝等谛听。思惟念之。当为汝说。时。诸比丘受教而听。

佛告比丘。三法聚者。一法趣恶趣。一法趣善趣。一法趣涅槃。云何一法趣于恶趣。谓无仁慈。怀毒害心。是谓一法将向恶趣。云何一法趣于善趣。谓不以恶心加于众生。是为一法将向善趣。云何一法趣于涅槃。谓能精勤修身念处。是为一法将向涅槃。

复有二法趣向恶趣。复有二法趣向善趣。复有二法趣向涅槃。云何二法趣向恶趣。一谓毁戒。二谓破见。云何二法趣向善趣。一谓戒具。二谓见具。云何二法趣向涅槃。一谓为止。二谓为观。

复有三法趣向恶趣。三法向善趣。三法向涅槃。云何三法向恶趣。谓三不善根。贪不善根．恚不善根．痴不善根。云何三法向善趣。谓三善根。无贪善根．无恚善根．无痴善根。云何三法趣向涅槃。谓三三昧。空三昧．无相三昧．无作三昧。

又有四法趣向恶趣。四法向善趣。四法向涅槃。云何四法向恶趣。谓爱语．恚语．怖语．痴语。云何四法向善趣。谓不爱语．不恚语．不怖语．不痴语。云何四法向涅槃。谓四念处。身念处．受念处．意念处．法念处。

复有五法向恶趣。五法向善趣。五法向涅槃。云何五法向恶趣。谓破五戒。杀．盗．淫逸．妄语．饮酒。云何五法向善趣。谓持五戒。不杀．不盗．不淫．不欺．不饮酒。云何五法趣向涅槃。谓五根。信根．精进根．念根．定根．慧根。

又有六法向恶趣。六法向善趣。六法向涅槃。云何六法向恶趣。谓六不敬。不敬佛．不敬法．不敬僧．不敬戒．不敬定．不敬父母。云何六法向善趣。谓六敬法。敬佛．敬法．敬僧．敬戒．敬定．敬父母。云何六法向涅槃。谓六思念。念佛．念法．念僧．念戒．念施．念天。

又有七法向恶趣。七法向善趣。七法向涅槃。云何七法向恶趣。谓杀生．不与取．淫逸．妄语．两舌．恶口．绮语。云何七法向善趣。谓不杀生．不盗．不淫．不欺．不两舌．不恶口．不绮语。云何七法向涅槃。谓七觉意。念觉意．择法觉意．精进觉意．猗觉意．定觉意．喜觉意．舍觉意。

又有八法向恶趣。八法向善趣。八法向涅槃。云何八法向恶趣。谓八邪行。邪见．邪志．邪语．邪业．邪命．邪方便．邪念．邪定。云何八法向善趣。谓世正见．正志．正语．正业．正命．正方便．正念．正定。云何八法向涅槃。谓八贤圣道。正见．正志．正语．正业．正命．正方便．正念．正定。

又有九法向恶趣。九法向善趣。九法向涅槃。云何九法向恶趣。谓九恼。有人已侵恼我。今侵恼我。当侵恼我。我所爱者。已侵恼。今侵恼。当侵恼。我所憎者。已爱敬。今爱敬。当爱敬。云何九法向善趣。谓九无恼。彼已侵我。我恼何益。已不生恼。今不生恼。当不生恼。我所爱者。彼已侵我。我恼何益。已不生恼。今不生恼。当不生恼。我所憎者。彼已爱敬。我恼何益。已不生恼。当不生恼。今不生恼。云何九法向涅槃。谓九善法。一喜。二爱。三悦。四乐。五定。六实知。七除舍。八无欲。九解脱。

又有十法向恶趣。十法向善趣。十法向涅槃。云何十法向恶趣。谓十不善。身杀．盗．淫。口两舌．恶骂．妄言．绮语。意贪取．嫉妒．邪见。云何十法向善趣。谓十善行。身不杀．盗．淫。口不两舌．恶骂．妄言．绮语。意不贪取．嫉妒．邪见。云何十法向涅槃。谓十直道。正见．正志．正语．正业．正命．正方便．正念．正定．正解脱．正智。诸比丘。如是十法。得至涅槃。是名三聚微妙正法。我为如来．为众弟子所应作者。无不周备。忧念汝等。故演经道。汝等亦宜自忧其身。当处闲居．树下思惟。勿为懈怠。今不勉力。后悔无益。

诸比丘闻佛所说。欢喜奉行。

（一三）第二分大缘方便经第九

如是我闻。

一时。佛在拘流沙国劫摩沙住处。与大比丘众千二百五十人俱。

尔时。阿难在闲静处。作是念言。甚奇。甚特。世尊所说十二因缘法之光明。甚深难解。如我意观。犹如目前。以何为深。于是。阿难即从静室起。至世尊所。头面礼足。在一面坐。白世尊言。我向于静室。默自思念。甚奇。甚特。世尊所说十二因缘法之光明。甚深难解。如我意观。如在目前。以何为深。

尔时。世尊告阿难曰。止。止。勿作此言。十二因缘法之光明。甚深难解。阿难。此十二因缘难见难知。诸天．魔．梵．沙门．婆罗门．未见缘者。若欲思量观察分别其义者。则皆荒迷。无能见者。阿难。我今语汝老死有缘。若有问言。何等是老死缘。应答彼言。生是老死缘。若复问言。谁是生缘。应答彼言。有是生缘。若复问言。谁是有缘。应答彼言。取是有缘。若复问言。谁是取缘。应答彼言。爱是取缘。若复问言。谁是爱缘。应答彼言。受是爱缘。若复问言。谁是受缘。应答彼言。触是受缘。若复问言。谁为触缘。应答彼言。六入是触缘。若复问言。谁为六入缘。应答彼言。名色是六入缘。若复问言。谁为名色缘。应答彼言。识是名色缘。若复问言。谁为识缘。应答彼言。行是识缘。若复问言。谁为行缘。应答彼言。痴是行缘。阿难。如是缘痴有行。缘行有识。缘识有名色。缘名色有六入。缘六入有触。缘触有受。缘受有爱。缘爱有取。缘取有有。缘有有生。缘生有老．死．忧．悲．苦恼。大患所集。是为此大苦阴缘。

佛告阿难。缘生有老死。此为何义。若使一切众生无有生者。宁有老死不。

阿难答曰。无也。

是故。阿难。以此缘。知老死由生。缘生有老死。我所说者。义在于此。

又告阿难。缘有有生。此为何义。若使一切众生无有欲有．色无色有者。宁有生不。

答曰。无也。

阿难。我以此缘。知生由有。缘有有生。我所说者。义在于此。

又告阿难。缘取有有。此为何义。若使一切众生无有欲取．见取．戒取．我取者。宁有有不。

答曰。无也。

阿难。我以此缘。知有由取。缘取有有。我所说者。义在于此。

又告阿难。缘爱有取。此为何义。若使一切众生无有欲爱．有爱．无有爱者。宁有取不。

答曰。无有。

阿难。我以此缘。知取由爱。缘爱有取。我所说者。义在于此。

又告阿难。缘受有爱。此为何义。若使一切众生无有乐受．苦受．不苦不乐受者。宁有爱不。

答曰。无也。

阿难。我以此缘。知爱由受。缘受有爱。我所说者。义在于此。阿难。当知因爱有求。因求有利。因利有用。因用有欲。因欲有着。因著有嫉。因嫉有守。因守有护。阿难。由有护故。有刀杖．诤讼．作无数恶。我所说者。义在于此。阿难。此为何义。若使一切众生无有护者。当有刀杖．诤讼。起无数恶不。

答曰。无也。

是故。阿难。以此因缘。知刀杖．诤讼由护而起。缘护有刀杖．诤讼。阿难。我所说者。义在于此。

又告阿难。因守有护。此为何义。若使一切众生无有守者。宁有护不。

答曰。无也。

阿难。我以此缘。知护由守。因守有护。我所说者。义在于此。阿难。因嫉有守。此为何义。若使一切众生无有嫉者。宁有守不。

答曰。无也。

阿难。我以此缘。知守由嫉。因嫉有守。我所说者。义在于此。阿难。因著有嫉。此为何义。若使一切众生无有著者。宁有嫉不。

答曰。无也。

阿难。我以此缘。知嫉由著。因著有嫉。我所说者。义在于此。阿难。因欲有著。此为何义。若使一切众生无有欲者。宁有著不。

答曰。无也。

阿难。我以此缘。知著由欲。因欲有著。我所说者。义在于此。阿难。因用有欲。此为何义。若使一切众生无有用者。宁有欲不。

答曰。无也。

阿难。我以此义。知欲由用。因用有欲。我所说者。义在于此。阿难。因利有用。此为何义。若使一切众生无有利者。宁有用不。

答曰。无也。

阿难。我以此义。知用由利。因利有用。我所说者。义在于此。阿难。因求有利。此为何义。若使一切众生无有求者。宁有利不。

答曰。无也。

阿难。我以此缘。知利由求。因求有利。我所说者。义在于此。阿难。因爱有求。此为何义。若使一切众生无有爱者。宁有求不。

答曰。无也。

阿难。我以此缘。知求由爱。因爱有求。我所说者。义在于此。

又告阿难。因爱有求。至于守护。受亦如是。因受有求。至于守护。

佛告阿难。缘触有受。此为何义。阿难。若使无眼．无色．无眼识者。宁有触不。

答曰。无也。

若无耳．声．耳识。鼻．香．鼻识。舌．味．舌识。身．触．身识。意．法．意识者。宁有触不。

答曰。无也。

阿难。若使一切众生无有触者。宁有受不。

答曰。无也。

阿难。我以是义。知受由触。缘触有受。我所说者。义在于此。阿难。缘名色有触。此为何义。若使一切众生无有名色者。宁有心触不。

答曰。无也。

若使一切众生无形色相貌者。宁有身触不。

答曰。无也。

阿难。若无名色。宁有触不。

答曰。无也。

阿难。我以是缘。知触由名色。缘名色有触。我所说者。义在于此。阿难。缘识有名色。此为何义。若识不入母胎者。有名色不。

答曰。无也。

若识入胎不出者。有名色不。

答曰。无也。

若识出胎。婴孩坏败。名色得增长不。

答曰。无也。

阿难。若无识者。有名色不。

答曰。无也。

阿难。我以是缘。知名色由识。缘识有名色。我所说者。义在于此。阿难。缘名色有识。此为何义。若识不住名色。则识无住处。若无住处。宁有生．老．病．死．忧．悲．苦恼不。

答曰。无也。

阿难。若无名色。宁有识不。

答曰。无也。

阿难。我以此缘。知识由名色。缘名色有识。我所说者。义在于此。阿难。是故名色缘识。识缘名色。名色缘六入。六入缘触。触缘受。受缘爱。爱缘取。取缘有。有缘生。生缘老．死．忧．悲．苦恼。大苦阴集。

阿难。齐是为语。齐是为应。齐是为限。齐此为演说。齐是为智观。齐是为众生。阿难。诸比丘于此法中。如实正观。无漏心解脱。阿难。此比丘当名为慧解脱。如是解脱比丘如来终亦知。如来不终亦知。如来终不终亦知。如来非终非不终亦知。何以故。阿难。齐是为语。齐是为应。齐是为限。齐是为演说。齐是为智观。齐是为众生。如是尽知已。无漏心解脱比丘不知不见如是知见。阿难。夫计我者。齐几名我见。名色与受。俱计以为我。有人言。受非我。我是受。或有言。受非我。我非受。受法是我。或有言。受非我。我非受。受法非我。但爱是我。

阿难。彼见我者。言受是我。当语彼言。如来说三受。乐受．苦受．不苦不乐受。当有乐受时。无有苦受．不苦不乐受。有苦受时。无有乐受．不苦不乐受。有不苦不乐受时。无有苦受．乐受。所以然者。阿难。乐触缘生乐受。若乐触灭受亦灭。阿难。苦触缘生苦受。若苦触灭受亦灭。不苦不乐触缘生不苦不乐受。若不苦不乐触灭受亦灭。阿难。如两木相攒则有火生。各置异处则无有火。此亦如是。因乐触缘故生乐受。若乐触灭受亦俱灭。因苦触缘故生苦受。若苦触灭受亦俱灭。因不苦不乐触缘生不苦不乐受。若不苦不乐触灭受亦俱灭。阿难。此三受有为无常。从因缘生。尽法．灭法。为朽坏法。彼非我有。我非彼有。当以正智如实观之。阿难。彼见我者。以受为我。彼则为非。

阿难。彼见我者。言受非我。我是受者。当语彼言。如来说三受。苦受．乐受．不苦不乐受。若乐受是我者。乐受灭时。则有二我。此则为过。若苦受是我者。苦受灭时。则有二我。此则为过。若不苦不乐受是我者。不苦不乐受灭时。则有二我。此则为过。阿难。彼见我者。言。受非我。我是受。彼则为非。阿难。彼计我者。作此说。受非我。我非受。受法是我。当语彼言。一切无受。汝云何言有受法。汝是受法耶。对曰。非是。是故。阿难。彼计我者。言。受非我。我非受。受法是我。彼则为非。

阿难。彼计我者。作是言。受非我。我非受。受法非我。但爱是我者。当语彼言。一切无受。云何有爱。汝是爱耶。对曰。非也。是故。阿难。彼计我者。言。受非我。我非受。受法非我。爱是我者。彼则为非。阿难。齐是为语。齐是为应。齐是为限。齐是为演说。齐是为智观。齐是为众生。阿难。诸比丘于此法中如实正观。于无漏心解脱。阿难。此比丘当名为慧解脱。如是解脱心比丘。有我亦知。无我亦知。有我无我亦知。非有我非无我亦知。何以故。阿难。齐是为语。齐是为应。齐是为限。齐是为演说。齐是为智观。齐是为众生。如是尽知已。无漏心解脱比丘不知不见如是知见。

佛语阿难。彼计我者。齐已为定。彼计我者。或言少色是我。或言多色是我。或言少无色是我。或言多无色是我。阿难。彼言少色是我者。定少色是我。我所见是。余者为非。多色是我者。定多色是我。我所见是。余者为非。少无色是我者。定言少无色是我。我所见是。余者为非。多无色是我者。定多无色是我。我所见是。余者为非。

佛告阿难。七识住。二入处。诸有沙门．婆罗门言。此处安隐。为救．为护．为舍．为灯．为明．为归。为不虚妄。为不烦恼。云何为七。或有众生。若干种身若干种想。天及人。此是初识住处。诸沙门．婆罗门言。此处安隐。为救．为护．为舍．为灯．为明．为归。为不虚妄。为不烦恼。阿难。若比丘知初识住。知集．知灭．知味．知过．知出要。如实知者。阿难。彼比丘言。彼非我。我非彼。如实知见。或有众生。若干种身而一想。梵光音天是。或有众生。一身若干种想。光音天是。或有众生一身一想。遍净天是。或有众生。住空处。或有众生。住识处。或有众生。住不用处。是为七识住处。或有沙门．婆罗门言。此处安隐。为救．为护．为舍．为灯．为明．为归。为不虚妄。为不烦恼。阿难。若比丘知七识住。知集．知灭．知味．知过．知出要。如实知见。彼比丘言。彼非我。我非彼。如实知见。是为七识住。

云何二入处。无想入．非想非无想入。是为。阿难。此二入处。或有沙门．婆罗门言。此处安隐。为救．为护．为舍．为灯．为明．为归。为不虚妄。为不烦恼。阿难。若比丘知二入处。知集．知灭．知味．知过．知出要。如实知见。彼比丘言。彼非我。我非彼。如实知见。是为二入。

阿难。复有八解脱。云何八。色观色。初解脱。内无色想。观外色。二解脱。净解脱。三解脱。度色想。灭有对想。不念杂想。住空处。四解脱。度空处。住识处。五解脱。度识处。住不用处。六解脱。度不用处。住有想无想处。七解脱。灭尽定。八解脱。阿难。诸比丘于此八解脱。逆顺游行。入出自在。如是比丘得俱解脱。

尔时。阿难闻佛所说。欢喜奉行。

（一四）第二分释提桓因问经第十

如是我闻。

一时。佛在摩竭国庵婆罗村北。毗陀山因陀娑罗窟中。

尔时。释提桓因发微妙善心。欲来见佛。今我当往至世尊所。

时。诸忉利天闻释提桓因发妙善心。欲诣佛所。即寻诣帝释。白言。善哉。帝释。发妙善心。欲诣如来。我等亦乐侍从诣世尊所。

时。释提桓因即告执乐神般遮翼曰。我今欲诣世尊所。汝可俱行。此忉利诸天亦当与我俱诣佛所。

对曰。唯然。时。般遮翼持琉璃琴。于帝释前忉利天众中鼓琴供养。

时。释提桓因．忉利诸天及般遮翼。于法堂上忽然不现。譬如力士屈伸臂顷。至摩竭国北毗陀山中。

尔时。世尊入火焰三昧。彼毗陀山同一火色。时国人见。自相谓言。此毗陀山同一火色。将是如来诸天之力。

时。释提桓因告般遮翼曰。如来．至真甚难得睹。而能垂降此闲静处。寂默无声。禽兽为侣。此处常有诸大神天侍卫世尊。汝可于前鼓琉璃琴娱乐世尊。吾与诸天寻于后往。

对曰。唯然。即受教已。持琉璃琴于先诣佛。去佛不远。鼓琉璃琴。以偈歌曰。

跋陀礼汝父	汝父甚端严
生汝时吉祥	我心甚爱乐
本以小因缘	欲心于中生
展转遂增广	如供养罗汉
释子专四禅	常乐于闲居
正意求甘露	我专念亦尔
能仁发道心	必欲成正觉
我今求彼女	必欲会亦尔
我心生染着	爱好不舍离
欲舍不能去	如象为钩制
如热遇凉风	如渴得冷泉
如取涅槃者	如水灭于火
如病得良医	饥者得美食
充足生快乐	如罗汉游法
如象被深钩	而犹不肯伏
[马*奔]突难禁制	放逸不自止

犹如清凉池	众花覆水上
疲热象沐浴	举身得清凉
我前后所施	供养诸罗汉
世有福报者	尽当与彼供
汝死当共死	汝无我活为
宁使我身死	不能无汝存
忉利天之主	释今与我愿
称汝礼节具	汝善思察之

尔时。世尊从三昧起。告般遮翼言。善哉。善哉。般遮翼。汝能以清净音和琉璃琴称赞如来。琴声．汝音。不长不短。悲和哀婉。感动人心。汝琴所奏。众义备有。亦说欲缚。亦说梵行。亦说沙门。亦说涅槃。

尔时。般遮翼白佛言。我念世尊昔郁鞞罗尼连禅水边。阿游波陀尼俱律树下初成佛道时。有尸汉陀天大将子及执乐天王女。共于一处。但设欲乐。我于尔时见其心尔。即为作颂。颂说欲缚。亦说梵行。亦说沙门。亦说涅槃。时。彼天女闻我偈已。举目而笑语我言。般遮翼。我未见如来。我曾于忉利天法讲堂上。闻彼诸天称赞如来。有如是德。有如是力。汝常怀信。亲近如来。我今意欲与汝共为知识。世尊。我时与一言之后。不复与语。

时。释提桓因作是念。此般遮翼已娱乐如来讫。我今宁可念于彼人。时。天帝释即念彼人。时。般遮翼复生念言。今天帝释乃能念我。即持琉璃琴诣帝释所。帝释告曰。汝以我名并称忉利天意。问讯世尊。起居轻利。游步强耶。

时。般遮翼承帝释教。即诣世尊所。头面礼足。于一面住。白世尊言。释提桓因及忉利诸天故。遣我来问讯世尊。起居轻利。游步强耶。

世尊报曰。使汝帝释及忉利天寿命延长。快乐无患。所以然者。诸天．世人及阿须轮诸众生等。皆贪寿命．安乐．无患。

尔时。帝释复自念言。我等宜往礼觐世尊。即与忉利诸天往诣佛所。头面礼足。却住一面。时。帝释白佛言。不审我今去世尊远近可坐。

佛告帝释曰汝天众多。但近我坐。

时。世尊所止因陀罗窟。自然广博。无所障碍。尔时。帝释与忉利诸天及般遮翼皆礼佛足。于一面坐。帝释白佛言。一时。佛在舍卫国婆罗门舍。尔时世尊入火焰三昧。我时以少因缘。乘千辐宝车。诣毗楼勒天王所。于空中过。见一天女叉手在世尊前立。我寻语彼女言。若世尊三昧起者。汝当称我名字。问讯世尊。起居轻利。游步强耶。不审彼女后竟为我达此心不。世尊。宁能忆此事不。

佛言。忆耳。彼女寻以汝声致问于我。吾从定起。犹闻汝车声。

帝释白佛言。昔者。我以少缘。与忉利诸天集在法堂。彼诸旧天皆作是言。若如来出世。增益诸天众。减损阿须轮众。今我躬见世尊。躬见自知。躬自作证。如来．至真出现于世。增益诸天众。减损阿须轮众。此有瞿夷释女。于世尊所净修梵行。身坏命终。生忉利天宫。即为我子。忉利诸天皆称言。瞿夷大天子有大功德。有大威力。复有余三比丘。于世尊所净修梵行。身坏命终。生于卑下执乐神中。常日日来为我给使。瞿夷见已。以偈触娆曰。

汝为佛弟子	我本在家时
以衣食供养	礼拜致恭恪
汝等名何人	躬受佛教诫
净眼之所说	汝不观察之
我本礼敬汝	从佛闻上法
生三十三天	为帝释作子
汝等何不观	我所有功德
本为女人身	今为帝释子
汝等本俱共	同修于梵行
今独处卑贱	为吾等给使
本为弊恶行	今故受此报
独处于卑贱	为吾等给使
生此处不净	为他所触娆
闻已当患厌	此处可厌患
从今当精勤	勿复为人使
二人勤精进	思惟如来法
舍彼所恋着	观欲不净行
欲缚不真实	诳惑于世间
如象离羁鞿	超越忉利天
释及忉利天	集法讲堂上
彼已勇猛力	超越忉利天
释叹未曾有	诸天亦见过
此是释迦子	超越忉利天
患厌于欲缚	瞿夷说此言
摩竭国有佛	名曰释迦文
彼子大失意	其后还得念
三人中一人	故为执乐神
二人见道谛	超越忉利天
世尊所说法	弟子不怀疑
俱共同闻法	二人胜彼一
自见殊胜已	皆生光音天
我观见彼已	故来至佛所

帝释白佛言。愿开闲暇。一决我疑。

佛言。随汝所问。吾当为汝一一演说。

尔时。帝释即白佛言。诸天．世人．干沓和．阿须罗及余众生等。尽与何结相应。乃至怨仇．刀杖相向。

佛告释言。怨结之生。皆由贪嫉。故使诸天．世人．阿须罗．余众生等。刀杖相加。

尔时。帝释即白佛言。实尔。世尊。怨结之生。由贪嫉故。使诸天．世人．阿须罗．余众生等。刀杖相加。我今闻佛所说。疑网悉除。无复疑也。但不解此贪嫉之生。何由而起。何因何缘。谁为原首。从谁而有。从谁而无。

佛告帝释。贪嫉之生。皆由爱憎。爱憎为因。爱憎为缘。爱憎为首。从此而有。无此则无。

尔时。帝释即白佛言。实尔。世尊。贪嫉之生。皆由爱憎。爱憎为因。爱憎为缘。爱憎为首。从此而有。无此则无。我今闻佛所说。迷惑悉除。无复疑也。但不解爱憎复何由而生。何因何缘。谁为原首。从谁而有。从谁而无。

佛告帝释。爱憎之生。皆由于欲。因欲缘欲。欲为原首。从此而有。无此则无。

尔时。帝释白佛言。实尔。世尊。爱憎之生。皆由于欲。因欲缘欲。欲为原首。从此而有。无此则无。我今闻佛所说。迷惑悉除。无复疑也。但不知此欲复何由生。何因何缘。谁为原首。从谁而有。从谁而无。

佛告帝释。爱由想生。因想缘想。想为原首。从此而有。无此而无。

尔时。帝释白佛言。实尔。世尊。爱由想生。因想缘想。想为原首。从此而有。无此则无。我今闻佛所说。无复疑也。但不解想复何由而生。何因何缘。谁为原首。从谁而有。从谁而无。

佛告帝释。想之所生。由于调戏。因调缘调。调为原首。从此而有。无此则无。帝释。若无调戏则无想。无想则无欲。无欲则无爱憎。无爱憎则无贪嫉。若无贪嫉。则一切众生不相伤害。帝释。但缘调为本。因调缘调。调为原首。从此有想。从想有欲。从欲有爱憎。从爱憎有贪嫉。以贪嫉故。使群生等共相伤害。

帝释白佛言。实尔。世尊。由调有想。因调缘调。调为原首。从此有想由调而有。无调则无。若本无调者则无想。无想则无欲。无欲则无爱憎。无爱憎则无贪嫉。无贪嫉则一切群生不相伤害。但想由调生。因调缘调。调为原首。从调有想。从想有欲。从欲有爱憎。从爱憎有贪嫉。从贪嫉使一切众生共相伤害。我今闻佛所说。迷惑悉除。无复疑也。

尔时。帝释复白佛言。一切沙门．婆罗门尽除调戏在灭迹耶。为

119

不除调戏在灭迹耶。

佛告帝释。一切沙门．婆罗门不尽除调戏在灭迹也。所以然者。帝释。世间有种种界。众生各依己界。坚固守持。不能舍离。谓己为实。余者为虚。是故。帝释。一切沙门．婆罗门不尽除调戏而在灭迹。

尔时。帝释白佛言。实尔。世尊。世间有种种众生。各依己界。坚固守持。不能舍离。谓己为是。余为虚妄。是故一切沙门．婆罗门不尽除调戏而在灭迹。我闻佛言。疑惑悉除。无复疑也。

帝释复白佛言。齐几调在灭迹耶。

佛告帝释。调戏有三。一者口。二者想。三者求。彼口所言。自害．害他。亦二俱害。舍此言已。如所言。不自害．不害他。不二俱害。知时比丘如口所言。专念不乱。想亦自害．害他。亦二俱害。舍此想已。如所想。不自害．不害他。二俱不害。知时比丘如所想。专念不乱。帝释。求亦自害．害他。亦二俱害。舍此求已。如所求。不自害．不害他。不二俱害。知时比丘如所求。专念不乱。

尔时。释提桓因言。我闻佛所说。无复狐疑。

又白佛言。齐几名贤圣舍心。

佛告帝释。舍心有三。一者喜身。二者忧身。三者舍身。帝释。彼喜身者。自害．害他。亦二俱害。舍此喜已。如所喜。不自害．害他。二俱不害。知时比丘专念不忘。即名受具足戒。帝释。彼忧身者。自害．害彼。亦二俱害。舍此忧已。如所忧。不自害．害他。二俱不害。知时比丘专念不忘。即名受具足戒。复次。帝释。彼舍身者。自害．害他。亦二俱害。舍此身已。如所舍。不自害．不害他。二俱不害。知时比丘专念不忘。是即名为受具足戒。

帝释白佛言。我闻佛所说。无复狐疑。

又白佛言。齐几名贤圣律诸根具足。

佛告帝释。眼知色。我说有二。可亲．不可亲。耳声．鼻香．舌味．身触．意法。我说有二。可亲．不可亲。

尔时。帝释白佛言。世尊。如来略说。未广分别。我以具解。眼知色。我说有二。可亲．不可亲。耳声．鼻香．舌味．身触．意法有二。可亲．不可亲。世尊。如眼观色。善法损减。不善法增。如此眼知色。我说不可亲。耳声．鼻香．舌味．身触．意知法。善法损减。不善法增。我说不可亲。世尊。如眼见色。善法增长。不善法减。如是眼知色。我说可亲。耳声．鼻香．舌味．身触．意知法。善法增长。不善法减。我说可亲。

佛告帝释。善哉。善哉。是名贤圣律诸根具足。

帝释白佛言。我闻佛所说。无复狐疑。

复白佛言。齐几比丘名为究竟．究竟梵行．究竟安隐．究竟无余。

佛告帝释。为爱所苦。身得灭者。是为究竟．究竟梵行．究竟安隐．究竟无余。

帝释白佛言。我本长夜。所怀疑网。今者如来开发所疑。

佛告帝释。汝昔颇曾诣沙门．婆罗门所问此义不。

帝释白佛言。我自忆念。昔者。曾诣沙门．婆罗门所咨问此义。昔我一时曾集讲堂。与诸天众共论。如来为当出世。为未出世。时共推求。不见如来出现于世。各自还宫。五欲娱乐。世尊。我复于后时见诸大神天。自恣五欲已。渐各命终。时我。世尊。怀大恐怖。衣毛为竖。时。见沙门．婆罗门处在闲静。去家离欲。我寻至彼所问言。云何名究竟。我问此义。彼不能报。彼既不知。逆问我言。汝为是谁。我寻报言。我是释提桓因。彼复问言。汝是何释。我时答言。我是天帝释。心有所疑。故来相问耳。时。我与彼如所知见。说于释义。彼问我言。更为我弟子。我今是佛弟子。得须陀洹道。不堕余趣。极七往返。必成道果。唯愿世尊记我为斯陀含。说此语已。复作颂曰。

> 由彼染秽想　　故生我狐疑
> 长夜与诸天　　推求于如来
> 见诸出家人　　常在闲静处
> 谓是佛世尊　　故往稽首言
> 我今故来问　　云何为究竟
> 问已不能报　　道迹之所趣
> 今日无等尊　　是我久所求
> 已观察已行　　心已正思惟
> 唯圣先已知　　我心之所行
> 长夜所修业　　愿净眼记之
> 虽命人中上　　三界无极尊
> 能断恩爱刺　　今礼日光尊

佛告帝释。汝忆本得喜乐．念乐时不。

帝释答曰。如是。世尊。忆昔所得喜乐．念乐。世尊。我昔曾与阿须轮共战。我时得胜。阿须轮退。我时则还。得欢喜．念乐。计此欢喜．念乐。离有秽恶刀杖喜乐．斗讼喜乐。今我于佛所得喜．念乐。无有刀杖．诤讼之乐。

佛告帝释。汝今得喜乐．念乐。于中欲求何功德果。

尔时。帝释白佛言。我于喜乐．念乐中。欲求五功德果。何等五。即说偈言。

> 我后若命终　　舍于天上寿
> 处胎不怀患　　使我心欢喜
> 佛度未度者　　能说正真道
> 于三佛法中　　我要修梵行

> 以智慧身居　　心自见正谛
> 得达本所起　　于是长解脱
> 但当勤修行　　习佛真实智
> 设不获道证　　功德犹胜天
> 诸有神妙天　　阿迦尼吒等
> 下至末后身　　必当生彼处
> 我今于此处　　受天清净身
> 复得增寿命　　净眼我自知

说此偈已。白佛言。我于喜乐．念乐中。欲得如是五功德果。

尔时。帝释语忉利诸天曰。汝于忉利天上梵童子前恭敬礼事。今于佛前复设此敬者。不亦善哉。

其语未久。时梵童子忽然于虚空中天众上立。向天帝释而说偈曰。

> 天王清净行　　多利益众生
> 摩竭帝释主　　能问如来义

时。梵童子说此偈已。忽然不现。是时。帝释即从座起。礼世尊足。绕佛三匝。却行而退。忉利诸天及般遮翼亦礼佛足。却行而退。时。天帝释少复前行。顾语般遮翼曰。善哉。善哉。汝能先于佛前鼓琴娱乐。然后我及诸天于后方到。我今知汝补汝父位。于干沓和中最为上首。当以彼拔陀干沓和王女与汝为妻。

世尊说此法时。八万四千诸天远尘离垢。诸法法眼生。

时。释提桓因．忉利诸天及般遮翼闻佛所说。欢喜奉行。

佛说长阿含经卷第十一

（一五）第二分阿㝹夷经第十一

如是我闻。

一时。佛在冥宁国阿㝹夷土。与大比丘众千二百五十人俱。

尔时。世尊着衣持钵。入阿㝹夷城乞食。尔时。世尊默自念言。我今乞食。于时如早。今宜往诣房伽婆梵志园观。比须时至。然后乞食。尔时。世尊即诣彼园。时彼梵志遥见佛来。即起奉迎。共相问讯。言。善来。瞿昙。不面来久。今以何缘乃能屈顾。唯愿瞿昙就此处坐。尔时。世尊即就其坐。

时。彼梵志于一面坐。白世尊言。先夜隶车子善宿比丘来至我所。语我言。大师。我不于佛所修梵行也。所以然者。佛疏外我。彼人见向说瞿昙过。虽有此言。我亦不受。

佛告梵志。彼善宿所言。知汝不受耳。昔我一时在毗舍离狝猴池侧集法堂上。时此善宿来至我所。语我言。如来外我。我不于如来所修梵行也。我时告曰。汝何故言。我不于如来所修梵行。如来外我耶。善宿报我言。如来不为我现神足变化。

时。我语言。吾可请汝于我法中净修梵行。当为汝现神足耶。复当语我。如来当为我现神足变化。然后我当修梵行耶。时。善宿报我言。不也。世尊。佛告善宿。我亦不语汝言。汝于我法中净修梵行。当为汝现神足变化。汝亦不言为我现神足者。当修梵行。云何。善宿。如汝意者。谓如来能现神足．为不能现耶。我所说法。彼法能得出要。尽苦际不耶。善宿白佛言。如是。世尊。如来能现神足。非为不能。所可说法。能得出要。尽诸苦际。非为不尽。是故。善宿。我所说法修梵行者。能现神足。非为不能。出要离苦。非不能离。汝于此法欲何所求。

善宿言。世尊。不能随时教我。我父秘术。世尊尽知。吝不教我。佛言。善宿。我颇曾言。汝于我法中修梵行者。教汝父术耶。汝颇复言。教我父术者。当于佛所修梵行耶。答曰。不也。是故。善宿。我先无此言。汝亦无言。今者何故作此语耶。云何。善宿。汝谓如来能说汝父秘术。为不能说耶。所可说法。能得出要。尽苦际不耶。善宿报言。如来能说父之秘术。非为不能。说法出要。能尽苦际。非为不能。佛告善宿。若我能说汝父秘术。亦能说法出要离苦。汝于我法中复欲何求。又告善宿。汝先于毗舍离跋阇土地。无数方便。称叹如来。称叹正法。称叹众僧。譬如有人八种称叹彼清凉池。使人好乐。一冷。二轻。三柔。四清。五甘。六无垢。七饮无餍。八便身。汝亦如是。于毗舍离跋阇土。称叹如来。称叹正法。称叹众僧。使人信乐。善宿。当知今汝退者。世间当复有言。善宿比丘多有知识。又是世尊所亲。亦是世尊弟子。不能尽形净修梵行。舍戒就俗处。卑陋行。梵志。当知我时备语。不顺我教。舍戒就俗。梵志。一时。我在猕猴池侧法讲堂上。时有尼乾子。字伽罗楼。在彼处止。人所宗敬。名称远闻。多有知识。利养备具。时。善宿比丘着衣持钵。入毗舍离城乞食。渐渐转到尼乾子所。尔时。善宿以深远义问尼乾子。彼不能答。便生瞋恚。善宿自念。我触娆此人。将无长夜有苦恼报耶。梵志。当知时善宿比丘于乞食后。执持衣钵。来至我所。头面礼足。在一面坐。善宿尔时亦不以此缘告我。我语之曰。愚人。汝宁可自称为沙门释子耶。善宿寻报我言。世尊。何故称我为愚。不应自称为释子耶。我告之曰。愚人。汝曾往至尼乾子所问深远义。彼不能报。便生瞋恚。汝时自念。我今触此尼干。将无长夜有苦恼报耶。汝有是念不。

善宿白佛言。彼是罗汉。何缘乃有此嫉恚心。我时答曰。愚人。罗汉何缘有嫉恚心。非我罗汉有嫉恚心。汝今自谓彼是罗汉。彼有七苦行。长夜执持。何谓七。一尽形寿不着衣裳。二尽形寿不饮酒食肉。而不食饭及与䵃面。三尽形寿不犯梵行。四尽形寿毗舍离有四石塔。东名忧园塔．南名象塔．西名多子塔．北名七聚塔。尽形不离四塔。为四苦行。而彼后当犯此七苦行已。于毗舍离城外命终。譬如野干疥癞衰病。死丘冢间。彼尼乾子亦复如是。自为禁法。后尽犯之。本自誓言。尽形不着衣服。后还着衣。本自誓言。尽形寿不饮酒啖肉。不食饭及麨面。而后尽食。本自誓言。不犯梵行。而后亦犯。本言。不越四塔。东忧园塔．南象塔．西多子塔．北七聚塔。今尽远离不复亲近。彼人自违此七誓已。出毗舍离城。冢间命终。佛告善宿曰。愚人。汝不信我言。汝自往观。自当知耳。佛告梵志。一时。比丘善宿着衣持钵。入城乞食。乞食已。还出城。于空冢间见尼乾子于彼命终。见已。来至我所。头面礼足。在一面坐。不以此事而语我言。梵志。当知我尔时语善宿曰。云何。善宿。我先所记尼乾子如我语不。对曰。如是。如世尊言。梵志。当知我与善宿现神通证。而彼言。世尊不为我现。又一时我在冥宁国白土之邑。时有尼乾子。名究罗帝。在白土住。人所宗敬。名称远闻。多得利养。时。我着衣持钵。入城乞食。时善宿比丘随我后行。见究罗帝尼乾子在粪堆上伏舐糠糟。梵志。当知时善宿比丘见此尼乾子在粪堆上伏舐糠糟已。作是念言。世间诸有阿罗汉．向阿罗汉道者无有及此。此尼乾子其道最胜。所以者何。此人苦行乃能如是。除舍憍慢。于粪堆上伏舐糠糟。

梵志。时。我右旋告善宿曰。汝意愚人。宁可自称为释子耶。善宿白佛言。世尊。何故称我为愚。不应自称为释子耶。佛告善宿言。汝愚人。观此究罗帝蹲粪堆上伏食糠糟。汝见已。作是念。诸世间阿罗汉及向阿罗汉者。此究罗帝最为尊上。所以者何。今此究罗帝乃能苦行。除舍憍慢。蹲粪堆上伏舐糠糟。汝有是念不。答我言。实尔。善宿又言。何故。世尊。于阿罗汉所生嫉妒心。佛告愚人。我不于罗汉所生嫉妒心。何为于罗汉所生嫉妒心。汝今愚人。谓究罗帝真阿罗汉。此人却后七日当腹胀命终。生起尸饿鬼中。常苦饥饿。其命终后。以苇索系拽于冢间。汝若不信者。可先往语之。

时。善宿即往诣究罗帝所。说言。彼沙门瞿昙记汝。却后七日当腹胀命终。生起尸饿鬼中。死已以苇索系拽于冢间。善宿复白。汝当省食。勿使彼言当也。梵志。当知时究罗帝至满七日腹胀而死。即生起尸饿鬼中。死尸以苇索系拽于冢间。尔时。善宿闻佛语已。屈指计日。至七日已。时善宿比丘即往至裸形村中。到已。问其村人曰。诸贤。究罗帝今何所在。报曰。已取命终。问曰。何患命终耶。答曰。腹胀。问曰。云何殡送。答曰。以苇索系拽于冢间。

梵志。时。善宿闻此语已。即往冢间。欲至未至。时彼死尸并动膝脚。忽尔而蹲。时彼善宿故前到死尸所。语言。究罗帝。汝命终耶。死尸答言。我已命终。问曰。汝以何患命终。死尸答言。瞿昙记我。七日后腹胀命终。我如其言。至满七日。腹胀命终。善宿复问。汝生何处。尸即报言。彼瞿昙所记。当生起尸饿鬼中。我今日生起尸饿鬼中。善宿问曰。汝命终时。云何殡送。尸答曰。瞿昙所记。以苇索系抴于冢间。实如彼言。以苇索系抴于冢间。时。死尸语善宿曰。汝虽出家。不得善利。瞿昙沙门说如此事。汝常不信。作是语已。死尸还卧。

梵志。时。善宿比丘来至我所。头面礼足。在一面坐。不以此缘语我。我寻语曰。如我所记。究罗帝者实尔以不。答曰。实尔。如世尊言。梵志。我如是数数为善宿比丘现神通证。而彼犹言。世尊不为我现神通。

佛告梵志。我于一时在猕猴池法讲堂上。时有梵志。名曰波梨子。在彼处止。人所宗敬。名称远闻。多有利养。于毗舍离大众之中。作如是说。沙门瞿昙自称智慧。我亦智慧。沙门瞿昙自称神足。我亦有神足。沙门瞿昙得超越道。我亦得超越道。我当与彼共现神足。沙门现一。我当现二。沙门现二。我当现四。沙门现八。我现十六。沙门现十六。我现三十二。沙门现三十二。我现六十四。随彼沙门所现多少。我尽当倍。

梵志。时。善宿比丘着衣持钵。入城乞食。见波梨梵志于大众中作如是说。沙门瞿昙自称智慧。我亦智慧。沙门瞿昙自称神足。我亦有神足。沙门瞿昙得超越道。我亦得超越道。我当与彼共现神足。沙门现一。我当现二。沙门现四。我当现八。乃至随沙门所现多少。我尽能倍。时。善宿比丘乞食已。来至我所。头面礼。一面坐。语我言。我于晨朝着衣持钵。入城乞食。时闻毗舍离波梨子于大众中作是说言。沙门瞿昙有大智慧。我亦有大智慧。沙门瞿昙有神足。我亦有神足。瞿昙现一。我当现二。乃至随瞿昙所现多少。我尽能倍。具以此事而来告我。我语善宿言。彼波梨子于大众中不舍此语。不舍此见。不舍此慢。来至我所者。终无是处。若彼作是念。我不舍此语。不舍此见。不舍此慢。而至沙门瞿昙所者。彼头即当破为七分。欲使彼人不舍此语。不舍见慢。而能来者。无有是处。

善宿言。世尊护口。如来护口。佛告善宿。汝何故言。世尊护口。如来护口。善宿言。彼波梨子有大威神。有大德力。脱当来者将无现世尊虚耶。佛告善宿。如来所言颇有二耶。对曰。无也。又告善宿。若无二者。汝何故言。世尊护口。如来护口。善宿白佛言。世尊为自知见彼波梨子。为诸天来语。佛言。我亦自知。亦诸天来语故知。此毗舍离阿由大将。身坏命终。生忉利天。彼来语我言。波梨梵志子不知羞惭。犯戒妄语。在毗舍离。于大众中作如是诽谤言。阿由陀大将身坏命终。生起尸鬼中。然我实身坏命终。生忉利天。波梨子我先自知。亦诸天来语故知。佛告愚人善宿。汝不信我言者。入毗舍离。随汝唱之。我食后当往诣波梨梵志子所。

佛告梵志。时。彼善宿过其夜已。着衣持钵。入城乞食。时。彼善宿向毗舍离城中众多婆罗门．沙门．梵志。具说此言。波梨梵志子于大众中说如此言。沙门瞿昙有大智慧。我亦有大智慧。沙门瞿昙有大威力。我亦有大威力。沙门瞿昙有大神足。我亦有大神足。沙门现一。我当现二。乃至沙门随所现多少。我尽当倍。而今沙门瞿昙欲诣彼波梨子所。汝等众人尽可诣彼。时。波梨梵志在道而行。善宿见已。速诣其所。语言。汝于毗舍离大众中作如是言。沙门瞿昙有大智慧。我亦有大智慧。乃至沙门瞿昙。随所现神足多少。我尽当倍。瞿昙闻此言。今欲来至汝所。汝可速归。报言。我当归耳。我当归耳。作此语已。寻自惶惧。衣毛为竖。不还本处。乃诣道头波梨梵志林中。坐绳床上。愁闷迷乱。

佛告梵志。我于食后与众多隶车．沙门．婆罗门．梵志．居士诣波梨子住处。就座而坐。于彼众中有梵志名曰遮罗。时众人唤彼遮罗而告之曰。汝诣道头林中语波梨子言。今众多隶车．沙门．婆罗门．梵志．居士尽集汝林。众共议言。梵志波梨于大众中自唱此言。沙门瞿昙有大智慧。我亦有大智慧。乃至瞿昙随现神足多少。我尽能倍。沙门瞿昙故来至汝林中。汝可来看。于是。遮罗闻众人语已。即诣道头林语波梨子言。彼众多隶车．沙门．婆罗门．梵志．居士尽集在汝林。众共议言。梵志波梨子于大众中自唱此言。沙门瞿昙有大智慧。我亦有大智慧。乃至沙门瞿昙现神足。随现多少。我尽能倍。瞿昙今在彼林中。波梨今者宁可还也。尔时。波梨梵志即报遮罗曰。当归。当归。作是语已。于绳床上转侧不安。尔时。绳床复着其足。彼乃不能得离绳床。况能行步至世尊所。

时。遮罗语波梨言。汝自无智。但有空声为言。当归。当归。尚自不能离此绳床。何由能得至大众所。呵责波梨子已。即还诣大众所。报言。我以持众人声。往语波梨子。彼报我言。当归。当归。即于绳床上动转其身。床即着足不能得离。彼尚不能离其绳床。何由能得来到此众。尔时。有一头摩隶车子在众中坐。即从座起。偏露右臂。长跪叉手。白彼众言。大众小待。我今自往将彼人来。

佛言。我尔时语头摩隶车子言。彼人作如是语。怀如是见。起如是慢。欲使此人来至佛所。无有是处。头摩子。正使汝以革绳重系。群牛共挽。至彼身碎。彼终不能舍如是语．如是见．如是慢。来至我所。若不信我言。汝往自知。尔时。头摩隶车子故往至波梨子所。语波梨子言。众多隶车．沙门．婆罗门．梵志．居士尽集汝林。众共议言。梵志波梨子于大众中口自唱言。沙门瞿昙有大智慧。我亦有大智慧乃至沙门瞿昙现其神足。随所现多少。我尽能倍。瞿昙沙门今在彼林。汝可还归。尔时。波梨子即报言。当归。当归。作是语已。于绳床上动转其身。尔时绳床复着其足。彼乃不能自离绳床。况复行步至世尊所。

时。头摩语波梨子言。汝自无智。但有空声为言。当归。当归。尚自不能离此绳床。何由能得至大众所。头摩复语波梨子曰。诸有智者。以譬喻得解。乃往久远有一师子兽王在深林中住。师子清旦初出窟时。四向顾望。奋迅三吼。然后游行择肉而食。波梨子。彼师子兽王食已还林。常有一野干随后食残。气力充足便自言。彼林师子竟是何兽。能胜我耶。今宁可独擅一林。清旦出窟。四向顾望。奋迅三吼。然后游行。择肉而食耶。彼寻独处一林。清旦出窟。奋迅三吼。然后游行。欲师子吼。作野干鸣。波梨子。汝今亦尔。蒙佛威恩。存生于世。得人供养。而今更与如来共竞。时。头摩子以偈责数曰。

  野干称师子　　自谓为兽王
  欲作师子吼　　还出野干声
  独处于空林　　自谓为兽王
  欲作师子吼　　还出野干声
  跪地求穴鼠　　穿冢觅死尸
  欲作师子吼　　还出野干声

  头摩子告曰。汝亦如是。蒙佛恩力。存生于世。得人供养。而今更与如来共竞。时。彼头摩子以四种喻。面呵责已。还诣大众。报言。我以持众人声唤波梨子。彼报我言。当归。当归。即于绳床上动转其身。床即着足不能得离。彼尚不能自离绳床何由能得来到此众。尔时。世尊告头摩子言。我先语汝。欲使此人来至佛所。无有是处。正使汝以革绳重系。群牛共挽。至身碎坏。彼终不肯舍如是语．如是见．慢。来至我所。梵志。时。我即与彼大众种种说法。示教利喜。于彼众中三师子吼。身升虚空。还诣本处。

  佛告梵志。或有沙门．婆罗门言。一切世间。梵自在天所造。我问彼言。一切世间实梵自在天所造耶。彼不能报。还问我言。瞿昙。此事云何。我报彼言。或有此世间初坏败时。有余众生命尽行尽。从光音天命终乃更生余空梵处。于彼起爱。生乐着心。复欲使余众生来生此处。其余众生命尽行尽。复生彼处。时。彼众生自作是念。我今是大梵王。忽然而有。无作我者。我能尽达诸义所趣。于千世界最得自在。能作能化。微妙第一。为人父母。我先至此。独一无侣。由我力故。有此众生。我作此众生。彼余众生亦复顺从。称为梵王。忽然而有。尽达诸义。于千世界最得自在。能作能化。微妙第一。为人父母。先有是一。后有我等。此大梵王化作我等。此诸众生随彼寿终来生此间。其渐长大。剃除须发。服三法衣。出家为道。彼入定意三昧随三昧心忆本所生。彼作是语。此大梵天忽然而有。无有作者。尽达诸义。于千世界最得自在。能作能化。微妙第一。为人父母。彼大梵天常住不移。无变易法。我等梵天所化。是以无常。不得久住。为变易法。如是。梵志。彼沙门．婆罗门以此缘故。各言彼梵自在天造此世界。梵志。造此世界者。非彼所及。唯佛能知。又过此事。佛亦尽知。虽知不着苦．集．灭．味．过．出要。如实知之。以平等观无余解脱。名曰如来。

佛告梵志。或有沙门．婆罗门作是言。戏笑懈怠是众生始。我语彼言。云何汝等实言。戏笑懈怠是众生始耶。彼不能报。逆问我言。瞿昙。此事云何。时我报言。或有光音众生喜戏笑懈怠。身坏命终。来生此间。渐渐长大。剃除须发。服三法衣。出家修道。便入心定三昧。以三昧力识本所生。便作是言。彼余众生不喜戏笑。常在彼处。永住不变。由我等数喜戏笑。致此无常。为变易法。如是。梵志。彼沙门．婆罗门以是缘故。言戏笑是众生始。如是佛尽知之。过是亦知。知而不着。已不着苦．集．灭．味．过．出要。如实知之。已平等观无余解脱。名曰如来。

佛告梵志。或有沙门．婆罗门言。失意是众生始。我语彼言。汝等实言。失意是众生始耶。彼不知报。还问我言。瞿昙。此事云何。我语彼言。或有众生展转相看已。便失意。由是命终。来生此间。渐渐长大。剃除须发。服三法衣。出家修道。便入心定三昧。以三昧力识本所生。便作是言。如彼众生以不展转相看。不失意故。常住不变。我等于彼数数相看已。便失意。致此无常。为变易法。如是。梵志。彼沙门．婆罗门以是缘故。言失意是众生始。如此唯佛知之。过是亦知。知已不着苦．集．灭．味．过．出要。如实知之。知已平等观无余解脱。故名如来。

佛告梵志。或有沙门．婆罗门言。我无因而出。我语彼言。汝等实言。本无因出耶。彼不能报。逆来问我。我时报曰。或有众生无想无知。若彼众生起想。则便命终来生此间。渐渐长大。剃除须发。服三法衣。出家修道。便入心定三昧。以三昧力识本所生。便作是言。我本无有。今忽然有。此世间本无。今有。此实余虚。如是。梵志。沙门．婆罗门以此缘故。言无因出。唯佛知之。过是亦知。知已不着苦．集．灭．味．过．出要。如实知之。已平等观无余解脱。故名如来。

佛告梵志。我所说如是。或有沙门．婆罗门于屏处诽谤我言。沙门瞿昙自称弟子入净解脱。成就净行。彼知清净。不遍知净。然我不作是说。我弟子入净解脱。成就净行。彼知清净。不遍知净。梵志。我自言。我弟子入净解脱。成就净行。彼知清净。一切遍净。

是时。梵志白佛言。彼不得善利。毁谤沙门瞿昙言。沙门自言。我弟子入净解脱。成就净行。彼知清净。不遍知净。然世尊不作是语。世尊自言。我弟子入净解脱。成就净行。彼知清净。一切遍净。

又白佛言。我亦当入此净解脱。成就净行。一切遍知。

佛告梵志。汝欲入者。甚为难也。汝见异．忍异．行异。欲依余见入净解脱者。难可得也。但使汝好乐佛。心不断绝者。则于长夜。常得安乐。

尔时。房伽婆梵志闻佛所说。欢喜奉行。

（一六）第二分善生经第十二

如是我闻。

一时。佛在罗阅祇耆阇崛山中。与大比丘众千二百五十人俱。

尔时。世尊时到着衣持钵。入城乞食。时。罗阅祇城内有长者子。名曰善生清旦出城。诣园游观。初沐浴讫。举身皆湿。向诸方礼。东．西．南．北．上．下诸方。皆悉周遍。

尔时。世尊见长者善生诣园游观。初沐浴讫。举身皆湿。向诸方礼。世尊见已。即诣其所。告善生言。汝以何缘。清旦出城。于园林中。举身皆湿。向诸方礼。

尔时。善生白佛言。我父临命终时。遗敕我言。汝欲礼者。当先礼东方．南方．西方．北方．上方．下方。我奉承父教不敢违背。故澡浴讫。先叉手东面。向东方礼。南．西．北方．上．下诸方。皆悉周遍。

尔时。世尊告善生曰。长者子。有此方名耳。非为不有。然我贤圣法中。非礼此六方以为恭敬。

善生白佛言。唯愿世尊善为我说贤圣法中礼六方法。

佛告长者子。谛听。谛听。善思念之。当为汝说。

善生对曰。唯然。愿乐欲闻。

佛告善生。若长者．长者子知四结业不于四处而作恶行。又复能知六损财业。是谓。善生。长者．长者子离四恶行。礼敬六方。今世亦善。后获善报。今世根基。后世根基。于现法中。智者所称。获世一果。身坏命终。生天．善处。善生。当知四结行者。一者杀生。二者盗窃。三者淫逸。四者妄语。是四结行。云何为四处。一者欲。二者恚。三者怖。四者痴。若长者．长者子于此四处而作恶者。则有损耗。佛说是已。复作颂曰。

　　欲瞋及怖痴　　有此四法者
　　名誉日损减　　如月向于晦

佛告善生。若长者．长者子于此四处不为恶者。则有增益。尔时。世尊重作颂曰。

　　于欲恚怖痴　　不为恶行者
　　名誉日增广　　如月向上满

佛告善生。六损财业者。一者耽湎于酒。二者博戏。三者放荡。四者迷于伎乐。五者恶友相得。六者懈堕。是为六损财业。善生。若长者．长者子解知四结行。不于四处而为恶行。复知六损财业。是为。善生。于四处得离。供养六方。今善后善。今世根基。后世根基。于现法中。智者所誉。获世一果。身坏命终。生天．善处。善生。当知饮酒有六失。一者失财。二者生病。三者斗诤。四者恶名流布。五者恚怒暴生。六者智慧日损。善生。若彼长者．长者子饮酒不已。其家产业日日损减。善生。博戏有六失。云何为六。一者财产日

129

耗。二者虽胜生怨。三者智者所责。四者人不敬信。五者为人疏外。六者生盗窃心。善生。是为博戏六失。若长者．长者子博戏不已。其家产业日日损减。放荡有六失。一者不自护身。二者不护财货。三者不护子孙。四者常自惊惧。五者诸苦恶法常自缠身。六者喜生虚妄。是为放荡六失。若长者．长者子放荡不已。其家财产日日损减。

善生。迷于伎乐复有六失。一者求歌。二者求舞。三者求琴瑟。四者波内早。五者多罗槃。六者首呵那。是为伎乐六失。若长者．长者子伎乐不已。其家财产日日损减。恶友相得复有六失。一者方便生欺。二者好喜屏处。三者诱他家人。四者图谋他物。五者财利自向。六者好发他过。是为恶友六失。若长者．长者子习恶友不已。其家财产日日损减。懈堕有六失。一者富乐不肯作务。二者贫穷不肯勤修。三者寒时不肯勤修。四者热时不肯勤修。五者时早不肯勤修。六者时晚不肯勤修。是为懈堕六失。若长者．长者子懈堕不已。其家财业日日损减。佛说是已。复作颂曰。

> 迷惑于酒者　　还有酒伴党
> 财产正集聚　　随已复散尽
> 饮酒无节度　　常喜歌舞戏
> 昼则游他家　　因此自陷坠
> 随恶友不改　　诽谤出家人
> 邪见世所嗤　　行秽人所黜
> 好恶着外色　　但论胜负事
> 亲要无返复　　行秽人所黜
> 为酒所荒迷　　贫穷不自量
> 轻财好奢用　　破家致祸患
> 掷博群饮酒　　共伺他淫女
> 玩习卑鄙行　　如月向于晦
> 行恶能受恶　　与恶友同事
> 今世及后世　　终始无所获
> 昼则好睡眠　　夜觉多悕望
> 独昏无善友　　不能修家务
> 朝夕不肯作　　寒暑复懈堕
> 所为事不究　　亦复毁成功
> 若不计寒暑　　朝夕勤修务
> 事业无不成　　至终无忧患

佛告善生。有四怨如亲。汝当觉知。何谓为四。一者畏伏。二者美言。三者敬顺。四者恶友。

佛告善生。畏伏有四事。云何为四。一者先与后夺。二者与少望多。三者畏故强亲。四者为利故亲。是为畏伏四事。

佛告善生。美言亲复有四事。云何为四。一者善恶斯顺。二者有难舍离。三者外有善来密止之。四者见有危事便排济之。是为美言亲四事。敬顺亲复有四事。云何为四。一者先诳。二者后诳。三者现诳。四者见有小过便加杖之。是为敬顺亲四事。恶友亲复有四事。云何为四。一者饮酒时为友。二者博戏时为友。三者淫逸时为友。四者歌舞时为友。是为恶友亲四事。世尊说此已。复作颂曰。

　　畏伏而强亲　　美言亲亦尔
　　敬顺虚诳亲　　恶友为恶亲
　　此亲不可恃　　智者当觉知
　　宜速远离之　　如避于险道

佛告善生。有四亲可亲。多所饶益。为人救护。云何为四。一者止非。二者慈愍。三者利人。四者同事。是为四亲可亲。多所饶益。为人救护。当亲近之。善生。彼止非有四事。多所饶益。为人救护。云何为四。一者见人为恶则能遮止。二者示人正直。三者慈心愍念。四者示人天路。是为四止非。多所饶益。为人救护。

复次。慈愍有四事。一者见利代喜。二者见恶代忧。三者称誉人德。四者见人说恶便能抑制。是为四慈愍。多所饶益。为人救护。利益有四。云何为四。一者护彼不令放逸。二者护彼放逸失财。三者护彼使不恐怖。四者屏相教诫。是为四利人。多所饶益。为人救护。同事有四。云何为四。一者为彼不惜身命。二者为彼不惜财宝。三者为彼济其恐怖。四者为彼屏相教诫。是为四同事。多所饶益。为人救护。世尊说是已。复作颂曰。

　　制非防恶亲　　慈愍在他亲
　　利人益彼亲　　同事齐己亲
　　此亲乃可亲　　智者所附近
　　亲中无等亲　　如慈母亲子
　　若欲亲可亲　　当亲坚固亲
　　亲者戒具足　　如火光照人

佛告善生。当知六方。云何为六方。父母为东方。师长为南方。妻妇为西方。亲党为北方。僮仆为下方。沙门．婆罗门．诸高行者为上方。善生。夫为人子。当以五事敬顺父母。云何为五。一者供奉能使无乏。二者凡有所为先白父母。三者父母所为恭顺不逆。四者父母正令不敢违背。五者不断父母所为正业。善生。夫为人子。当以此五事敬顺父母。父母复以五事敬亲其子。云何为五。一者制子不听为恶。二者指授示其善处。三者慈爱入骨彻髓。四者为子求善婚娶。五者随时供给所须。善生。子于父母敬顺恭奉。则彼方安隐。无有忧畏。

善生。弟子敬奉师长复有五事。云何为五。一者给侍所须。二者礼敬供养。三者尊重戴仰。四者师有教敕敬顺无违。五者从师闻法善持不忘。善生。夫为弟子当以此五法敬事师长。师长复以五事敬视弟子。云何为五。一者顺法调御。二者诲其未闻。三者随其所问令善解义。四者示其善友。五者尽以所知诲授不吝。善生。弟子于师长敬顺恭奉。则彼方安隐。无有忧畏。

善生。夫之敬妻亦有五事。云何为五。一者相待以礼。二者威严不阙。三者衣食随时。四者庄严以时。五者委付家内。善生。夫以此五事敬待于妻。妻复以五事恭敬于夫。云何为五。一者先起。二者后坐。三者和言。四者敬顺。五者先意承旨。善生。是为夫之于妻敬待。如是则彼方安隐。无有忧畏。

善生。夫为人者。当以五事亲敬亲族。云何为五。一者给施。二者善言。三者利益。四者同利。五者不欺。善生。是为五事亲敬亲族。亲族亦以五事亲敬于人。云何为五。一者护放逸。二者护放逸失财。三者护恐怖者。四者屏相教诫。五者常相称叹。善生。如是敬视亲族。则彼方安隐。无有忧畏。

善生。主于僮使以五事教授。云何为五。一者随能使役。二者饮食随时。三者赐劳随时。四者病与医药。五者纵其休假。善生。是为五事教授僮使。僮使复以五事奉事其主。云何为五。一者早起。二者为事周密。三者不与不取。四者作务以次。五者称扬主名。是为主待僮使。则彼方安隐。无有忧畏。

善生。檀越当以五事供奉沙门．婆罗门。云何为五。一者身行慈。二者口行慈。三者意行慈。四者以时施。五者门不制止。善生。若檀越以此五事供奉沙门．婆罗门。沙门．婆罗门当复以六事而教授之。云何为六。一者防护不令为恶。二者指授善处。三者教怀善心。四者使未闻者闻。五者已闻能使善解。六者开示天路。善生。如是檀越恭奉沙门．婆罗门。则彼方安隐。无有忧畏。世尊说已。重说偈曰。

父母为东方	师长名南方
妻妇为西方	亲族为北方
僮仆为下方	沙门为上方
诸有长者子	礼敬于诸方
敬顺不失时	死皆得生天
惠施及软言	利人多所益
同利等彼己	所有与人共
此四多负荷	任重如车轮
世间无此四	则无有孝养
此法在世间	智者所撰择
行则获大果	名称远流布
严饰于床座	供设上饮食
供给所当得	名称远流布
亲旧不相遗	示以利益事

上下常和同	于此得善誉
先当习伎艺	然后获财业
财业既已具	宜当自守护
出财未至奢	当撰择前人
欺诳抵突者	宁乞未举与
积财从小起	如蜂集众花
财宝日滋息	至终无损耗
一食知止足	二修业勿怠
三当先储积	以拟于空乏
四耕田商贾	泽地而置牧
五当起塔庙	六立僧房舍
在家勤六业	善修勿失时
如是修业者	则家无损减
财宝日滋长	如海吞众流

尔时。善生白世尊言。甚善。世尊。实过本望。逾我父教。能使覆者得仰。闭者得开。迷者得悟。冥室燃灯。有目得视。如来所说。亦复如是。以无数方便。开悟愚冥。现清白法。所以者何。佛为如来．至真．等正觉。故能开示。为世明导。今我归依佛．归依法．归依僧。唯愿世尊听我于正法中为忧婆塞。自今日始。尽形寿不杀．不盗．不淫．不欺．不饮酒。

尔时。善生闻佛所说。欢喜奉行。

佛说长阿含经卷第十二

（一七）第二分清净经第十三

如是我闻。

一时。佛在迦维罗卫国缅祇优婆塞林中。与大比丘众千二百五十人俱。

时。有沙弥周那在波波国。夏安居已。执持衣钵。渐诣迦维罗卫缅祇园中。至阿难所。头面礼足。于一面立。白阿难言。波波城内有尼乾子。命终未久。其诸弟子分为二分。各共诤讼。面相毁骂。无复上下。迭相求短。竞其知见。我能知是。汝不能知。我行真正。汝为邪见。以前着后。以后着前。颠倒错乱。无有法则。我所为妙。汝所言非。汝有所疑。当咨问我。大德阿难。时。彼国人民事尼乾者。闻诤讼已。生厌患心。

阿难语周那沙弥曰。我等有言欲启世尊。今共汝往。宣启此事。若世尊有所戒敕。当共奉行。

尔时。沙弥周那闻阿难语已。即共诣世尊。头面礼足。在一面立。尔时。阿难白世尊曰。此沙弥周那在波波国夏安居已。执持衣钵。渐来至此。礼我足。语我言。波波国有尼乾子。命终未久。其诸弟子分为二分。各共诤讼。面相毁骂。无复上下。迭相求短。竞其知见。我能知是。汝不能知。我行真正。汝为邪见。以前着后。以后着前。颠倒错乱。无有法则。我所言是。汝所言非。汝有所疑。当咨问我。时。彼国人民事尼乾者。闻诤讼已。生厌患心。

世尊告周那沙弥曰。如是。周那。彼非法中不足听闻。此非三耶三佛所说。犹如朽塔难可污色。彼虽有师。尽怀邪见。虽复有法。尽不真正。不足听采。不能出要。非是三耶三佛所说。犹如故塔不可污也。彼诸弟子有不顺其法。舍彼异见。行于正见。周那。若有人来语彼弟子。诸贤。汝师法正。当于中行。何以舍离。其彼弟子信其言者。则二俱失道。获无量罪。所以者何。彼虽有法。然不真正故。周那。若师不邪见。其法真正。善可听采。能得出要。三耶三佛所说。譬如新塔易可污色。然诸弟子于此法中。不能勤修。不能成就。舍平等道。入于邪见。若有人来语彼弟子。诸贤。汝师法正。当于中行。何以舍离。入于邪见。其彼弟子信其言者。则二俱见真正。获无量福。所以者何。其法真正。

佛告周那。彼虽有师。然怀邪见。虽复有法。尽不真正。不足听采。不能出要。非三耶三佛所说。犹如朽塔不可污色。彼诸弟子法法成就。随顺其行。起诸邪见。周那。若有人来语其弟子言。汝师法正。汝所行是。今所修行勤苦如是。应于现法成就道果。彼诸弟子信受其言者。则二俱失道。获无量罪。所以者何。以法不真正故。周那。若师不邪见。其法真正。善可听采。能得出要。三耶三佛所说。譬如新塔易为污色。又其弟子法法成就。随顺修行而生正见。若有人来语其弟子言。汝师法正。汝所行是。今所修行勤苦如是。应于现法成就道果。彼诸弟子信受其言。二俱正见。获无量福。所以者何。法真正故。

周那。或有导师出世。使弟子生忧。或有导师出世。使弟子无忧。云何导师出世。使弟子生忧。周那。导师新出世间。成道未久。其法具足。梵行清净。如实真要而不布现。然彼导师速取灭度。其诸弟子不得修行。皆愁忧言。师初出世。成道未久。其法清净。梵行具足。如实真要。竟不布现。而今导师便速灭度。我等弟子不得修行。是为导师出世。弟子愁忧。云何导师出世。弟子不忧。谓导师出世。其法清净。梵行具足。如实真要而广流布。然后导师方取灭度。其诸弟子皆得修行。不怀忧言。师初出世。成道未久。其法清净。梵行具足。如实真要而不布现。而今导师便速灭度。使我弟子不得修行。如是。周那。导师出世。弟子无忧。

佛告周那。此支成就梵行。谓导师出世。出家未久。名闻未广。是谓梵行支不具足。周那。导师出世。出家既久。名闻广远。是谓梵行支具足满。周那。导师出世。出家既久。名闻亦广。而诸弟子未受训诲。未具梵行。未至安处。未获己利。未能受法分布演说。有异论起不能如法而往灭之。未能变化成神通证。是为梵行支不具足。周那。导师出世。出家既久。名闻亦广。而诸弟子尽受教训。梵行具足。至安隐处。已获己利。又能受法分别演说。有异论起能如法灭。变化具足成神通证。是为梵行支具足满。

周那。导师出世。出家亦久。名闻亦广。诸比丘尼未受训诲。未至安处。未获己利。未能受法分布演说。有异论起不能以法如实除灭。未能变化成神通证。是为梵行支未具足。周那。导师出世。出家亦久。名闻亦广。诸比丘尼尽受教训。梵行具足。至安隐处。已获己利。复能受法分别演说。有异论起能如法灭。变化具足成神通证。是为梵行支具足满。周那。诸优婆塞．优婆夷广修梵行。乃至变化具足成神通证。亦复如是。

周那。若导师不在世。无有名闻。利养损减。则梵行支不具足满。若导师在世。名闻利养。皆悉具足。无有损减。则梵行支为具足满。若导师在世。名闻利养。皆悉具足。而诸比丘名闻利养。不能具足。是为梵行支不具足。若导师在世。名闻利养。具足无损。诸比丘众亦复具足。则梵行支为具足满。比丘尼众亦复如是。

周那。我出家久。名闻广远。我诸比丘已受教诫。到安隐处。自获己利。复能受法为人说法。有异论起能如法灭。变化具足成神通证。诸比丘．比丘尼．优婆塞．优婆夷皆亦如是。周那。我以广流布梵行。乃至变化具足成神通证。周那。一切世间所有导师。不见有得名闻利养如我如来．至真．等正觉者也。周那。诸世间所有徒众。不见有名闻利养如我众也。周那。若欲正说者。当言见不可见。云何见不可见。一切梵行清净具足。宣示布现。是名见不可见。

尔时。世尊告诸比丘。郁头蓝子在大众中而作是说。有见不见。云何名见不见。如刀可见。刃不可见。诸比丘。彼子乃引凡夫无识之言以为譬喻。如是。周那。若欲正说者。当言见不见。云何见不见。汝当正欲说言。一切梵行清净具足。宣示流布。是不可见。周那。彼相续法不具足而可得。不相续法具足而不可得。周那。诸法中梵行。酪酥中醍醐。

尔时。世尊告诸比丘。我于是法躬自作证。谓四念处．四神足．四意断．四禅．五根．五力．七觉意．贤圣八道。汝等尽共和合。勿生诤讼。同一师受。同一水乳。于如来正法。当自炽然。快得安乐。得安乐已。若有比丘说法中有作是言。彼所说句不正。义理不正。比丘闻已。不可言是。不可言非。当语彼比丘言。云何。诸贤。我句如是。汝句如是。我义如是。汝义如是。何者为胜。何者为负。若彼比丘报言。我句如是。我义如是。汝句如是。汝义如是。汝句亦胜。汝义亦胜彼比丘说此。亦不得非。亦不得是。当谏彼比丘。当呵当止。当共推求。如是尽共和合。勿生诤讼。同一受同一师同一乳。于如来正法。当自炽然。快得安乐。

得安乐已。若有比丘说法。中有比丘作是言。彼所说句不正。义正。比丘闻已。不可言是。不可言非。当语彼比丘言。云何。比丘。我句如是。汝句如是。何者为是。何者为非。若彼比丘报言。我句如是。汝句如是。汝句亦胜。彼比丘说此。亦不得言是。不得言非。当谏彼比丘。当呵当止。当共推求。如是尽共和合。勿生诤讼。同一师受。同一水乳。于如来正法。当自炽然。快得安乐。

得安乐已。若有比丘说法。中有比丘作是言。彼所说句正。义不正。比丘闻已。不可言是。不可言非。当语彼比丘言。云何。比丘。我义如是。汝义如是。何者为是。何者为非。若彼报言。我义如是。汝义如是。汝义而胜。彼比丘说此已。亦不得言是。亦不得言非。当谏彼比丘。当呵当止。当共推求。如是比丘尽共和合。勿生诤讼。同一师受。同一水乳。于如来正法。当自炽然。快得安乐。

得安乐已。若有比丘说法。中有比丘作如是言。彼所说句正。义正。比丘闻已。不得言非。当称赞彼言。汝所言是。汝所言是。是故。比丘。于十二部经自身作证。当广流布。一曰贯经。二曰祇夜经。三曰受记经。四曰偈经。五曰法句经。六曰相应经。七曰本缘经。八曰天本经。九曰广经。十曰未曾有经。十一曰譬喻经。十二曰大教经。当善受持。称量观察。广演分布。

诸比丘。我所制衣。若冢间衣。若长者衣．粗贱衣。此衣足障寒暑．蚊虻。足蔽四体。诸比丘。我所制食。若乞食。若居士食。此食自足。若身苦恼。众患切已。恐遂至死。故听此食。知足而已。诸比丘。我所制住处。若在树下。若在露地。若在房内。若楼阁上。若在窟内。若在种种住处。此处自足。为障寒暑。风雨．蚊虻。下至闲静懈息之处。诸比丘。我所制药。若大小便。酥油蜜．黑石蜜。此药自足。若身生苦恼。众患切已。恐遂至死。故听此药。

佛言。或有外道梵志来作是语。沙门释子以众乐自娱。若有此言。当如是报。汝等莫作此言。谓沙门释子以众乐自娱。所以者何。有乐自娱。如来呵责。有乐自娱。如来称誉。若外道梵志问言。何乐自娱。瞿昙呵责。设有此语。汝等当报。五欲功德。可爱可乐。人所贪着。云何为五。眼知色。可爱可乐。人所贪着。耳闻声．鼻知香．舌知味．身知触。可爱可乐。人所贪着。诸贤。犹是五欲缘生喜乐。此是如来．至真．等正觉之所呵责也。犹如有人故杀众生。自以为乐。此是如来．至真．等正觉之所呵责。犹如有人私窃偷盗。自以为乐。此为如来之所呵责。犹如有人犯于梵行。自以为乐。此是如来之所呵责。犹如有人故作妄语。自以为乐。此是如来之所呵责。犹如有人放荡自恣。此是如来之所呵责。犹如有人行外苦行。非是如来所说正行。自以为乐。此是如来之所呵责。

诸比丘。呵责五欲功德。人所贪着。云何为五。眼知色。可爱可乐。人所贪着。耳闻声．鼻知香．舌知味．身知触。可爱可乐。人所贪着。如此诸乐。沙门释子无如此乐。犹如有人故杀众生。以此为乐。沙门释子无如此乐。犹如有人公为盗贼。自以为乐。沙门释子无如是乐。犹如有人犯于梵行。自以为乐。沙门释子无如是乐。犹如有人故作妄语。自以为乐。沙门释子无如是乐。犹如有人放荡自恣。自以为乐。沙门释子无如是乐。犹如有人行外苦行。自以为乐。沙门释子无如是乐。

若外道梵志作如是问。何乐自娱。沙门瞿昙之所称誉。诸比丘。彼若有此言。汝等当答彼言。诸贤。有五欲功德。可爱可乐。人所贪着。云何为五。眼知色。乃至意知法。可爱可乐。人所贪着。诸贤。五欲因缘生乐。当速除灭。犹如有人故杀众生。自以为乐。有如此乐。应速除灭。犹如有人公为盗贼。自以为乐。有如此乐。应速除灭。犹如有人犯于梵行。自以为乐。有如此乐。应速除灭。犹如有人故为妄语。自以为乐。有如此乐。应速除灭。犹如有人放荡自恣。自以为乐。有如此乐。应速除灭。犹如有人行外苦行。自以为乐。有如是乐。应速除灭。犹如有人去离贪欲。无复恶法。有觉．有观。离生喜．乐。入初禅。如是乐者。佛所称誉。犹如有人灭于觉．观。内喜．一心。无觉．无观。定生喜．乐。入第二禅。如是乐者。佛所称誉。犹如有人除喜入舍。自知身乐。贤圣所求。护念一心。入第三禅。如是乐者。佛所称誉。乐尽苦尽。忧．喜先灭。不苦不乐。护念清净。入第四禅。如是乐者。佛所称誉。

若有外道梵志作如是问。汝等于此乐中求几果功德。应答彼言。此乐当有七果功德。云何为七。于现法中。得成道证。正使不成。临命终时。当成道证。若临命终复不成者。当尽五下结。中间般涅槃．生彼般涅槃．行般涅槃．无行般涅槃．上流阿迦尼吒般涅槃。诸贤。是为此乐有七功德。诸贤。若比丘在学地欲上。求安隐处。未除五盖。云何为五。贪欲盖．瞋恚盖．睡眠盖．掉戏盖．疑盖。彼学比丘方欲上求。求安隐处。未灭五盖。于四念处不能精勤。于七觉意不能勤修。欲得上人法．贤圣智慧增盛。求欲知欲见者。无有是处。诸贤。学地比丘欲上求。求安隐处。能灭五盖。贪欲盖．瞋恚盖．睡眠盖．掉戏盖．疑盖。于四意处又能精勤。于七觉意如实修行。欲得上人法．贤圣智慧增上。求欲知欲见者。则有是处。诸贤。若有比丘漏尽阿罗汉。所作已办。舍于重担。自获己利。尽诸有结使。正智解脱。不为九事。云何为九。一者不杀。二者不盗。三者不淫。四者不妄语。五者不舍道。六者不随欲。七者不随恚。八者不随怖。九者不随痴。诸贤。是为漏尽阿罗汉所作已办。舍于重担。自获己利。尽诸有结。正智得解。远离九事。

或有外道梵志作是说言。沙门释子有不住法。应报彼言。诸贤。

莫作是说。沙门释子有不住法。所以者何。沙门释子。其法常住。不可动转。譬如门阃常住不动。沙门释子亦复如是。其法常住。无有移动。或有外道梵志作是说言。沙门瞿昙尽知过去世事。不知未来事。彼比丘．彼异学梵志智异。智观亦异。所言虚妄。如来于彼过去事。若在目前。无不知见。于未来世。生于道智。过去世事虚妄不实。不足喜乐。无所利益。佛则不记。或过去事有实。无可喜乐。无所利益。佛亦不记。若过去事有实．可乐。而无利益。佛亦不记。若过去事有实．可乐。有所利益。如来尽知然后记之。未来．现在。亦复如是。如来于过去．未来．现在。应时语．实语．义语．利语．法语．律语。无有虚也。佛于初夜成最正觉。及末后夜。于其中间有所言说。尽皆如实。故名如来。复次。如来所说如事。事如所说。故名如来。以何等义。名等正觉。佛所知见．所灭．所觉。佛尽觉知。故名等正觉。

或有外道梵志作如是说。世间常存。唯此为实。余者虚妄。或复说言。此世无常。唯此为实。余者虚妄。或复有言。世间有常无常。唯此为实。余者虚妄。或复有言。此世间非有常非无常。唯此为实。余者虚妄。或复有言。此世间有边。唯此为实。余者为虚妄。或复有言。世间无边。唯此为实。余者虚妄。或复有言。世间有边无边。唯此为实。余者虚妄。或复有言。世间非有边非无边。唯此为实。余者虚妄。或复有言。是命是身。此实余虚。或复有言。非命非身。此实余虚。或复有言。命异身异。此实余虚。或复有言。非异命非异身。此实余虚。或复有言。如来终。此实余虚。或复有言。如来不终。此实余虚。或复有言。如来终不终。此实余虚。或复有言。如来非终非不终。此实余虚。诸有此见。名本生本见。今为汝记。谓。此世常存。乃至如来非终非不终。唯此为实。余者虚妄。是为本见本生。为汝记之。

所谓未见未生者。我亦记之。何者未见未生。我所记者。色是我。从想有终。此实余虚。无色是我。从想有终。亦有色亦无色是我。从想有终。非有色非无色是我。从想有终。我有边。我无边。我有边无边。我非有边非无边。从想有终。我有乐。从想有终。我无乐。从想有终。我有苦乐。从想有终。我无苦乐。从想有终。一想是我。从想有终。种种想是我。从想有终。少想是我。从想有终。无量想是我。从想有终。此实余虚。是为邪见本见本生。我之所记。

或有沙门．婆罗门有如是论．有如是见。此世常存。此实余虚。乃至无量想是我。此实余虚。彼沙门．婆罗门复作如是说．如是见。此实．余者虚妄。当报彼言。汝实作此论。云何此世常存。此实余虚耶。如此语者。佛所不许。所以者何。此诸见中各有结使。我以理推。诸沙门．婆罗门中。无与我等者。况欲出过。此诸邪见但有言耳。不中共论。乃至无量想是我。亦复如是。

或有沙门．婆罗门作是说。此世间自造。复有沙门．婆罗门言。此世间他造。或复有言。自造他造。或复有言。非自造非他造。忽然而有。彼沙门．婆罗门言世间自造者。是沙门．婆罗门皆因触因缘。若离触因而能说者。无有是处。所以者何。由六入身故生触。由触故生受。由受故生爱。由爱故生取。由取故生有。由有故生生。由生故有老．死．忧．悲．苦恼。大患阴集。若无六入则无触。无触则无受。无受则无爱。无爱则无取。无取则无有。无有则无生。无生则无老．死．忧．悲．苦恼。大患阴集。又言此世间他造。又言此世间自造他造。又言此世间非自造非他造。忽然而有。亦复如是。因触而有。无触则无。

佛告诸比丘。若欲灭此诸邪恶见者。于四念处当修三行。云何比丘灭此诸恶。于四念处当修三行。比丘谓内身身观。精勤不懈。忆念不忘。除世贪忧。外身身观。精勤不懈。忆念不忘。除世贪忧。内外身身观。忆念不忘。除世贪忧。受．意．法观。亦复如是。是为灭众恶法。于四念处。三种修行。有八解脱。云何为八。色观色。初解脱。内无色想。外观色。二解脱。净解脱。三解脱。度色想灭有对想。住空处。四解脱。舍空处。住识处。五解脱。舍识处。住不用处。六解脱。舍不用处。住有想无想处。七解脱。灭尽定。八解脱。

尔时。阿难在世尊后执扇扇佛。即偏露右肩。右膝着地。叉手白佛言。甚奇。世尊。此法清净。微妙第一。当云何名。云何奉持。

佛告阿难。此经名为清净。汝当清净持之。

尔时。阿难闻佛所说。欢喜奉行。

（一八）第二分自欢喜经第十四

如是我闻。

一时。佛在那难陀城波波利庵婆林。与大比丘众千二百五十人俱。

时。长老舍利弗于闲静处。默自念言。我心决定知过去．未来．现在沙门．婆罗门智慧．神足功德道力。无有与如来．无所著．等正觉等者。时。舍利弗从静室起。往至世尊所。头面礼足。在一面坐。白佛言。向于静室。默自思念。过去．未来．现在沙门．婆罗门智慧．神足功德道力。无有与如来．无所著．等正觉等者。

佛告舍利弗。善哉。善哉。汝能于佛前说如是语。一向受持。正师子吼。余沙门．婆罗门无及汝者。云何。舍利弗。汝能知过去诸佛心中所念。彼佛有如是戒．如是法．如是智慧．如是解脱．如是解脱堂不。

对曰。不知。

云何。舍利弗。汝能知当来诸佛心中所念。有如是戒．如是法．如是智慧．如是解脱．如是解脱堂不。

答曰。不知。

云何。舍利弗。如我今如来．至真．等正觉心中所念。如是戒．如是法．如是智．如是解脱．如是解脱堂。汝能知不。

答曰。不知。

又告舍利弗。过去．未来．现在如来．至真．等正觉心中所念。汝不能知。何故决定作是念。因何事生是念。一向坚持而师子吼。余沙门．婆罗门若闻汝言。我决定知过去．未来．现在沙门．婆罗门智慧．神足功德道力。无有与如来．无所著．等正觉等者。当不信汝言。

舍利弗白佛言。我于过去．未来．现在诸佛心中所念。我不能知。佛总相法我则能知。如来为我说法。转高转妙。说黑．白法。缘．无缘法。照．无照法。如来所说。转高转妙。我闻法已。知一一法。于法究竟。信如来．至真．等正觉。信如来法善可分别。信如来众苦灭成就。诸善法中。此为最上。世尊智慧无余。神通无余。诸世间所有沙门．婆罗门无有能与如来等者。况欲出其上。

世尊说法复有上者。谓制法。制法者。谓四念处．四正勤．四神足．四禅．五根．五力．七觉意．八贤圣道。是为无上制。智慧无余。神通无余。诸世间所有沙门．婆罗门皆无有与如来等者。况欲出其上者。

世尊说法又有上者。谓制诸入。诸入者。谓眼色．耳声．鼻香．舌味．身触．意法。如过去如来．至真．等正觉亦制此入。所谓眼色。乃至意法。正使未来如来．至真．等正觉亦制此入。所谓眼色。乃至意法。今我如来．至真．等正觉亦制此入。所谓眼色。乃至意法。此法无上。无能过者。智慧无余。神通无余。诸世间沙门．婆罗门无能与如来等者。况欲出其上。

世尊说法又有上者。谓识入胎。入胎者。一谓乱入胎．乱住．乱出。二者不乱入．乱住．乱出。三者不乱入．不乱住而乱出。四者不乱入．不乱住．不乱出。彼不乱入．不乱住．不乱出者。入胎之上。此法无上。智慧无余。神通无余。诸世间沙门．婆罗门无能与如来等者。况欲出其上。

如来说法复有上者。所谓道也。所谓道者。诸沙门．婆罗门以种种方便。入定慧意三昧。随三昧心修念觉意。依欲．依离．依灭尽．依出要。法．精进．喜．猗．定．舍觉意。依欲．依离．依灭尽．依出要。此法最上。智慧无余。神通无余。诸世间沙门．婆罗门无能与如来等者。况欲出其上。

如来说法复有上者。所谓为灭。灭者。谓苦灭迟得。二俱卑陋。苦灭速得。唯苦卑陋。乐灭迟得。唯迟卑陋。乐灭速得然不广普。以不广普。故名卑陋。如今如来乐灭速得。而复广普。乃至天人见神变化。

舍利弗白佛言。世尊所说微妙第一。下至女人。亦能受持。尽有漏成无漏。心解脱．慧解脱。于现法中自身作证。生死已尽。梵行已立。所作已办。不受后有。是为如来说无上灭。此法无上。智慧无余。神通无余。诸世间沙门．婆罗门无能与如来等者。况欲出其上。

如来说法复有上者。谓言清净。言清净者。世尊于诸沙门．婆罗门。不说无益虚妄之言。言不求胜。亦不朋党。所言柔和。不失时节。言不虚发。是为言清净。此法无上。智慧无余。神通无余。诸世间沙门．婆罗门无有与如来等者。况欲出其上。

如来说法复有上者。谓见定。彼见定者。谓有沙门．婆罗门种种方便。入定意三昧。随三昧心。观头至足。观足至头。皮肤内外。但有不净发．毛．爪甲．肝．肺．肠．胃．脾．肾五脏．汗．肪．髓．脑．屎．尿．涕．泪。臭处不净。无一可贪。是初见定。诸沙门．婆罗门种种方便。入定意三昧。随三昧心。除去皮肉外诸不净。唯观白骨及与牙齿。是为二见定。诸沙门．婆罗门种种方便。入定意三昧。随三昧心。除去皮肉外诸不净及白骨。唯观心识在何处住。为在今世。为在后世。今世不断。后世不断。今世不解脱。后世不解脱。是为三见定。诸沙门．婆罗门种种方便。入定意三昧。随三昧心。除去皮肉外诸不净及除白骨。复重观识。识在后世。不在今世。今世断。后世不断。今世解脱。后世不解脱。是为四见定。诸有沙门．婆罗门种种方便。入定意三昧。随三昧心。除去皮肉外诸不净及除白骨。复重观识。不在今世。不在后世。二俱断。二俱解脱。是为五见定。此法无上。智慧无余。神通无余。诸世间沙门．婆罗门无与如来等者。况欲出其上。

如来说法复有上者。谓说常法。常法者。诸沙门．婆罗门种种方便。入定意三昧。随三昧心。忆识世间二十成劫败劫。彼作是言。世间常存。此为真实。余者虚妄。所以者何。由我忆识。故知有此成劫败劫。其余过去我所不知。未来成败我亦不知。此人朝暮以无智说言。世间常存。唯此为实。余者为虚。是为初常法。诸沙门．婆罗门种种方便。入定意三昧。随三昧心。忆识四十成劫败劫。彼作是言。此世间常。此为真实。余者虚妄。所以者何。以我忆识故知成劫败劫。我复能过是。知过去成劫败劫。我不知未来劫之成败。此说知始。不说知终。此人朝暮以无智说言。世间常存。唯此真实。余者虚妄。此是二常法。诸沙门．婆罗门种种方便。入定意三昧。随三昧心。忆识八十成劫败劫。彼言。此世间常。余者虚妄。所以者何。以我忆识故知有成劫败劫。复过是知过去成劫败劫。未来劫之成败我亦悉知。此人朝暮以无智说言。世间常存。唯此为实。余者虚妄。是为三常存法。此法无上。智慧无余。神通无余。诸世间沙门．婆罗门无有能与如来等者。况欲出其上。

如来说法复有上者。谓观察。观察者。谓有沙门．婆罗门以想观察。他心尔趣。此心尔趣。彼心作是想时。或虚或实。是为一观察。诸沙门．婆罗门不以想观察。或闻诸天及非人语。而语彼言。汝心如是。汝心如是。此亦或实或虚。是二观察。或有沙门．婆罗门不以想观察。亦不闻诸天及非人语。自观己身。又听他言。语彼人言。汝心如是。汝心如是。此亦有实有虚。是为三观察。或有沙门．婆罗门不以想观察。亦不闻诸天及非人语。又不自观．观他。除觉．观已。得定意三昧。观察他心。而语彼言。汝心如是。汝心如是。如是观察则为真实。是为四观察。此法无上。智慧无余。神通无余。诸世间沙门．婆罗门无有与如来等者。况欲出其上。

如来说法复有上者。所谓教诫。教诫者。或时有人不违教诫。尽有漏成无漏。心解脱．智慧解脱。于现法中自身作证。生死已尽。梵行已立。所作办。不复受有。是为初教诫。或有人不违教诫。尽五下结。于彼灭度。不还此世。是为二教诫。或时有人不违教诫。三结尽。薄淫．怒．痴。得斯陀含。还至此世而取灭度。是为三教诫。或时有人不违教诫。三结尽。得须陀洹。极七往返。必成道果。不堕恶趣。是为四教诫。此法无上。智慧无余。神通无余。诸世间沙门．婆罗门无有与如来等者。况欲出其上。

如来说法复有上者。为他说法。使戒清净。戒清净者。有诸沙门．婆罗门所语至诚。无有两舌。常自敬肃。捐除睡眠。不怀邪谄。口不妄言。不为世人记于吉凶。不自称说从他所得以示于人。更求他利。坐禅修智。辩才无碍。专念不乱。精勤不怠。此法无上。智慧无余。神通无余。诸世间沙门．婆罗门无有与如来等者。况欲出其上。

如来说法复有上者。谓解脱智。谓解脱智者。世尊由他因缘内自思惟言。此人是须陀洹。此是斯陀含。此是阿那含。此是阿罗汉。此法无上。智慧无余。神通无余。诸世间沙门．婆罗门无有与如来等者。况欲出其上。

如来说法复有上者。谓自识宿命智证。诸沙门．婆罗门种种方便。入定意三昧。随三昧心。自忆往昔无数世事。一生．二生。乃至百千生成劫败劫。如是无数我于某处生。名字如是。种．姓如是。寿命如是。饮食如是。苦乐如是。从此生彼。从彼生此。若干种相。自忆宿命无数劫事。昼夜常念本所经历。此是色。此是无色。此是想。此是无想。此是非无想。尽忆尽知。此法无上。智慧无余。神通无余。诸世间沙门．婆罗门无与如来等者。况欲出其上。

如来说法复有上者。谓天眼智。天眼智者。诸沙门．婆罗门种种方便。入定意三昧。随三昧心。观诸众生。死者．生者。善色。恶色。善趣。恶趣。若好．若丑。随其所行。尽见尽知。或有众生。成就身恶行．口恶行．意恶行。诽谤贤圣。信邪倒见。身坏命终。堕三恶道。或有众生。身行善．口言善．意念善。不谤贤圣。见正信行。身坏命终。生天人中。以天眼净。观诸众生。如实知见。此法无上。

智慧无余。神通无余。诸世间沙门．婆罗门无与如来等者。况欲出其上。

如来说法复有上者。谓神足证。神足证者。诸沙门．婆罗门以种种方便。入定意三昧。随三昧心。作无数神力。能变一身为无数身。以无数身合为一身。石壁无碍。于虚空中结加趺坐。犹如飞鸟。出入于地。犹如在水。履水如地。身出烟火。如火积燃。以手扪日月。立至梵天。若沙门．婆罗门称是神足者。当报彼言。有此神足。非为不有。此神足者。卑贱下劣。凡夫所行。非是贤圣之所修习。若比丘于诸世间爱色不染。舍离此已。如所应行。斯乃名为贤圣神足。于无喜色。亦不憎恶。舍离此已。如所应行。斯乃名曰贤圣神足。于诸世间爱色．不爱色。二俱舍已。修平等护。专念不忘。斯乃名曰贤圣神足。犹如世尊精进勇猛。有大智慧。有知．有觉。得第一觉。故名等觉。世尊今亦不乐于欲。不乐卑贱凡夫所习。亦不劳勤受诸苦恼。世尊若欲除弊恶法。有觉．有观。离生喜．乐。游于初禅。如是便能除弊恶法。有觉．有观。离生喜．乐。游于初禅。二禅．三禅．四禅。亦复如是。精进勇猛。有大智慧。有知．有觉。得第一觉。故名等觉。

佛告舍利弗。若有外道异学来问汝言。过去沙门．婆罗门与沙门瞿昙等不。汝当云何答。彼复问言。未来沙门．婆罗门与沙门瞿昙等不。汝当云何答。彼复问言现在沙门．婆罗门与沙门瞿昙等不。汝当云何答。

时。舍利弗白佛言。设有是问。过去沙门．婆罗门与佛等不。当答言。有。设问。未来沙门．婆罗门与佛等不。当答言。有。设问。现在沙门．婆罗门与佛等不。当答言。无。

佛告舍利弗。彼外道梵志或复问言。汝何故或言有或言无。汝当云何答。

舍利弗言。我当报彼。过去三耶三佛与如来等。未来三耶三佛与如来等。我躬从佛闻。欲使现在有三耶三佛与如来等者。无有是处。世尊。我如所闻。依法顺法。作如是答。将无咎耶。

佛言。如是答。依法顺法。不违也。所以然者。过去三耶三佛与我等。未来三耶三佛与我等。欲使现在有二佛出世。无有是处。

尔时。尊者郁陀夷在世尊后执扇扇佛。佛告之曰。郁陀夷。汝当观世尊少欲知足。今我有大神力。有大威德。而少欲知足。不乐在欲。郁陀夷。若余沙门．婆罗门于此法中能勤苦得一法者。彼便当竖幡。告四远言。如来今者少欲知足。今观如来少欲知足。如来有大神力。有大威德。不用在欲。

尔时。尊者郁陀夷正衣服。偏露右肩。右膝着地。叉手白佛言。甚奇。世尊。少有少欲知足如世尊者。世尊有大神力。有大威德。不用在欲。若复有余沙门．婆罗门于此法中能勤苦得一法者。便能竖幡。告四远言。世尊今者少欲知足。舍利弗。当为诸比丘．比丘尼．优婆塞．优婆夷数说此法。彼若于佛．法．僧。于道有疑者。闻说此法。无复疑网。

尔时。世尊告舍利弗。汝当为诸比丘．比丘尼．优婆塞．优婆夷数说此法。所以者何。彼于佛．法．僧。于道有疑者。闻汝所说。当得开解。

对曰。唯然。世尊。

时。舍利弗即便数数为诸比丘．比丘尼．优婆塞．优婆夷说法。以自清净故。故名清净经。

尔时。舍利弗闻佛所说。欢喜奉行。

（一九）第二分大会经第十五

如是我闻。

一时。佛在释翅提国迦维林中。与大比丘众五百人俱。尽是罗汉。复有十方诸神妙天皆来集会。礼敬如来及比丘僧。

时。四净居天即于天上各自念言。今者。世尊在释翅提迦维林中。与大比丘众五百人俱。尽得阿罗汉。复有十方诸神妙天皆来集会。礼敬如来及比丘僧。我等今者亦可往共诣世尊所。各当以偈称赞如来。

时。四净居天犹如力士屈伸臂顷。于彼天没。至释翅提迦维林中。尔时。四净居天到已。头面礼足。在一面立。时。一净居天即于佛前。以偈赞曰。

今日大众会　　诸天神普集
皆为法故来　　欲礼无上众

说此偈已。退一面立。时。一净居天复作颂曰。

比丘见众秽　　端心自防护
欲如海吞流　　智者护诸根

说是偈已。退一面立。时。一净居天复作颂曰。

断刺平爱坑　　及填无明堑
独游清净场　　如善象调御

说此偈已。退一面立。时。一净居天复作颂曰。

诸归依佛者　　终不堕恶趣
舍此人中形　　受天清净身

尔时。四净居天说此偈已。世尊印可。即礼佛足。绕佛三匝。忽然不现。其去未久。佛告诸比丘。今者诸天大集。今者诸天大集。十方诸神妙天无不来此礼觐如来及比丘僧。诸比丘。过去诸如来．至真．等正觉亦有诸天大集。如我今日。当来诸如来．至真．等正觉亦有诸天大集。如我今日。诸比丘。今者诸天大集。十方诸神妙天无不来此礼觐如来及比丘僧。亦当称彼名号。为其说偈。比丘当知。

诸依地山谷	隐藏见可畏
身着纯白衣	洁净无垢秽
天人闻此已	皆归于梵天
今我称其名	次第无错谬
诸天众今来	比丘汝当知
世间凡人智	百中不见一
何由乃能见	鬼神七万众
若见十万鬼	犹不见一边
何况诸鬼神	周遍于天下

地神有七千悦叉若干种。皆有神足．形貌．色像．名称。怀欢喜心来到比丘众林中。时．有雪山神将六千鬼悦叉若干种。皆有神足．形貌．色像．名称。怀欢喜心来到比丘众林中。有一舍罗神将三千鬼悦叉若干种。皆有神足．形貌．色像．名称。怀欢喜心来到比丘众林中。此万六千鬼神悦叉若干种。皆有神足．形貌．色像．名称。怀欢喜心来到比丘众林中。

复有毗波蜜神。住在马国。将五百鬼。皆有神足．威德。复有金毗罗神。住王舍城毗富罗山。将无数鬼神恭敬围绕。复有东方提头赖吒天王。领干沓和神。有大威德。有九十一子。尽字因陀罗。皆有大神力。南方毗楼勒天王。领诸龙王。有大威德。有九十一子。亦字因陀罗。有大神力。西方毗楼博叉天王。领诸鸠槃茶鬼。有大威德。有九十一子。亦字因陀罗。有大神力。北方天王名毗沙门。领诸悦叉鬼。有大威德。有九十一子。亦字因陀罗。有大神力。此四天王护持世者。有大威德。身放光明。来诣迦维林中。

尔时。世尊欲降其幻伪虚妄之心。故结咒曰。

摩拘楼罗摩拘楼罗毗楼罗毗楼罗[㳺-方+示]陀那加摩世致迦尼延豆尼延豆波那攎呜呼奴奴主提婆苏暮摩头罗支多罗斯那干沓波那罗主阁尼沙尸呵无莲陀罗鼻波蜜多罗树尘陀罗那间尼呵斗浮楼输支婆迹婆

如是。诸王干沓婆及罗刹皆有神足．形貌．色像。怀欢喜心来诣比丘众林中。尔时。世尊复结咒曰。

阿醯那陀瑟那头　毗舍离沙呵带叉蛇婆提　提头赖吒　帝婆沙呵若利耶　加毗罗摄波那伽　阿陀伽摩天提伽　伊罗婆陀摩呵那伽　毗摩那伽多陀伽陀　余那伽罗阇婆呵沙呵叉奇　提婆提罗帝　婆提罗帝毗枚大迹閦　毗呵四婆咛阿婆婆四　质多罗速和尼那求　四多阿婆由那伽罗除　阿四　修跛罗萨帝奴阿伽佛陀洒　失罗咛婆耶忧罗头婆延楼　素槃冤佛头舍罗冤伽类楼

尔时。世尊为阿修罗而结咒曰。

祇陀跋阁呵谛　三物第阿修罗阿失陀　婆延地婆三婆四　伊弟阿陀提婆摩天地　伽黎妙　摩呵秘摩　阿修罗陀那秘罗陀　鞞摩质兜楼修质谛丽婆罗呵黎　无夷连那婆　舍黎阿细跋黎弗多罗　那萨鞞鞞楼

耶那那迷　萨那迷谛　婆黎细如　罗耶跋兜楼伊呵庵婆罗迷三摩由伊陀那跋陀　若　比丘那　三弥涕泥拔

尔时。世尊复为诸天而结咒曰。

阿浮　提婆　荸犁醯陞　提豫　婆由　多陀冤　跋楼冤　婆楼尼　世帝苏弥　耶舍阿头　弥多罗婆　伽罗那移婆　阿逻提婆　摩天梯与　陀舍提舍伽　予萨鞞　那难多罗婆跋那　伊地槃大仇地　槃那槃大　耶舍卑冤　暮陀婆那　阿醯捷大　比丘那　婆朱弟　婆尼　鞞弩　提步　舍伽利　阿醯地　勇迷　那刹帝隶富罗息几大　阿陀蔓　陀罗婆罗鞞栴大苏婆尼捎提婆　阿陀[旃-方+示]陀富罗翅支大　苏黎耶苏婆尼捎　提婆　阿陀苏提耶　富罗翅大　摩伽陀　婆苏因　图擄阿头　释拘　富罗大擄　叔伽　伽罗摩　罗那阿大　鞞摩尼婆　呜婆提奇呵　波罗无呵　鞞婆罗　微阿尼　萨陀摩多　阿呵黎　弥沙阿尼钵仇[菟-(色-巴)+(亠一)]叹奴阿　擄余提舍阿醯跋沙　赊摩　摩呵赊摩　摩[菟-(色-巴)+(亠一)]沙阿　摩[菟-(色-巴)+(亠一)]疏多摩　乞陀波头洒阿陀　摩[菟-(色-巴)+(亠一)]波头洒阿　醯阿罗夜　提婆阿陀黎陀夜　婆私波罗　摩诃波罗阿陀　提婆　摩天梯夜差摩　兜率陀　夜摩　伽沙尼阿尼　蓝鞞蓝婆折帝　树提那摩伊洒念摩罗提　阿陀醯波罗念弥大　阿醯　提婆　提婆阇兰提阿奇　尸吁波摩阿栗吒擄耶　呜摩浮浮尼婆私遮婆陀暮　阿周陀阿尼　输豆檀耶[菟-(色-巴)+(亠一)]阿头阿逻　毗沙门伊洒

此是六十种天。尔时。世尊复为六十八五通婆罗门而结咒曰。

罗耶梨沙耶何醯犍大婆尼　伽毗罗跋兜鞞地阇[菟-(色-巴)+(亠一)]阿头差暮萨提　鸯祇鞞地牟尼阿头闭[犛-未+牙]耶差伽　尸梨沙婆呵若[菟-(色-巴)+(亠一)]阿头梵摩提婆提那婆鞞地牟尼阿头　拘萨梨伊尼擄摩阇逻　鸯祇逻野般阇阿楼呜猨头　摩诃罗野阿拘提楼枒[菟-(色-巴)+(亠一)]阿头　六闭俱萨梨阿楼伽陵倚伽夷罗檀醯罪否符野福都卢梨洒先陀步　阿头　提那伽否婆呵移伽耶罗野多陀阿伽度婆罗蔓陀[菟-(色-巴)+(亠一)]迦牧罗野阿头　因陀罗楼迷迦符陀擄暮摩伽醯阿敕伤俱卑予阿头醯兰若伽否鞞梨味余梨多他阿伽度　阿醯婆好罗子弥都卢多陀阿伽度　婆斯佛离首陀罗予多陀阿伽度　伊梨耶差摩诃罗予先阿步多陀阿伽度　般阇婆予婆梨地翅阿罗予多陀阿伽度　郁阿兰摩诃罗予便被婆梨摩梨输婆醯大　那摩阿槃地苦摩梨罗予阿具斯利陀那婆地阿头　翅鞞罗予尸伊眤弥眤摩呵罗予复婆楼多陀阿伽度　跋陀婆利摩呵罗予俱萨梨摩提输尸汉提苦婆梨罗予修陀罗楼多他阿伽度　阿呵因头楼阿头摩罗予余苏利与他鞞地提步阿呵鞞利四阿头　恒阿耶楼婆罗目遮耶暮阿夷[菟-(色-巴)+(亠一)]阿头一摩耶舍枇那婆　差摩罗予何梨捷度余枇度钵支余是数波那路摩苏罗予耶赐多由醯兰若苏槃那秘愁度致夜数罗舍　波罗鞞陀郁陀婆呵婆洒婆呵婆婆谋姿呵沙贪覆赊大赊法阇沙丽罗陀　那摩般枝[病-丙+(白/(㇇*戈))]

146

多哆罗干沓婆　沙呵婆萨多提苏鞞罗予阿醯捷［病-丙+(白/(丂*戈))］比丘三弥地婆尼地婆尼

尔时。复有千五通婆罗门。如来亦为结咒。时。此世界第一梵王及诸梵天皆有神通。有一梵童子名曰提舍。有大神力。复有十方余梵天王。各与眷属围绕而来。复越千世界。有大梵王见诸大众在世尊所。寻与眷属围绕而来。

尔时。魔王见诸大众在世尊所。怀毒害心。即自念言。我当将诸鬼兵往坏彼众。围绕尽取。不令有遗。时。即召四兵。以手拍车。声如霹雳。诸有见者无不惊怖。放大风雨．雷电．霹雳。向迦维林围绕大众。

佛告诸比丘乐此众者。汝等当知。今日魔众怀恶而来。于是颂曰。

　　汝今当敬顺　　建立于佛法
　　当灭此魔众　　如象坏花蒌
　　专念无放逸　　具足于净戒
　　定意自念惟　　善护其志意
　　若于正法中　　能不放逸者
　　则度老死地　　永尽诸苦本
　　诸弟子闻已　　当勤加精进
　　超度于众欲　　一毛不倾动
　　此众为最胜　　有大智名闻
　　弟子皆勇猛　　为众之所敬

尔时。诸天．神．鬼．五通仙人皆集迦维园中。见魔所为。怪未曾有。佛说此法时。八万四千诸天远尘离垢。得法眼净。诸天．龙．鬼．神．阿修罗．迦楼罗．真陀罗．摩睺罗伽．人与非人闻佛所说。欢喜奉行。

佛说长阿含经卷第十三

（二〇）第三分阿摩昼经第一

如是我闻。

一时。佛游俱萨罗国。与大比丘众千二百五十人俱。至伊车能伽罗俱萨罗婆罗门村。即于彼伊车林中止宿。

时。有沸伽罗娑罗婆罗门。止郁伽罗村。其村丰乐。人民炽盛。波斯匿王即封此村。与沸伽罗娑罗婆罗门。以为梵分。此婆罗门七世已来父母真正。不为他人之所轻毁。三部旧典讽诵通利。种种经书皆能分别。又能善解大人相法。祭祀仪礼。有五百弟子。教授不废。其第一摩纳弟子名阿摩昼。七世以来父母真正。不为他人之所轻毁。三部旧典讽诵通利。种种经书皆能分别。亦能善解大人相法．祭祀仪礼。亦有五百摩纳弟子。教授不废。与师无异。

时。沸伽罗娑罗婆罗门闻沙门瞿昙释种子出家成道。与大比丘众千二百五十人俱。至伊车能伽罗俱萨罗婆罗门村。止伊车林中。有大名称。流闻天下。如来．至真．等正觉。十号具足。于诸天．世人．魔．若魔．天．沙门．婆罗门中。自身作证。为他说法。上中下善。义味具足。梵行清净。如此真人应往亲觐。我今宁可观沙门瞿昙。为定有三十二相。名闻流布。为称实不。当以何缘得见佛相。复作是念言。今我弟子阿摩昼。七世以来父母真正。不为他人之所轻毁。三部旧典讽诵通利。种种经书尽能分别。又能善解大人相法．祭祀仪礼。唯有此人可使观佛。知相有无。

时。婆罗门即命弟子阿摩昼而告之曰。汝往观彼沙门瞿昙。为定有三十二相。为虚妄耶。

时。阿摩昼寻白师言。我以何验观瞿昙相。知其虚实。

师即报曰。我今语汝。其有具足三十二大人相者。必趣二处。无有疑也。若在家。当为转轮圣王。王四天下。以法治化统领民物。七宝具足。一．金轮宝。二．白象宝。三．绀马宝。四．神珠宝。五．玉女宝。六．居士宝。七．典兵宝。王有千子。勇猛多智。降伏怨敌。兵杖不用。天下泰平。国内民物无所畏惧。若其不乐世间出家求道。当成如来．至真．等正觉。十号具足。以此可知瞿昙虚实。

时。阿摩昼受师教已。即严驾宝车。将五百摩纳弟子。清旦出村。往诣伊车林。到已下车。步进诣世尊所。佛坐彼立。佛立彼坐。于其中间共谈义理。佛告摩纳曰。汝曾与诸耆旧长宿大婆罗门如是论耶。

摩纳白佛。此为何言。

佛告摩纳。我坐汝立。我立汝坐。中间共论。汝师论法当如是耶。

摩纳白佛言。我婆罗门论法。坐则俱坐。立则俱立。卧则俱卧。今诸沙门毁形鳏独。卑陋下劣。习黑冥法。我与此辈共论义时。坐起无在。

尔时。世尊即语彼言。卿摩纳未被调伏。

时。摩纳闻世尊称卿。又闻未被调伏。即生忿恚。毁谤佛言。此释种子。好怀嫉恶。无有义法。

佛告摩纳。诸释种子。何过于卿。

摩纳言。昔我一时为师少缘。在释迦迦维罗越国。时。有众多诸释种子。以少因缘集在讲堂。遥见我来。轻慢戏弄。不顺仪法。不相敬待。

佛告摩纳。彼诸释子还在本国。游戏自恣。犹如飞鸟自于樔林。出入自在。诸释种子自于本国。游戏自在。亦复如是。

摩纳白佛言。世有四姓。刹利．婆罗门．居士．首陀罗。其彼三姓。常尊重．恭敬．供养婆罗门。彼诸释子义不应尔。彼释厮细．卑陋．下劣。而不恭敬我婆罗门。

尔时。世尊默自念言。此摩纳子。数数毁骂言及厮细。我今宁可说其本缘调伏之耶。佛告摩纳。汝姓何等。

摩纳答言。我姓声王。

佛告摩纳。汝姓尔者。则为是释迦奴种。

时。彼五百摩纳弟子。皆举大声而语佛言。勿说此言。谓此摩纳为释迦奴种。所以者何。此大摩纳。真族姓子。颜貌端正。辩才应机。广博多闻。足与瞿昙往返谈论。

尔时。世尊告五百摩纳。若汝师尽不如汝言者。当舍汝师共汝论义。若汝师有如上事如汝言者。汝等宜默。当共汝师论。

时。五百摩纳白佛言。我等尽默。听共师论。时。五百摩纳尽皆默然。

尔时。世尊告阿摩昼。乃往过去久远世时。有王名声摩。王有四子。一名面光。二名象食。三名路指。四名庄严。其王四子少有所犯。王摈出国到雪山南。住直树林中。其四子母及诸家属。皆追念之。即共集议。诣声摩王所。白言。大王。当知我等与四子别久。欲往看视。王即告曰。欲往随意。时。母眷属闻王教已。即诣雪山南直树林中。到四子所。时诸母言。我女与汝子。汝女与我子。即相配匹遂成夫妇。后生男子。容貌端正。

时。声摩王闻其四子诸母与女共为夫妇。生子端正。王即欢喜。而发此言。此真释子。真释童子能自存立。因此名释（释。秦言能在直树林。故名释。释。秦言亦言直）。声摩王即释种先也。王有青衣。名曰方面。颜貌端正。与一婆罗门交通。遂便有娠。生一摩纳子。堕地能言。寻语父母。当洗浴我。除诸秽恶。我年大已。自当报恩。以其初生能言。故名声王。如今初生有能言者。人皆怖畏。名为可畏。彼亦如是。生便能言。故名声王。从此已来。婆罗门种遂以声王为姓。

又告摩纳。汝颇从先宿耆旧大婆罗门。闻此种姓因缘已不。

时。彼摩纳默然不对。如是再问。又复不对。佛至三问。语摩纳言。吾问至三。汝宜速答。设不答者。密迹力士手执金杵在吾左右。即当破汝头为七分。

时。密迹力士手执金杵。当摩纳头上虚空中立。若摩纳不时答问。即下金杵碎摩纳首。佛告摩纳。汝可仰观。

摩纳仰观。见密迹力士手执金杵立虚空中。见已恐怖。衣毛为竖。即起移坐附近世尊。依恃世尊为救为护。白世尊言。世尊当问。我今当答。

佛即告摩纳。汝曾于先宿耆旧大婆罗门。闻说如是种姓缘不。

摩纳答言。我信曾闻。实有是事。

时。五百摩纳弟子。皆各举声自相谓言。此阿摩昼。实是释迦奴种也。沙门瞿昙所说真实。我等无状。怀轻慢心。

尔时。世尊便作是念。此五百摩纳后必怀慢。称彼为奴。今当方便灭其奴名。即告五百摩纳曰。汝等诸人。慎勿称彼为奴种也。所以者何。彼先婆罗门是大仙人。有大威力。伐声摩王索女。王以畏故。即以女与。由佛此言得免奴名。

尔时。世尊告阿摩昼曰。云何。摩纳。若刹利女七世已来父母真正。不为他人之所轻毁。若与一婆罗门为妻生子。摩纳。容貌端正。彼入刹利种。得坐受水诵刹利法不。

答曰。不得。

得父财业不。

答曰。不得。

得嗣父职不。

答曰。不得。

云何。摩纳。若婆罗门女七世以来父母真正。不为他人之所轻毁。与刹利为妻。生一童子。颜貌端正。彼入婆罗门众中。得坐起受水不。

答曰。得。

得诵婆罗门法。得父遗财。嗣父职不。

答曰。得。

云何。摩纳。若婆罗门摈婆罗门投刹利种者。宁得坐起受水。诵刹利法不。

答曰。不得。

得父遗财。嗣父职不。

答曰。不得。

若刹利种摈刹利投婆罗门。宁得坐起受水。诵婆罗门法。得父遗财。嗣父职不。

答曰。得。

是故。摩纳。女中刹利女胜。男中刹利男胜。非婆罗门也。

梵天躬自说偈言。

　　刹利生中胜　　种姓亦纯真
　　明行悉具足　　天人中最胜

佛告摩纳。梵天说此偈。实为善说。非不善也。我所然可。所以者何。我今如来．至真．等正觉。亦说此义。

　　刹利生中胜　　种姓亦纯真
　　明行悉具足　　天人中最胜

摩纳白佛言。瞿昙。何者是无上士。明行具足。

佛告摩纳。谛听。谛听。善思念之。当为汝说。

对曰。唯然。愿乐欲闻。

佛告摩纳。若如来出现于世。应供．正遍知．明行足．为善逝．世间解．无上士．调御丈夫．天人师．佛．世尊。于一切诸天．世人．沙门．婆罗门．天．魔．梵王中。独觉自证。为人说法。上语亦善．中语亦善．下语亦善．义味具足。开清净行。若居士．居士子及余种姓。闻正法者即生信乐。以信乐心而作是念。我今在家。妻子系缚。不得清净纯修梵行。今者宁可剃除须发。服三法衣。出家修道。彼于异时。舍家财产。捐弃亲族。剃除须发．服三法衣。出家修道。与出家人同舍饰好。具诸戒行。不害众生。

舍于刀杖。怀惭愧心。慈念一切。是为不杀。舍窃盗心。不与不取。其心清净。无私窃意。是为不盗。舍离淫欲。净修梵行。殷勤精进。不为欲染。洁净而住。是为不淫。舍离妄语。至诚无欺。不诳他人。是为不妄语。舍离两舌。若闻此语。不传至彼。若闻彼语。不传至此。有离别者。善为和合。使相亲敬。凡所言说。和顺知时。是为不两舌。舍离恶口。所言粗犷。喜恼他人。令生忿结。舍如是言。言则柔濡。不生怨害。多所饶益。众人敬爱。乐闻其言。是为不恶口。舍离绮语。所言知时。诚实如法。依律灭净。有缘而言。言不虚发。是为舍离绮语。舍于饮酒。离放逸处。不着香华璎珞。歌舞倡伎不往观听。不坐高床。非时不食。金银七宝不取不用。不娶妻妾。不畜奴婢．象马．车牛．鸡犬．猪羊．田宅．园观。不为虚诈斗秤欺人。不以手拳共相牵抴。亦不抵债。不诬罔人。不为伪诈。舍如是恶。灭于诤讼诸不善事。行则知时。非时不行。量腹而食无所藏积。度身而衣趣足而已。法服应器常与身俱。犹如飞鸟羽翮随身。比丘无余亦复如是。

摩纳。如余沙门．婆罗门受他信施。更求余积。衣服饮食无有厌足。入我法者。无如此事。摩纳。如余沙门．婆罗门食他信施。自营生业。种殖树木。鬼神所依。入我法者。无如是事。摩纳。如余沙门婆罗门食他信施。更作方便。求诸利养。象牙．杂宝．高广大床．种种文绣．綩綖被褥。入我法者。无如是事。摩纳。如余沙门．婆罗门受他信施。更作方便。求自庄严。酥油摩身。香水洗沐。香末自涂。香泽梳头。着好华鬘。染目绀色。拭面庄严。镮纽澡洁。以镜自照。杂色革屣。上服纯白。刀杖．侍从．宝盖．宝扇．庄严宝车。入我法者。无如此事。摩纳。如余沙门．婆罗门食他信施。专为嬉戏。棋局博奕。八道．十道．百道。至一切道。种种戏笑。入我法者。无如此事。

摩纳。如余沙门．婆罗门食他信施。但说遮道无益之言。王者．战斗．军马之事。群僚．大臣．骑乘出入．游园观事。及论卧起．行步．女人之事。衣服．饮食．亲里之事。又说入海采宝之事。入我法者。无如此事。摩纳。如余沙门．婆罗门食他信施。无数方便。但作邪命。谄谀美辞。现相毁訾。以利求利。入我法者。无如此事。摩纳。如余沙门．婆罗门食他信施。但共诤讼。或于园观。或在浴池。或于堂上。互相是非。言。我知经律。汝无所知。我趣正道。汝向邪径。以前着后。以后着前。我能忍汝。汝不能忍。汝所言说。皆不真正。若有所疑。当来问我。我尽能答。入我法者。无如此事。

摩纳。如余沙门．婆罗门食他信施。更作方便。求为使命。若为王．王大臣．婆罗门．居士通信使。从此诣彼。从彼至此。持此信授彼。持彼信授此。或自为。或教他为。入我法者。无如此事。摩纳。如余沙门．婆罗门食他信施。但习战阵斗诤之事。或习刀杖．弓矢之事。或斗鸡犬．猪羊．象马．牛驼诸畜。或斗男女。及作众声。贝声．鼙声。歌声．舞声。缘幢倒绝。种种伎戏。入我法者。无如此事。摩纳。如余沙门．婆罗门食他信施。行遮道法。邪命自活。瞻相男女。吉凶好丑。及相畜生。以求利养。入我法者。无如此事。

摩纳。如余沙门．婆罗门食他信施。行遮道法。邪命自活。召唤鬼神。或复驱遣。或能令住。种种厌祷。无数方道。恐吓于人。能聚能散。能苦能乐。又能为人安胎出衣。亦能咒人使作驴马。亦能使人盲聋喑哑。现诸技术。叉手向日月。作诸苦行以求利养。入我法者。无如是事。摩纳。如余沙门．婆罗门食他信施。行遮道法。邪命自活。为人咒病。或诵恶术。或为善咒。或为医方．针灸．药石。疗治众病。入我法者。无如是事。摩纳。如余沙门．婆罗门食他信施。行遮道法。邪命自活。或咒水火。或为鬼咒。或诵刹利咒。或诵鸟咒。或支节咒。或是安宅符咒。或火烧．鼠啮能为解咒。或诵别死生书。或读梦书。或相手面。或诵天文书。或诵一切音书。入我法者。无如是事。摩纳。如余沙门．婆罗门食他信施。行遮道法。邪命自活。瞻相天时。言雨不雨。谷贵谷贱。多病少病。恐怖安隐。或说地动．彗星．日月薄蚀。或言星蚀。或言不蚀。如是善瑞。如是恶征。入我法者。无如是事。

摩纳。如余沙门．婆罗门食他信施。行遮道法。邪命自活。或言此国胜彼。彼国不如。或言彼国胜此。此国不如。瞻相吉凶。说其盛衰。入我法者。无如是事。但修圣戒。无染着心。内怀喜乐。目虽见色而不取相。眼不为色之所拘系。坚固寂然。无所贪着。亦无忧患。不漏诸恶。坚持戒品。善护眼根。耳．鼻．舌．身．意亦复如是。善御六触。护持调伏。令得安隐。犹如平地驾四马车。善调御者。执鞭持控。使不失辙。比丘如是。御六根马。安隐无失。彼有如是圣戒。得圣眼根。食知止足。亦不贪味。趣以养身。令无苦患而不贡高。调和其身。令故苦灭。新苦不生。有力无事。令身安乐。犹如有人以药涂疮趣使疮差。不求饰好。不以自高。摩纳。比丘如是。食足支身。不怀慢恣。又如膏车。欲使通利以用运载。有所至到。比丘如是。食足支身。欲为行道。

摩纳。比丘如是成就圣戒。得圣诸根。食知止足。初夜后夜。精进觉悟。又于昼日。若行若坐。常念一心。除众阴盖。彼于初夜。若行若坐。常念一心。除众阴盖。乃至中夜。偃右胁而卧。念当时起。系想在明。心无错乱。至于后夜。便起思惟。若行若坐。常念一心。除众阴盖。比丘有如是圣戒具足。得圣诸根。食知止足。初夜后夜。精勤觉悟。常念一心。无有错乱。

云何比丘念无错乱。如是比丘内身身观。精勤不懈。忆念不忘。除世贪忧。外身身观．内外身身观。精勤不懈。忆念不忘。舍世贪忧。受．意．法观亦复如是。是为比丘念无错乱。云何一心。如是比丘若行步出入。左右顾视。屈申俯仰。执持衣钵。受取饮食。左右便利。睡眠觉悟。坐立语默。于一切时。常念一心。不失威仪。是为一心。譬如有人与大众行。若在前行。若在中．后。常得安隐。无有怖畏。摩纳。比丘如是行步出入。至于语默。常念一心。无有忧畏。

比丘有如是圣戒。得圣诸根。食知止足。初夜后夜。精勤觉悟。常念一心。无有错乱。乐在静处．树下．冢间。若在山窟。或在露地及粪聚间。至时乞食。还洗手足。安置衣钵。结跏趺坐。端身正意。系念在前。除去悭贪。心不与俱。灭瞋恨心。无有怨结。心住清净。常怀慈愍。除去睡眠。系想在明。念无错乱。断除掉戏。心不与俱。内行寂灭。灭掉戏心。断除疑惑。已度疑网。其心专一。在于善法。譬如僮仆。大家赐姓。安隐解脱。免于仆使。其心欢喜。无复忧畏。

又如有人举财治生。大得利还。还本主物。余财足用。彼自念言。我本举财。恐不如意。今得利还。还主本物。余财足用。无复忧畏。发大欢喜。如人久病。从病得差。饮食消化。色力充足。彼作是念。我先有病。而今得差。饮食消化。色力充足。无复忧畏。发大欢喜。又如人久闭牢狱。安隐得出。彼自念言。我先拘闭。今已解脱。无复忧畏。发大欢喜。又如人多持财宝。经大旷野。不遭贼盗。安隐得过。彼自念言。我持财宝过此险难。无复忧畏发大欢喜。其心安乐。

摩纳。比丘有五盖自覆。常怀忧畏亦复如奴。如负债人．久病在狱．行大旷野。自见未离。诸阴盖心。覆蔽闇冥。慧眼不明。彼即精勤舍欲．恶不善法。与觉．观俱。离生喜．乐。得入初禅。彼已喜乐润渍于身。周遍盈溢。无不充满。如人巧浴器盛众药。以水渍之。中外俱润。无不周遍。比丘如是得入初禅。喜乐遍身。无不充满。如是。摩纳。是为最初现身得乐。所以者何。斯由精进。念无错乱。乐静闲居之所得也。

彼于觉．观。便生为信。专念一心。无觉．无观。定生喜．乐。入第二禅。彼已一心喜乐润渍于身。周遍盈溢。无不充满。犹如山顶凉泉水自中出。不从外来。即此池中出清净水。还自浸渍。无不周遍。摩纳。比丘如是入第二禅。定生喜．乐。无不充满。是为第二现身得乐。

彼舍喜．住护。念不错乱。身受快乐。如圣所说。起护念乐。入第三禅。彼身无喜。以乐润渍。周遍盈溢。无不充满。譬如优钵花．钵头摩华．拘头摩花．分陀利花始出淤泥而未出水。根茎枝叶润渍水中。无不周遍。摩纳。比丘如是入第三禅。离喜．住乐。润渍于身。无不周遍。此是第三现身得乐。

彼舍喜．乐．忧．喜先灭。不苦不乐。护念清净。入第四禅。身心清净。具满盈溢。无不周遍。犹如有人沐浴清洁。以新白叠被覆其身。举体清净。摩纳。比丘如是入第四禅。其心清净。充满于身。无不周遍。又入第四禅。心无增减。亦不倾动。住无爱恚．无动之地。譬如密室。内外涂治。坚闭户向。无有风尘。于内燃灯无触娆者。其灯焰上怗然不动。摩纳。比丘如是入第四禅。心无增减。亦不倾动。住无爱恚．无动之地。此是第四现身得乐。所以者何。斯由精勤不懈。念不错乱。乐静闲居之所得也。

彼得定心。清净无秽。柔濡调伏。住无动地。自于身中起变化心。化作异身。支节具足。诸根无阙。彼作是观。此身色四大化成彼身。此身亦异。彼身亦异。从此身起心。化成彼身。诸根具足。支节无阙。譬如有人鞘中拔刀。彼作是念。鞘异刀异。而刀从鞘出。又如有人合麻为绳。彼作是念。麻异绳异。而绳从麻出。又如有人箧中出蛇。彼作是念。箧异蛇异。而蛇从箧出。又如有人从笼出衣。彼作是念。笼异衣异。而衣从笼出。摩纳。比丘亦如是。此是最初所得胜法。所以者何。斯由精进。念不错乱。乐静闲居之所得也。

彼已定心。清净无秽。柔濡调伏。住无动地。从己四大色身中起心。化作化身。一切诸根．支节具足。彼作是观。此身是四大合成。彼身从化而有。此身亦异。彼身亦异。此心在此身中。依此身住。至他身中。譬如琉璃．摩尼。莹治甚明。清净无秽。若以青．黄．赤綖贯之。有目之士置掌而观。知珠异綖异。而綖依于珠。从珠至珠。摩纳。比丘观心依此身住。至彼化身亦复如是。此是比丘第二胜法。所以者何。斯由精勤。念不错乱。乐独闲居之所得也。

彼以定心。清净无秽。柔濡调伏。住无动地。一心修习神通智证。能种种变化。变化一身为无数身。以无数身还合为一。身能飞行。石壁无碍。游空如鸟。履水如地。身出烟焰。如大火聚。手扪日月。立至梵天。譬如陶师善调和泥。随意所造。在作何器。多所饶益。亦如巧匠善能治木。随意所造。自在能成。多所饶益。又如牙师善治象牙。亦如金师善炼真金。随意所造。多所饶益。摩纳。比丘如是。定心清净。住无动地。随意变化。乃至手扪日月。立至梵天。此是比丘第三胜法。

彼以心定。清净无秽。柔濡调伏。住无动地。一心修习。证天耳智。彼天耳净。过于人耳。闻二种声。天声．人声。譬如城内有大讲堂。高广显敞。有聪听人居此堂内。堂内有声。不劳听功。种种悉闻。比丘如是。以心定故。天耳清净。闻二种声。摩纳。此是比丘第四胜法。

彼以定心。清净无秽。柔濡调伏。住无动地。一心修习。证他心智。彼知他心有欲无欲．有垢无垢．有痴无痴．广心狭心．小心大心．定心乱心．缚心解心。上心下心。至无上心皆悉知之。譬如有人以清水自照。好恶必察。比丘如是。以心净故。能知他心。摩纳。此是比丘第五胜法。

彼以心定。清净无秽。柔濡调伏。住无动地。一心修习宿命智证。便能忆识宿命无数若干种事。能忆一生至无数生。劫数成败．死此生彼．名姓种族．饮食好恶．寿命长短．所受苦乐．形色相貌皆悉忆识。譬如有人。从己村落至他国邑。在于彼处。若行若住。若语若默。复从彼国至于余国。如是展转便还本土。不劳心力。尽能忆识所行诸国。从此到彼。从彼到此。行住语默。皆悉忆之。摩纳。比丘如是。能以定心清净无秽。住无动地。以宿命智能忆宿命无数劫事。此是比丘得第一胜。无明永灭。大明法生。闇冥消灭。光曜法生。此是比丘宿命智明。所以者何。斯由精勤。念无错乱。乐独闲居之所得也。

彼以定心。清净无秽。柔濡调伏。住无动处。一心修习见生死智证。彼天眼净。见诸众生死此生彼．从彼生此．形色好丑．善恶诸果．尊贵卑贱。随所造业报应因缘皆悉知之。此人身行恶。口言恶。意念恶。诽谤贤圣。信邪倒见。身败命终。堕三恶道。此人身行善。口言善。意念善。不谤贤圣。见正信行。身坏命终。生天．人中。以天眼净。见诸众生随所业缘。往来五道。譬如城内高广平地。四交道头起大高楼。明目之士在上而观。见诸行人东西南北。举动所为皆悉见之。摩纳。比丘如是。以定心清净。住无动处。见生死智证。以天眼净。尽见众生所为善恶。随业受生。往来五道皆悉知之。此是比丘得第二明。断除无明。生于慧明。舍离闇冥。出智慧光。此是见众生生死智证明也。所以者何。斯由精勤。念不错乱。乐独闲居之所得也。

彼以定心。清净无秽。柔濡调伏。住不动地。一心修习无漏智证。彼如实知苦圣谛。如实知有漏集。如实知有漏尽。如实知趣漏尽道。彼如是知．如是见。欲漏．有漏．无明漏。心得解脱。得解脱智。生死已尽。梵行已立。所作已办。不受后有。譬如清水中。有木石．鱼鳖水性之属东西游行。有目之士明了见之。此是木石。此是鱼鳖。摩纳。比丘如是。以定心清净。住无动地。得无漏智证。乃至不受后有。此是比丘得第三明。断除无明。生于慧明。舍离闇冥。出大智光。是为无漏智明。所以者何。斯由精勤。念不错乱。乐独闲居之所得也。摩纳。是为无上明行具足。于汝意云何。如是明行为是。为非。

佛告摩纳。有人不能得无上明行具足。而行四方便。云何为四。摩纳。或有人不得无上明行具足。而持斫负笼。入山求药。食树木根。是为。摩纳。不得无上明行具足。而行第一方便。云何。摩纳。此第一方便。汝及汝师行此法不。

答曰。不也。

佛告摩纳。汝自卑微。不识真伪。而便诽谤。轻骂释子。自种罪根。长地狱本。复次。摩纳。有人不能得无上明行具足。而手执澡瓶。持杖算术。入山林中。食自落果。是为。摩纳。不得无上明行具足。而行第二方便。云何。摩纳。汝及汝师行此法不。

答曰。不也。

佛告摩纳。汝自卑微。不识真伪。而便诽谤。轻慢释子。自种罪根。长地狱本。复次。摩纳。不得无上明行具足。而舍前采药及拾落果。还来向村依附人间。起草庵舍。食草木叶。摩纳。是为不得明行具足。而行第三方便。云何。摩纳。汝及汝师行此法不。

答曰。不也。

佛告摩纳。汝自卑微。不识真伪。而便诽谤。轻慢释子。自种罪根。长地狱本。是为第三方便。复次。摩纳。不得无上明行具足。不食药草。不食落果。不食草叶。而于村城起大堂阁。诸有东西南北行人过者随力供给。是为不得明行具足。而行第四方便。云何。摩纳。汝及汝师行此法不。

答曰。不也。

佛告摩纳。汝自卑微。不识真伪。而便诽谤。轻慢释子。自种罪根。长地狱本。云何。摩纳。诸旧婆罗门及诸仙人多诸伎术。赞叹称说本所诵习。如今婆罗门所可讽诵称说。一．阿咤摩。二．婆摩。三．婆摩提婆。四．鼻波密多。五．伊兜濑悉。六．耶婆提伽。七．婆婆婆悉咤。八．迦叶。九．阿楼那。十．瞿昙。十一．首夷婆。十二．损陀罗。如此诸大仙．婆罗门皆掘堑建立堂阁。如汝师徒今所居止不。

答曰。不也。

彼诸大仙颇起城堑。围绕舍宅。居止其中。如汝师徒今所止不。答曰。不也。

彼诸大仙颇处高床重褥。绾綖细软。如汝师徒今所止不。

答曰。不也。

彼诸大仙颇以金银．璎珞．杂色花鬘．美女自娱。如汝师徒不。彼诸大仙颇驾乘宝车。持[金*戟]导引。白盖自覆。手执宝拂。着杂色宝屣。又着全白叠。如汝师徒今所服不。

答曰。不也。

摩纳。汝自卑微。不识真伪。而便诽谤。轻慢释子。自种罪根。长地狱本。云何。摩纳。如彼诸大仙．旧婆罗门。赞叹称说本所讽诵。如今婆罗门所可称说讽诵阿咤摩等。若传彼所说。以教他人。欲望生梵天者。无有是处。犹如。摩纳。王波斯匿与人共议。或与诸王。或与大臣．婆罗门．居士共论。余细人闻。入舍卫城。遇人便说波斯匿王有如是语。云何。摩纳。王与是人共言议不。

答曰。不也。

摩纳。此人讽诵王言以语余人。宁得为王作大臣不。

答曰。无有是处。

摩纳。汝等今日传先宿．大仙．旧婆罗门。讽诵教人。欲至生梵天者。无有是处。云何。摩纳。汝等受他供养。能随法行不。

答曰。如是。瞿昙。受他供养。当如法行。

摩纳。汝师沸伽罗娑罗门受王村封。而与王波斯匿共论议时。说王不要论无益之言。不以正事共相谏晓。汝今自观及汝师过。且置是事。但当求汝所来因缘。

摩纳即时举目观如来身。求诸相好。尽见余相。唯不见二相。心即怀疑。尔时。世尊默自念言。今此摩纳不见二相。以此生疑。即出广长舌相。舐耳覆面。时。彼摩纳复疑一相。世尊复念。今此摩纳犹疑一相。即以神力。使彼摩纳独见阴马藏。尔时。摩纳尽见相已。乃于如来无复狐疑。即从座起。绕佛而去。

时。沸伽罗婆罗门立于门外。遥望弟子。见其远来。逆问之言。汝观瞿昙实具相不。功德神力实如所闻不。

即白师言。瞿昙沙门三十二相皆悉具足。功德神力实如所闻。

师又问曰。汝颇与瞿昙少语议不。

答曰。实与瞿昙言语往返。

师又问曰。汝与瞿昙共论何事。

时。摩纳如共佛论。具以白师。师言。我遂得聪明弟子致使如是者。我等将入地狱不久。所以者何。汝语诸欲胜毁呰瞿昙。使之不悦。于我转疏。汝与聪明弟子致使如是。使我入地狱不久。于是。其师怀忿结心。即蹴摩纳令堕。师自乘车。时。彼摩纳当堕车时。即生白癞。

时。沸伽罗娑罗婆罗门仰观日已。然自念言。今觐沙门瞿昙。非是时也。须待明日。当往觐问。于明日旦。严驾宝车。从五百弟子前后围绕。诣伊车林中。下车步进。到世尊所。问讯已。一面坐。仰观如来身。具见诸相。唯不见二相。

时。婆罗门疑于二相。佛知其念。即出广长舌相。舐耳覆面。时。婆罗门又疑一相。佛知其念。即以神力。使见阴马藏。时。婆罗门具见如来三十二相。心即开悟。无复狐疑。寻白佛言。若我行时。中路遇佛。少停止乘。当知我已礼敬世尊。所以者何。我受他村封。设下乘者。当失此封。恶声流布。

又白佛言。若我下乘。解剑退盖。并除幢麾。澡瓶履屣。当知我已礼敬如来。所以者何。我受他封。故有五威仪。若礼拜者。即失所封。恶名流布。

又白佛言。若我在众见佛起者。若偏露右臂。自称姓字。则知我已敬礼如来。所以者何。我受他封。若礼拜者。则失封邑。恶名流布。

又白佛言。我归依佛。归依法。归依僧。听我于正法中为优婆塞。自今已后不杀．不盗．不淫．不欺．不饮酒。唯愿世尊及诸大众当受我请。尔时。世尊默然受请。

时。婆罗门见佛默然。知以许可。即从坐起。不觉礼佛绕三匝而去。归设饭食。供膳既办。还白。时到。

尔时。世尊着衣持钵。与诸大众千二百五十人往诣其舍。就坐而坐。

时。婆罗门手自斟酌。以种种甘膳供佛及僧。食讫去钵。行澡水毕。时婆罗门右手执弟子阿摩昼臂至世尊前言。唯愿如来听其悔过。唯愿如来听其悔过。如是至三。又白佛言。犹如善调象马。犹有蹶倒还复正路。此人如是。虽有漏失。愿听悔过。

佛告婆罗门。当使汝受命延长。现世安隐。使汝弟子白癞得除。佛言适讫。时彼弟子白癞即除。

时。婆罗门取一小座于佛前坐。世尊即为婆罗门说法。示教利喜。施论．戒论．生天之论。欲为秽污。上漏为患。出要为上。演布清净。尔时。世尊知婆罗门心已调柔．清净．无垢。堪受道教。如诸佛常法。说苦圣谛．集圣谛．苦灭圣谛．苦出要谛。时。婆罗门即于座上远尘离垢。得法眼净。犹如净洁白叠。易为受染。沸伽娑罗婆罗门亦复如是。见法得法。决定道果。不信余道。得无所畏。即白佛言。我今再三归依佛．法及比丘僧。听我于正法中为优婆塞。尽形寿不杀．不盗．不淫．不欺．不饮酒。唯愿世尊及诸大众哀愍我故。受七日请。尔时。世尊默然许之。时。婆罗门即于七日中。种种供养佛及大众。尔时。世尊过七日已。游行人间。

佛去未久。沸伽罗娑罗婆罗门遇病命终。时诸比丘闻此婆罗门于七日中供养佛已。便取命终。各自念。此命终。为生何趣。尔时。众比丘往至世尊所。礼佛已。一面坐。白佛言。彼婆罗门于七日中供养佛已。身坏命终。当生何处。

佛告比丘。此族姓子诸善普集。法法具足。不违法行。断五下结。于彼般涅槃。不来此世。

尔时。诸比丘闻佛所说。欢喜奉行。

佛说长阿含经卷第十四

（二一）第三分梵动经第二

如是我闻。

一时。佛游摩竭国。与大比丘众千二百五十人俱。游行人间。诣竹林。止宿在王堂上。时。有梵志名曰善念。善念弟子名梵摩达。师徒常共随佛后行。而善念梵志以无数方便毁谤佛．法及比丘僧。其弟子梵摩达以无数方便称赞佛．法及比丘僧。师徒二人各怀异心。共相违背。所以者何。斯由异习．异见．异亲近故。

尔时。众多比丘于乞食后集会讲堂。作如是论。甚奇。甚特。世尊有大神力。威德具足。尽知众生志意所趣。而此善念梵志及其弟子梵摩达随逐如来及比丘僧。而善念梵志以无数方便毁谤佛．法及与众僧。弟子梵摩达以无数方便称赞如来及法．众僧。师徒二人各怀异心。异见．异习．异亲近故。

尔时。世尊于静室中以天净耳过于人耳。闻诸比丘有如是论。世尊于净室起诣讲堂所。大众前坐。知而故问。诸比丘。汝等以何因缘集此讲堂。何所论说。

时。诸比丘白佛言。我等于乞食后集此讲堂。众共议言。甚奇。甚特。如来有大神力。威德具足。尽知众生心志所趣。而今善念梵志及弟子梵摩达常随如来及与众僧。以无数方便毁谤如来及法．众僧。弟子梵摩达以无数方便称赞如来及法．众僧。所以者何。以其异见．异习．异亲近故。向集讲堂议如是事。

尔时。世尊告诸比丘。若有方便毁谤如来及法．众僧者。汝等不得怀忿结心。害意于彼。所以者何。若诽谤我．法及比丘僧。汝等怀忿结心。起害意者。则自陷溺。是故汝等不得怀忿结心。害意于彼。比丘若称誉佛及法．众僧者。汝等于中亦不足以为欢喜庆幸。所以者何。若汝等生欢喜心。即为陷溺。是故汝等不应生喜。所以者何。此是小缘威仪戒行。凡夫寡闻。不达深义。直以所见如实赞叹。

云何小缘威仪戒行。凡夫寡闻。直以所见如实称赞。彼赞叹言。沙门瞿昙灭杀。除杀。舍于刀杖。怀惭愧心。慈愍一切。此是小缘威仪戒行。彼寡闻凡夫以此叹佛。又叹。沙门瞿昙舍不与取。灭不与取。无有盗心。又叹。沙门瞿昙舍于淫欲。净修梵行。一向护戒。不习淫逸。所行清洁。又叹。沙门瞿昙舍灭妄语。所言至诚。所说真实。不诳世人。沙门瞿昙舍灭两舌。不以此言坏乱于彼。不以彼言坏乱于此。有诤讼者能令和合。已和合者增其欢喜。有所言说不离和合。诚实入心。所言知时。沙门瞿昙舍灭恶口。若有粗言伤损于人。增彼结恨长怨憎者。如此粗言尽皆不为。常以善言悦可人心。众所爱乐。听无厌足。但说此言。沙门瞿昙舍灭绮语。知时之语．实语．利语．法语．律语．止非之语。但说是言。

沙门瞿昙舍离饮酒。不着香华。不观歌舞。不坐高床。非时不食。不执金银。不畜妻息．僮仆．婢使。不畜象．马．猪．羊．鸡．犬及诸鸟兽。不畜象兵．马兵．车兵．步兵。不畜田宅种殖五谷。不以手拳与人相加。不以斗秤欺诳于人。亦不贩卖券要断当。亦不取受抵债横生无端。亦不阴谋面背有异。非时不行。为身养寿。量腹而食。其所至处。衣钵随身。譬如飞鸟。羽翻身俱。此是持戒小小因缘。彼寡闻凡夫以此叹佛。

如余沙门．婆罗门受他信施。更求储积。衣服饮食无有厌足。沙门瞿昙无有如此事。如余沙门．婆罗门食他信施。自营生业。种殖树木。鬼神所依。沙门瞿昙无如此事。如余沙门．婆罗门食他信施。更作方便。求诸利养。象牙．杂宝．高广大床．种种文绣。氍毹［毯－炎＋荅］［毯－炎＋登］．綩綖被褥。沙门瞿昙无如此事。如余沙门．婆罗门食他信施。更作方便。求自庄严。酥油摩身。香水洗浴。香末自涂。香泽梳头。着好华鬘。染目绀色。拭面庄饰。镮纽澡洁。以镜自照。着宝革屣。上服纯白。戴盖执拂。幢麾庄饰。沙门瞿昙无如此事。

如余沙门．婆罗门专为嬉戏。棋局博奕。八道．十道。至百千道。种种戏法以自娱乐。沙门瞿昙无如是事。如余沙门．婆罗门食他信施。但说遮道无益之言。王者．战斗．军马之事。群僚．大臣．骑乘出入．游戏园观。及论卧起．行步．女人之事。衣服．饮食．亲里之事。又说入海采宝之事。沙门瞿昙无如此事。如余沙门．婆罗门食他信施。无数方便。但作邪命。谄谀美辞。现相毁呰。以利求利。沙门瞿昙无如此事。如余沙门．婆罗门食他信施。但共诤讼。或于园观。或在浴池。或于堂上。互相是非。言我知经律。汝无所知。我趣正道。汝趣邪径。以前着后。以后着前。我能忍。汝不能忍。汝所言说。皆不真正。若有所疑。当来问我。我尽能答。沙门瞿昙无如是事。

如余沙门．婆罗门食他信施。更作方便。求为使命。若为王．王大臣．婆罗门．居士通信使。从此诣彼。从彼至此。持此信授彼。持彼信授此。或自为。或教他为。沙门瞿昙无如是事。如余沙门．婆罗门食他信施。但习战阵斗诤之事。或习刀杖．弓矢之事。或斗鸡犬．猪羊．象马．牛驼诸兽。或斗男女。或作众声。吹声．鼓声．歌声．舞声。缘幢倒绝。种种伎戏。无不玩习。沙门瞿昙无如是事。如余沙门．婆罗门食他信施。行遮道法。邪命自活。瞻相男女。吉凶好丑。及相畜生。以求利养。沙门瞿昙无如是事。

如余沙门．婆罗门食他信施。行遮道法。邪命自活。召唤鬼神。或复驱遣。种种祈祷。无数方道。恐热于人。能聚能散。能苦能乐。又能为人安胎出衣。亦能咒人使作驴马。亦能使人聋盲喑哑。现诸技术。叉手向日月。作诸苦行以求利养。沙门瞿昙无如是事。如余沙门．婆罗门食他信施。行遮道法。邪命自活。或为人咒病。或诵恶咒。或诵善咒。或为医方．针灸．药石。疗治众病。沙门瞿昙无如此事。如余沙门．婆罗门食他信施。行遮道法。邪命自活。或咒水火。或为鬼咒。或诵刹利咒。或诵象咒。或支节咒。或安宅符咒。或火烧．鼠啮能为解咒。或诵知死生书。或诵梦书。或相手面。或诵天文书。或诵一切音书。沙门瞿昙无如此事。如余沙门．婆罗门食他信施。行遮道法。邪命自活。瞻相天时。言雨不雨。谷贵谷贱。多病少病。恐怖安隐。或说地动．彗星．月蚀．日蚀。或言星蚀。或言不蚀。方面所在。皆能记之。沙门瞿昙无如此事。如余沙门．婆罗门食他信施。行遮道法。邪命自活。或言此国当胜。彼国不如。或言彼国当胜。此国不如。瞻相吉凶。说其盛衰。沙门瞿昙无如是事。诸比丘。此是持戒小小因缘。彼寡闻凡夫以此叹佛。

佛告诸比丘。更有余法。甚深微妙大法光明。唯有贤圣弟子能以此言赞叹如来。何等是甚深微妙大光明法。贤圣弟子能以此法赞叹如来。诸有沙门．婆罗门于本劫本见．末劫末见。种种无数。随意所说。尽入六十二见中。本劫本见．末劫末见。种种无数。随意所说。尽不能出过六十二见中。彼沙门．婆罗门以何等缘。于本劫本见．末劫末见。种种无数。各随意说。尽入此六十二见中。齐是不过。诸沙门．婆罗门于本劫本见。种种无数。各随意说。尽入十八见中。本劫本见。种种无数。各随意说。尽不能过十八见中。彼沙门．婆罗门以何等缘。于本劫本见。种种无数。各随意说。尽入十八见中。齐此不过。诸沙门婆罗门于本劫本见。起常论。言。我及世间常存。此尽入四见中。于本劫本见言。我及世间常存。尽入四见。齐是不过。

彼沙门．婆罗门以何等缘。于本劫本见。起常论。言。我及世间常存。此尽入四见中。齐是不过。或有沙门．婆罗门种种方便。入定意三昧。以三昧心忆二十成劫败劫。彼作是说。我及世间是常。此实余虚。所以者何。我以种种方便入定意三昧。以三昧心忆二十成劫败劫。其中众生不增不减。常聚不散。我以此知。我及世间是常。此实余虚。此是初见。沙门．婆罗门因此于本劫本见。计我及世间是常。于四见中。齐是不过。

或有沙门．婆罗门种种方便。入定意三昧。以三昧心忆四十成劫败劫。彼作是说。我及世间是常。此实余虚。所以者何。我以种种方便。入定意三昧。以三昧心忆四十成劫败劫。其中众生不增不减。常聚不散。我以此知。我及世间是常。此实余虚。此是二见。诸沙门．婆罗门因此于本劫本见。计我及世间是常。于四见中。齐是不过。

或有沙门．婆罗门以种种方便。入定意三昧。以三昧心忆八十成劫败劫。彼作是言。我及世间是常。此实余虚。所以者何。我以种种方便入定意三昧。以三昧心忆八十成劫败劫。其中众生不增不减。常聚不散。我以此知。我及世间是常。此实余虚。此是三见。诸沙门．婆罗门因此于本劫本见。计我及世间是常。于四见中。齐是不过。

或有沙门．婆罗门有捷疾相智。善能观察。以捷疾相智方便观察。谓为审谛。以己所见。以己辩才作是说。言。我及世间是常。此是四见。沙门．婆罗门因此于本劫本见。计我及世间是常。于四见中。齐是不过。此沙门．婆罗门于本劫本见。计我及世间是常。如此一切尽入四见中。我及世间是常。于此四见中。齐是不过。唯有如来知此见处。如是持．如是执。亦知报应。如来所知又复过是。虽知不着。已不着则得寂灭。知受集．灭．味．过．出要。以平等观无余解脱。故名如来。是为余甚深微妙大法光明。使贤圣弟子真实平等赞叹如来。

复有余甚深微妙大法光明。使贤圣弟子真实平等赞叹如来。何等是。诸沙门．婆罗门于本劫本见起论。言。我及世间。半常半无常。彼沙门．婆罗门因此于本劫本见。计我及世间半常半无常。于此四见中。齐是不过或过。或有是时。此劫始成。有余众生福尽．命尽．行尽。从光音天命终。生空梵天中。便于彼处生爱着心。复愿余众生共生此处。此众生既生爱着愿已。复有余众生命．行．福尽。于光音天命终。来生空梵天中。其先生众生便作是念。我于此处是梵．大梵。我自然有。无能造我者。我尽知诸义典。千世界于中自在。最为尊贵。能为变化。微妙第一。为众生父。我独先有。余众生后来。后来众生。我所化成。其后众生复作是念。彼是大梵。彼能自造。无造彼者。尽知诸义典。千世界于中自在。最为尊贵。能为变化。微妙第一。为众生父。彼独先有。后有我等。我等众生。彼所化成。彼梵众生命．行尽已。来生世间。年渐长大。剃除须发。服三法衣。出家修道。入定意三昧。随三昧心自识本生。便作是言。彼大梵者能自造作。无造彼者。尽知诸义典。千世界于中自在。最为尊贵。能为变化。微妙第一。为众生父。常住不变。而彼梵化造我等。我等无常变易。不得久住。是故当知。我及世间半常半无常。此实余虚。是谓初见。沙门．婆罗门因此于本劫本见起论。半常半无常。于四见中。齐是不过。

或有众生喜戏笑懈怠。数数戏笑以自娱乐。彼戏笑娱乐时。身体疲极便失意。以失意便命终。来生世间。年渐长大。剃除须发。服三法衣。出家修道。彼入定意三昧。以三昧心自识本生。便作是言。彼余众生不数生。不数戏笑娱乐。常在彼处。永住不变。由我数戏笑故。致此无常。为变易法。是故我知。我及世间半常半无常。此实余虚。是为第二见。沙门．婆罗门因此于本劫本见起论。我及世间半常半无常。于四见中。齐此不过。

或有众生展转相看己。便失意。由此命终。来生世间。渐渐长大。剃除须发。服三法衣。出家修道。入定意三昧。以三昧心识本所生。便作是言。如彼众生以不展转相看。不失意故。常住不变。我等于彼数相看。数相看已便失意。致此无常。为变易法。我以此知。我及世间半常半无常。此实余虚。是第三见。诸沙门．婆罗门因此于本劫本见起论。我及世间半常半无常。于四见中。齐此不过。

或有沙门．婆罗门有捷疾相智。善能观察。彼以捷疾观察相智。以己智辩言。我及世间半常半无常。此实余虚。是为第四见。诸沙门．婆罗门因此于本劫本见起论。我及世间半常半无常。于四见中。齐是不过。诸沙门．婆罗门于本劫本见起论。我及世间半常半无常。尽入四见中。齐是不过。唯佛能知此见处。如是持．如是执。亦知报应。如来所知又复过是。虽知不着。以不着则得寂灭。知受集．灭．味．过．出要。以平等观无余解脱。故名如来。是为余甚深微妙大法光明。使贤圣弟子真实平等赞叹如来。

复有余甚深微妙大法光明。使贤圣弟子真实平等赞叹如来。何等法是。诸沙门．婆罗门于本劫本见起论。我及世间有边无边。彼沙门．婆罗门因此于本劫本见起论。我及世间有边无边。于此四见中。齐是不过。或有沙门．婆罗门种种方便。入定意三昧。以三昧心观世间。起边想。彼作是说。此世间有边。是实余虚。所以者何。我以种种方便入定意三昧。以三昧心观世间有边。是故知世间有边。此实余虚。是谓初见。沙门．婆罗门因此于本劫本见起论。我及世间有边。于四见中。齐是不过。

或有沙门．婆罗门以种种方便。入定意三昧。以三昧心观世间。起无边想。彼作是言。世间无边。此实余虚。所以者何。我以种种方便。入定意三昧。以三昧心观世间无边。是故知世间无边。此实余虚。是第二见。沙门．婆罗门因此于本劫．本见起论。我及世间无边。于四见中。齐此不过。

或有沙门．婆罗门以种种方便。入定意三昧。以三昧心观世间。谓上方有边。四方无边彼作是言。世间有边无边。此实余虚。所以者何。我以种种方便。入定意三昧。以三昧心观上方有边。四方无边。是故我知世间有边无边。此实余虚。是为第三见。诸沙门．婆罗门因此于本劫本见起论。我及世间有边无边。于此四见中。齐是不过。

或有沙门．婆罗门有捷疾相智。善于观察。彼以捷疾观察智。以己智辩言。我及世间非有边非无边。此实余虚。是为第四见。诸沙门．婆罗门因此于本劫本见起论。我及世间有边无边。此实余虚。于四见中。齐是不过。此是诸沙门．婆罗门于本劫本见起论。我及世间有边无边。尽入四见中。齐是不过。唯佛能知此见处。如是持．如是执。亦知报应。如来所知又复过是。虽知不着。已不着则得寂灭。知受集．灭．味．过．出要。以平等观无余解脱。故名如来。是为余甚深微妙大法光明。使贤圣弟子真实平等赞叹如来。

复有余甚深微妙大法光明。使贤圣弟子真实平等赞叹如来。何者是。诸沙门．婆罗门于本劫本见。异问异答。彼彼问时。异问异答。于四见中。齐是不过。沙门．婆罗门因此于本劫本见。异问异答。于四见中。齐是不过。或有沙门．婆罗门作如是论。作如是见。我不见不知善恶有报．无报耶。我以不见不知故。作如是说。善恶有报耶。无报耶。世间有沙门．婆罗门广博多闻。聪明智慧。常乐闲静。机辩精微。世所尊重。能以智慧善别诸见。设当问我诸深义者。我不能答。有愧于彼。于彼有畏。当以此答以为归依．为洲．为舍。为究竟道。彼设问者。当如是答。此事如是。此事实。此事异。此事不异。此事非异非不异。是为初见。沙门．婆罗门因此问异答异。于四见中。齐是不过。

或有沙门．婆罗门作如是论。作如是见。我不见不知为有他世耶。无他世耶。诸世间沙门．婆罗门以天眼知．他心智。能见远事。已虽近他。他人不见。如此人等能知有他世．无他世。我不知不见有他世．无他世。若我说者。则为妄语。我恶畏妄语。故以为归依．为洲．为舍。为究竟道。彼设问者。当如是答。此事如是。此事实。此事异。此事不异。此事非异非不异。是为第二见。诸沙门．婆罗门因此问异答异。于四见中。齐是不过。

或有沙门．婆罗门作如是见。作如是论。我不知不见何者为善。何者不善。我不知不见如是说是善．是不善。我则于此生爱。从爱生恚。有爱有恚。则有受生。我欲灭受。故出家修行。彼恶畏受。故以此为归依．为洲．为舍。为究竟道。彼设问者。当如是答。此事如是。此事实。此事异。此事不异。此事非异非不异。是为第三见。诸沙门．婆罗门因此问异答异。于四见中。齐是不过。

或有沙门．婆罗门愚冥闇钝。他有问者。彼随他言答。此事如是。此事实。此事异。此事不异。此事非异非不异。是为四见。诸沙门．婆罗门因此异问异答。于四见中。齐是不过。或有沙门．婆罗门于本劫本见。异问异答。尽入四见中。齐是不过。唯佛能知此见处。如是持．如是执。亦知报应。如来所知又复过是。虽知不着。已不着则得寂灭。知受集．灭．味．过．出要。以平等观无余解脱。故名如来。是为甚深微妙大法光明。使贤圣弟子真实平等赞叹如来。

复有余甚深微妙大法光明。使贤圣弟子真实平等赞叹如来。何等是。或有沙门．婆罗门于本劫本见。谓无因而出有此世间。彼尽入二见中。于本劫本见无因而出有此世间。于此二见中。齐是不过。彼沙门．婆罗门因何事于本劫本见。谓无因而有。于此二见中。齐是不过。或有众生无想无知。若彼众生起想。则便命终。来生世间。渐渐长大。剃除须发。服三法衣。出家修道。入定意三昧。以三昧心识本所生。彼作是语。我本无今有忽然有。此世间本无．今有。此实余虚。是为初见。诸沙门．婆罗门因此于本劫本际。谓无因有。于二见中。齐是不过。

或有沙门．婆罗门有捷疾相智。善能观察。彼已捷疾观察智观。以己智辩能如是说。此世间无因而有。此实余虚。此第二见。诸有沙门．婆罗门因此于本劫本见。无因而有。有此世间。于二见中。齐是不过。诸有沙门．婆罗门于本劫本见。无因而有。尽入二见中。齐是不过。唯佛能知。亦复如是。诸有沙门．婆罗门于本劫本见。无数种种。随意所说。彼尽入是十八见中。本劫本见。无数种种。随意所说。于十八见。齐是不过。唯佛能知。亦复如是。

复有余甚深微妙大法光明。何等是。诸有沙门．婆罗门于末劫末见。无数种种。随意所说。彼尽入四十四见中。于末劫末见。种种无数。随意所说。于四十四见。齐是不过。彼有沙门．婆罗门因何事于末劫末见。无数种种。随意所说。于四十四见。齐此不过。诸有沙门．婆罗门于末劫末见。生有想论。说世间有想。彼尽入十六见中。于末劫末见生想论。说世间有想。于十六见中。齐是不过。彼沙门．婆罗门因何事于末劫末见生想论。说世间有想。彼尽入十六见中。齐是不过。

诸有沙门．婆罗门作如是论．如是见。言。我此终后。生有色有想。此实余虚。是为初见。诸沙门．婆罗门因此于末劫末见生想论。说世间有想。于十六见中。齐是不过。有言。我此终后。生无色有想。此实余虚。有言。我此终后。生有色无色有想。此实余虚。有言。我此终后。生非有色非无色有想。此实余虚。有言。我此终后。生有边有想。此实余虚。有言。我此终后。生无边有想。此实余虚。有言。我此终后。生有边无边有想。此实余虚。有言。我此终后。生非有边非无边有想。此实余虚。有言。我此终后。生而一向有乐有想。此实余虚。有言。我此终后。生而一向有苦有想。此实余虚。有言。我此终后。生有乐有苦有想。此实余虚。有言。我此终后。生不苦不乐有想。此实余虚。有言。我此终后。生有一想。此实余虚。有言。我此终后。生有若干想。此实余虚。有言。我此终后。生少想。此实余虚。有言。我此终后。生有无量想。此实余虚。是为十六见。诸有沙门．婆罗门于末劫末见。生想论。说世间有想。于此十六见中。齐是不过。唯佛能知。亦复如是。

复有余甚深微妙大法光明。何等法是。诸有沙门．婆罗门于末劫末见。生无想论。说世间无想。彼尽入八见中。于末劫末见。生无想论。于此八见中。齐此不过。彼沙门．婆罗门因何事于末劫末见。生无想论。说世间无想。于八见中。齐此不过。诸有沙门．婆罗门作如是见。作如是论。我此终后。生有色无想。此实余虚。有言。我此终后。生无色无想。此实余虚。有言。我此终后。生有色无色无想。此实余虚。有言。我此终后。生非有色非无色无想。此实余虚。有言。

我此终后。生有边无想。此实余虚。有言。我此终后。生无边无想。此实余虚。有言。我此终后。生有边无边无想。此实余虚。有言。我此终后。生非有边非无边无想。此实余虚。是为八见。若沙门．婆罗门因此于末劫末见。生无想论。说世间无想。彼尽入八见中。齐是不过。唯佛能知。亦复如是。

复有余甚深微妙大法光明。何等法是。或有沙门．婆罗门于末劫末见。生非想非非想论。说此世间非想非非想。彼尽入八见中。于末劫末见。作非想非非想论。说世间非想非非想。于八见中。齐是不过。彼沙门．婆罗门因何事于末劫末见。生非想非非想论。说世间非想非非想。于八见中。齐是不过。诸沙门．婆罗门作如是论。作如是见。我此终后。生有色非有想非无想。此实余虚。有言。我此终后。生无色非有想非无想。此实余虚。有言。我此终后。生有色无色非有想非无想。此实余虚。有言。我此终后。生非有色非无色非有想非无想。此实余虚。有言。我此终后。生有边非有想非无想。此实余虚。有言。我此终后。生无边非有想非无想。此实余虚。有言。我此终后。生有边无边非有想非无想。此实余虚。有言。我此终后。生非有边非无边非有想非无想。此实余虚。是为八见。若沙门．婆罗门因此于末劫末见。生非有想非无想论。说世间非有想非无想。尽入八见中。齐是不过。唯佛能知。亦复如是。

复有余甚深微妙大法光明。何等法是。诸有沙门．婆罗门于末劫末见。起断灭论。说众生断灭无余。彼尽入七见中。于末劫末见起断灭论。说众生断灭无余。于七见中。齐是不过。彼沙门．婆罗门因何事于末劫末见。起断灭论。说众生断灭无余。于七见中。齐是不过。诸有沙门．婆罗门作如是论。作如是见。我身四大．六入。从父母生乳餔养育。衣食成长。摩扪拥护。然是无常。必归磨灭。齐是名为断灭。第一见也。或有沙门．婆罗门作是说。言。此我不得名断灭。我欲界天断灭无余。齐是为断灭。是为二见。或有沙门．婆罗门作是说。言。此非断灭。色界化身。诸根具足。断灭无余。是为断灭。有言。此非断灭。我无色空处断灭。有言。此非断灭。我无色识处断灭。有言。此非断灭。我无色不用处断灭。有言。此非断灭。我无色有想无想处断灭。是第七断灭。是为七见。诸有沙门．婆罗门因此于末劫末见。言此众生类断灭无余。于七见中。齐此不过。唯佛能知。亦复如是。

复有余甚深微妙大法光明。何等法是。诸有沙门．婆罗门于末劫末见。现在生泥洹论。说众生现在有泥洹。彼尽入五见中。于末劫末见说现在有泥洹。于五见中。齐是不过。彼沙门．婆罗门因何事于末劫末见。说众生现有泥洹。于五见中。齐是不过。诸有沙门．婆罗门作是见。作是论。说。我于现在五欲自恣。此是我得现在泥洹。是第一见。复有沙门．婆罗门作是说。此是现在泥洹。非不是。复有现在泥洹微妙第一。汝所不知。独我知耳。如我去欲．恶不善法。有觉．有观离生喜．乐。入初禅。此名现在泥洹。是第二见。

复有沙门．婆罗门作如是说。此是现在泥洹。非不是。复有现在泥洹微妙第一。汝所不知。独我知耳。如我灭有觉．观。内喜．一心。无觉．无观。定生喜．乐。入第二禅。齐是名现在泥洹。是为第三见。复有沙门．婆罗门作是说。言。此现在泥洹。非不是。复有现在泥洹微妙第一。汝所不知。独我知耳。如我除念．舍．喜。住乐。护念一心。自知身乐。贤圣所说。入第三禅。齐是名现在泥洹。是为第四见。复有沙门．婆罗门作是说。言。此是现在泥洹。非不是。现在泥洹复有微妙第一。汝所不知。独我知耳。如我乐灭．苦灭。先除忧．喜。不苦不乐。护念清净。入第四禅。此名第一泥洹。是为第五见。若沙门．婆罗门于末劫末见。生现在泥洹论。于五见中。齐是不过。唯佛能知。亦复如是。

诸有沙门．婆罗门于末劫末见。无数种种。随意所说。于四十四见中。齐是不过。唯佛能知此诸见处。亦复如是。诸有沙门．婆罗门于本劫本见．末劫末见。无数种种。随意所说。尽入此六十二见中。于本劫本见．末劫末见。无数种种。随意所说。于六十二见中。齐此不过。唯如来知此见处。亦复如是。诸有沙门．婆罗门于本劫本见。生常论。说。我．世间是常。彼沙门．婆罗门于此生智。谓异信．异欲．异闻．异缘．异觉．异见．异定．异忍。因此生智。彼以希现则名为受。乃至现在泥洹。亦复如是。诸有沙门．婆罗门生常论。言。世间是常。彼因受缘。起爱生爱而不自觉知。染著于爱。为爱所伏。乃至现在泥洹。亦复如是。诸有沙门．婆罗门于本劫本见。生常论。言。世间是常。彼因触缘故。若离触缘而立论者。无有是处。乃至现在泥洹。亦复如是。诸有沙门．婆罗门于本劫本见．末劫末见。各随所见说。彼尽入六十二见中。各随所见说。尽依中在中。齐是不过。犹如巧捕鱼师。以细目网覆小池上。当知池中水性之类。皆入网内。无逃避处。齐是不过。诸沙门．婆罗门亦复如是。于本劫本见．末劫末见。种种所说。尽入六十二见中。齐是不过。

若比丘于六触集．灭．味．过．出要。如实而知。则为最胜。出彼诸见。如来自知生死已尽。所以有身。为欲福度诸天．人故。若其无身。则诸天．世人无所恃怙。犹如多罗树断其头者。则不复生。佛亦如是。已断生死。永不复生。

当佛说此法时。大千世界三返六种震动。尔时。阿难在佛后执扇扇佛。偏露右臂。长跪叉手。白佛言。此法甚深。当以何名。云何奉持。

佛告阿难。当名此经为义动．法动．见动．魔动．梵动。

尔时。阿难闻佛所说。欢喜奉行。

佛说长阿含经卷第十五

（二二）第三分种德经第三

如是我闻。

一时。佛在鸯伽国。与大比丘众千二百五十人俱。游行人间。止宿瞻婆城伽伽池侧。

时。有婆罗门。名曰种德。住瞻婆城。其城人民众多。炽盛丰乐。波斯匿王即封此城与种德婆罗门。以为梵分。此婆罗门七世以来父母真正。不为他人之所轻毁。异学三部讽诵通利。种种经书尽能分别。世典幽微靡不综练。又能善于大人相法．瞻候吉凶．祭祀仪礼。有五百弟子。教授不废。

时。瞻婆城内诸婆罗门．长者．居士闻沙门瞿昙释种子出家成道。从鸯伽国游行人间。至瞻婆城伽伽池侧。有大名称。流闻天下。如来．至真．等正觉。十号具足。于诸天．世人．魔．若魔．天．沙门．婆罗门中。自身作证。为他说法。上中下言。皆悉真正。义味具足。梵行清净。如此真人应往觐现。今我宁可往与相见。作此言已。即共相率。出瞻婆城。队队相随。欲往诣佛。

时。种德婆罗门在高台上。遥见众人队队相随。故问侍者。彼诸人等以何因缘队队相随。欲何所至。

侍者白言。我闻沙门瞿昙释种子出家成道。于鸯伽国游行人间。至瞻婆城伽伽池侧。有大名称。流闻天下。如来．至真．等正觉。十号具足。于诸天．世人．魔．若魔．天．沙门．婆罗门中自身作证。为他人说。上中下言。皆悉真正。义味具足。梵行清净。此瞻婆城诸婆罗门．长者．居士众聚相随。欲往问讯瞿昙沙门耳。

时。种德婆罗门即敕侍者。汝速持我声。往语诸人。卿等小住。须我往至。当共俱诣彼瞿昙所。

时。彼侍者即以种德声。往语诸人言。诸人且住。须我往到。当共俱诣彼瞿昙所。

时。诸人报侍者言。汝速还白婆罗门言。今正是时。宜共行也。

侍者还白。诸人已住。言。今正是时。宜共行也。时。种德婆罗门即便下台。至中门立。

时。有余婆罗门五百人。以少因缘。先集门下。见种德婆罗门来。皆悉起迎问言。大婆罗门。欲何所至。

种德报言。有沙门瞿昙释种子出家成道。于鸯伽国游行人间。至瞻婆城伽伽池侧。有大名称。流闻天下。如来．至真．等正觉。十号具足。于诸天．世人．魔．若魔．天．沙门．婆罗门中。自身作证。为他说法。上中下言。皆悉真正。义味具足。梵行清净。如是真人宜往觐现。我今欲往至彼相见。

时。五百婆罗门即白种德言。勿往相见。所以者何。彼应诣此。此不应往。今大婆罗门七世以来父母真正。不为他人之所轻毁。若成就此法者。彼应诣此。此不应诣彼。又大婆罗门异学三部讽诵通利。种种经书皆能分别。世典幽微靡不综练。又能善于大人相法．瞻相吉凶．祭祀仪礼。成就此法者。彼应诣此。此不应诣彼。又大婆罗门颜貌端正。得梵色像。成就此法者。彼应诣此。此不应诣彼。又大婆罗门戒德增上。智慧成就。成就此法者。彼应诣此。此不应诣彼。

又大婆罗门所言柔和。辩才具足。义味清净。成就此法者。彼应诣此。此不应诣彼。又大婆罗门为大师。弟子众多。成就此法者。彼应诣此。此不应诣彼。又大婆罗门常教授五百婆罗门。成就此法者。彼应诣此。此不应诣彼。又大婆罗门四方学者皆来请受。问诸技术祭祀之法。皆能具答。成就此法者。彼应诣此。此不应诣彼。又大婆罗门为波斯匿王及瓶沙王恭敬供养。成就此法者。彼应诣此。此不应诣彼。又大婆罗门富有财宝。库藏盈溢。成就此法者。彼应诣此。此不应诣彼。又大婆罗门智慧明达。所言通利。无有怯弱。成就此法者。彼应诣此。此不应诣彼。

尔时。种德告诸婆罗门曰。如是。如是。如汝所言。我具有此德。非不有也。汝当听我说。沙门瞿昙所有功德。我等应往彼。彼不应来此。沙门瞿昙七世已来父母真正。不为他人之所轻毁。彼成就此法者。我等应往彼。彼不应来此。又沙门瞿昙颜貌端正。出刹利种。成就此法者。我应诣彼。彼不应来此。又沙门瞿昙生尊贵处。出家为道。成就此法者。我应诣彼。彼不应来此。又沙门瞿昙光色具足。种姓真正。出家修道。成就此法者。我应诣彼。彼不应来此。又沙门瞿昙生财富家。有大威力。出家为道。成就此法者。我应诣彼。彼不应来此。

又沙门瞿昙具贤圣戒。智慧成就。成就此法者。我应诣彼。彼不应来此。又沙门瞿昙。善于言语柔软和雅。成就此法者。我应诣彼。彼不应来此。又沙门瞿昙。为众导师。弟子众多。成就此法者。我应诣彼。彼不应来此。又沙门瞿昙。永灭欲爱。无有卒暴。忧畏已除。衣毛不竖。欢喜和悦。见人称善。善说行报。不毁余道。成就此法者。我应诣彼。彼不应来此。又沙门瞿昙。恒为波斯匿王及瓶沙王礼敬供养。成就此法者。我应诣彼。彼不应来此。又沙门瞿昙。为沸伽罗娑罗婆罗门礼敬供养。亦为梵婆罗门．多利遮婆罗门．锯齿婆罗门．首迦摩纳都耶子所见供养。成就此法者。我应诣彼。彼不应来此。

又沙门瞿昙为诸声闻弟子之所宗奉。礼敬供养。亦为诸天．余鬼神众之所恭敬。释种．俱利．冥宁．跋祇．末余．酥摩皆悉宗奉。成就此法者。我应诣彼。彼不应来此。又沙门瞿昙授波斯匿王及瓶沙王受三归五戒。成就此法者。我应诣彼。彼不应来此。又沙门瞿昙授沸伽罗娑罗婆罗门等三归五戒。成就此法者。我应诣彼。彼不应来此。又沙门瞿昙弟子受三自归五戒。诸天．释种．俱利等。皆受三归五戒。成就此法者。我应诣彼。彼不应来此。

又沙门瞿昙游行之时。为一切人恭敬供养。成就此法者。我应诣彼。彼不应来此。又沙门瞿昙所至城郭聚落。为人供养。成就此法者。我应诣彼。彼不应来此。又沙门瞿昙所至之处。非人．鬼神不敢触娆。成就此法者。我应诣彼。彼不应来此。又沙门瞿昙所至之处。其处人民皆见光明。闻天乐音。成就此法者。我应诣彼。彼不应来此。又沙门瞿昙所至之处。若欲去时。众人恋慕。涕泣而送。成就此法者。我应诣彼。彼不应来此。

又沙门瞿昙初出家时。父母涕泣。爱惜恋恨。成就此法者。我应诣彼。彼不应来此。又沙门瞿昙少壮出家。舍诸饰好．象马．宝车．五欲．璎珞。成就此法者。我应诣彼。彼不应来此。又沙门瞿昙舍转轮王位。出家为道。若其在家。当居四天下。统领民物。我等皆属。成就此法者。我应诣彼。彼不应来此。

又沙门瞿昙明解梵法。能为人说。亦与梵天往返言语。成就此法者。我应诣彼。彼不应来此。又沙门瞿昙三十二相皆悉具足。成就此法者。我应诣彼。彼不应来此。又沙门瞿昙智慧通达。无有怯弱。成就此法者。我应诣彼。彼不应来此。彼瞿昙今来至此瞻婆城伽伽池侧。于我为尊。又是贵客。宜往亲觐。

时。五百婆罗门白种德言。甚奇。甚特。彼之功德乃如是耶。若彼于诸德中能成一者尚不应来。况今尽具。宜尽相率。共往问讯。

种德答言。汝欲行者。宜知是时。

时。种德即严驾宝车。与五百婆罗门及瞻婆城诸婆罗门长者．居士。前后围绕。诣伽伽池。去池不远。自思惟言。我设问瞿昙。或不可彼意。彼沙门瞿昙当呵我言。应如是问。不应如是问。众人闻者。谓我无智。损我名称。设沙门瞿昙问我义者。我答或不称彼意。彼沙门当呵我言。应如是答。不应如是答。众人闻者。谓我无智。损我名称。设我默然于此还者。众人当言。此无所知。竟不能至沙门瞿昙所。损我名称。若沙门瞿昙问我婆罗门法者。我答瞿昙足合其意耳。

时。种德于伽伽池侧作是念已。即便前行下车步进。至世尊所。问讯已。一面坐。时。瞻婆城诸婆罗门．长者．居士。或有礼佛而坐者。或有问讯而坐者。或有称名而坐者。或叉手向佛而坐者。或有默然而坐者。众坐既定。佛知种德婆罗门心中所念。而告之曰。汝所念者。当随汝愿。佛问种德。汝婆罗门成就几法。所言诚实。能不虚妄。

尔时。种德默自念言。甚奇。甚特。沙门瞿昙有大神力。乃见人心。如我所念而问我义。

时。种德婆罗门端身正坐。四顾大众。熙怡而笑。方答佛言。我婆罗门成就五法。所言至诚。无有虚妄。云何为五。一者婆罗门七世已来父母真正。不为他人之所轻毁。二者异学三部讽诵通利。种种经书尽能分别。世典幽微靡不综练。又能善于大人相法．明察吉凶．祭祀仪礼。三者颜貌端正。四者持戒具足。五者智慧通达。是为五。瞿昙。婆罗门成就此五法。所言诚实。无有虚妄。

佛言。善哉。种德。颇有婆罗门于五法中舍一成四。亦所言诚实。无有虚妄。得名婆罗门耶。

种德白佛言。有。所以者何。瞿昙。何用生为。若婆罗门异学三部讽诵通利。种种经书尽能分别。世典幽微靡不综练。又能善于大人相法．明察吉凶．祭祀仪礼。颜貌端正。持戒具足。智慧通达。有此四法。则所言诚实。无有虚妄。名婆罗门。

佛告种德。善哉。善哉。若于此四法中舍一成三者。亦所言诚实。无有虚妄。名婆罗门耶。

种德报言。有所以者何。何用生．诵为。若婆罗门颜貌端正。持戒具足。智慧通达。成此三者。所言真诚。无有虚妄。名婆罗门。

佛言。善哉。善哉。云何。若于三法中舍一成二。彼亦所言至诚。无有虚妄。名婆罗门耶。

答曰。有。所以者何。何用生．诵及端正为。

尔时。五百婆罗门各各举声。语种德婆罗门言。何故呵止生．诵及与端正。谓为无用。

尔时。世尊告五百婆罗门曰。若种德婆罗门容貌丑陋。无有种姓。讽诵不利。无有辩才．智慧．善答。不能与我言者。汝等可语。若种德颜貌端正。种姓具足。讽诵通利。智慧辩才。善于问答。足堪与我共论义者。汝等且默。听此人语。

尔时。种德婆罗门白佛言。唯愿瞿昙且小停止。我自以法往训此人。

尔时。种德寻告五百婆罗门曰。鸯伽摩纳今在此众中。是我外甥。汝等见不。今诸大众普共集此。唯除瞿昙颜貌端正。其余无及此摩纳者。而此摩纳杀生．偷盗．淫逸．无礼．虚妄．欺诳。以火烧人。断道为恶。诸婆罗门。此鸯伽摩纳众恶悉备。然则讽诵．端正。竟何用为。

时。五百婆罗门默然不对。种德白佛言。若持戒具足。智慧通达。则所言至诚。无有虚妄。得名婆罗门也。

佛言。善哉。善哉。云何。种德。若于二法中舍一成一。亦所言诚实。无有虚妄。名婆罗门耶。

答曰。不得。所以者何。戒即智慧。智慧即戒。有戒有智。然后所言诚实。无有虚妄。我说名婆罗门。

佛言。善哉。善哉。如汝所说。有戒则有慧。有慧则有戒。戒能净慧。慧能净戒。种德。如人洗手。左右相须。左能净右。右能净左。此亦如是。有慧则有戒。有戒则有慧。戒能净慧。慧能净戒。婆罗门。戒．慧具者。我说名比丘。

尔时。种德婆罗门白佛言。云何为戒。

佛言。谛听。谛听。善思念之。吾当为汝一一分别。

对曰。唯然。愿乐欲闻。

尔时。世尊告婆罗门曰。若如来出现于世。应供．正遍知．明行成．善逝．世间解．无上士．调御丈夫．天人师．佛．世尊。于诸天．世人．沙门．婆罗门中。自身作证。为他人说。上中下言。皆悉真正。义味具足。梵行清净。若长者．长者子闻此法者。信心清净。信心清净已。作如是观。在家为难。譬如桎梏。欲修梵行。不得自在。今我宁可剃除须发。服三法衣。出家修道。彼于异时舍家财业。弃捐亲族。服三法衣。去诸饰好。讽诵比丘。具足戒律。舍杀不杀。乃至心法四禅现得欢乐。所以者何。斯由精勤。专念不忘。乐独闲居之所得也。婆罗门。是为具戒。

又问。云何为慧。

佛言。若比丘以三昧心清净无秽。柔软调伏。住不动处。乃至得三明。除去无明。生于慧明。灭于闇冥。生大法光。出漏尽智。所以者何。斯由精勤。专念不忘。乐独闲居之所得也。婆罗门。是为智慧具足。

时。种德婆罗门白佛言。今我归依佛．法．圣众。唯愿听我于正法中为优婆塞。自今已后。尽形寿不杀．不盗．不淫．不欺．不饮酒。

时。种德婆罗门闻佛所说。欢喜奉行。

（二三）第三分究罗檀头经第四

如是我闻。

一时。佛在俱萨罗国。与大比丘众千二百五十人俱。游行人间。至俱萨罗佉㝹婆提婆罗门村北。止宿尸舍婆林中。

时。有婆罗门名究罗檀头。止佉㝹婆提村。其村丰乐。人民炽盛。园观浴池。树木清凉。波斯匿王即封此村与究罗檀头婆罗门。以为梵分。此婆罗门七世已来父母真正。不为他人之所轻毁。异学三部讽诵通利。种种经书尽能分别。世典幽微靡不综练。又能善于大人相法．瞻候吉凶。祭祀仪礼。有五百弟子。教授不废。时。婆罗门欲设大祀。办五百特牛．五百牸牛．五百特犊．五百牸犊．五百羖羊．五百羯羊。欲以供祀。

时。佉㝹婆提村诸婆罗门．长者．居士闻沙门瞿昙释种子出家成道。从俱萨罗国人间游行。至佉㝹婆提村北尸舍林止。有大名称。流闻天下。如来．至真．等正觉。十号具足。于诸天．世人．魔．若魔．天．沙门．婆罗门中。自身作证。为他说法。上中下言。皆悉真正。义味具足。梵行清净。如此真人。应往觐现。今我等宁可往共相见。作此语已。即便相率。出佉冤婆提村。队队相随。欲诣佛所。

时。究罗檀头婆罗门在高楼上。遥见众人队队相随。顾问侍者。彼诸人等。以何因缘队队相随。欲何所至。

侍者白言。我闻沙门瞿昙释种子出家成道。于俱萨罗国游行人间。诣佉冤婆提村北尸舍婆林中止。有大名称。流闻天下。如来．至真．等正觉。十号具足。于诸天．世人．魔．若魔．天．沙门．婆罗门中。自身作证。为他说法。上中下言。皆悉真正。义味具足。梵行清净。此村诸婆罗门．长者．居士众聚相随。欲往问讯沙门瞿昙耳。

时。究罗檀头婆罗门即敕侍者。汝速持我声。往语诸人言。卿等小住。须待我往。当共俱诣沙门瞿昙。

时。彼侍者即承教命。往语诸人言。且住。须我往到。当共俱诣沙门瞿昙所。

诸人报使者言。汝速还白婆罗门。今正是时。宜共行也。

侍者还白。诸人已住。言。今正是时。宜共行也。时。婆罗门即便下楼。出中门立。

时。有余婆罗门五百人在中门外坐。助究罗檀头施设大祀。见究罗檀头。皆悉起迎问言。大婆罗门。欲何所至。

报言。我闻有沙门瞿昙释种子出家成道。于俱萨罗国人间游行。诣佉冤婆提村北尸舍婆林。有大名称。流闻天下。如来．至真．等正觉。十号具足。于诸天．世人．沙门．婆罗门中。自身作证。为人说法。上中下言。皆悉真正。义味具足。梵行清净。如此真人。宜往觐现。诸婆罗门。我又闻瞿昙知三种祭祀．十六祀具。今我众中先学旧识所不能知。我今欲大祭祀。牛羊已备。欲诣瞿昙问三种祭祀。十六祀具。我等得此祭祀法已。功德具足。名称远闻。

时。五百婆罗门白究罗檀头言。大师勿往。所以者何。彼应来此。此不应往。大师七世已来父母真正。不为他人之所轻毁。若成此法者。彼应来此。此不应诣彼。

又言。大师异学三部讽诵通利。种种经书尽能分别。世典幽微无不综练。又能善于大人相法．瞻相吉凶．祭祀仪礼。成此法者。彼应诣此。此不应诣彼。又大师颜貌端正。得梵色像。成此法者。彼应诣此。此不应诣彼。又大师戒德增上。智慧成就。成就此法者。彼应诣此。此不应诣彼。又大师所言柔和。辩才具足。义味清净。成此法者。彼应诣此。此不应诣彼。

又大师为众导首。弟子众多。成此法者。彼应诣此。此不应诣彼。又大师常教授五百婆罗门。成此法者。彼应诣此。此不应诣彼。又大师四方学者皆来请受。问诸技术祭祀之法。皆能具答。成此法者。彼应诣此。此不应诣彼。又大师为波斯匿王及瓶沙王恭敬供养。成此法者。彼应诣此。此不应诣彼。又大师富有财宝。库藏盈溢。成此法者。彼应诣此。此不应诣彼。又大师智慧明达。所言通利。无有怯弱。成此法者。彼应诣此。此不应诣彼。大师若具足此十一法。彼应诣此。此不应诣彼。

时。究罗檀头言。如是。如是。如汝等言。我实有此德。非不有也。汝当复听我说。沙门瞿昙所成功德。我等应诣彼。彼不应来此。沙门瞿昙七世已来父母真正。不为他人之所轻毁。彼成此法者。我等应诣彼。彼不应来。又沙门瞿昙颜貌端正。出刹利种。成此法者。我应诣彼。彼不应来。又沙门瞿昙生尊贵家。出家为道。成此法者。我应诣彼。彼不应来此。又沙门瞿昙光明具足。种姓真正。出家修道。成此法者。我应诣彼。彼不应来。又沙门瞿昙生财富家。有大威力。出家修道。成此法者。我应诣彼。彼不应来。

又沙门瞿昙具贤圣戒。智慧成就。成此法者。我应诣彼。彼不应来。又沙门瞿昙善于言语。柔软和雅。成此法者。我应诣彼。彼不应来。又沙门瞿昙为众导师。弟子众多。成此法者。我应诣彼。彼不应来。又沙门瞿昙永灭欲爱。无有卒暴。忧畏已除。衣毛不竖。欢喜和悦。见人称善。善说行报。不毁余道。成此法者。我应诣彼。彼不应来。又沙门瞿昙常为波斯匿王及瓶沙王礼敬供养。成此法者。我应诣彼。彼不应来。又沙门瞿昙为沸伽罗娑罗婆罗门礼敬供养。亦为梵婆罗门．多利遮婆罗门．种德婆罗门．首伽摩纳兜耶子恭敬供养。成此法者。我应诣彼。彼不应来。

又沙门瞿昙为诸声闻弟子之所宗奉礼敬供养。亦为诸天及诸鬼神之所恭敬。释种．俱梨．冥宁．跋祇．末罗．苏摩皆悉宗奉。成此法者。我应诣彼。彼不应来。又沙门瞿昙波斯匿王及瓶沙王受三归五戒。成此法者。我应诣彼。彼不应来。又沙门瞿昙沸伽罗娑罗婆罗门等受三归五戒。成此法者。我应诣彼。彼不应来。又沙门瞿昙弟子受三归五戒。诸天．释种．俱梨等。受三归五戒。成此法者。我应诣彼。彼不应来。

又沙门瞿昙所游行处。为一切人恭敬供养。成此法者。我应诣彼。彼不应来。又沙门瞿昙所至城郭村邑。无不倾动恭敬供养。成此法者。我应诣彼。彼不应来。又沙门瞿昙所至之处。非人．鬼神不敢触娆。成此法者。我应诣彼。彼不应来。又沙门瞿昙所至之处。其处人民皆见光明。闻天乐音。成此法者。我应诣彼。彼不应来。又沙门瞿昙所至之处。若欲去时。众人恋慕。涕泣而送。成此法者。我应诣彼。彼不应来。

又沙门瞿昙初出家时。父母宗亲涕泣恋恨。成此法者。我应诣彼。彼不应来。又沙门瞿昙少壮出家。舍诸饰好．象马．宝车．五欲．璎珞。成此法者。我应诣彼。彼不应来。又沙门瞿昙舍转轮王位。出家修道。若其在家。王四天下。统领民物。我等皆属。成此法者。我应诣彼。彼不应来。

又沙门瞿昙明解梵法。能为人说。亦与梵天往返语言。成此法者。我应诣彼。彼不应来。又沙门瞿昙明解三种祭祀．十六祀具。我等宿旧所不能知。成此法者。我应诣彼。彼不应来。又沙门瞿昙三十二相具足。成此法者。我应诣彼。彼不应来。又沙门瞿昙智慧通达。无有怯弱。成此法者。我应诣彼。彼不应来。彼瞿昙来至此伊冤婆提村。于我为尊。又是贵客。宜往觐现。

时。五百婆罗门白究罗檀头言。甚奇。甚特。彼之功德乃如是耶。若使瞿昙于诸德中成就一者。尚不应来。况今尽具。宜尽相率。共往问讯。

究罗檀头言。欲行者。宜知是时。

时。婆罗门即严驾宝车。与五百婆罗门及伊冤婆提诸婆罗门长者．居士。前后围绕。诣尸舍婆林。到已下车。步进至世尊所。问讯已。一面坐。时。诸婆罗门．长者。居士。或有礼佛而坐者。或问讯而坐者。或有称名而坐者。或有叉手向佛而坐者。或有默然而坐者。众坐已定。究罗檀头白佛言。欲有所问。若有闲暇得见听者。乃敢请问。

佛言。随意所问。

时。婆罗门白佛言。我闻瞿昙明解三种祭祀及十六种祭具。我等先宿耆旧所不能知。我等今者欲为大祭祀。已办五百特牛．五百牸牛．五百特犊．五百牸犊．五百羖羊．五百羯羊。欲以祭祀。今日顾来。问三祭法及十六祭具。若得成此祀者。得大果报。名称远闻。天人所敬。

尔时。世尊告究罗檀头婆罗门曰。汝今谛听。谛听。善思念之。当为汝说。

婆罗门言。唯然。瞿昙。愿乐欲闻。

尔时。佛告究罗檀头曰。乃往过去久远世时。有刹利王。水浇头种。欲设大祀。集婆罗门大臣而告之曰。我今大有财宝具足。五欲自恣。年已朽迈。士众强盛。无有怯弱。库藏盈溢。今欲设大祀。汝等说祀法斯何所须。时。彼大臣即白王言。如是。大王。如王所言。国富兵强。库藏盈溢。但诸民物多怀恶心。习诸非法。若于此时而为祀者。不成祀法。如遣盗逐盗。则不成使。大王。勿作是念言。此是我民。能伐能杀。能呵能止。诸近王者当给其所须。诸治生者当给其财宝。诸修田业者当给其牛犊．种子。使彼各各自营。王不逼迫于民。则民人安隐。养育子孙。共相娱乐。

佛告究罗檀头。时。王闻诸臣语已。诸亲近者给其衣食。诸有商贾给其财宝。修农田者给牛．种子。是时人民各各自营。不相侵恼。养育子孙。共相娱乐。

佛言。时。王复召诸臣语言。我国富兵强。库藏盈溢。给诸人民。使无所乏。养育子孙。共相娱乐。我今欲设大祀。汝说祀法悉何所须。诸臣白王。如是。如是。如王所说。国富兵强。库藏盈溢。给诸人民。使其无乏。养育子孙。共相娱乐。王欲祀者。可语宫内使知。时。王即如臣言。入语宫内。我国富兵强。库藏盈溢。多有财宝。欲设大祀。时。诸夫人寻白王言。如是。如是。如大王言。国富兵强。库藏盈溢。多有珍宝。欲设大祀。今正是时。王出报诸臣言。我国富兵强。库藏盈溢。给诸人民。使其无乏。养育子孙。共相娱乐。今欲大祀。已语宫内。汝尽语我。斯须何物。

时。诸大臣即白王言。如是。如是。如王所说。欲设大祀。已语宫内。而未语太子．皇子．大臣．将士。王当语之。时。王闻诸臣语已。即语太子．皇子．群臣．将士言。我国富兵强。库藏盈溢。欲设大祀。时。太子．皇子及诸群臣．将士即白王言。如是。如是。大王。今国富兵强。库藏盈溢。欲设祀者。今正是时。时。王复告大臣曰。我国富兵强。多有财宝。欲设大祀。已语宫内．太子．皇子。乃至将士。今欲大祀。斯何所须。诸臣白王。如大王言。欲设祀者。今正是时。王闻语已。即于城东起新堂舍。王入新舍。被鹿皮衣。以香酥油涂摩其身。又以鹿角戴之头上。牛屎涂地。坐卧其上。及第一夫人．婆罗门．大臣。选一黄牸牛。一乳王食。一乳夫人食。一乳大臣食。一乳供养大众。余与犊子。时。王成就八法。大臣成就四法。

云何王成就八法。彼刹利王七世以来父母真正。不为他人所见轻毁。是为成就初法。彼王颜貌端正。刹利种族。是为二法。彼王戒德增盛。智慧具足。是为三法。彼王习种种技术。乘象．马车．刀牟．弓矢．战斗之法。无不具知。是为四法。彼王有大威力。摄诸小王。无不靡伏。是为五法。彼王善于言语。所说柔软。义味具足。是为六法。彼王多有财宝。库藏盈溢。是为七法。彼王智谋勇果。无复怯弱。是为八法。彼刹利王。成此八法。

云何大臣成就四法。彼婆罗门大臣七世以来父母真正。不为他人所见轻毁。是为初法。复次。彼大臣异学三部讽诵通利。种种经书皆能分别。世典幽微靡不综练。又能善于大人相法．瞻察吉凶．祭祀仪礼。是为二法。复次。大臣善于言语。所说柔和。义味具足。是为三法。复次。大臣智谋勇果。无有怯弱。凡祭祀法无不解知。是为四法。时。彼王成就八法。婆罗门大臣成就四法。彼王有四援助．三祭祀法．十六祀具。

时。婆罗门大臣于彼新舍。以十六事开解王意。除王疑想。云何十六。大臣白王。或有人言。今刹利王欲为大祀。而七世以来父母不正。常为他人所见轻毁。设有此言。不能污王。所以者何。王七世以来父母真正。不为他人之所轻毁。或有人言。今刹利王欲为大祀。而颜貌丑陋。非刹利种。设有此言。不能污王。所以者何。王颜貌端正。刹利种族。或有人言。今刹利王欲为大祀。而无增上戒。智慧不具。设有此言。不能污王。所以者何。王戒德增上。智慧具足。或有人言。今刹利王欲为大祀。而不善诸术。乘象．马车．种种兵法不能解知。设有此言。不能污王。所以者何。王善诸技术。战阵兵法。无不解知。或有人言。王欲为大祀。而无大威力摄诸小王。设有是言。不能污王。所以者何。王有大威力。摄诸小王。

或有人言。王欲大祀。而不善于言语。所说粗犷。义味不具。设有此言。不能污王。所以者何。王善于言语。所说柔软。义味具足。或有人言。王欲大祀。而无多财宝。设有是言。不能污王。所以者何。王库藏盈溢。多有财宝。或有人言。王欲大祀。而无智谋。志意怯弱。设有是言。不能污王。所以者何。王智谋勇果。无有怯弱。或有人言。王欲大祀。不语宫内。设有是语。不能污王。所以者何。王欲祭祀。先语宫内。或有人言。王欲大祀。而不语太子．皇子。设有此言。不能污王。所以者何。王欲祭祀。先语太子．皇子。或有人言。王欲大祀。不语群臣。设有此言。不能污王。所以者何。王欲大祀。先语群臣。或有人言。王欲大祀。不语将士。设有此言不能污王。所以者何。王欲祭祀。先语将士。

或有人言。王欲大祀。而婆罗门大臣七世以来父母不正。常为他人之所轻毁。设有是语。不能污王。所以者何。我七世以来父母真正。不为他人所见轻毁。或有人言。王欲大祀。而大臣于异学三部讽诵不利。种种经书不能分别。世典幽微亦不综练。不能善于大人相法．瞻察吉凶．祭祀仪礼。设有此言。不能污王。所以者何。我于三部异典讽诵通利。种种经书皆能分别。世典幽微靡不综练。又能善于大人相法．瞻察吉凶．祭祀仪礼。或有人言。王欲大祀。而大臣不善言语。所说粗犷。义味不具。设有此言。不能污王。所以者何。我善言语。所说柔和。义味具足。或有人言。王欲大祀。而大臣智谋不具。志意怯弱。不解祀法。设有是言。不能污王。所以者何。我智谋勇果。无有怯弱。凡祭祀法。无不解知。

佛告究罗檀头。彼王于十六处有疑。而彼大臣以十六事开解王意。

佛言。时。大臣于彼新舍。以十事行示教利喜于王。云何为十。大臣言。王祭祀时。诸有杀生．不杀生来集会者。平等施与。若有杀生而来者。亦施与。彼自当知。不杀而来者。亦施与。为是故施。如是心施。若复有偷盗．邪淫．两舌．恶口．妄言．绮语．贪取．嫉妒．邪见来在会者。亦施与。彼自当知。若有不盗。乃至正见来者。亦施与。为是故施。如是心施。

佛告婆罗门。彼大臣以此十行示教利喜。

又告婆罗门。时。彼刹利王于彼新舍生三悔心。大臣灭之。云何为三。王生悔言。我今大祀。已为大祀．当为大祀．今为大祀。多损财宝。起此三心。而怀悔恨。大臣语言。王已为大祀。已施．当施．今施。于此福祀不宜生悔。是为王入新舍生三悔心。大臣灭之。

佛告婆罗门。尔时。刹利王水浇头种。以十五日月满时出彼新舍。于舍前露地然大火[廿/积]。手执油瓶注于火上。唱言。与。与。时。彼王夫人闻王以十五日月满时出新舍。于舍前然大火[廿/积]。手执油瓶注于火上。唱言。与。与。彼夫人．媒女多持财宝。来诣王所。而白王言。此诸杂宝。助王为祀。婆罗门。彼王寻告夫人．媒女言。止。止。汝便为供养已。我自大有财宝。足以祭祀。诸夫人．媒女自生念言。我等不宜将此宝物还于宫中。若王于东方设大祀时。当用佐助。婆罗门。其后王于东方设大祀时。夫人．媒女即以此宝物助设大祀。

时。太子．皇子闻王十五日月满时出新舍。于舍前然大火[廿/积]。手执油瓶注于火上。唱言。与。与。彼太子．皇子多持财宝。来诣王所。白王言。以此宝物。助王大祀。王言。止。止。汝便为供养已。我自大有财宝。足已祭祀。诸太子．皇子自生念言。我等不宜持此宝物还也。王若于南方设大祀者。当以佐助。如是大臣持宝物来。愿已助王祭祀西方。将士持宝物来。愿已助王祭祀北方。

佛告婆罗门。彼王大祭祀时。不杀牛．羊及诸众生。唯用酥．乳．麻油．蜜．黑蜜．石蜜。以为祭祀。

佛告婆罗门。彼刹利王为大祀时。初喜．中喜。后亦喜。此为成办祭祀之法。

佛告婆罗门。彼刹利王为大祀已。剃除须发。服三法衣。出家为道。修四无量心。身坏命终。生梵天上。时。王夫人为大施已。亦复除发。服三法衣。出家修道。行四梵行。身坏命终。生梵天上。婆罗门大臣教王四方祭祀已。亦为大施。然后剃除须发。服三法衣。出家修道。行四梵行。身坏命终。生梵天上。

佛告婆罗门。时。王为三祭祀法．十六祀具。而成大祀。于汝意云何。

时。究罗檀头闻佛言已。默然不对。时。五百婆罗门语究罗檀头言。沙门瞿昙所言微妙。大师何故默然不答。

究罗檀头答言。沙门瞿昙所说微妙。我非不然可。所以默然者。自思惟耳。沙门瞿昙说此事。不言从他闻。我默思惟。沙门瞿昙将无是彼刹利王耶。或是彼婆罗门大臣耶。

尔时。世尊告究罗檀头曰。善哉。善哉。汝观如来。正得其宜。是时。刹利王为大祀者。岂异人乎。勿造斯观。即吾身是也。我于尔时极大施慧。

究罗檀头白佛言。齐此三祭祀及十六祀具得大果报。复有胜者耶。

佛言。有。

问曰。何者是。

佛言。于此三祭祀及十六祀具。若能常供养众僧。使不断者。功德胜彼。

又问。于三祭祀及十六祀具。若能常供养众僧使不断者。为此功德最胜。复有胜者耶。

佛言。有。

又问。何者是。

佛言。若以三祭祀及十六祀具并供养众僧使不断者。不如为招提僧起僧房堂阁。此施最胜。

又问。为三祭祀及十六祀具。并供养众僧使不断绝。及为招提僧起僧房堂阁。为此福最胜。复有胜者耶。

佛言。有。

又问。何者是。

佛言。若为三种祭祀．十六祀具。供养众僧使不断绝。及为招提僧起僧房堂阁。不如起欢喜心。口自发言。我归依佛。归依法。归依僧。此福最胜。

又问。齐此三归。得大果报耶。复有胜者。

佛言。有。

又问。何者是。

佛言。若以欢喜心受．行五戒。尽形寿不杀．不盗．不淫．不欺．不饮酒。此福最胜。

又问。齐此三祀。至于五戒。得大果报耶。复有胜者。

佛言。有。

又问。何者是。

佛言。若能以慈心念一切众生。如构牛乳顷。其福最胜。

又问。齐此三祀。至于慈心。得大果报耶。复有胜者。

佛言。有。

又问。何者是。

佛言。若如来．至真．等正觉出现于世。有人于佛法中出家修道。众德悉备。乃至具足三明。灭诸痴冥。具足慧明。所以者何。以不放逸．乐闲静故。此福最胜。

究罗檀头又白佛言。瞿昙。我为祭祀。具诸牛羊各五百头。今尽放舍。任其自游随逐水草。我今归依佛。归依法。归依僧。听我于正法中为优婆塞。自今以后。尽形寿不杀．不盗．不淫．不欺．不饮酒。唯愿世尊及诸大众时受我请。尔时。世尊默然受之。

时。婆罗门见佛默然受请已。即起礼佛。绕三匝而去。还家供办种种肴膳。明日时到。尔时。世尊着衣持钵。与大比丘众千二百五十人俱。诣婆罗门舍。就座而坐。时婆罗门手自斟酌。供佛及僧。食讫去钵。行澡水毕。佛为婆罗门而作颂曰。

祭祀火为上　　讽诵诗为上

人中王为上　　众流海为上

179

星中月为上　　光明日为上
上下及四方　　诸有所生物
天及世间人　　唯佛为最上
欲求大福者　　当供养三宝

尔时。究罗檀头婆罗门即取一小座于佛前坐。尔时世尊渐为说法。示教利喜。施论．戒论．生天之论。欲为大患。上漏为碍。出要为上。分布显示诸清净行。尔时。世尊观彼婆罗门志意柔软。阴盖轻微。易可调伏。如诸佛常法。为说苦谛。分别显示。说集圣谛．集灭圣谛．出要圣谛。时。究罗檀头婆罗门即于座上远尘离垢。得法眼净。犹如净洁白叠。易为受染。檀头婆罗门亦复如是。见法得法。获果定住。不由他信。得无所畏。而白佛言。我今重再三归依佛．法．圣众。愿佛听我于正法中为优婆塞。自今已后。尽形寿不杀．不盗．不淫．不欺．不饮酒。

重白佛言。唯愿世尊更受我七日请。尔时。世尊默然受之。时。婆罗门即于七日中。手自斟酌。供佛及僧。过七日已。世尊游行人间。

佛去未久。时究罗檀头婆罗门得病命终。时。众多比丘闻究罗檀头供养佛七日。佛去未久。得病命终。即自念言。彼人命终。当何所趣。时。诸比丘诣世尊所。头面礼足。于一面坐。彼究罗檀头今者命终。当生何所。

佛告诸比丘。彼人净修梵行。法法成就。亦不于法有所触娆。以断五下分结。于彼现般涅槃。不来此世。

尔时。诸比丘闻佛所说。欢喜奉行。

佛说长阿含经卷第十六

（二四）第三分坚固经第五

如是我闻。

一时。佛在那难陀城波婆利掩次林中。与大比丘众千二百五十人俱。

尔时。有长者子。名曰坚固。来诣佛所。头面礼足。在一面坐。时。坚固长者子白佛言。善哉。世尊。唯愿今者来诸比丘。若有婆罗门．长者子．居士来。当为现神足显上人法。

佛告坚固。我终不教诸比丘为婆罗门．长者．居士而现神足上人法也。我但教弟子于空闲处静默思道。若有功德。当自覆藏。若有过失。当自发露。

时。坚固长者子复白佛言。唯愿世尊来诸比丘。若有婆罗门．长者．居士来。当为现神足。显上人法。

佛复告坚固。我终不教诸比丘为婆罗门．长者．居士而现神足上人法也。我但教弟子于空闲处静默思道。若有功德。当自覆藏。若有过失。当自发露。

时。坚固长者子白佛言。我于上人法无有疑也。但此那难陀城国土丰乐。人民炽盛。若于中现神足者。多所饶益。佛及大众善弘道化。

佛复告坚固。我终不教比丘为婆罗门．长者子．居士而现神足上人法也。我但教弟子于空闲处静默思道。若有功德。当自覆藏。若有过失。当自发露。所以者何。有三神足。云何为三。一曰神足。二曰观察他心。三曰教诫。云何为神足。长者子。比丘习无量神足。能以一身变成无数。以无数身还合为一。若远若近。山河石壁。自在无碍。犹如行空。于虚空中结加趺坐。犹如飞鸟。出入大地。犹如在水。若行水上。犹如履地。身出烟火。如大火聚。手扪日月。立至梵天。若有得信长者．居士见此比丘现无量神足。立至梵天。当复诣余未得信长者．居士所。而告之言。我见比丘现无量神足。立至梵天。彼长者．居士未得信者语得信者言。我闻有瞿罗咒。能现如是无量神变。乃至立至梵天。

佛复告长者子坚固。彼不信者。有如此言。岂非毁谤言耶。

坚固白佛言。此实是毁谤言也。

佛言。我以是故。不来诸比丘现神变化。但教弟子于空闲处静默思道。若有功德。当自覆藏。若有过失。当自发露。如是。长者。此即是我诸比丘所现神足。

云何名观察他心神足。于是。比丘现无量观察神足。观诸众生心所念法。隈屏所为皆能识知。若有得信长者．居士。见比丘现无量观察神足。观他众生心所念法。隈屏所为皆悉识知。便诣余未得信长者．居士所。而告之曰。我见比丘现无量观察神足。观他众生心所念法。隈屏所为皆悉能知。彼不信长者．居士。闻此语已。生毁谤言。有乾陀罗咒能观察他心。隈屏所为皆悉能知。云何。长者子。此岂非毁谤言耶。

坚固白佛言。此实是毁谤言也。

佛言。我以是故。不敕诸比丘现神变化。但教弟子于空闲处静默思道。若有功德。当自覆藏。若有过失。当自发露。如是。长者子。此即是我比丘现观察神足。

云何为教诫神足。长者子。若如来．至真．等正觉出现于世。十号具足。于诸天．世人．魔．若魔．天．沙门．婆罗门中。自身作证。为他说法。上中下言。皆悉真正。义味清净。梵行具足。若长者．居士闻已。于中得信。得信已。于中观察自念。我不宜在家。若在家者。钩锁相连。不得清净修于梵行。我今宁可剃除须发。服三法衣。出家修道。具诸功德。乃至成就三明。灭诸闇冥。生大智明。所

181

以者何。斯由精勤。乐独闲居。专念不忘之所得也。长者子。此是我比丘现教诫神足。

尔时。坚固长者子白佛言。颇有比丘成就此三神足耶。

佛告长者子。我不说有数。多有比丘成此三神足者。长者子。我有比丘在此众中自思念。此身四大。地．水．火．风。何由永灭。彼比丘倏趣天道。往至四天王所。问四天王言。此身四大。地．水．火．风。由何永灭。

长者子。彼四天王报比丘言。我不知四大由何永灭。我上有天。名曰忉利。微妙第一。有大智慧。彼天能知四大由何而灭。彼比丘闻已。即倏趣天道。往诣忉利天上。问诸天言。此身四大。地．水．火．风。何由永灭。彼忉利天报比丘言。我不知四大何由灭。上更有天。名焰摩。微妙第一。有大智慧。彼天能知。即往就问。又言不知。

如是展转。至兜率天．化自在天．他化自在天。皆言。我不知四大何由而灭。上更有天。微妙第一。有大智慧。名梵迦夷。彼天能知四大何由永灭。彼比丘即倏趣梵道。诣梵天上问言。此身四大。地．水．火．风。何由永灭。彼梵天报比丘言。我不知四大何由永灭。今有大梵天王。无能胜者。统千世界。富贵尊豪。最得自在。能造化物。是众生父母。彼能知四大何由永灭。长者子。彼比丘寻问。彼大梵王今为所在。彼天报言。不知大梵今为所在。以我意观。出现不久。未久。梵王忽然出现。长者。彼比丘诣梵王所问言。此身四大。地．水．火．风。何由永灭。彼大梵王告比丘言。我梵天王无能胜者。统千世界。富贵尊豪。最得自在。能造万物。众生父母。时。彼比丘告梵王曰。我不问此事。自问四大。地．水．火．风。何由永灭。

长者子。彼梵王犹报比丘言。我是大梵天王。无能胜者。乃至造作万物。众生父母。比丘又复告言。我不问此。我自问四大何由永灭。长者子。彼梵天王如是至三。不能报彼比丘四大何由永灭。时。大梵王即执比丘右手。将诣屏处。语言。比丘。今诸梵王皆谓我为智慧第一。无不知见。是故我不得报汝言。不知不见此四大何由永灭。又语比丘。汝为大愚。乃舍如来于诸天中推问此事。汝当于世尊所问如此事。如佛所说。善受持之。又告比丘。今佛在舍卫国给孤独园。汝可往问。

长者子。时。比丘于梵天上忽然不现。譬如壮士屈申臂顷。至舍卫国祇树给孤独园。来至我所。头面礼足。一面坐。白我言。世尊。今此四大。地．水．火．风。何由而灭。时。我告言。比丘。犹如商人臂鹰入海。于海中放彼鹰飞空东西南北。若得陆地则便停止。若无陆地更还归船。比丘。汝亦如是。乃至梵天问如是义。竟不成就还来归我。今当使汝成就此义。即说偈言。

何由无四大	地水火风灭
何由无粗细	及长短好丑
何由无名色	永灭无有余
应答识无形	无量自有光
此灭四大灭	粗细好丑灭
于此名色灭	识灭余亦灭

时。坚固长者子白佛言。世尊。此比丘名何等。云何持之。

佛告长者子。此比丘名阿室已。当奉持之。

尔时。坚固长者子闻佛所说。欢喜奉行。

（二五）第三分裸形梵志经第六

如是我闻。

一时。佛在委若国金槃鹿野林中。与大比丘众千二百五十人俱。

时。有裸形梵志姓迦叶。诣世尊所。问讯已。一面坐。裸形迦叶白佛言。我闻沙门瞿昙呵责一切诸祭祀法。骂诸苦行人以为弊秽。瞿昙。若有言。沙门瞿昙呵责一切诸祭祀法。骂苦行人以为弊秽。作此言者。是为法语。法法成就。不诽谤沙门瞿昙耶。

佛言。迦叶。彼若言。沙门瞿昙呵责一切诸祭祀法。骂苦行人以为弊秽者。彼非法言。非法法成就。为诽谤我。非诚实言。所以者何。迦叶。我见彼等苦行人。有身坏命终。堕地狱中者。又见苦行人身坏命终。生天善处者。或见苦行人乐为苦行。身坏命终。生地狱中者。或见苦行人乐为苦行。身坏命终。生天善处者。迦叶。我于此二趣所受报处。尽知尽见。我宁可呵责诸苦行者以为弊秽耶。我正说是。彼则言非。我正说非。彼则言是。迦叶。有法沙门．婆罗门同。有法沙门．婆罗门不同。迦叶。彼不同者。我则舍置。以此法不与沙门．婆罗门同故。

迦叶。彼有智者作如是观。沙门瞿昙于不善法．重浊．黑冥．非贤圣法。彼异众师于不善法．重浊．黑冥．非贤圣法。谁能堪任灭此法者。迦叶。彼有智者作是观时。如是知见。唯沙门瞿昙能灭是法。迦叶。彼有智者作如是观。如是推求。如是论时。我于此中则有名称。

复次。迦叶。彼有智者作如是观。沙门瞿昙弟子于不善法．重浊．黑冥．非贤圣法。彼异众师弟子于不善法．重浊．黑冥．非贤圣法。谁能堪任灭此法者。迦叶。彼有智者作如是观。如是知见。唯沙门瞿昙弟子能灭是法。迦叶。彼有智者作如是观。如是推求。如是论时。我弟子则得名称。

复次。迦叶。彼有智者作如是观。沙门瞿昙于诸善法．清白．微妙及贤圣法。彼异众师于诸善法．清白．微妙及贤圣法。谁能堪任增广修行者。迦叶。彼有智者作如是观。如是知见。唯有沙门瞿昙堪任增长修行是法。迦叶。彼有智者作如是观。如是推求。如是论时。我于此中则有名称。

迦叶。彼有智者作如是观。沙门瞿昙弟子于诸善法．清白．微妙及贤圣法。彼异众师弟子于诸善法．清白．微妙及贤圣法。谁能堪任增长修行者。迦叶。彼有智者作如是观。如是知见。唯有沙门瞿昙弟子能堪任增长修行是法。迦叶。彼有智者作如是观。如是推求。如是论时。于我弟子则有名称。迦叶。有道有迹。比丘于中修行。则自知自见。沙门瞿昙时说．实说．义说．法说．律说。

迦叶。何等是道。何等是迹。比丘于中修行。自知自见。沙门瞿昙时说．实说．义说．法说．律说。迦叶。于是比丘修念觉意。依止息。依无欲。依出要。修法．精进．喜．猗．定．舍觉意。依止息。依无欲。依出要。迦叶。是为道。是为迹。比丘于中修行。自知自见。沙门瞿昙时说．实说．义说．法说．律说。

迦叶言。瞿昙。唯有是道．是迹。比丘于中修行。自知自见。沙门瞿昙时说．实说．义说．法说．律说。但苦行秽污。有得婆罗门名。有得沙门名。何等是苦行秽污。有得婆罗门名。有得沙门名。瞿昙。离服裸形。以手自障蔽。不受夜食。不受朽食。不受两壁中间食。不受二人中间食。不受两刀中间食。不受两杇中间食。不受共食家食。不受怀妊家食。狗在门前不食其食。不受有蝇家食。不受请食。他言先识则不受其餐。不食鱼。不食肉。不饮酒。不两器食。一餐一咽。至七餐止。受人益食。不过七益。或一日一食。或二日．三日．四日．五日．六日．七日一食。或复食果。或复食莠。或食饭汁。或食麻米。或食稴稻。或食牛粪。或食鹿粪。或食树根枝叶花实。或食自落果。或披衣。或披莎衣。或衣树皮。或草襜身。或衣鹿皮。或留发。或被毛编。或着冢间衣。或有常举手者。或不坐床席。或有常蹲者。或有剃发留髭须者。或有卧荆棘上者。或有卧果蓏上者。或有裸形卧牛粪上者。或一日三浴。或一夜三浴。以无数苦。苦役此身。瞿昙。是为苦行秽污。或得沙门名。或得婆罗门名。

佛言。迦叶。离服裸形者。以无数方便苦役此身。彼戒不具足。见不具足。不能勤修。亦不广普。

迦叶白佛言。云何为戒具足。云何为见具足。过诸苦行。微妙第一。

佛告迦叶。谛听。善思念之。当为汝说。

迦叶言。唯然。瞿昙。愿乐欲闻。

佛告迦叶。若如来．至真出现于世。乃至四禅。于现法中而得快乐。所以者何。斯由精勤。专念一心。乐于闲静。不放逸故。迦叶。是为戒具足。见具足。胜诸苦行。微妙第一。

迦叶言。瞿昙。虽曰戒具足。见具足。过诸苦行。微妙第一。但沙门法难。婆罗门法难。

佛言。迦叶。此是世间不共法。所谓沙门法．婆罗门法难。迦叶。乃至优婆夷亦能知此法。离服裸形。乃至无数方便苦役此身。但不知其心。为有恚心。为无恚心。有恨心。无恨心。有害心。无害心。若知此心者。不名沙门．婆罗门。为已不知故。沙门．婆罗门为难。

尔时。迦叶白佛言。何等是沙门．何等是婆罗门戒具足。见具足。为上为胜。微妙第一。

佛告迦叶。谛听。谛听。善思念之。当为汝说。

迦叶言。唯然。瞿昙。愿乐欲闻。

佛言。迦叶。彼比丘以三昧心。乃至得三明。灭诸痴冥。生智慧明。所谓漏尽智生。所以者何。斯由精勤。专念不忘。乐独闲静。不放逸故。迦叶。此名沙门．婆罗门戒具足。见具足。最胜最上。微妙第一。

迦叶言。瞿昙。虽言是沙门．婆罗门见具足。戒具足。为上为胜。微妙第一。但沙门．婆罗门法。甚难。甚难。沙门亦难知。婆罗门亦难知。

佛告迦叶。优婆塞亦能修行此法。白言。我从今日能离服裸形。乃至以无数方便苦役此身。不可以此行名为沙门．婆罗门。若当以此行名为沙门．婆罗门者。不得言沙门甚难。婆罗门甚难。不以此行为沙门．婆罗门故。言沙门甚难。婆罗门甚难。

佛告迦叶。我昔一时在罗阅祇。于高山七叶窟中。曾为尼俱陀梵志说清净苦行。时梵志生欢喜心。得清净信。供养我．称赞我。第一供养称赞于我。

迦叶言。瞿昙。谁于瞿昙不生第一欢喜．净信．供养．称赞者。我今于瞿昙亦生第一欢喜。得清净信。供养．称赞。归依瞿昙。

佛告迦叶。诸世间诸所有戒。无有与此增上戒等者。况欲出其上。诸有三昧．智慧．解脱．见解脱慧。无有与此增上三昧．智慧．解脱．见解脱慧等者。况欲出其上。迦叶。所谓师子者。是如来．至真．等正觉。如来于大众中广说法时。自在无畏。故号师子。云何。迦叶。汝谓如来师子吼时不勇捍耶。勿造斯观。如来师子吼勇捍无畏。迦叶。汝谓如来勇捍师子吼时不在大众中耶。勿造斯观。如来在大众中勇捍师子吼。迦叶。汝谓如来在大众中作师子吼不能说法耶。勿造斯观。所以者何。如来在大众中勇捍无畏。作师子吼。善能说法。

云何。迦叶。汝谓如来于大众中勇捍无畏。为师子吼。善能说法。众会听者不一心耶。勿造斯观。所以者何。如来在大众中勇捍无畏。为师子吼。善能说法。诸来会者皆一心听。云何。迦叶。汝谓如来在大众中勇捍无畏。为师子吼。善能说法。诸来会者皆一心听。而不欢喜信受行耶。勿造斯观。所以者何。如来在大众中勇捍多力。能师子吼。善能说法。诸来会者皆一心听。欢喜信受。迦叶。汝谓如来在大众中勇捍无畏。为师子吼。善能说法。诸来会者欢喜信受。而不供养耶。勿造斯观。如来在大众中勇捍无畏。为师子吼。善能说法。诸来会者皆一心听。欢喜信受。而设供养。

迦叶。汝谓如来在大众中勇捍无畏。为师子吼。乃至信敬供养。而不剃除须发。服三法衣。出家修道耶。勿造斯观。所以者何。如来在大众中勇捍无畏。乃至信敬供养。剃除须发。服三法衣。出家修道。迦叶。汝谓如来在大众中勇捍无畏。乃至出家修道。而不究竟梵行。至安隐处。无余泥洹耶。勿造斯观。所以者何。如来于大众中勇捍无畏。乃至出家修道。究竟梵行。至安隐处。无余泥洹。

时。迦叶白佛言。云何。瞿昙。我得于此法中出家受具戒不。

佛告迦叶。若异学欲来入我法中出家修道者。当留四月观察。称可众意。然后当得出家受戒。迦叶。虽有是法。亦观其人耳。

迦叶言。若有异学欲来入佛法中修梵行者。当留四月观察。称可众意。然后当得出家受戒。我今能于佛法中四岁观察。称可众意。然后乃出家受戒。

佛告迦叶。我已有言。但观其人耳。

尔时。迦叶即于佛法中出家受具足戒。时。迦叶受戒未久。以净信心修无上梵行。现法中自身作证。生死已尽。梵行已立。所作已办。不受后有。即成阿罗汉。

尔时。迦叶闻佛所说。欢喜奉行。

（二六）第三分三明经第七

如是我闻。

一时。佛在俱萨罗国人间游行。与大比丘众千二百五十人俱。诣伊车能伽罗俱萨罗婆罗门村。止宿伊车林中。

时。有婆罗门名沸伽罗娑罗．婆罗门名多梨车。以小缘诣伊车能伽罗村。此沸伽罗娑罗婆罗门七世以来父母真正。不为他人之所轻毁。异典三部讽诵通利。种种经书善能分别。又能善于大人相法．观察吉凶．祭祀仪礼。有五百弟子。教授不废。其一弟子名婆悉咤。七世以来父母真正。不为他人之所轻毁。异学三部讽诵通利。种种经书尽能分别。亦能善于大人相法。观察吉凶。祭祀仪礼。亦有五百弟子。教授不废。

多梨车婆罗门亦七世已来父母真正。不为他人之所轻毁。异学三部讽诵通利。种种经书尽能分别。亦能善于大人相法．观察吉凶．祭祀仪礼。亦有五百弟子。教授不废。其一弟子名颇罗堕。七世已来父母真正。不为他人之所轻毁。异学三部讽诵通利。种种经书尽能分别。亦能善于大人相法．观察吉凶．祭祀仪礼。亦有五百弟子。教授不废。

时。婆悉咤．颇罗堕二人于清旦至园中。遂共论义。更相是非。时。婆悉咤语颇罗堕。我道真正。能得出要。至于梵天。此是大师沸伽罗娑罗婆罗门所说。

颇罗堕又言。我道真正。能得出要。至于梵天。此是大师多梨车婆罗门所说。如是。婆悉咤再三自称己道真正。颇罗堕亦再三自称己道真正。二人共论。各不能决。

时。婆悉咤语颇罗堕曰。我闻沙门瞿昙释种子出家成道。于拘萨罗国游行人间。今在伊车能伽罗林中。有大名称。流闻天下。如来．至真．等正觉。十号具足。于诸天．世人．魔．若魔．天．沙门．婆罗门中。自身作证。为他说法。上中下言。皆悉真正。义味具足。梵行清净。如是真人。宜往觐现。我闻彼瞿昙知梵天道。能为人说。常与梵天往返言语。我等当共诣彼瞿昙。共决此义。若沙门瞿昙有所言说。当共奉持。尔时。婆悉咤．颇罗堕二人相随到伊车林中。诣世尊所。问讯已。一面坐。

尔时。世尊知彼二人心中所念。即告婆悉咤曰。汝等二人清旦至园中。作如是论。共相是非。汝一人言。我法真正。能得出要。至于梵天。此是大师沸伽罗娑罗所说。彼一人言。我法真正。能得出要。至于梵天。此是大师多梨车所说。如是再三。更相是非。有如此事耶。

时。婆悉咤．颇罗堕闻佛此言。皆悉惊愕。衣毛为竖。心自念言。沙门瞿昙有大神德。先知人心。我等所欲论者。沙门瞿昙已先说讫。时。婆悉咤白佛言。此道．彼道皆称真正。皆得出要。至于梵天。为沸伽罗娑罗婆罗门所说为是．为多梨车婆罗门所说为是耶。

佛言。正使婆悉咤。此道．彼道真正出要。得至梵天。汝等何为清旦园中共相是非。乃至再三耶。

时。婆悉咤白佛言。诸有三明婆罗门说种种道。自在欲道．自作道．梵天道。此三道者尽向梵天。瞿昙。譬如村营。所有诸道皆向于城。诸婆罗门虽说种种诸道。皆向梵天。

佛告婆悉咤。彼诸道为尽趣梵天不。

答曰。尽趣。

佛复再三重问。种种诸道尽趣梵天不。

答曰。尽趣。

尔时。世尊定其语已。告婆悉咤曰。云何三明婆罗门中。颇有一人得见梵天者不。

答曰。无有见者。

云何。婆悉咤。三明婆罗门先师。颇有得见梵天者不。

答曰。无有见者。

云何。婆悉咤。乃往三明仙人旧婆罗门。讽诵通利。能为人说旧诸赞诵。歌咏诗书。其名阿咤摩婆罗门．婆摩提婆婆罗门．毗婆审婆罗门．伊尼罗斯婆罗门．蛇婆提伽婆罗门．婆婆悉婆罗门．迦叶婆罗门．阿楼那婆罗门．瞿昙摩婆罗门．首脂婆罗门．婆罗损陀婆罗门。彼亦得见梵天不耶。

答曰。无有见者。

佛言。若彼三明婆罗门无有一见梵天者。若三明婆罗门先师无有见梵天者。又诸旧大仙三明婆罗门阿咤摩等亦不见梵天者。当知三明婆罗门所说非实。

又告婆悉咤。如有淫人言。我与彼端正女人交通。称叹淫法。余人语言。汝识彼女不。为在何处。东方．西方．南方．北方耶。答曰。不知。又问。汝知彼女所止土地城邑村落不。答曰。不知。又问。汝识彼女父母及其姓字不。答曰。不知。又问。汝知彼女为是刹利女。为是婆罗门．居士．首陀罗女耶。答曰。不知。又问。汝知彼女为长短．粗细．黑白．好丑耶。答曰。不知。云何。婆悉咤。彼人赞叹为是实不。

答曰。不实。

如是。婆悉咤。三明婆罗门所说亦尔。无有实也。云何。婆悉咤。汝三明婆罗门见日月游行出没处所。叉手供养。能作是说。此道真正。当得出要。至日月所。不。

报曰。如是。三明婆罗门见日月游行出没处所。叉手供养。而不能言。此道真正。当得出要。至日月所。也。

如是。婆悉咤。三明婆罗门见日月游行出没之处。叉手供养。而不能说。此道真正。当得出要。至日月所。而常叉手供养恭敬。岂非虚妄耶。

答曰。如是。瞿昙。彼实虚妄。

佛言。譬如有人立梯空地。余人问言。立梯用为。答曰。我欲上堂。又问。堂何所在。东．西．南．北耶。答云。不知。云何。婆悉咤。此人立梯欲上堂者。岂非虚妄耶。

答曰。如是。彼实虚妄。

佛言。三明婆罗门亦复如是。虚诳无实。婆悉咤。五欲洁净。甚可爱乐。云何为五。眼见色。甚可爱乐。耳声．鼻香．舌味．身触。甚可爱乐。于我贤圣法中。为着．为缚。为是拘锁。彼三明婆罗门为五欲所染。爱着坚固。不见过失。不知出要。彼为五欲之所系缚。正使奉事日月水火。唱言。扶接我去生梵天者。无有是处。譬如阿夷罗河。其水平岸。乌鸟得饮。有人在此岸身被重系。空唤彼岸言。来渡我去。彼岸宁来渡此人不。

答曰。不也。

婆悉咤。五欲洁净。甚可爱乐。于贤圣法中犹如拘锁。彼三明婆罗门为五欲所染。爱着坚固。不见过失。不知出要。彼为五欲之所系缚。正使奉事日月水火。唱言。扶接我去生梵天上。亦复如是。终无是处。婆悉咤。譬如阿夷罗河。其水平岸。乌鸟得饮。有人欲渡。不以手足身力。不因船筏。能得渡不。

答曰。不能。

婆悉咤。三明婆罗门亦复如是。不修沙门清净梵行。更修余道不清净行。欲求生梵天者。无有是处。婆悉咤。犹如山水暴起。多漂人民。亦无船筏。又无桥梁。有行人来。欲渡彼岸。见山水暴起。多漂人民。亦无船筏。又无桥梁。彼人自念。我今宁可多集草木。牢坚缚筏。自以身力渡彼岸耶。即寻缚筏。自以身力安隐得渡。婆悉咤。此亦如是。若比丘舍非沙门不清净行。行于沙门清净梵行。欲生梵天者。则有是处。云何。婆悉咤。梵天有恚心耶。无恚心耶。

答曰。无恚心也。

又问。三明婆罗门有恚心．无恚心耶。

答曰。有恚心。

婆悉咤。梵天无恚心。三明婆罗门有恚心。有恚心．无恚心不共同。不俱解脱。不相趣向。是故梵天．婆罗门不共同也。云何。婆悉咤。梵天有瞋心．无瞋心耶。

答曰。无瞋心。

又问。三明婆罗门有瞋心．无瞋心耶。

答曰。有瞋心。

佛言。梵天无瞋心。三明婆罗门有瞋心。有瞋心．无瞋心不同趣。不同解脱。是故梵天．婆罗门不共同也。云何。婆悉咤。梵天有恨心．无恨心耶。

答曰。无恨心。

又问。三明婆罗门有恨心．无恨心耶。

答曰。有恨心。

佛言。梵天无恨心。三明婆罗门有恨心。有恨心．无恨心不同趣。不同解脱。是故梵天．婆罗门不共同也。云何。婆悉咤。梵天有家属产业不。

答曰。无。

又问。三明婆罗门有家属产业不。

答曰。有。

佛言。梵天无家属产业。三明婆罗门有家属产业。有家属产业．无家属产业不同趣。不同解脱。是故梵天．婆罗门不共同也。云何。婆悉咤。梵天得自在．不得自在耶。

答曰。得自在。

又问。三明婆罗门得自在．不得自在耶。

答曰。不得自在。

佛言。梵天得自在。三明婆罗门不得自在。不得自在．得自在不同趣。不同解脱。是故梵天．婆罗门不共同也。

佛言。彼三明婆罗门。设有人来问难深义。不能具答。实如是不。

答曰。如是。

时。婆悉咤．颇罗堕二人俱白佛言。且置余论。我闻沙门瞿昙明识梵道。能为人说。又与梵天相见往来言语。唯愿沙门瞿昙以慈愍故。说梵天道。开示演布。

佛告婆悉咤。我今问汝。随意报我。云何。婆悉咤。彼心念国。去此远近。

答近。

若使有人生长彼国。有余人问彼国道径。云何。婆悉咤。彼人生长彼国答彼道径。宁有疑不。

答曰。无疑。所以者何。彼国生长故。

佛言。正使彼人生长彼国。或可有疑。若有人来问我梵道。无疑也。所以者何。我常数数说彼梵道故。

时。婆悉咤．颇罗堕俱白佛言。且置此论。我闻沙门瞿昙明识梵道。能为人说。又与梵天相见往来言语。唯愿沙门瞿昙以慈愍故。说于梵道。开示演布。

佛言。谛听。善思。当为汝说。

答言。唯然。愿乐欲闻。

佛言。若如来．至真．等正觉出现于世。十号具足。乃至四禅。于现法中而自娱乐。所以者何。斯由精勤。专念不忘。乐独闲静。不放逸故。彼以慈心遍满一方。余方亦尔。广布无际。无二．无量。无恨．无害。游戏此心而自娱乐。悲．喜．舍心遍满一方。余方亦尔。广布无际。无二．无量。无有结恨。无恼害意。游戏此心以自娱乐。云何。婆悉咤。梵天有恚心．无恚心耶。

答曰。无恚心也。

又问。行慈比丘有恚心．无恚心耶。

答曰。无恚心。

佛言。梵天无恚心。行慈比丘无恚心。无恚心．无恚心同趣。同解脱。是故梵天．比丘俱共同也。云何。婆悉咤。梵天有瞋心耶。无瞋心耶。

答曰。无也。

又问。行慈比丘有瞋心．无瞋心耶。

答曰。无。

佛言。梵天无瞋心。行慈比丘无瞋心。无瞋心．无瞋心同趣。同解脱。是故梵天．比丘俱共同也。云何。婆悉咤。梵天有恨心．无恨心耶。

答曰。无。

又问。行慈比丘有恨心．无恨心耶。

答曰。无。

佛言。梵天无恨心。行慈比丘无恨心。无恨心．无恨心同趣。同解脱。是故比丘．梵天俱共同也。云何。婆悉咤。梵天有家属产业不。

答曰。无也。

又问。行慈比丘有家属产业不耶。

答曰。无也。

佛言。梵天无家属产业。行慈比丘亦无家属产业。无家属产业．无家属产业同趣。同解脱。是故梵天．比丘俱共同也。云何。婆悉咤。梵天得自在不耶。

答曰。得自在。

又问。行慈比丘得自在耶。

答曰。得自在。

佛言。梵天得自在。行慈比丘得自在。得自在．得自在同趣。同解脱。是故梵天．比丘俱共同也。

佛告婆悉咤。当知行慈比丘身坏命终。如发箭之顷。生梵天上。佛说是法时。婆悉咤．颇罗堕即于座上远尘离垢。诸法法眼生。

尔时。婆悉咤．颇罗堕闻佛所说。欢喜奉行。

佛说长阿含经卷第十七

(二七) 第三分沙门果经第八

如是我闻。

一时。佛在罗阅祇耆旧童子庵婆园中。与大比丘众千二百五十人俱。

尔时。王阿阇世韦提希子以十五日月满时。命一夫人而告之曰。今夜清明。与昼无异。当何所为作。

夫人白王言。今十五日夜月满时。与昼无异。宜沐发澡浴。与诸婇女五欲自娱。

时。王又命第一太子优耶婆陀而告之曰。今夜月十五日月满时。与昼无异。当何所施作。

太子白王言。今夜十五日月满时。与昼无异。宜集四兵。与共谋议伐于边逆。然后还此共相娱乐。

时。王又命勇健大将而告之曰。今十五日月满时。其夜清明。与昼无异。当何所为作。

大将白言。今夜清明。与昼无异。宜集四兵。案行天下。知有逆顺。

时。王又命雨舍婆罗门而告之曰。今十五日月满时。其夜清明。

与昼无异。当诣何等沙门．婆罗门所能开悟我心。

时。雨舍白言。今夜清明。与昼无异。有不兰迦叶于大众中而为导首。多有知识。名称远闻。犹如大海多所容受。众所供养。大王。宜往诣彼问讯。王若见者。心或开悟。

王又命雨舍弟须尼陀而告之曰。今夜清明。与昼无异。宜诣何等沙门．婆罗门所能开悟我心。

须尼陀白言。今夜清明。与昼无异。有末伽梨瞿舍利于大众中而为导首。多有知识。名称远闻。犹如大海无不容受。众所供养。大王。宜往诣彼问讯。王若见者。心或开悟。

王又命典作大臣而告之曰。今夜清明。与昼无异。当诣何等沙门．婆罗门所能开悟我心。

典作大臣白言。有阿耆多翅舍钦婆罗于大众中而为导首。多有知识。名称远闻。犹如大海无不容受。众所供养。大王。宜往诣彼问讯。王若见者。心或开悟。

王又命伽罗守门将而告之曰。今夜清明。与昼无异。当诣何等沙门．婆罗门所能开悟我心。

伽罗守门将白言。有婆浮陀伽旃那于大众中而为导首。多有知识。名称远闻。犹如大海无不容受。众所供养。大王。宜往诣彼问讯。王若见者。心或开悟。

王又命优陀夷漫提子而告之曰。今夜清明。与昼无异。当诣何等沙门．婆罗门所能开悟我心。

优陀夷白言。有散若夷毗罗梨沸于大众中而为导首。多所知识。名称远闻。犹如大海无不容受。众所供养。大王。宜往诣彼问讯。王若见者。心或开悟。

王又命弟无畏而告之曰。今夜清明。与昼无异。当诣何等沙门．婆罗门所能开悟我心。

弟无畏白言。有尼乾子于大众中而为导首。多所知识。名称远闻。犹如大海无不容受。众所供养。大王。宜往诣彼问讯。王若见者。心或开悟。

王又命寿命童子而告之曰。今夜清明。与昼无异。当诣何等沙门．婆罗门所开悟我心。

寿命童子白言。有佛．世尊今在我庵婆园中。大王。宜往诣彼问讯。王若见者。心必开悟。

王来寿命言。严我所乘宝象及余五百白象。

耆旧受教。即严王象及五百象讫。白王言。严驾已备。唯愿知时。

阿阇世王自乘宝象。使五百夫人乘五百牝象。手各执炬。现王威严。出罗阅祇。欲诣佛所。小行进路。告寿命曰。汝今诳我。陷固于我。引我大众欲与冤家。

寿命白言。大王。我不敢欺王。不敢陷固引王大众以与冤家。王但前进。必获福庆。

时。王小复前进。告寿命言。汝欺诳我。陷固于我。欲引我众持与冤家。如是再三。所以者何。彼有大众千二百五十人。寂然无声。将有谋也。

寿命复再三白言。大王。我不敢欺诳陷固。引王大众持与冤家。王但前进。必获福庆。所以者何。彼沙门法常乐闲静。是以无声。王但前进。园林已现。

阿阇世王到园门。下象．解剑．退盖。去五威仪。步入园门。告寿命曰。今佛．世尊为在何所。

寿命报言。大王。今佛在高堂上。前有明灯。世尊处师子座。南面而坐。王小前进。自见世尊。

尔时。阿阇世王往诣讲堂所。于外洗足。然后上堂。默然四顾。生欢喜心。口自发言。今诸沙门寂然静默。止观具足。愿使我太子优婆耶亦止观成就。与此无异。

尔时。世尊告阿阇世王曰。汝念子故。口自发言。愿使太子优婆耶亦止观成就。与此无异。汝可前坐。

时。阿阇世王即前头面礼佛足。于一面坐。而白佛言。今欲有所问。若有闲暇。乃敢请问。

佛言。大王。欲有问者。便可问也。

阿阇世王白佛言。世尊。如今人乘象．马车。习刀．牟．剑．弓矢．兵仗．战斗之法。王子．力士．大力士．僮使．皮师．剃发师．织鬘师．车师．瓦师．竹师．苇师。皆以种种伎术以自存生。自恣娱乐。父母．妻子 奴仆．僮使共相娱乐。如此营生。现有果报。今诸沙门现在所修。现得果报不。

佛告王曰。汝颇曾诣诸沙门．婆罗门所问如此义不。

王白佛言。我曾诣沙门．婆罗门所问如是义。我念一时至不兰迦叶所。问言。如人乘象．马车。习于兵法。乃至种种营生。现有果报。今此众现在修道。现得果报不。彼不兰迦叶报我言。王若自作。若教人作。斫伐残害。煮炙切割。恼乱众生。愁忧啼哭。杀生偷盗。淫逸妄语。逾墙劫夺。放火焚烧。断道为恶。大王。行如此事。非为恶也。大王。若以利剑脔割一切众生。以为肉聚。弥满世间。此非为恶。亦无罪报。于恒水南。脔割众生。亦无有恶报。于恒水北岸。为大施会。施一切众。利人等利。亦无福报。

王白佛言。犹如有人问瓜报李。问李报瓜。彼亦如是。我问现得报不。而彼答我无罪福报。我即自念言。我是刹利王。水浇头种。无缘杀出家人。系缚驱遣。时。我怀忿结心。作此念已。即便舍去。

又白佛言。我于一时至末伽梨拘舍梨所。问言。如今人乘象．马车。习于兵法。乃至种种营生。皆现有果报。今者此众现在修道。现得报不。彼报我言。大王。无施．无与．无祭祀法。亦无善恶。无善恶报。无有今世。亦无后世。无父．无母．无天．无化．无众生。世无沙门．婆罗门平等行者。亦无今世．后世。自身作证。布现他人。诸言有者。皆是虚妄。世尊。犹如有人问瓜报李。问李报瓜。彼亦如是。我问现得报不。彼乃以无义答。我即自念言。我是刹利王。水浇头种。无缘杀出家人。系缚驱遣。时。我怀忿结心。作此念已。即便舍去。

又白佛言。我于一时至阿夷陀翅舍钦婆罗所。问言。大德。如人乘象．马车。习于兵法。乃至种种营生。皆现有果报。今者此众现在修道。现得报不。彼报我言。受四大人取命终者。地大还归地。水还归水。火还归火。风还归风。皆悉坏败。诸根归空。若人死时。床舆举身置于冢间。火烧其骨如鸽色。或变为灰土。若愚．若智取命终者。皆悉坏败。为断灭法。世尊。犹如有人问李瓜报。彼亦如是。我问现得报不。而彼答我以断灭。我即念言。我是刹利王。水浇头种。无缘杀出家人。系缚驱遣。时。我怀忿结心。作此念已。即便舍去。

又白佛言。我昔一时至彼浮陀伽旃延所。问言。大德。如人乘象．马车。习于兵法。乃至种种营生。皆现有果报。今者此众现在修道。得报不。彼答我言。大王。无力．无精进．人无力．无方便。无因无缘众生染着。无因无缘众生清净。一切众生有命之类。皆悉无力。不得自在。无有冤雠定在数中。于此六生中受诸苦乐。犹如问李瓜报。问瓜李报。彼亦如是。我问现得报不。彼已无力答我。我即自念言。我是刹利王。水浇头种。无缘杀出家人。系缚驱遣。时。我怀忿结心。作此念已。即便舍去。

又白佛言。我昔一时至散若毗罗梨子所。问言。大德。如人乘象．马车。习于兵法。乃至种种营生。皆现有果报。今者此众现在修道。现得报不。彼答我言。大王。现有沙门果报。问如是。答此事如是。此事实。此事异。此事非异非不异。大王。现无沙门果报。问如是。答此事如是。此事实。此事异。此事非异非不异。大王。现有无沙门果报。问如是。答此事如是。此事实。此事异。此事非异非不异。大王。现非有非无沙门果报。问如是。答此事如是。此事实。此事异。此事非异非不异。世尊。犹如人问李瓜报。问瓜李报。彼亦如是。我问现得报不。而彼异论答我。我即自念言。我是刹利王。水浇头种。无缘杀出家人。系缚驱遣。时。我怀忿结心。作是念已。即便舍去。

又白佛言。我昔一时至尼乾子所。问言。大德。犹如人乘象．马车。乃至种种营生。现有果报。今者此众现在修道。现得报不。彼报我言。大王。我是一切智．一切见人。尽知无余。若行。若住．坐．卧。觉悟无余。智常现在前。世尊。犹如人问李瓜报。问瓜李报。彼亦如是。我问现得报不。而彼答我以一切智。我即自念言。

我是刹利王。水浇头种。无缘杀出家人。系缚驱遣。时。我怀忿结心。作此念已。即便舍去。是故。世尊。今我来此问如是义。如人乘象．马车。习于兵法。乃至种种营生。皆现有果报。今者沙门现在修道。现得报不。

佛告阿阇世王曰。我今还问王。随意所答。云何。大王。王家僮使．内外作人。皆见王于十五日月满时。沐发澡浴。在高殿上与诸婇女共相娱乐。作此念言。咄哉。行之果报乃至是乎。此王阿阇世以十五日月满时。沐发澡浴。于高殿上与诸婇女五欲自娱。谁能知此乃是行报者。彼于后时。剃除须发。服三法衣。出家修道。行平等法。云何。大王。大王遥见此人来。宁复起念言。是我仆使不耶。

王白佛言。不也。世尊。若见彼来。当起迎请坐。

佛言。此岂非沙门现得报耶。

王言。如是。世尊。此是现得沙门报也。

复次。大王。若王界内寄居客人食王廪赐。见王于十五日月满时。沐发澡浴。于高殿上与诸婇女五欲自娱。彼作是念。咄哉。彼行之报乃如是耶。谁能知此乃是行报者。彼于后时。剃除须发。服三法衣。出家修道。行平等法。云何。大王。大王若遥见此人来。宁复起念言。是我客民食我廪赐耶。

王言。不也。若我见其远来。当起迎礼敬。问讯请坐。

云何。大王。此非沙门现得果报耶。

王言。如是。现得沙门报也。

复次。大王。如来．至真．等正觉出现于世。入我法者。乃至三明。灭诸闇冥。生大智明。所谓漏尽智证。所以者何。斯由精勤。专念不忘。乐独闲静。不放逸故。云何。大王。此非沙门现在果报也。

王报言。如是。世尊。实是沙门现在果报。

尔时。阿阇世王即从坐起。头面礼佛足。白佛言。唯愿世尊受我悔过。我为狂愚痴冥无识。我父摩竭瓶沙王以法治化。无有偏枉。而我迷惑五欲。实害父王。唯愿世尊加哀慈愍。受我悔过。

佛告王曰。汝愚冥无识。但自悔过。汝迷于五欲乃害父王。今于贤圣法中能悔过者。即自饶益。吾愍汝故。受汝悔过。

尔时。阿阇世王礼世尊足已。还一面坐。佛为说法。示教利喜。王闻佛教已。即白佛言。我今归依佛。归依法。归依僧。听我于正法中为优婆塞。自今已后。尽形寿不杀．不盗．不淫．不欺．不饮酒。唯愿世尊及诸大众明受我请。

尔时。世尊默然许可。时。王见佛默然受请已。即起礼佛。绕三匝而还。

其去未久。佛告诸比丘言。此阿阇世王过罪损减。已拔重咎。若阿阇世王不杀父者。即当于此坐上得法眼净。而阿阇世王今自悔过。罪咎损减。已拔重咎。

时。阿阇世王至于中路。告寿命童子言。善哉。善哉。汝今于我多所饶益。汝先称说如来指授开发。然后将我诣世尊所。得蒙开悟。深识汝恩。终不遗忘。

时。王还宫办诸肴膳种种饮食。明日时到。唯圣知时。

尔时。世尊着衣持钵。与众弟子千二百五十人俱。往诣王宫。就座而坐。时。王手自斟酌。供佛及僧。食讫去钵。行澡水毕。礼世尊足。白言。我今再三悔过。我为狂愚痴冥无识。我父摩竭瓶沙王以法治化。无有偏枉。而我迷于五欲。实害父王。唯愿世尊加哀慈愍。受我悔过。

佛告王曰。汝愚冥无识。迷于五欲。乃害父王。今于贤圣法中能悔过者。即自饶益。吾今愍汝。受汝悔过。

时。王礼佛足已。取一小座于佛前坐。佛为说法。示教利喜。王闻佛教已。又白佛言。我今再三归依佛。归依法。归依僧。唯愿听我于正法中为优婆塞。自今已后。尽形寿不杀．不盗．不淫．不欺．不饮酒。

尔时。世尊为阿阇世王说法。示教利喜已。从坐起而去。

尔时。阿阇世王及寿命童子闻佛所说。欢喜奉行。

（二八）第三分布吒婆楼经第九

如是我闻。

一时。佛在舍卫国祇树给孤独园。与大比丘众千二百五十人俱。

尔时。世尊清旦着衣持钵。入舍卫城乞食。时。世尊念言。今日乞食。于时为早。今我宁可往至布吒婆楼梵志林中观看。须时至当乞食。尔时。世尊即诣梵志林中。时布吒婆楼梵志遥见佛来。即起迎言。善来。沙门瞿昙。久不来此。今以何缘而能屈顾。可前就座。

尔时。世尊即就其座。告布吒婆楼曰。汝等集此。何所作为。为何讲说。

梵志白佛言。世尊。昨日多有梵志．沙门．婆罗门。集此婆罗门堂。说如是事。相违逆论。瞿昙。或有梵志作是说言。人无因无缘而想生。无因无缘而想灭。想有去来。来则想生。去则想灭。瞿昙。或有梵志作是说。由命有想生。由命有想灭。彼想有去来。来则想生。去则想灭。瞿昙。或有梵志作是说。如先所言。无有是处。有大鬼神。有大威力。彼持想去。彼持想来。彼持想去则想灭。彼持想来则想生。我因是故生念。念沙门瞿昙先知此义。必能善知想知灭定。

尔时。世尊告梵志曰。彼诸论者皆有过咎。言无因无缘而有想生。无因无缘而有想灭。想有去来。来则想生。去则想灭。或言因命想生。因命想灭。想有去来。来则想生。去则想灭。或有言。无有是处。有大鬼神。彼持想来。彼持想去。持来则想生。持去则想灭。如此言者。皆有过咎。所以者何。梵志。有因缘而想生。有因缘而想灭。

若如来出现于世。至真．等正觉。十号具足。有人于佛法中出家为道。乃至灭五盖覆蔽心者。除去欲．恶不善法。有觉．有观。离生喜．乐。入初禅。先灭欲想。生喜．乐想。梵志。以此故知有因缘想生。有因缘想灭。灭有觉．观。内喜．一心。无觉．无观。定生喜．乐。入第二禅。梵志。彼初禅想灭。二禅想生。以是故知有因缘想灭。有因缘想生。舍喜修护。专念一心。自知身乐。贤圣所求。护念清净。入三禅。梵志。彼二禅想灭。三禅想生。以是故知有因缘想灭。有因缘想生。舍苦舍乐。先灭忧喜。护念清净。入第四禅。梵志。彼三禅想灭。四禅想生。以是故知有因缘想灭。有因缘想生。舍一切色想。灭恚不念异想。入空处。梵志。一切色想灭。空处想生。以是故知有因缘想灭。有因缘想生。越一切空处。入识处。梵志。彼空处想灭。识处想生。故知有因缘想灭。有因缘想生。越一切识处。入不用处。梵志。彼识处想灭。不用处想生。以是故知有因缘想灭。有因缘想生。舍不用处。入有想无想处。梵志。彼不用处想灭。有想无想处想生。以是故知有因缘想灭。有因缘想生。彼舍有想无想处。入想知灭定。梵志。彼有想无想处想灭。入想知灭定。以是故知有因缘想生。有因缘想灭。彼得此想已。作是念。有念为恶。无念为善。彼作是念时。彼微妙想不灭。更粗想生。彼复念言。我今宁可不为念行。不起思惟。彼不为念行。不起思惟已。微妙想灭。粗想不生。彼不为念行。不起思惟。微妙想灭。粗想不生时。即入想知灭定。云何。梵志。汝从本已来。颇曾闻此次第灭想因缘不。

梵志白佛言。从本已来信自不闻如是次第灭想因缘。

又白佛言。我今生念。谓此有想此无想。或复有想。此想已。彼作是念。有念为恶。无念为善。彼作是念时。微妙想不灭。粗想更生。彼复念言。我今宁可不为念行。不起思惟。彼不为念行。不起思惟已。微妙想灭。粗想不生。彼不为念行。不起思惟。微妙想灭。粗想不生时。即入想知灭定。

佛告梵志言。善哉。善哉。此是贤圣法中次第想灭想定。

梵志复白佛言。此诸想中。何者为无上想。

佛告梵志。不用处想为无上。

梵志又白佛言。诸想中。何者为第一无上想。

佛言。诸想．诸言无想。于其中间能次第得想知灭定者。是为第一无上想。

梵志又问。为一想。为多想。

佛言。有一想。无多想。

梵志又问。先有想生然后智。先有智生然后想。为想．智一时俱生耶。

佛言。先有想生然后智。由想有智。

梵志又问。想即是我耶。

佛告梵志。汝说何等人是我。

梵志白佛言。我不说人是我。我自说色身四大．六入。父母生育。乳餔成长。衣服庄严。无常磨灭法。我说此人是我。

佛告梵志。汝言色身四大．六入。父母生育。乳餔长成。衣服庄严。无常磨灭法。说此人是我。梵志。且置此我。但人想生．人想灭。

梵志言。我不说人是我。我说欲界天是我。

佛言。且置欲界天是我。但人想生．人想灭。

梵志言。我不说人是我。我自说色界天是我。

佛言。且置色界天是我。但人想生．人想灭。

梵志言。我不说人是我。我自说空处．识处．不用处．有想无想处．无色天是我。

佛言。且置空处．识处．无所有处．有想无想处．无色天是我。但人想生．人想灭。

梵志白佛言。云何。瞿昙。我宁可得知人想生．人想灭不。

佛告梵志。汝欲知人想生．人想灭者。甚难。甚难。所以者何。汝异见．异习．异忍．异受。依异法故。

梵志白佛言。如是。瞿昙。我异见．异习．异忍．异受。依异法故。欲知人想生．人想灭者。甚难。甚难。所以者何。我．世间有常。此实余虚。我．世间无常。此实余虚。我．世间有常无常。此实余虚。我．世间非有常非无常。此实余虚。我．世间有边。此实余虚。我．世间无边。此实余虚。我．世间有边无边。此实余虚。我．世间非有边非无边。此实余虚。是命是身。此实余虚。命异身异。此实余虚。身命非异非不异。此实余虚。无命无身。此实余虚。如来终。此实余虚。如来不终。此实余虚。如来终不终。此实余虚。如来非终非不终。此实余虚。

佛告梵志。世间有常。乃至如来非终非不终。我所不记。

梵志白佛言。瞿昙。何故不记。我．世间有常。乃至如来非终非不终。尽不记耶。

佛言。此不与义合。不与法合。非梵行。非无欲。非无为。非寂灭。非止息。非正觉。非沙门。非泥洹。是故不记。

梵志又问。云何为义合．法合。云何为梵行初。云何无为。云何无欲。云何寂灭。云何止息。云何正觉。云何沙门。云何泥洹。云何名记。

佛告梵志。我记苦谛．苦集．苦灭．苦出要谛。所以者何。此是义合．法合。梵行初首．无欲．无为．寂灭．止息．正觉．沙门．泥洹。是故我记。

尔时。世尊为梵志说法。示教利喜已。即从坐而去。

佛去未久。其后诸余梵志语布吒婆楼梵志曰。汝何故听瞿昙沙门所说语语。印可瞿昙言。我及世间有常。乃至如来非终非不终。不与义合。故我不记。汝何故印可是言。我等不可沙门瞿昙如是所说。

布吒婆楼报诸梵志言。沙门瞿昙所说。我．世间有常。乃至如来非终非不终。不与义合。故我不记。我亦不印可此言。但彼沙门瞿昙依法住。以法而言。以法出离。我当何由违此智言。沙门瞿昙如此微妙法言不可违也。

时。布吒婆楼梵志又于异时。共象首舍利弗诣世尊所。问讯已。一面坐。象首舍利弗礼佛而坐。梵志白佛言。佛先在我所。时去未久。其后诸余梵志语我言。汝何故听沙门瞿昙所说语语。印可瞿昙言。我．世间常。乃至如来非终非不终。不合义。故不记。汝何故印可是言。我等不可沙门瞿昙如是所说。我报彼言。沙门瞿昙所说。我．世间有常。乃至如来非终非不终。不与义合。故我不记。我亦不印可此言。但彼沙门瞿昙依法住法。以法而言。以法出离。我等何由违此智言。沙门瞿昙微妙法言不可违也。

佛告梵志曰。诸梵志言。汝何故听沙门瞿昙所说语语印可。此言有咎。所以者何。我所说法。有决定记．不决定记。云何名不决定记。我．世间有常。乃至如来非终非不终。我亦说此言。而不决定记。所以然者。此不与义合。不与法合。梵行初。非无欲。非无为。非寂灭。非止息。非正觉。非沙门。非泥洹。是故。梵志。我虽说此言而不决定记。云何名为决定记。我记苦谛．苦集．苦灭．苦出要谛。所以者何。此与法合．义合。是梵行初首。无定．无记。梵志。或有沙门．婆罗门于一处世间。无欲无为寂灭止息正觉沙门泥洹。是故我说决定记。

梵志。或有沙门．婆罗门于一处世间一向说乐。我语彼言。汝等审说一处世间一向乐耶。彼报我言。如是。我又语彼言。汝知见一处世间一向乐耶。彼答我言。不知不见。我复语彼言。一处世间诸天一向乐。汝曾见不。彼报我言。不知不见。又问彼言。彼一处世间诸天。汝颇共坐起言语。精进修定不耶。答我言。不。我又问彼言。彼一处世间诸天一向乐者。颇曾来语汝言。汝所行质直。当生彼一向乐天。我以所行质直。故得生彼共受乐耶。彼答我言。不也。我又问彼言。汝能于己身起心化作他四大身。身体具足。诸根无阙不。彼答我言。不能。云何。梵志。彼沙门．婆罗门所言为是诚实。为应法不。

梵志白佛言。此非诚实。为非法言。

佛告梵志。如有人言。我与彼端正女人交通。称赞淫女。余人问言。汝识彼女不。为在何处。东方．西方．南方．北方耶。答曰。不知。又问。汝知彼女所止土地．城邑．村落不。答曰。不知。又问。汝识彼女父母及其姓字不。答曰。不知。又问。汝知彼女为刹利女。为是婆罗门．居士．首陀罗女耶。答曰。不知。又问。汝知彼女为长短．粗细．黑白．好丑耶。答曰。不知。云何。梵志。此人所说为诚实不。

答曰。不也。

梵志。彼沙门．婆罗门亦复如是。无有真实。梵志。犹如有人立梯空地。余人问言。立梯用为。答曰。我欲上堂。又问。堂何所在。答曰。不知。云何。梵志。彼立梯者岂非虚妄耶。

答曰。如是。彼实虚妄。

佛言。诸沙门．婆罗门亦复如是。虚妄无实。

佛告布吒婆楼。汝言我身色四大．六入。父母生育。乳餔成长。衣服庄严。无常磨灭。以此为我者。我说此为染污。为清净。为得解。汝意或谓染污法不可灭。清净法不可生。常在苦中。勿作是念。何以故。染污法可灭尽。清净法可出生。处安乐地。欢喜爱乐。专念一心。智慧增广。梵志。我于欲界天．空处．识处．不用处．有想无想处天。说为染污。亦说清净。亦说得解。汝意或谓染污法不可灭。清净法不可生。常在苦中。勿作是念。所以者何。染污可灭。净法可生。处安乐地。欢喜爱乐。专念一心。智慧增广。

尔时。象首舍利弗白言。世尊。当有欲界人身四大诸根时。复有欲界天身。色界天身。空处．识处．不用处．有想无想处天身。一时有不。世尊。当有欲界天身时。复有欲界人身四大诸根。及色界天身。空处．识处．无所有处．有想无想处天身。一时有不。世尊。当有色界天身时。复有欲界人身四大诸根。及色界天身。空处．识处．无所有处．有想无想处天身。一时有不。如是至有想无想处天身时。有欲界人身四大诸根。及欲界天身。色界天身。空处．识处．无所有处天身。一时有不。

佛告象首舍利弗。若有欲界人身四大诸根。尔时正有欲界人身四大诸根。非欲界天身。色界天身。空处．识处．无所有处．有想无想处天身。如是乃至有有想无想处天身时。尔时正有想无想处天身。无有欲界人身四大诸根。及欲界天身。色界天身。空处．识处．无所有处天身。象首。譬如牛乳。乳变为酪。酪为生酥。生酥为熟酥。熟酥为醍醐。醍醐为第一。象首。当有乳时。唯名为乳。不名为酪．酥．醍醐。如是展转。至醍醐时。唯名醍醐。不名为乳。不名酪．酥。象首。此亦如是。若有欲界人身四大诸根时。无有欲界天身。色界天身。乃至有想无想处天身。如是展转。有有想无想处天身时。唯有有想无想处天身。无有欲界人身四大诸根。及欲界天身。色界天身。乃至无所有天身。

象首。于汝意云何。若有人问汝言。若有过去身时。有未来．现在身。一时有不。有未来身时。有过去．现在身。一时有不。有现在身时。有过去．未来身。一时有不。设有此问者。汝云何报。

象首言。设有如是问者。我当报言。有过去身时。唯是过去身。

无未来．现在。有未来身时。唯是未来身。无过去．现在。有现在身时。唯是现在身。无过去．未来身。

象首。此亦如是。有欲界人身四大诸根时。无欲界天身。色界天身。乃至有想无想处天身。如是展转。至有想无想处天身时。无有欲界人身四大诸根。及欲界天身。色界天身。至不用处天身。

复次。象首。若有人问汝言。汝曾有过去已灭不。未来当生不。现在今有不。设有是问者。汝当云何答。

象首白佛言。若有是问者。当答彼言。我曾有过去已灭。非不有也。有未来当生。非不有也。现在今有。非不有也。

佛言。象首。此亦如是。有欲界人身四大诸根时。无欲界天身。乃至有想无想天身。如是展转。至有想无想天身时。无有欲界人身四大诸根。及欲界天身。乃至无所有处天身。

尔时。象首白佛言。世尊。我今归依佛。归依法。归依僧。听我于正法中为优婆塞。自今已后。尽形寿不杀．不盗．不淫．不欺．不饮酒。

时。布吒婆楼梵志白佛言。我得于佛法中出家受戒不。

佛告梵志。若有异学欲于我法中出家为道者。先四月观察。称众人意。然后乃得出家受戒。虽有是法。亦观人耳。

梵志白佛言。诸有异学欲于佛法中出家受戒者。先当四月观察。称众人意。然后乃得出家受戒。如我今者。乃能于佛法中四岁观察。称众人意。然后乃望出家受戒。

佛告梵志。我先语汝。虽有是法。当观其人。

时。彼梵志即于正法中得出家受戒。如是不久以信坚固。净修梵行。于现法中自身作证。生死已尽。所作已办。不受后有。即成阿罗汉。

尔时。布吒婆楼闻佛所说。欢喜奉行。

（二九）第三分露遮经第十

如是我闻。

一时。佛在拘萨罗人间游行。与大比丘众千二百五十人俱。往诣婆罗婆提婆罗门村北尸舍婆林中止宿。

时。有婆罗门。名曰露遮。住婆罗林中。其村丰乐。人民炽盛。波斯匿王即封此村。与婆罗门以为梵分。此婆罗门七世已来父母真正。不为他人之所轻毁。异典三部讽诵通利。种种经书尽能分别。又能善于大人相法．瞻候吉凶．祭祀仪礼。闻沙门瞿昙释种子出家成道。于拘萨罗国人间游行。至尸舍婆林中。有大名称。流闻天下。如来．至真．等正觉。十号具足。于诸天．世人．魔．若魔．天．沙门．婆罗门众中自身作证。与他说法。上中下善。义味具足。梵行清净。如此真人。宜往觐现。我今宁可往共相见。

时。婆罗门即出彼村。诣尸舍婆林中。至世尊所。问讯已。一面坐。佛为说法。示教利喜。婆罗门闻法已。白佛言。唯愿世尊及诸大众明受我请。尔时。世尊默然受请。

彼婆罗门见佛默然。知已许可。即从坐起。绕佛而去。去佛不远。便起恶见言。诸沙门．婆罗门多知善法。多所证成。不应为他人说。但自知休与他说为。譬如有人坏故狱已。更造新狱。斯是贪恶不善法耳。

时。婆罗门还至。婆罗林已。即于其夜具办种种肴膳饮食。时到。语剃头师言。汝持我声。诣尸舍婆林中。白沙门瞿昙。日时已到。宜知是时。

剃头师受教即行。往到佛所。礼世尊足白。时已到。宜知是时。

尔时。世尊即着衣持钵。从诸弟子千二百五十人俱。诣婆罗林。

剃头师侍从世尊。偏露右臂。长跪叉手。白佛言。彼露遮婆罗门去佛不远。生恶见言。诸有沙门．婆罗门多知善法。多所证者。不应为他人说。但自知休与他说为。譬如有人坏故狱已。更造新狱。斯是贪恶不善法耳。唯愿世尊除其恶见。

佛告剃头师曰。此是小事。易开化耳。

尔时。世尊至婆罗门舍。就座而坐。时。婆罗门以种种甘膳。手自斟酌。供佛及僧。食讫去钵。行澡水毕。取一小床于佛前坐。佛告露遮。汝昨去我不远。生恶见言。诸沙门．婆罗门多知善法。多所证者。不应为他人说。乃至贪恶不善法。实有是言耶。

露遮言。尔。实有此事。

佛告露遮。汝勿复尔生此恶见。所以者何。世有三师可以自诫。云何为三。一者剃除须发。服三法衣。出家修道。于现法中可以除烦恼。又可增益得上人法。而于现法中不除烦恼。不得上人法。己业未成而为弟子说法。其诸弟子不恭敬承事。由复依止与共同住。露遮。彼诸弟子语师言。师今剃除须发。服三法衣。出家修道。于现法中可得除众烦恼。得上人胜法。而今于现法中不能除烦恼。不得上人胜法。己业未成而为弟子说法。使诸弟子不复恭敬承事供养。但共依止同住而已。

佛言。露遮。犹如有人坏故狱已。更造新狱。斯则名为贪浊恶法。是为一师可以自诫。是为贤圣戒．律戒．仪戒．时戒。

又告露遮。第二师者。剃除须发。服三法衣。出家修道。于现法中可得除众烦恼。不可增益得上人法。而于现法中不能除众烦恼。虽复少多得上人胜法。己业未成而为弟子说法。其诸弟子不恭敬承事。由复依止与共同住。露遮。彼诸弟子语师言。师今剃除须发。服三法衣。出家修道。于现法中得除众烦恼。得上人法。而今于现法中不能除众烦恼。虽复少多得上人法己利未成而为弟子说法。使诸弟子不复恭敬承事供养。但共依止同住而已。

佛言。露遮。犹如有人在他后行。手摩他背。此则名为贪浊恶法。是为二师可以自诫。是为贤圣戒．律戒．仪戒．时戒。

又告露遮。第三师者。剃除须发。服三法衣。出家修道。于现法中可除烦恼。又可增益得上人法。而于现法中不能除众烦恼。虽复少多得上人法。己利未成而为弟子说法。其诸弟子恭敬承事。依止同住。露遮。彼诸弟子语师言。师今剃除须发。服三法衣。出家修道。于现法中可得除众烦恼。少多得上人法。而今于现法中不能除众烦恼。虽复少多得上人法。己利未成而为弟子说法。诸弟子恭敬承事。共止同住。

佛言。露遮。犹如有人舍己禾稼。锄他田苗。此则名为贪浊恶法。是为三师可以自诫。是为贤圣戒．律戒．仪戒．时戒。露遮。有一世尊不在世间。不可倾动。云何为一。若如来．至真．等正觉出现于世。乃至得三明。除灭无明。生智慧明。去诸闇冥。出大法光。所谓漏尽智证。所以者何。斯由精勤。专念不忘。乐独闲居之所得也。露遮。是为第一世尊不在世间。不可倾动。露遮。有四沙门果。何者四。谓须陀洹果．斯陀含果．阿那含果．阿罗汉果。云何。露遮。有人闻法应得此四沙门果。若有人遮言。勿为说法。设用其言者。彼人闻法得果以不。

答曰。不得。

又问。若不得果。得生天不。

答曰。不得。

又问。遮他说法。使不得果。不得生天。为是善心。为不善心耶。

答曰。不善。

又问。不善心者。为生善趣。为堕恶趣。

答曰。生恶趣。

露遮。犹如有人语波斯匿王言。王所有国土。其中财物王尽自用。勿给余人。云何。露遮。若用彼人言者。当断余人供不。

答曰。当断。

又问。断他供者。为是善心。为不善心。

答曰。不善心。

又问。不善心者。为生善趣。为堕恶道耶。

答曰。堕恶道。

露遮。彼亦如是。有人闻法。应得四沙门果。若有人言。勿为说法。设用其言者。彼人闻法得果不。

答曰。不得。

又问。若不得果。得生天不。

答曰。不得。

又问。遮他说法。使不得道果。不得生天。彼为是善心。为不善心耶。

答曰。不善。

又问。不善心者。当生善趣。为堕恶道耶。

答曰。堕恶道。

露遮。若有人语汝言。彼波罗婆提村封所有财物。露遮。自用勿给人。物当自用。与他何为。云何。露遮。设用彼言者。当断余人供不。

答曰。当断。

又问。教人断他供者。为是善心。为不善心耶。

答曰。不善。

又问。不善心者。为生善趣。为堕恶道耶。

答曰。堕恶道。

露遮。彼亦如是。有人闻法应得四沙门果。若有人言。勿为说法。设用其言者。彼人闻法得果不。

答曰。不得。

又问。若不得果。得生天不。

答曰。不得。

又问。遮他说法。使不得果。不得生天。为是善心。为不善心耶。

答曰。不善。

又问。不善心者。为生善趣。为堕恶道耶。

答曰。堕恶道。

尔时。露遮婆罗门白佛言。我归依佛。归依法。归依僧。愿听我于正法中为优婆塞。自今已后。尽形寿不杀．不盗．不淫．不欺．不饮酒。

佛说法已。时露遮婆罗门闻佛所说。欢喜奉行。

佛说长阿含经卷第十八

（三〇）第四分世记经
阎浮提州品第一

如是我闻。

一时。佛在舍卫国祇树给孤独园俱利窟中。与大比丘众千二百五十人俱。

时。众比丘于食后集讲堂上议言。诸贤。未曾有也。今此天地何由而败。何由而成。众生所居国土云何。

尔时。世尊于闲静处天耳彻听。闻诸比丘于食后集讲堂上议如此言。尔时世尊于静窟起。诣讲堂坐。知而故问。问诸比丘。向者所议。议何等事。

诸比丘白佛言。我等于食后集法讲堂议言。诸贤。未曾有也。今是天地何由而败。何由而成。众生所居国土云何。我等集堂议如是事。

佛告诸比丘言。善哉。善哉。凡出家者应行二法。一贤圣默然。二讲论法语。汝等集在讲堂。亦应如此贤圣默然．讲论法语。诸比丘。汝等欲闻如来记天地成败。众生所居国邑不耶。

时。诸比丘白佛言。唯然。世尊。今正是时。愿乐欲闻。世尊说已。当奉持之。

佛言。比丘。谛听。谛听。善思念之。当为汝说。

佛告诸比丘。如一日月周行四天下。光明所照。如是千世界。千世界中有千日月．千须弥山王．四千天下．四千大天下．四千海水．四千大海．四千龙．四千大龙．四千金翅鸟．四千大金翅鸟．四千恶道．四千大恶道．四千王．四千大王．七千大树．八千大泥犁．十千大山．千阎罗王．千四天王．千忉利天千焰摩天．千兜率天．千化自在天．千他化自在天．千梵天。是为小千世界。如一小千世界。尔所小千千世界。是为中千世界。如一中千世界。尔所中千千世界。是为三千大千世界。如是世界周匝成败。众生所居名一佛刹。

佛告比丘。今此大地深十六万八千由旬。其边无际。地止于水。水深三千三十由旬。其边无际。水止于风。风深六千四十由旬。其边无际。比丘。其大海水深八万四千由旬。其边无际。须弥山王入海水中八万四千由旬。出海水上高八万四千由旬。下根连地。多固地分。其山直上。无有阿曲。生种种树。树出众香。香遍山林。多诸贤圣。大神妙天之所居止。其山下基纯有金沙。其山四面有四埵出。高七百由旬。杂色间厕。七宝所成。四埵斜低。曲临海上。

须弥山王有七宝阶道。其下阶道广六十由旬。挟道两边有七重宝墙．七重栏楯．七重罗网．七重行树。金墙银门。银墙金门。水精墙琉璃门。琉璃墙水精门。赤珠墙马瑙门。马瑙墙赤珠门。车磲墙众宝门。其栏楯者。金栏银桄。银栏金桄。水精栏琉璃桄。琉璃栏水精桄。赤珠栏马瑙桄。马瑙栏赤珠桄。车磲栏众宝桄。其栏楯上有宝罗网。其金罗网下悬银铃。其银罗网下悬金铃。琉璃罗网悬水精铃。水精罗网悬琉璃铃。赤珠罗网悬马瑙铃。马瑙罗网悬赤珠铃。车磲罗网悬众宝铃。其金树者金根金枝银叶华实。其银树者银根银枝金叶华实。其水精树水精根枝琉璃华叶。其琉璃树琉璃根枝水精华叶。其赤珠树赤珠根枝马瑙华叶。其马瑙树者马瑙根枝赤珠华叶。车磲树者车磲根枝众宝华叶。

其七重墙。墙有四门。门有栏楯。七重墙上皆有楼阁台观。周匝围绕有园观浴池。生众宝华叶。宝树行列。花果繁茂。香风四起。悦可人心。凫雁鸳鸯。异类奇鸟。无数千种。相和而鸣。又须弥山王中级阶道广四十由旬。挟道两边有七重宝墙．栏楯七重．罗网七重．行树七重。乃至无数众鸟相和而鸣。亦如下阶。上级阶道广二十由旬。挟道两边有七重宝墙．栏楯七重．罗网七重．行树七重。乃至无数众鸟相和而鸣。亦如中阶。

佛告比丘。其下阶道有鬼神住。名曰伽楼罗足。其中阶道有鬼神住。名曰持鬘。其上阶道有鬼神住。名曰喜乐。其四捶高四万二千由旬。四天大王所居宫殿。有七重宝城．栏楯七重．罗网七重．行树七重。诸宝铃乃至无数众鸟相和而鸣。亦复如是。须弥山顶有三十三天宫。宝城七重．栏楯七重．罗网七重．行树七重。乃至无数众鸟相和而鸣。亦复如是。过三十三天由旬一倍有焰摩天宫。过焰摩天宫由旬一倍有兜率天宫。过兜率天宫由旬一倍有化自在天宫。过化自在天宫由旬一倍有他化自在天宫。过他化自在天宫由旬一倍有梵加夷天宫。

于他化自在天．梵加夷天中间。有摩天宫。纵广六千由旬。宫墙七重．栏楯七重．罗网七重．行树七重。乃至无数众鸟相和而鸣。亦复如是。过梵伽夷天宫由旬一倍有光音天宫。过光音天由旬一倍有遍净天宫。过遍净天由旬一倍有果实天宫。过果实天由旬一倍有无想天宫。过无想天由旬一倍有无造天宫。过无造天由旬一倍有无热天宫。过无热天由旬一倍有善见天宫。过善见天由旬一倍有大善见天宫。过大善见天由旬一倍有色究竟天宫。过色究竟天上有空处智天．识处智天．无所有处智天．有想无想处智天。齐此名众生边际．众生世界。一切众生生．老．病．死．受阴．受有。齐此不过。

佛告比丘。须弥山北有天下。名郁单曰。其土正方。纵广一万由旬。人面亦方。像彼地形。须弥山东有天下。名弗于逮。其土正圆。纵广九千由旬。人面亦圆。像彼地形。须弥山西有天下。名俱耶尼。其土形如半月。纵广八千由旬。人面亦尔。像彼地形。须弥山南有天下。名阎浮提。其土南狭北广。纵广七千由旬。人面亦尔。像此地形。须弥山北面天金所成。光照北方。须弥山东面天银所成。光照东方。须弥山西面天水精所成。光照西方。须弥山南面天琉璃所成。光照南方。

郁单曰有大树王。名庵婆罗。围七由旬。高百由旬。枝叶四布五十由旬。弗于逮有大树王。名伽蓝浮。围七由旬。高百由旬。枝叶四布五十由旬。俱耶尼有大树王。名曰斤提。围七由旬。高百由旬。枝叶四布五十由旬。又其树下有石牛幢。高一由旬。阎浮提有大树王。名曰阎浮提。围七由旬。高百由旬。枝叶四布五十由旬。金翅鸟王及龙王树名俱利睒婆罗。围七由旬。高百由旬。枝叶四布五十由旬。阿修罗王有树。名善画。围七由旬。高百由旬。枝叶四布五十由旬。忉利天有树。名曰昼度。围七由旬。高百由旬。枝叶四布五十由旬。

须弥山边有山。名伽陀罗。高四万二千由旬。纵广四万二千由旬。其边广远。杂色间厕。七宝所成。其山去须弥山八万四千由旬。

其间纯生优钵罗花．钵头摩花．俱物头花．分陀利花。芦苇．松．竹丛生其中。出种种香。香亦充遍。去佉陀罗山不远有山。名伊沙陀罗。高二万一千由旬。纵广二万一千由旬。其边广远。杂色间厕。七宝所成。去佉陀罗山四万二千由旬。其间纯生优钵罗花．钵头摩花．俱勿头花．分陀利花。芦苇．松．竹丛生其中。出种种香。香气充遍。去伊沙陀罗山不远有山。名树巨陀罗。高万二千由旬。纵广万二千由旬。其边广远。杂色间厕。七宝所成。去伊沙陀罗山二万一千由旬。其间纯生四种杂花。芦苇．松．竹丛生其中。出种种香。香气充遍。去树巨陀罗山不远有山。名善见。高六千由旬。纵广六千由旬。其边广远。杂色间厕。七宝所成。去树巨陀罗山万二千由旬。其间纯生四种杂花。芦苇．松．竹丛生其中。出种种香。香气充遍。

去善见山不远有山。名马食上。高三千由旬。纵广三千由旬。其边广远。杂色间厕。七宝所成。去善见山六千由旬。其间纯生四种杂花。芦苇．松．竹丛生其中。出种种香。香气充遍。去马食山不远有山。名尼民陀罗。高千二百由旬。纵广千二百由旬。其边广远。杂色间厕。七宝所成。去马食山三千由旬。其间纯生四种杂花。芦苇．松．竹丛生其中。出种种香。香气充遍。去尼民陀罗山不远有山。名调伏。高六百由旬。纵广六百由旬。其边广远。杂色间厕。七宝所成。去尼民陀罗山千二百由旬。其间纯生四种杂花。芦苇．松．竹丛生其中。出种种香香气充遍。去调伏山不远有山。名金刚围。高三百由旬。纵广三百由旬。其边广远。杂色间厕。七宝所成。去调伏山六百由旬。其间纯生四种杂花。芦苇．松．竹丛生其中。出种种香。香气充遍。

去大金刚山不远有大海水。海水北岸有大树王。名曰阎浮。围七由旬。高百由旬。枝叶四布五十由旬。其边空地复有丛林。名庵婆罗。纵广五十由旬。复有丛林名曰阎婆。纵广五十由旬。复有丛林名曰娑罗。纵广五十由旬。复有丛林名曰多罗。纵广五十由旬。复有丛林名曰那多罗。纵广五十由旬。复有丛林名曰为男。纵广五十由旬。复有丛林名曰为女。纵广五十由旬。复有丛林名曰男女。纵广五十由旬。复有丛林名曰散那。纵广五十由旬。复有丛林名曰栴檀。纵广五十由旬。复有丛林名曰佉酬罗。纵广五十由旬。复有丛林名曰波棕婆罗。纵广五十由旬。复有丛林名曰毗罗。纵广五十由旬。复有丛林名曰香棕。纵广五十由旬。复有丛林名曰为梨。纵广五十由旬。复有丛林名曰安石留。纵广五十由旬。复有丛林名曰为甘。纵广五十由旬。复有丛林名呵梨勒。纵广五十由旬。复有丛林名毗醯勒。纵广五十由旬。复有丛林名阿摩勒。纵广五十由旬。复有丛林名阿摩犁。纵广五十由旬。复有丛林名棕。纵广五十由旬。复有丛林名甘蔗。纵广五十由旬。复有丛林名苇。纵广五十由旬。复有丛林名竹。纵广五十由旬。复有丛林名舍罗。纵广五十由旬。复有丛林名舍罗业。纵广五十由旬。复有丛林名木瓜。纵广五十由旬。复有丛林名大木瓜。纵广五十由旬。复有丛林名解脱华。纵广五十由旬。复有丛林名瞻婆。纵广五十由旬。复有丛林名婆罗罗。纵广五十由旬。复有丛林名修摩那。纵广五十由旬。复有丛林名婆师。纵广五十由旬。复有丛林名多罗梨。纵广五十由旬。复有丛林名伽耶。纵广五十由旬。复有丛林名葡萄。纵广五十由旬。

过是地空。其空地中复有花池。纵广五十由旬。复有钵头摩池．俱物头池．分陀利池。毒蛇满中。各纵广五十由旬。过是地空。其空地中有大海水。名郁禅那。此水下有转轮圣王道。广十二由旬。挟道两边有七重墙．七重栏楯．七重罗网．七重行树。周匝校饰。以七宝成。阎浮提地转轮圣王出于世时。水自然去。其道平现。去海不远有山。名郁禅。其山端严。树木繁茂。花果炽盛。众香芬馥。异类禽兽靡所不有。去郁禅山不远有山。名金壁。中有八万岩窟。八万象王止此窟中。其身纯白。头有杂色。口有六牙。齿间金填。过金壁山已。有山名雪山。纵广五百由旬。深五百由旬。东西入海。雪山中间有宝山。高二十由旬。

雪山埵出高百由旬。其山顶上有阿耨达池。纵广五十由旬。其水清冷。澄净无秽。七宝砌垒．七重栏楯．七重罗网．七重行树。种种异色。七宝合成。其栏楯者。金栏银桄。银栏金桄。琉璃栏水精桄。水精栏琉璃桄。赤珠栏马瑙桄。马瑙栏赤珠桄。车磲栏众宝所成。金网银铃。银网金铃。琉璃网水精铃。水精网琉璃铃。车磲网七宝所成。金多罗树金根金枝银叶银果。银多罗树银根银枝金叶金果。水精树水精根枝琉璃花果。赤珠树赤珠根枝马瑙叶马瑙花果。车磲树车磲根枝众宝花果。

阿耨达池侧皆有园观浴池。众花积聚。种种树叶。花果繁茂。种种香风。芬馥四布。种种异类。诸鸟哀鸣相和。阿耨达池底。金沙充满。其池四边皆有梯陛。金桄银陛。银桄金陛。琉璃桄水精陛。水精桄琉璃陛。赤珠桄马瑙陛。马瑙桄赤珠陛。车磲桄众宝陛。绕池周匝皆有栏楯。生四种花。青．黄．赤．白。杂色参间。华如车轮。根如车毂。花根出汁。色白如乳。味甘如蜜。阿耨达池东有恒伽河。从牛口出。从五百河入于东海。阿耨达池南有新头河。从师子口出。从五百河入于南海。阿耨达池西有婆叉河。从马口出。从五百河入于西海。阿耨达池北有斯陀河。从象口中出。从五百河入于北海。阿耨达宫中有五柱堂。阿耨达龙王恒于中止。

佛言。何故名为阿耨达。阿耨达其义云何。此阎浮提所有龙王尽有三患。唯阿耨达龙无有三患。云何为三。一者举阎浮提所有诸龙。皆被热风．热沙着身。烧其皮肉。及烧骨髓以为苦恼。唯阿耨达龙无有此患。二者举阎浮提所有龙宫。恶风暴起。吹其宫内。失宝饰衣。龙身自现以为苦恼。唯阿耨达龙王无如是患。三者举阎浮提所有龙王。各在宫中相娱乐时。金翅大鸟入宫搏撮或始生方便。欲取龙食。诸龙怖惧。常怀热恼。唯阿耨达龙无如此患。若金翅鸟生念欲往。即便命终。故名阿耨达（阿耨达秦言无恼热）。

佛告比丘。雪山右面有城。名毗舍离。其城北有七黑山。七黑山北有香山。其山常有歌唱伎乐音乐之声。山有二窟。一名为昼。二名善昼。天七宝成。柔濡香洁。犹如天衣。妙音乾闼婆王从五百乾闼婆在其中止。昼．善昼窟北有娑罗树王。名曰善住。有八千树王围绕四面。善住树王下有象王。亦名善住。止此树下。身体纯白。七处平住。力能飞行。其头赤色。杂色毛间。六牙纤[月+庸]。金为间填。有八千象围绕随从。其八千树王下八千象。亦复如是。

善住树王北有大浴池。名摩陀延。纵广五十由旬。有八千浴池周匝围绕。其水清凉。无有尘秽。以七宝墼周匝砌垒绕。池有七重栏楯．七重罗网．七重行树。皆七宝成。金栏银桄。银栏金桄。水精栏琉璃桄。琉璃栏水精桄。赤珠栏马瑙桄。马瑙栏赤珠桄。车磲栏众宝桄。其金罗网下垂银铃。其银罗网下垂金铃。水精罗网垂琉璃铃。琉璃罗网垂水精铃。赤珠罗网垂马瑙铃。马瑙罗网垂赤珠铃。砗磲罗网垂众宝铃。其金树者金根金枝银叶花实。其银树者银根银枝金叶花实。水精树者水精根枝琉璃花实。琉璃树者琉璃根枝水精花实。赤珠树者赤珠根枝马瑙花实。马瑙树者马瑙根枝赤珠花实。砗磲树者车磲根枝众宝花实。

又其池底金沙布散。绕池周匝有七宝阶道。金陛银蹬。银陛金蹬。水精陛琉璃蹬。琉璃陛水精蹬。赤珠陛马瑙蹬。马瑙陛赤珠蹬。车磲陛众宝蹬。挟陛两边有宝栏楯。又其池中生四种华。青．黄．赤．白。众色参间。华如车轮。根如车毂。花根出汁。色白如乳。味甘如蜜。绕池四面有众园观．丛林．浴池。生种种花。树木清凉。花果丰盛。无数众鸟相和而鸣。亦复如是。善住象王念欲游戏。入池浴时。即念八千象王。时。八千象王复自念言。善住象王今以念我。我等宜往至象王所。于是。众象即往前立。

时。善住象王从八千象至摩陀延池。其诸象中有为王持盖者。有执宝扇扇象王者。中有作倡伎乐前导从者。时。善住象王入池洗浴。作倡伎乐。共相娱乐。或有象为王洗鼻者。或有洗口．洗头．洗牙．洗耳．洗腹．洗背．洗尾．洗足者。中有拔华根洗之与王食者。中有取四种花散王上者。尔时。善住象王洗浴．饮食。共相娱乐已。即出岸上。向善住树立。其八千象然后各自入池洗浴．饮食。共相娱乐。讫已还出。至象王所。

时。象王从八千象前后导从。至善住树王所。中有持盖覆象王者。有执宝扇扇象王者。中有作倡伎乐在前导者。时。善住象王诣树王已。坐卧行步随意所游。余八千象各自在树下。坐卧行步随意所游。其树林中有围八寻者。有围九寻至十寻。十五寻者。唯善住象王婆罗树王围十六寻。其八千婆罗树枝叶堕落时。清风远吹置于林外。又八千象大小便时。诸夜叉鬼除之林外。

佛告比丘。善住象王有大神力。功德如是。虽为畜生。受福如是。

郁单曰品第二

佛告比丘。郁单曰天下多有诸山。其彼山侧有诸园观浴池。生众杂花。树木清凉。花果丰茂。无数众鸟相和而鸣。又其山中多众流水。其水洋顺。无有卒暴。众花覆上。泛泛徐流。挟岸两边多众树木。枝条柔弱。花果繁炽。地生濡草。槃萦右旋。色如孔翠。香如婆师。濡若天衣。其地柔濡。以足蹈地。地凹四寸。举足还复。地平如掌。无有高下。

比丘。彼郁单曰土四面有四阿耨达池。各纵广百由旬。其水澄清。无有垢秽。以七宝堑厕砌其边。乃至无数众鸟相和悲鸣。与摩陀延池严饰无异。彼四大池各出四大河。广十由旬。其水洋顺。无有卒暴。众花覆上。泛泛徐流。挟岸两边多众树木。枝条柔弱。花果繁炽。地生濡草。槃萦右旋。色如孔翠。香犹婆师。濡若天衣。其地柔濡。以足蹈地。地凹四寸。举足还复。地平如掌。无有高下。又彼土地无有沟涧．坑坎．荆棘．株杌。亦无蚊虻．蚖蛇．蜂蝎．虎豹．恶兽。地纯众宝。无有石沙。阴阳调柔。四气和顺。不寒不热。无众恼患。其地润泽。尘秽不起。如油涂地。无有游尘。百草常生。无有冬夏。树木繁茂。花果炽盛。地生濡草。槃萦右旋。色如孔翠。香犹婆师。濡若天衣。其地柔濡。以足蹈地。地凹四寸。举足还复。地平如掌。无有高下。

其土常有自然粳米。不种自生。无有糠糩。如白花聚。犹忉利天食。众味具足。其土常有自然釜鍑。有摩尼珠。名曰焰光。置于鍑下。饭熟光灭。不假樵火。不劳人功。其土有树。名曰曲躬。叶叶相次。天雨不漏。彼诸男女止宿其下。复有香树。高七十里。花果繁茂。其果熟时。皮壳自裂。自然香出。其树或高六十里。或五十．四十。极小高五里。皆花果繁茂。其果熟时。皮壳自裂。自然香出。

复有衣树。高七十里。花果繁茂。其果熟时。皮壳自裂。出种种衣。其树或高六十里．五十．四十。极小高五里。皆花果繁茂。出种种衣。复有庄严树。高七十里。花果繁茂。其果熟时。皮壳自裂。出种种严身之具。其树或高六十里．五十．四十里。极小高五里。皆花果繁茂。出种种严身之具。复有花鬘树。高七十里。花果繁茂。其果熟时。皮壳自裂。出种种鬘。树或高六十里．五十．四十里。极小高五里。亦皆花果繁茂。出种种鬘。复有器树。高七十里。花果繁茂。其果熟时。皮壳自裂。出种种器。其树或高六十里．五十．四十。极小高五里。皆花果繁茂。出种种器。复有果树。高七十里。花果繁茂。其果熟时。皮壳自裂。出种种果。树或高六十里．五十．四十。

极小高五里。皆花果繁茂。出种种果。复有乐器树。高七十里。花果繁茂。其果熟时。皮壳自裂。出种种乐器。其树或高六十里．五十．四十。极小高五里。皆花果繁茂。出种种乐器。

其土有池。名曰善见。纵广百由旬。其水清澄。无有垢秽。以七宝堑厕砌其边。绕池四面有七重栏楯．七重罗网．七重行树。乃至无数众鸟相和而鸣。亦复如是其善见池北有树。名庵婆罗。周围七里。上高百里。枝叶四布遍五十里。其善见池东出善道河。广一由旬。其水徐流。无有洄澓。种种杂花覆蔽水上。挟岸两边树木繁茂。枝条柔弱。花果炽盛。地生濡草。槃萦右旋。色如孔翠。香如婆师。濡若天衣。其地柔濡。足蹈地时。地凹四寸。举足还复。地平如掌。无有高下。

又其河中有众宝船。彼方人民欲入中洗浴游戏时。脱衣岸上。乘船中流。游戏娱乐讫已。度水遇衣便着。先出先着。后出后着。不求本衣。次至香树。树为曲躬。其人手取种种杂香。以自涂身。次到衣树。树为曲躬。其人手取种种杂衣。随意所著。次到庄严树。树为曲躬。其人手取种种庄严。以自严饰。次到鬘树。树为曲躬。其人手取种种杂鬘。以着头上。次到器树。树为曲躬。其人手取种种宝器。取宝器已。次到果树。树为曲躬。其人手取种种美果。或啖食者。或口含者。或漉汁饮者。次到乐器树。树为曲躬。其人手取种种乐器。调弦鼓之。并以妙声和弦。而行诣于园林。随意娱乐。或一日．二日至于七日。然后复去。无有定处。

善见池南出妙体河。善见池西出妙味河。善见池北出光影河。亦复如是。善见池东有园林名善见。纵广百由旬。绕园四边有七重栏楯．七重罗网．七重行树。杂色间厕。七宝所成。其园四面有四大门。周匝栏楯。皆七宝成。园内清净。无有荆棘。其地平正。无有沟涧．坑坎．陵阜。亦无蚊虻．蝇蚤虱．蚖蛇．蜂蝎．虎狼．恶兽。地纯众宝。无有石沙。阴阳调柔。四气和顺。不寒不热。无众恼患。其地润泽。无有尘秽。如油涂地。游尘不起。百草常生。无有冬夏。树木繁茂。花果炽盛。地生濡草。盘萦右旋。色如孔翠。香如婆师。濡若天衣。其地柔濡。足蹈地时。地凹四寸。举足还复。

其园常生自然粳米。无有糠糩。如白花聚。众味具足。如忉利天食。其园常有自然釜鍑。有摩尼珠。名曰焰光。置于鍑下。饭熟光灭。不假樵火。不劳人功。其园有树。名曰曲躬。叶叶相次。天雨不漏。使诸男女止宿其下。复有香树。高七十里。花果繁茂。其果熟时。皮壳自裂。出种种香。树有高六十里．五十．四十。至高五里。花果繁茂。出种种香。乃至乐器树。亦复如是。

其土人民至彼园中游戏娱乐。一日．二日。至于七日。其善见园无人守护。随意游戏。然后复去。善见池南有园林。名大善见。善见池西有园林。名曰娱乐。善见池北有园林。名曰等花。亦复如是。其土中夜．后夜。阿耨达龙王数数随时起清净云。周遍世界而降甘雨。如构牛顷。以八味水润泽普洽。水不留停。地无泥淖。犹如鬘师以水洒华。使不萎枯。润泽鲜明。时。彼土于中夜后无有云翳。空中清明。海出凉风。清净柔和。微吹人身。举体快乐。其土丰饶。人民炽盛。设须食时。以自然粳米著于釜中。以焰光珠置于釜下。饭自然熟。珠光自灭。诸有来者。自恣食之。其主不起。饭终不尽。若其主起。饭则尽赐。其饭鲜洁。如白花聚。其味具足。如忉利天食。彼食此饭。无有众病。气力充足。颜色和悦。无有衰耗。

又其土人身体相类。形貌同等。不可分别。其貌少壮。如阎浮提二十许人。其人口齿平正洁白。密致无间。发绀青色。无有尘垢。发垂八指。齐眉而止。不长不短。若其土人起欲心时。则熟视女人而舍之去。彼女随后往诣园林。若彼女人是彼男子父亲．母亲骨肉中表不应行欲者。树不曲荫。各自散去。若非父亲．母亲骨肉中表应行欲者。树则曲躬。回荫其身。随意娱乐。一日．二日。或至七日。尔乃散去。彼人怀妊。七日．八日便产。随生男女。置于四衢大交道头。舍之而去。诸有行人经过其边。出指令嗽。指出甘乳。充适儿身。过七日已。其儿长成与彼人等。男向男众。女向女众。

彼人命终。不相哭泣。庄严死尸。置四衢道。舍之而去。有鸟名忧慰禅伽。接彼死尸置于他方。又其土人。大小便时。地即为开。便利讫已。地还自合。其土人民无所系恋。亦无畜积。寿命常定。死尽生天。彼人何故寿命常定。其人前世修十善行。身坏命终。生郁单曰。寿命千岁。不增不减。是故彼人寿命正等。

复次。杀生者堕恶趣。不杀者生善趣。如是窃盗．邪淫．两舌．恶口．妄言．绮语。贪取．嫉妒。邪见者。堕恶趣中。不盗。不淫。不两舌．恶口．妄言．绮语。不贪取．嫉妒。邪见者。则生善趣。若有不杀。不盗。不淫。不两舌。恶口．妄言．绮语。不贪取．嫉妒。邪见。身坏命终。生郁单曰。寿命千岁。不增不减。是故彼人寿命正等。复次。悭吝贪取。不能施惠。死堕恶道。开心不吝。能为施惠者。则生善处。有人施沙门．婆罗门。及施贫穷乞儿．疮病．困苦者。给其衣服。饭食。乘舆。花鬘。涂香。床榻。房舍。又造立塔庙。灯烛供养。其人身坏命终。生郁单曰。寿命千岁。不增不减。是故彼人寿命正等。何故称郁单曰为胜。其土人民不受十善。举动自然与十善合。身坏命终。生天善处。是故彼人得称为胜郁单曰。郁单曰者。其义云何。于三天下。其土最上最胜。故名郁单曰(郁单曰秦言最上)。

转轮圣王品第三

佛告比丘。世间有转轮圣王。成就七宝。有四神德。云何转轮圣王成就七宝。一金轮宝。二白象宝。三绀马宝。四神珠宝。五玉女宝。六居士宝。七主兵宝。云何转轮圣王金轮宝成就。若转轮圣王出阎浮提地。刹利水浇头种。以十五日月满时。沐浴香汤。上高殿上。与婇女众共相娱乐。天金轮宝忽现在前。轮有千辐。其光色具足。天金所成。天匠所造。非世所有。轮径丈四。转轮圣王见已。默自念言。我曾从先宿诸旧闻如是语。若刹利王水浇头种。以十五日月满时。沐浴香汤。升法殿上。婇女围绕。自然金轮忽现在前。轮有千辐。光色具足。天匠所造。非世所有。轮径丈四。是则名为转轮圣王。今此轮现。将无是耶。今我宁可试此轮宝。

时。转轮王即召四兵。向金轮宝。偏露右臂。右膝着地。以右手摩扪金轮语言。汝向东方。如法而转。勿违常则。轮即东转。时。转轮王即将四兵随其后行。金轮宝前有四神导。轮所住处。王即止驾。尔时。东方诸小国王见大王至。以金钵盛银粟。银钵盛金粟。来诣王所。拜首白言。善哉。大王。今此东方土地丰乐。多诸珍宝。人民炽盛。志性仁和。慈孝忠顺。唯愿圣王于此治政。我等当给使左右承受所。当时。转轮王语小王言。止。止。诸贤。汝等则为供养我已。但当以正法治化。勿使偏枉。无令国内有非法行。身不杀生。教人不杀生．偷盗．邪淫．两舌．恶口．妄言．绮语．贪取．嫉妒．邪见之人。此即名为我之所治。

时。诸小王闻是教已。即从大王巡行诸国。至东海表。次行南方．西方．北方。随轮所至。其诸国王各献国土。亦如东方诸小王比。此阎浮提所有名曰土沃野丰。多出珍宝。林水清净。平广之处。轮则周行。封尽图度东西十二由旬。南北十由旬。天神于中夜造城郭。其城七重。七重栏楯．七重罗网。七重行树。周匝校饰。七宝所成。乃至无数众鸟相和而鸣。造此城已。金轮宝复于其城中。图度封地东西四由旬。南北二由旬。天神于中夜造宫殿。宫墙七重。七宝所成。乃至无数众鸟相和而鸣。亦复如是。造宫殿已。时金轮宝在宫殿上虚空中住。完具而不动转。转轮圣王踊跃而言。此金轮宝真为我瑞。我今真为转轮圣王。是为金轮宝成就。

云何白象宝成就。转轮圣王清旦于正殿上坐。自然象宝忽现在前。其毛纯白。七处平住。力能飞行。其首杂色。六牙纤[月+庸]。真金间填。时。王见已念言。此象贤良。若善调者可中御乘。即试调习。诸能悉备。时。转轮王欲自试象。即乘其上。清旦出城。周行四海。食时以还。时。转轮王踊跃而言。此白象宝真为我瑞。我今真为转轮圣王。是为象宝成就。

云何转轮圣王绀马宝成就。时。转轮圣王清旦在正殿上坐。自然马宝忽现在前。绀青色。朱鬃尾。头颈如象。力能飞行。时。王见已念言。此马贤良。若善调者。可中御乘。即试调习。诸能悉备。时。转轮圣王欲自试马宝。即乘其上。清旦出城。周行四海。食时已还。时。转轮王踊跃而言。此绀马宝真为我瑞。我今真为转轮圣王。是为绀马宝成就。

云何神珠宝成就。时。转轮圣王于清旦在正殿上坐。自然神珠忽现在前。质色清彻。无有瑕秽。时。王见已言。此珠妙好。若有光明。可照宫内。时。转轮王欲试此珠。即召四兵。以此宝珠置高幢上。于夜冥中。赍幢出城。其珠光明照一由旬。现城中人皆起作务。谓为是昼。时。转轮圣王踊跃而言。今此神珠真为我瑞。我今真为转轮圣王。是为神珠宝成就。

云何玉女宝成就。时。玉女宝忽然出现。颜色溶溶。面貌端正。不长不短。不粗不细。不白不黑。不刚不柔。冬则身温。夏则身凉。举身毛孔出栴檀香。口出优钵罗花香。言语柔濡。举动安详。先起后坐。不失宜则。时。转轮圣王见已无著。心不暂念。况复亲近。时。转轮圣王见已。踊跃而言。此玉女宝真为我瑞。我今真为转轮圣王。是为玉女宝成就。

云何居士宝成就。时。居士丈夫忽然自出。宝藏自然财富无量。居士宿福。眼能彻视地中伏藏。有主无主皆悉见知。其有主者能为拥护。其无主者取给王用。时。居士宝往白王言。大王。有所给与。不足为忧。我自能办。转轮圣王欲试居士宝。即敕严船于水游戏。告居士曰。我须金宝。汝速与我。居士报曰。大王小待。须至岸上。王寻逼言。我今须用。正尔得来。时。居士宝被王严敕。即于船上长跪。以右手内着水中。水中宝瓶随手而出。如虫缘树。彼居士宝亦复如是。内手水中。宝缘手出。充满船上。而白王言。向须宝用。为须几许。时。转轮圣王语居士言。止。止。吾无所须。向相试耳。汝今便为供养我已。时。居士闻王语已。寻以宝物还没水中。时。转轮圣王踊跃而言。此居士宝真为我瑞。我今真为转轮圣王。是为居士宝成就。

云何主兵宝成就。时。主兵宝忽然出现。智谋雄猛。英略独决。即诣王所白言。大王。有所讨罚。不足为忧。我自能办。时。转轮圣王欲试主兵宝。即集四兵而告之曰。汝今用兵。未集者集。已集者放。未严者严。已严者解。未去者去。已去者住。时。主兵宝闻王语已。即令四兵。未集者集。已集者放。未严者严。已严者解。未去者去。已去者住。时。转轮圣王见已。踊跃而言。此主兵宝真为我瑞。我今真为转轮圣王。是为转轮圣王七宝成就。谓四神德。一者长寿不夭无能及者。二者身强无患无能及者。三者颜貌端正无能及者。四者宝藏盈溢无能及者。是为转轮圣王成就七宝及四功德。

时。转轮圣王久乃命驾出游后园。寻告御者。汝当善御而行。所以然者。吾欲谛观国土人民安乐无患。时。国人民路次观者。复语侍人。汝且徐行。吾欲谛观圣王威颜。时。转轮圣王慈育民物如父爱子。国民慕王如子仰父。所有珍琦尽以贡王。愿垂纳受。在意所与。时王报曰。且止。诸人。吾自有宝。汝可自用。

转轮圣王治此阎浮提时。其地平正。无有荆棘．坑坎．堆阜。亦无蚊虻．蜂蝎．蝇蚤．蛇蚖．恶虫。石沙．瓦砾自然沉没。金银宝玉现于地上。四时和调。不寒不热。其地柔濡。无有尘秽。如油涂地。洁净光泽。无有尘秽。转轮圣王治于世时。地亦如是。地出流泉。清净无竭。生柔濡草。冬夏常青。树木繁茂。花果炽盛。地生濡草。色如孔翠。香若婆师。濡如天衣。足蹈地时。地凹四寸。举足还复。无空缺处。自然粳米无有糠糩。众味具足。时有香树。花果茂盛。其果熟时。果自然裂。出自然香。香气馥熏。复有衣树。花果茂盛。其果熟时。皮壳自裂。出种种衣。复有庄严树。花果炽盛。其果熟时。皮壳自裂。出种种庄严具。复有鬘树。花果茂盛。其果熟时。皮壳自裂。出种种鬘。复有器树。花果茂盛。其果熟时。皮壳自裂。出种种器。复有果树。花果茂盛。其果熟时。皮壳自裂。出种种果。复有乐器树。花果茂盛。其果熟时。皮壳自裂。出众乐器。

转轮圣王治于世时。阿耨达龙王于中夜后起大密云。弥满世界而降大雨。如构牛顷。雨八味水。润泽周普。地无停水。亦无泥淖。润泽沾洽。生长草木。犹如鬘师水洒花鬘。使花鲜泽。令不萎枯。时雨润泽。亦复如是。又时于中夜后。空中清明。净无云暨。海出凉风。清净调柔。触身生乐。圣王治时。此阎浮提五谷丰贱。人民炽盛。财宝丰饶。无所匮乏。

当时。转轮圣王以正治国。无有阿抂。修十善行。尔时诸人民亦修正见。具十善行。其王久久。身生重患。而取命终。时犹如乐人。食如小过。身小不适。而便命终。生梵天上。时玉女宝．居士宝．主兵宝及国土民作倡伎乐。葬圣王身。其王玉女宝．居士宝．主兵宝．国内士民。以香汤洗浴王身。以劫贝缠五百张叠。次如缠之。奉举王身。置金棺里。以香油灌置铁椁里。复以木椁重衣其外。积众香薪重衣其上。而耶维之。于四衢道头起七宝塔。纵广一由旬。杂色参间。以七宝成。其塔四面各有一门。周匝栏楯。以七宝成。其塔四面空地纵广五由旬。园墙七重．七重栏楯．七重罗网．七重行树。金墙银门。银墙金门。琉璃墙水精门。水精墙琉璃门。赤珠墙马瑙门。马瑙墙赤珠门。车磲墙众宝门。其栏楯者。金栏银桄。银栏金桄。水精栏琉璃桄。琉璃栏水精桄。赤珠栏马瑙桄。马瑙栏赤珠桄。车磲栏众宝桄。其金罗网下悬银铃。其银罗网下悬金铃。琉璃罗网悬水精铃。水精罗网悬琉璃铃。赤珠罗网悬马瑙铃。马瑙罗网悬赤珠铃。车磲罗网悬众宝铃。其金树者银叶花实。其银树者金叶花实。其琉璃树水精花叶。水精树琉璃花叶。赤珠树者马瑙花叶。马瑙树赤珠花叶。车磲树众宝花叶。其四园墙复有四门。周匝栏楯。又其墙上皆有楼阁宝台。其墙四面有树木园林．流泉浴池。生种种花。树木繁茂。花果炽盛。众香芬馥。异鸟哀鸣。其塔成已。玉女宝．居士宝．典兵宝．举国士民皆来供养此塔。施诸穷乏。须食与食。须衣与衣。象马宝乘。给众所须。随意所与。转轮圣王威神功德。其事如是。

佛说长阿含经卷第十九

第四分世记经地狱品第四

佛告比丘。此四天下有八千天下围绕其外。复有大海水周匝围绕八千天下。复有大金刚山绕大海水。金刚山外复有第二大金刚山。二山中间窈窈冥冥。日月神天有大威力。不能以光照及于彼。彼有八大地狱。其一地狱有十六小地狱。第一大地狱名想。第二名黑绳。第三名堆压。第四名叫唤。第五名大叫唤。第六名烧炙。第七名大烧炙。第八名无间。其想地狱有十六小狱。小狱纵广五百由旬。第一小狱名曰黑沙。二名沸屎。三名五百丁。四名饥。五名渴。六名一铜釜。七名多铜釜。八名石磨。九名脓血。十名量火。十一名灰河。十二名铁丸。十三名釿斧。十四名犲狼。十五名剑树。十六名寒冰。

云何名想地狱。其中众生手生铁爪。其爪长利。迭相瞋忿。怀毒害想。以爪相攫。应手肉堕。想为已死。冷风来吹。皮肉还生。寻活起立。自想言。我今已活。余众生言。我想汝活。以是想故。名想地狱。

复次。想地狱其中众生怀毒害想。共相触娆。手执自然刀剑。刀剑锋利。迭相斫刺。剒剥脔割。身碎在地。想谓为死。冷风来吹。皮肉更生。寻活起立。彼自想言。我今已活。余众生言。我想汝活。以此因缘故。名想地狱。

复次。想地狱其中众生怀毒害想。迭相触娆。手执刀剑。刀剑锋利。共相斫刺。剒剥脔割。想谓为死。冷风来吹。皮肉更生。寻活起立。自言。我活。余众生言。我想汝活。以此因缘故。名想地狱。

复次。想地狱其中众生怀毒害想。迭相触娆。手执油影刀。其刀锋利。更相斫刺。剒剥脔割。想谓为死。冷风来吹。皮肉更生。寻活起立。自言。我活。余众生言。我想汝活。以是因缘。名为想地狱。

复次。想地狱其中众生怀毒害想。迭相触娆。手执小刀。其刀锋利。更相斫刺。剒剥脔割。想谓为死。冷风来吹。皮肉更生。寻活起立。自言。我活。余众生言。我想汝活。以是因缘故。名想地狱。

其中众生久受罪已。出想地狱。惶惶驰走。求自救护。宿罪所牵。不觉忽到黑沙地狱。时。有热风暴起。吹热黑沙。来着其身。举体尽黑。犹如黑云。热沙烧皮。尽肉彻骨。罪人身中有黑焰起。绕身回旋。还入身内。受诸苦恼。烧炙燋烂。以罪因缘。受此苦报。其罪未毕。故使不死。

于此久受苦已。出黑沙地狱。惶惶驰走。求自救护。宿罪所牵。不觉忽到沸屎地狱。其地狱中有沸屎铁丸自然满前。驱迫罪人使抱铁丸。烧其身手。至其头面。无不周遍。复使探撮。举着口中。烧其唇舌。从咽至腹。通彻下过。无不燋烂。有铁[口*(隹/乃)]虫。唼食皮肉。彻骨达髓。苦毒辛酸。忧恼无量。以罪未毕。犹复不死。

于沸屎地狱久受苦已。出沸屎地狱。惶惶驰走。求自救护。到铁钉地狱。到已。狱卒扑之令堕。偃热铁上。舒展其身。以钉钉手．钉足．钉心。周遍身体。尽五百钉。苦毒辛酸。号啕呻吟。余罪未毕。犹复不死。

久受苦已。出铁钉地狱。惶惶驰走。求自救护。到饥饿地狱。狱卒来问。汝等来此。欲何所求。报言。我饿。狱卒即捉扑热铁上。舒展其身。以铁钩钩口使开。以热铁丸着其口中。燋其唇舌。从咽至腹。通彻下过。无不燋烂。苦毒辛酸。悲号啼哭。余罪未尽。犹复不死。

久受苦已。出饥地狱。惶惶驰走。求自救护。到渴地狱。狱卒问言。汝等来此。欲何所求。报言。我渴。狱卒即捉扑热铁上。舒展其身。以热铁钩钩口使开。消铜灌口。烧其唇舌。从咽至腹。通彻下过。无不燋烂。苦毒辛酸。悲号啼哭。余罪未尽。犹复不死。

久受苦已。出渴地狱。惶惶驰走。求自救护。宿罪所牵。不觉忽到一铜鍑地狱。狱卒怒目捉罪人足。倒投鍑中。随汤涌沸。上下回旋。从底至口。从口至底。或在鍑腹。身体烂熟。譬如煮豆。随汤涌沸。上下回转。中外烂坏。罪人在鍑。随汤上下。亦复如是。号啕悲叫。万毒普至。余罪未尽。故复不死。

久受苦已。出一铜鍑地狱。惶惶驰走。求自救护。宿罪所牵。不觉忽至多铜鍑地狱。多铜鍑地狱纵广五百由旬。狱鬼怒目捉罪人足。倒投鍑中。随汤涌沸。上下回旋。从底至口。从口至底。或在鍑腹。举身烂坏。譬如煮豆。随汤涌沸。上下回转。中外皆烂。罪人在鍑。亦复如是。随汤上下。从口至底。从底至口。或手足现。或腰腹现。或头面现。狱卒以铁钩钩取置余鍑中。号啕悲叫。苦毒辛酸。余罪未毕。故使不死。

久受苦已。出多铜鍑地狱。惶惶驰走。求自救护。宿对所牵。不觉忽至石磨地狱。石磨地狱纵广五百由旬。狱卒大怒。捉彼罪人扑热石上。舒展手足。以大热石压其身上。回转揩磨。骨肉糜碎。脓血流出。苦毒切痛。悲号辛酸。余罪未尽。故使不死。

久受苦已。出石磨地狱。惶惶驰走。求自救护。宿对所牵。不觉忽至脓血地狱。脓血地狱纵广五百由旬。其地狱中有自然脓血。热沸涌出。罪人于中东西驰走。脓血沸热汤。其身体手足头面皆悉烂坏。又取脓血而自食之。汤其唇舌。从咽至腹。通彻下过。无不烂坏。苦毒辛酸。众痛难忍。余罪未毕。故使不死。

久受苦已。乃出脓血地狱。惶惶驰走。求自救护。宿罪所牵。不觉忽至量火地狱。量火地狱纵广五百由旬。其地狱中有大火聚。自然在前。其火焰炽。狱卒瞋怒驰迫罪人。手执铁斗。使量火聚。彼量火时。烧其手足。遍诸身体。苦毒热痛。呻吟号哭。余罪未毕。故使不死。

久受苦已。乃出量火地狱。惶惶驰走。自求救护。宿对所牵。不觉忽到灰河地狱。灰河地狱纵广五百由旬。深五百由旬。灰汤涌沸。恶气熛炜。回波相搏。声响可畏。从底至上。铁刺纵广锋长八寸。其河岸边生长刀剑。其边皆有狱卒狐狼。又其岸上有剑树林。枝叶花实皆是刀剑。锋刃八寸。罪人入河。随波上下。回覆沉没。铁刺刺身。内外通彻。皮肉烂坏。脓血流出。苦痛万端。悲号酸毒。余罪未毕。故使不死。

久受苦已。乃出灰河地狱至彼岸上。岸上利剑割刺身体。手足伤坏。尔时。狱卒问罪人言。汝等来此。欲何所求。罪人报言。我等饥饿。狱卒即捉罪人扑热铁上。舒展身体。以铁钩擗口。洋铜灌之。烧其唇舌。从咽至腹。通彻下过。无不燋烂。复有豺狼。牙齿长利。来啮罪人。生食其肉。于是。罪人为灰河所煮。利刺所刺。洋铜灌口。豺狼所食已。即便奔驰走上剑树。上剑树时。剑刃下向。下剑树时。剑刃上向。手攀手绝。足蹬足绝。剑刃刺身。中外通彻。皮肉堕落。脓血流出。遂有白骨筋脉相连。时。剑树上有铁[口*(隹/乃)]鸟。啄头骨坏。唼食其脑。苦毒辛酸。号啕悲叫。余罪未毕。故使不死。还复来入灰河狱中。随波上下。回覆沉没。铁刺刺身。内外通彻。皮肉烂坏。脓血流出。唯有白骨浮漂于外。冷风来吹。肌肉还复。寻便起立。惶惶驰走。求自救护。宿对所牵。不觉忽至铁丸地狱。铁丸地狱纵广五百由旬。罪人入已。有热铁丸自然在前。狱鬼驱捉。手足烂坏。举身火然。苦痛悲号。万毒并至。余罪未毕。故使不死。

久受苦已。乃至出铁丸地狱。惶惶驰走。求自救护。宿对所牵。不觉忽至釿斧地狱。釿斧地狱纵广五百由旬。彼入狱已狱卒瞋怒捉此罪人扑热铁上。以热铁釿斧破其手足．耳鼻．身体。苦毒辛酸。悲号叫唤。余罪未尽。犹复不死。

久受罪已。出釿斧地狱。惶惶驰走。求自救护。宿罪所牵。不觉忽至豺狼地狱。豺狼地狱纵广五百由旬。罪人入已。有群豺狼竞来[齿*卢]掣。齞啮拖拽。肉堕伤骨。脓血流出。苦痛万端。悲号酸毒。余罪未毕。故使不死。

久受苦已。乃出豺狼地狱。惶惶驰走。求自救护。宿对所牵。不觉忽至剑树地狱。剑树地狱纵广五百由旬。罪人入彼剑树林中。有大暴风起吹。剑树叶堕其身上。着手手绝。着足足绝。身体头面无不伤坏。有铁[口*(隹/乃)]鸟立其头上。啄其两目。苦痛万端。悲号酸毒。余罪未毕。故使不死。

久受苦已。乃出剑树地狱。惶惶驰走。求自救护。宿罪所牵。不觉忽至寒冰地狱。寒冰地狱纵广五百由旬。罪人入已。有大寒风来吹其身。举体冻瘃。皮肉堕落。苦毒辛酸。悲号叫唤。然后命终。

佛告比丘。黑绳大地狱有十六小地狱。周匝围绕。各各纵广五百由旬。从黑绳地狱至寒冰地狱。何故名为黑绳地狱。其诸狱卒捉彼罪人扑热铁上。舒展其身。以热铁绳絣之使直。以热铁斧逐绳道斫。絣彼罪人。作百千段。犹如工匠以绳絣木。利斧随斫。作百千段。治彼罪人。亦复如是。苦毒辛酸。不可称计。余罪未毕。故使不死。是名为黑绳地狱。

复次。黑绳地狱狱卒捉彼罪人扑热铁上。舒展其身。以铁绳絣。以锯锯之。犹如工匠以绳絣木。以锯锯之。治彼罪人。亦复如是。苦痛辛酸。不可称计。余罪未毕。故使不死。是故名为黑绳地狱。

复次。黑绳地狱捉彼罪人扑热铁上。舒展其身。以热铁绳置其身上。烧皮彻肉。燋骨沸髓。苦毒辛酸。痛不可计。余罪未毕。故使不死。故名黑绳地狱。

复次。黑绳地狱狱卒悬热铁绳交横无数。驱迫罪人。使行绳间。恶风暴起。吹诸铁绳。历落其身。烧皮彻肉。燋骨沸髓。苦毒万端。不可称计。余罪未毕。故使不死。故名黑绳。

复次。黑绳狱卒以热铁绳衣驱罪人被之。烧皮彻肉。燋骨沸髓。苦毒万端。不可称计。余罪未毕。故使不死。故名黑绳。其彼罪人久受苦已。乃出黑绳地狱。惶惶驰走。求自救护。宿对所牵。不觉忽至黑沙地狱。乃至寒冰地狱。然后命终。亦复如是。

佛告比丘。堆压大地狱有十六小地狱。周匝围绕。各各纵广五百由旬。何故名为堆压地狱。其地狱中有大石山。两两相对。罪人入中。山自然合。堆压其身。骨肉糜碎。山还故处。犹如以木掷木。弹却还离。治彼罪人。亦复如是。苦毒万端。不可称计。余罪未毕。故使不死。是故名曰堆压地狱。

复次。堆压地狱有大铁象。举身火然。哮呼而来。蹴踏罪人。宛转其上。身体糜碎。脓血流出。苦毒辛酸。号啕悲叫。余罪未毕。故使不死。故名堆压。

复次。堆压地狱其中狱卒捉诸罪人置于磨石中。以磨磨之。骨肉糜碎。脓血流出。苦毒辛酸。不可称计。其罪未毕。故使不死。故名堆压。

复次。堆压狱卒捉彼罪人卧大石上。以大石压。骨肉糜碎。脓血流出。苦痛辛酸。万毒并至。余罪未毕。故使不死。故名堆压。

复次。堆压狱卒取彼罪人卧铁臼中。以铁杵捣从足至头。皮肉糜碎。脓血流出。苦痛辛酸。万毒并至。余罪未毕。故使不死。故名堆压。其彼罪人久受苦已。乃出堆压地狱。惶惶驰走。求自救护。宿罪所牵。不觉忽至黑沙地狱。乃至寒冰地狱。然后命终。亦复如是。

佛告比丘。叫唤大地狱有十六小地狱。周匝围绕。各各纵广五百由旬。何故名为叫唤地狱。其诸狱卒捉彼罪人掷大镬中。热汤涌沸。

煮彼罪人。号啕叫唤。苦痛辛酸。万毒并至。余罪未毕。故使不死。故名叫唤地狱。

复次。叫唤地狱其诸狱卒取彼罪人掷大铁瓮中。热汤涌沸而煮罪人。号啕叫唤。苦切辛酸。余罪未毕。故使不死。故名叫唤。

复次。叫唤地狱其诸狱卒取彼罪人置大铁镬中。热汤涌沸。煮彼罪人。号啕叫唤。苦痛辛酸。余罪未毕。故使不死。故名叫唤。

复次。叫唤地狱其诸狱卒取彼罪人掷小镬中。热汤涌沸。煮彼罪人。号啕叫唤。苦痛辛酸。余罪未毕。故使不死。故名叫唤地狱。

复次。叫唤地狱其诸狱卒取彼罪人掷大鏊上。反覆煎熬。号啕叫唤。苦痛辛酸。余罪未毕。故使不死。故名叫唤。久受苦已。乃出叫唤地狱。惶惶驰走。求自救护。宿对所牵。不觉忽至黑沙地狱。乃至寒冰地狱。尔乃至终。

佛告比丘。大叫唤地狱有十六小狱。周匝围绕。何故名为大叫唤地狱。其诸狱卒取彼罪人着大铁釜中。热汤涌沸而煮罪人。号啕叫唤。大叫唤。苦痛辛酸。万毒并至。余罪未毕。故使不死。故名大叫唤地狱。

复次。大叫唤地狱其诸狱卒取彼罪人掷大铁瓮中。热汤涌沸而煮罪人。号啕叫唤。大叫唤。苦切辛酸。万毒并至。余罪未毕。故使不死。故名大叫唤地狱。

复次。大叫唤狱卒取彼罪人置铁镬中。热汤涌沸。煮彼罪人。号啕叫唤。苦毒辛酸。万毒并至。余罪未毕。故使不死。故名大叫唤地狱。

复次。大叫唤地狱其诸狱卒取彼罪人掷小镬中。热汤涌沸。煮彼罪人。号啕叫唤。大叫唤。苦痛辛酸。万毒并至。故名大叫唤。

复次。大叫唤地狱其诸狱卒取彼罪人掷大鏊上。反覆煎熬。号啕叫唤。大叫唤。苦痛辛酸。万毒并至。余罪未毕。故使不死。故名大叫唤。久受苦已。乃出大叫唤地狱。惶惶驰走。求自救护。宿对所牵。不觉忽至黑沙地狱。乃至寒冰地狱。尔乃命终。

佛告比丘。烧炙大地狱有十六小狱。周匝围绕。何故名为烧炙。大地狱。尔时。狱卒将诸罪人置铁城中。其城火然。内外俱赤。烧炙罪人。皮肉燋烂。苦痛辛酸。万毒并至。余罪未毕。故使不死。是故名为烧炙地狱。

复次。烧炙地狱其诸狱卒将彼罪人入铁室内。其室火然。内外俱赤。烧炙罪人。皮肉燋烂。苦痛辛酸。万毒并至。余罪未毕。故使不死。是故名为烧炙地狱。

复次。烧炙地狱其诸狱卒取彼罪人着铁楼上。其楼火然。内外俱赤。烧炙罪人。皮肉燋烂。苦痛辛酸。万毒并至。余罪未毕。故使不死。是故名为烧炙地狱。

复次。烧炙地狱其诸狱卒取彼罪人掷着大铁陶中。其陶火燃。内外俱赤。烧炙罪人。皮肉燋烂。苦痛辛酸。万毒并至。余罪未毕。故使不死。是故名为烧炙地狱。

复次。烧炙地狱其诸狱卒取彼罪人掷大鏊上。其鏊火然。中外俱赤。烧炙罪人。皮肉燋烂。苦痛辛酸。万毒并至。余罪未毕。故使不死。久受苦已。乃出烧炙地狱。憧惶驰走。求自救护。宿罪所牵。不觉忽至黑沙地狱。乃至寒冰地狱。然后命终。亦复如是。

佛告比丘。大烧炙地狱有十六小狱。周匝围绕。各各纵广五百由旬。云何名大烧炙地狱。其诸狱卒将诸罪人置铁城中。其城火然。内外俱赤。烧炙罪人。重大烧炙。皮肉燋烂。苦痛辛酸。万毒并至。余罪未毕。故使不死。是故名为大烧炙地狱。

复次。大烧炙地狱其诸狱卒将诸罪人入铁室中。其室火燃。内外俱赤。烧炙罪人。重大烧炙。皮肉燋烂。苦痛辛酸。万毒并至。余罪未毕。故使不死。是故名为大烧炙地狱。

复次。大烧炙地狱其诸狱卒取彼罪人着铁楼上。其楼火燃。内外俱赤。烧炙罪人。重大烧炙。皮肉燋烂。苦痛辛酸。万毒并至。余罪未毕。故使不死。是故名曰大烧炙地狱。

复次。大烧炙地狱其诸狱卒取彼罪人着大铁陶中。其陶火然。内外俱赤。烧炙罪人。重大烧炙。苦痛辛酸。万毒并至。余罪未毕。故使不死。是故名为大烧炙地狱。

复次。大烧炙地狱中自然有大火坑。火焰炽盛。其坑两岸有大火山。其诸狱卒捉彼罪人贯铁叉上。竖着火中。烧炙其身。重大烧炙。皮肉燋烂。苦痛辛酸。万毒并至。余罪未毕。故使不死。久受苦已。然后乃出大烧炙地狱。憧惶驰走。求自救护。宿对所牵。不觉忽至黑沙地狱。乃至寒冰地狱。尔乃命终。亦复如是。

佛告比丘。无间大地狱有十六小狱。周匝围绕。各各纵广五百由旬。云何名无间地狱。其诸狱卒捉彼罪人剥其皮。从足至顶。即以其皮缠罪人身。着火车轮。疾驾火车。辗热铁地。周行往返。身体碎烂。皮肉堕落。苦痛辛酸。万毒并至。余罪未毕。故使不死。是故名为无间地狱。

复次。无间大地狱有大铁城。其城四面有大火起。东焰至西。西焰至东。南焰至北。北焰至南。上焰至下。下焰至上。焰炽回遑。无间空处。罪人在中。东西驰走。烧炙其身。皮肉燋烂。苦痛辛酸。万毒并至。余罪未毕。故使不死。是故名为无间地狱。

复次。无间大地狱中有铁城。火起洞然。罪人在中。火焰燎身。皮肉燋烂。苦痛辛酸。万毒并至。余罪未毕。故使不死。是故名为无间地狱。

复次。大无间地狱罪人在中。久乃门开。其诸罪人奔走往趣。彼当走时。身诸肢节。皆火焰出。犹如力士执大草炬逆风而走。其焰炽然。罪人走时。亦复如是。走欲至门。门自然闭。罪人[跳-兆+甫]

蹈。伏热铁地。烧炙其身。皮肉燋烂。苦痛辛酸。万毒并至。余罪未毕。故使不死。是故名为无间地狱。

复次。无间地狱其中罪人。举目所见。但见恶色。耳有所闻。但闻恶声。鼻有所闻。但闻臭恶。身有所触。但触苦痛。意有所念。但念恶法。又其罪人弹指之顷。无不苦时。故名无间地狱。其中众生久受苦已。从无间出。惮惶驰走。求自救护。宿对所牵。不觉忽到黑沙地狱。乃至寒冰地狱。尔乃命终。亦复如是。

尔时。世尊即说颂曰。

　　身为不善业　　口意亦不善
　　斯堕想地狱　　怖惧衣毛竖
　　恶意向父母　　佛及诸声闻
　　则堕黑绳狱　　苦痛不可称
　　但造三恶业　　不修三善行
　　堕堆压地狱　　苦痛不可称
　　瞋恚怀毒害　　杀生血污手
　　造诸杂恶行　　堕叫唤地狱
　　常习众邪见　　为爱网所覆
　　造此卑陋行　　堕大叫唤狱
　　常为烧炙行　　烧炙诸众生
　　堕烧炙地狱　　长夜受烧炙
　　舍于善果业　　善果清净道
　　为众弊恶行　　堕大烧炙狱
　　为极重罪行　　必生恶趣业
　　堕无间地狱　　受罪不可称
　　想及黑绳狱　　堆压二叫唤
　　烧炙大烧炙　　无间为第八
　　此八大地狱　　洞然火光色
　　斯由宿恶殃　　小狱有十六

佛告比丘。彼二大金刚山间有大风起。名为增佉。若使此风来至此四天下及八千天下者。吹此大地及诸名山须弥山王去地十里。或至百里。飞飏空中。皆悉靡碎。譬如壮士。手把轻糠散于空中。彼大风力。若使来者。吹此天下。亦复如是。由有二大金刚山遮止此风。故使不来。比丘。当知此金刚山多所饶益。亦是众生行报所致。

又彼二山间风。焰炽猛热。若使彼风来至此四天下者。其中众生．山河．江海．草木．丛林皆当燋枯。犹如盛夏断生濡草。置于日中。寻时萎枯。彼风如是。若使来至此世界。热气烧炙。亦复如是。由此二金刚山遮止此风。故使不来。比丘。当知此金刚山多所饶益。亦是众生行报所致。

又彼二山间风。臭处不净。腥秽酷烈。若使来至此天下者。熏此众生皆当失目。由此二大金刚山遮止此风。故使不来。比丘。当知此金刚山多所饶益。亦是众生行报所致。

又彼二山中间复有十地狱。一名厚云。二名无云。三名呵呵。四名奈何。五名羊鸣。六名须干提。七名优钵罗。八名拘物头。九名分陀利。十名钵头摩。云何厚云地狱。其狱罪人自然生身。譬如厚云。故名厚云。云何名曰无云。其彼狱中受罪众生。自然生身。犹如段肉。故名无云。云何名呵呵。其地狱中受罪众生。苦痛切身。皆称呵呵。故名呵呵。云何名奈何。其地狱中受罪众生。苦痛酸切。无所归依。皆称奈何。故名奈何。云何名羊鸣。其地狱中受罪众生。苦痛切身。欲举声语。舌不能转。直如羊鸣。故名羊鸣。云何名须干提。其地狱中举狱皆黑。如须干提华色。故名须干提。云何名优钵罗。其地狱中举狱皆青。如优钵罗华。故名优钵罗。云何名俱物头。其地狱中举狱皆红。如俱物头华色。故名俱物头。云何名分陀利。其地狱中举狱皆白。如分陀利华色。故名分陀利。云何名钵头摩。其地狱中举狱皆赤。如钵头摩华色。故名钵头摩。

佛告比丘。喻如有簏受六十四斛。满中胡麻。有人百岁持一麻去。如是至尽。厚云地狱受罪未竟。如二十厚云地狱寿与一无云地狱寿等。如二十无云地狱寿与一呵呵地狱寿等。如二十呵呵地狱寿与一奈何地狱寿等。如二十奈何地狱寿与一羊鸣地狱寿等。如二十羊鸣地狱寿与一须干提地狱寿等。如二十须干提地狱寿与一优钵罗地狱寿等。如二十优钵罗地狱寿与一拘物头地狱寿等。如二十拘物头地狱寿与一分陀利地狱寿等。如二十分陀利地狱寿与一钵头摩地狱寿等。如二十钵头摩地狱寿。名一中劫。如二十中劫。名一大劫。钵头摩地狱中火焰炽盛。罪人去火一百由旬。火已烧炙。去六十由旬。两耳已聋。无所闻知。去五十由旬。两目已盲。无所复见。瞿波梨比丘已怀恶心。谤舍利弗．目犍连。身坏命终。堕此钵头摩地狱中。

尔时。梵王说此偈言。

　　夫士之生　　斧在口中
　　所以斩身　　由其恶口
　　应毁者誉　　应誉者毁
　　口为恶业　　身受其罪
　　技术取财　　其过薄少
　　毁谤贤圣　　其罪甚重
　　百千无云寿　　四十一云寿
　　谤圣受斯殃　　由心口为恶

佛告比丘。彼梵天说如是偈。为真正言。佛所印可。所以者何。我今如来．至真．等正觉亦说此义。

　　夫士之生　　斧在口中
　　所以斩身　　由其恶言

应毁者誉　　应誉者毁
口为恶业　　身受其罪
技术取财　　其过薄少
毁谤贤圣　　其罪甚重
百千无云寿　四十一云寿
谤圣受斯殃　由心口为恶

　　佛告比丘。阎浮提南大金刚山内。有阎罗王宫。王所治处纵广六千由旬。其城七重。七重栏楯．七重罗网．七重行树。乃至无数众鸟相和悲鸣。亦复如是。然彼阎罗王昼夜三时。有大铜镬自然在前。若镬出宫内。王见畏怖。舍出宫外。若镬出宫外。王见畏怖。舍入宫内。有大狱卒。捉阎罗王卧热铁上。以铁钩擗口使开。洋铜灌之。烧其唇舌。从咽至腹。通彻下过。无不燋烂。受罪讫已。复与诸婇女共相娱乐。彼诸大臣同受福者。亦复如是。

　　佛告比丘。有三使者。云何为三。一者老。二者病。三者死。有众生身行恶。口言恶。心念恶。身坏命终。堕地狱中。狱卒将此罪人诣阎罗王所。到已。白言。此是天使所召也。唯愿大王善问其辞。王问罪人言。汝不见初使耶。罪人报言。我不见也。王复告曰。汝在人中时颇见老人头白齿落。目视蒙蒙。皮缓肌[月*曷]。偻脊柱杖。呻吟而行。身体战掉。气力衰微。见此人不。罪人言。见。王复告曰。汝何不自念。我亦如是。彼人报言。我时放逸。不自觉知。王复语言。汝自放逸。不能修身．口．意。改恶从善。今当令汝知放逸苦。王又告言。今汝受罪。非父母过。非兄弟过。亦非天帝。亦非先祖。亦非知识．僮仆．使人。亦非沙门．婆罗门过。汝自有恶。汝今自受。

　　时。阎罗王以第一天使问罪人已。复以第二天使问罪人言。云何汝不见第二天使耶。对曰。不见。王又问言。汝本为人时。颇见人疾病困笃。卧着床褥。屎尿臭处。身卧其上。不能起居。饮食须人。百节酸疼。流泪呻吟。不能言语。汝见是不。答曰。见。王又报言。汝何不自念。如此病苦。我亦当尔。罪人报言。我时放逸。不自觉知。王又语言。汝自放逸。不能修身．口．意。改恶从善。今当令汝知放逸苦。王又告言。今汝受罪。非父母过。非兄弟过。亦非天帝过。亦非先祖。亦非知识．僮仆．使人。亦非沙门．婆罗门过。汝自为恶。汝今自受。

　　时。阎罗王以第二天使问罪人已。复以第三天使问罪人言。云何汝不见第三天使耶。答言。不见。王又问言。汝本为人时。颇见人死。身坏命终。诸根永灭。身体挺直。犹如枯木。捐弃冢间。鸟兽所食。或衣棺椁。或以火烧。汝见是不。罪人报曰。实见。王又报言。汝何不自念。我亦当死。与彼无异。罪人报言。我时放逸。不自觉知。王复语言。汝自放逸。不能修身．口．意。改恶从善。今当令汝知放逸苦。王又告言。汝今受罪。非父母过。非兄弟过。亦非天帝。

亦非先祖。亦非知识．僮仆．使人。亦非沙门．婆罗门过。汝自为恶。汝今自受。时。阎罗王以三天使具诘问已。即付狱卒。时。彼狱卒即将罪人诣大地狱。其大地狱纵广百由旬。下深百由旬。

尔时。世尊即说偈言。

　　四方有四门　　巷陌皆相当
　　以铁为狱墙　　上覆铁罗网
　　以铁为下地　　自然火焰出
　　纵广百由旬　　安住不倾动
　　黑焰熛炜起　　赫烈难可睹
　　小狱有十六　　火炽由行恶

佛告比丘。时。阎罗王自生念言。世间众生迷惑无识。身为恶行。口．意为恶。其后命终。少有不受此苦。世间众生若能改恶。修身．口．意为善行者。命终受乐。如彼天神。我若命终生人中者。若遇如来。当于正法中剃除须发。服三法衣。出家修道。以清净信修净梵行。所作已办。断除生死。于现法中自身作证。不受后有。

尔时。世尊以偈颂曰。

　　虽见天使者　　而犹为放逸
　　其人常怀忧　　生于卑贱处
　　若有智慧人　　见于天使者
　　亲近贤圣法　　而不为放逸
　　见受生恐畏　　由生老病死
　　无受则解脱　　生老病死尽
　　彼得安隐处　　现在得无为
　　已渡诸忧畏　　决定般涅槃

第四分世记经龙鸟品第五

佛告比丘。有四种龙。何等为四。一者卵生。二者胎生。三者湿生。四者化生。是为四种。有四种金翅鸟。何等为四。一者卵生。二者胎生。三者湿生。四者化生。是为四种。大海水底有娑竭龙王宫。纵广八万由旬。宫墙七重。七重栏楯．七重罗网．七重行树。周匝严饰。皆七宝成。乃至无数众鸟相和而鸣。亦复如是。须弥山王与佉陀罗山。二山中间有难陀．婆难陀二龙王宫。各各纵广六千由旬。宫墙七重。七重栏楯．七重罗网．七重行树。周匝校饰。以七宝成。乃至无数众鸟相和而鸣。亦复如是。

大海北岸有一大树。名究罗睒摩罗。龙王．金翅鸟共有此树。其树下围七由旬。高百由旬。枝叶四布五十由旬。此大树东有卵生龙王宫．卵生金翅鸟宫。其宫各各纵广六千由旬。宫墙七重。七重栏楯．七重罗网．七重行树。周匝校饰。以七宝成。乃至无数众鸟相和悲鸣。亦复如是。其究罗睒摩罗树南有胎生龙王宫．胎生金翅鸟宫。

其宫各各纵广六千由旬。宫墙七重。七重栏楯．七重罗网．七重行树。周匝校饰。以七宝成。乃至无数众鸟相和悲鸣。亦复如是。

究罗睒摩罗树西有湿生龙宫．湿生金翅鸟宫。其宫各各纵广六千由旬。宫墙七重。七重栏楯．七重罗网．七重行树。周匝校饰。以七宝成。乃至无数众鸟相和而鸣。亦复如是。究罗睒摩罗树北有化生龙王宫．化生金翅鸟宫。其宫各各纵广六千由旬。宫墙七重。七重栏楯．七重罗网．七重行树。周匝校饰。以七宝成。乃至无数众鸟相和悲鸣。亦复如是。

若卵生金翅鸟欲搏食龙时。从究罗睒摩罗树东枝飞下。以翅搏大海水。海水两披二百由旬。取卵生龙食之。随意自在。而不能取胎生．湿生．化生诸龙。

若胎生金翅鸟欲搏食卵生龙时。从树东枝飞下。以翅搏大海水。海水两披二百由旬。取卵生龙食之。自在随意。若胎生金翅鸟欲食胎生龙时。从树南枝飞下。以翅搏大海水。海水两披四百由旬。取胎生龙食之。随意自在。而不能取湿生．化生诸龙食也。

湿生金翅鸟欲食卵生龙时。从树东枝飞下。以翅搏大海水。海水两披二百由旬。取卵生龙食之。自在随意。湿生金翅鸟欲食胎生龙时。于树南枝飞下。以翅搏大海水。海水两披四百由旬。取胎生龙食之。自在随意。湿生金翅鸟欲食湿生龙时。于树西枝飞下。以翅搏大海水。海水两披八百由旬。取湿生龙食之。自在随意。而不能取化生龙食。

化生金翅鸟欲食卵生龙时。从树东枝飞下。以翅搏大海水。海水两披二百由旬。取卵生龙食之。自在随意。化生金翅鸟欲食胎生龙时。从树南枝飞下。以翅搏大海水。海水两披四百由旬。取胎生龙食之。随意自在。化生金翅鸟欲食湿生龙时。从树西枝飞下。以翅搏大海水。海水两披八百由旬。取湿生龙食之。化生金翅鸟欲食化生龙时。从树北枝飞下。以翅搏大海水。海水两披千六百由旬。取化生龙食之。随意自在。是为金翅鸟所食诸龙。

复有大龙。金翅鸟所不能得。何者是。娑竭龙王．难陀龙王．跋难陀龙王．伊那婆罗龙王．提头赖吒龙王．善见龙王．阿卢龙王．伽拘罗龙王．伽毗罗龙王．阿波罗龙王．伽冤龙王．瞿伽冤龙王．阿耨达龙王．善住龙王．优睒伽波头龙王．得叉伽龙王。此诸大龙王皆不为金翅鸟之所搏食。其有诸龙在近彼住者。亦不为金翅鸟之所搏食。

佛告比丘。若有众生奉持龙戒。心意向龙。具龙法者。即生龙中。若有众生奉持金翅鸟戒。心向金翅鸟。具其法者。便生金翅鸟中。或有众生持兔枭戒者。心向兔枭。具其法者。堕兔枭中。若有众生奉持狗戒。或持牛戒。或持鹿戒。或持哑戒。或持摩尼婆陀戒。或持火戒。或持月戒。或持日戒。或持水戒。或持供养火戒。或持苦行秽污法。彼作是念。我持此哑法．摩尼婆陀法．火法．日月法．水法．供养火法．诸苦行法。我持此功德。欲以生天。此是邪见。

佛言。我说此邪见人必趣二处。若生地狱。有堕四生。或有沙门．婆罗门有如是论．如是见。我．世间有常。此实余虚。我及世间无常。此实余虚。我及世间有常无常。此实余虚。我及世间非有常非无常。此实余虚。我．世有边。此实余虚。我．世无边。此实余虚。我．世有边无边。此实余虚。我．世非有边非无边。此实余虚。是命是身。此实余虚。是命异身异。此实余虚。非有命非无命。此实余虚。无命无身。此实余虚。或有人言。有如是他死。此实余虚。有言。无如是他死。此实余虚。或言。有如是无如是他死。此实余虚。

又言。非有非无如是他死。此实余虚。

彼沙门．婆罗门若作如是论．如是见者。言世是常。此实余虚者。彼于行有我见．命见．身见．世间见。是故彼作是言。我．世间有常。彼言无常者。于行有我见．命见．身见．世间见。是故彼言。我．世间无常。彼言有常无常者。彼行于有我见．命见．身见．世间见。故言。世间有常无常。彼言非有常非无常者。于行有我见．命见．身见．世间见。故言。我．世间非有常非无常。

彼言我．世间有边者。于行有我见．命见．身见．世间见。言。命有边。身有边。世间有边。从初受胎至于冢间。所有四大身如是展转。极至七生。身．命行尽。我入清净聚。是故彼言。我有边。彼言我．世间无边者。于行有我见．命见．身见．世间见。言。命无边。身无边。世间无边。从初受胎至于冢间。所有四大身如是展转。极至七生。身．命行尽。我入清净聚。是言。我．世间无边。彼作是言。此世间有边无边。彼于行有我见．命见．身见．世间见。命有边无边。从初受胎至于冢间。所有四大身如是展转。极至七生。身．命行尽。我入清净聚。是故言。我有边无边。彼作是言。我．世间非有边非无边。于行有我见．命见．身见．世间见。命身非有边非无边。从初受胎至于冢间。所有四大身如是展转。极至七生。身．命行尽。我入清净聚。是故言。我非有边非无边。

彼言是命是身者。于此身有命见。于余身有命见。是故言。是命是身。言命异身异者。于此身有命见。于余身无命见。是故言。命异身异。彼言身命非有非无者。于此身无命见。于余身有命见。是故言。非有非无。彼言无身命者。此身无命见。余身无命见。是故言。无命无身。彼言有如是他死者。其人见今有命。后更有身．命游行。是故言。有如是他死。无如是他死者。彼言今世有命。后世无命。是故言。无如是他死。有如是他死无如是他死者。彼言今世命断灭。后世命游行。是故言。有如是他命无如是他命。非有非无如是他死者。彼言今身．命断灭。后身．命断灭。是故言。非有非无如是他死。

尔时。世尊告诸比丘言。乃往过去有王名镜面。时。集生盲人聚在一处。而告之曰。汝等生盲。宁识象不。对曰。大王。我不识．不知。王复告言。汝等欲知彼形类不。对曰。欲知。时。王即敕侍者。使将象来。令众盲子手自扪象。中有摸象得鼻者。王言此是象。或有摸象得其牙者。或有摸象得其耳者。或有摸象得其头者。或有摸象得其背者。或有摸象得其腹者。或有摸象得其胜者。或有摸象得其膊者。或有摸象得其迹者。或有摸象得其尾者。王皆语言。此是象也。

时。镜面王即却彼象。问盲子言。象何等类。其诸盲子。得象鼻者。言象如曲辕。得象牙者。言象如杵。得象耳者。言象如箕。得象头者。言象如鼎。得象背者。言象如丘阜。得象腹者。言象如壁。得象胜者。言象如树。得象膊者。言象如柱。得象迹者。言象如臼。得象尾者。言象如綆。各各共诤。互相是非。此言如是。彼言不尔。云云不已。遂至斗诤。时。王见此。欢喜大笑。

尔时。镜面王即说颂曰。

　　诸盲人群集　　于此竞诤讼
　　象身本一体　　异相生是非

佛告比丘。诸外道异学亦复如是。不知苦谛。不知习谛．尽谛．道谛。各生异见。互相是非。谓己为是。便起诤讼。若有沙门．婆罗门能如实知苦圣谛．苦习圣谛．苦灭圣谛．苦出要谛。彼自思惟。相共和合。同一受。同一师。同一水乳。炽然佛法。安乐久住。

尔时。世尊而说偈言。

　　若人不知苦　　不知苦所起
　　亦复不知苦　　所可灭尽处
　　亦复不能知　　灭于苦集道
　　失于心解脱　　慧解脱亦失
　　不能究苦本　　生老病死源
　　若能谛知苦　　知苦所起因
　　亦能知彼苦　　所可灭尽处
　　又能善分别　　灭苦集圣道
　　则得心解脱　　慧解脱亦然
　　斯人能究竟　　苦阴之根本
　　尽生老病死　　受有之根原

诸比丘。是故汝等当勤方便思惟苦圣谛．苦集圣谛．苦灭圣谛．苦出要谛。

佛说长阿含经卷第二十

第四分世记经阿须伦品第六

佛告比丘。须弥山北大海水底有罗呵阿须伦城。纵广八万由旬。

其城七重。七重栏楯．七重罗网．七重行树。周匝校饰。以七宝成。城高三千由旬。广二千由旬。其城门高一千由旬。广千由旬。金城银门。银城金门。乃至无数众鸟相和而鸣。亦复如是。其阿须伦王所治小城。当大城中。名轮输摩跋吒。纵广六万由旬。其城七重。七重栏楯．七重罗网．七重行树。周匝校饰。七宝所成。城高三千由旬。广二千由旬。其城门高二千由旬。广千由旬。金城银门。银城金门。乃至无数众鸟相和而鸣。亦复如是。

于其城内别立议堂。名曰七尸利沙。堂墙七重。七重栏楯．七重罗网．七重行树。周匝校饰。七宝所成。议堂下基纯以车磲。其柱梁纯以七宝。其堂中柱围千由旬。高万由旬。当此柱下有正法座。纵广七百由旬。雕文刻镂。七宝所成。堂有四户。周匝栏楯。阶亭七重。七重栏楯．七重罗网．七重行树。周匝校饰。七宝所成。乃至众鸟相和而鸣。亦复如是。其议堂北有阿须伦宫殿。纵广万由旬。宫墙七重。七重栏楯．七重罗网．七重行树。周匝校饰。以七宝成。乃至无数众鸟相和悲鸣。亦复如是。其议堂东有一园林。名曰娑罗。纵广万由旬。园墙七重。七重栏楯．七重罗网．七重行树。周匝校饰。以七宝成。乃至无数众鸟相和悲鸣。亦复如是。其议堂南有一园林。名曰极妙。纵广万由旬如娑罗园。其议堂西有一园林。名曰睒摩。纵广万由旬亦如娑罗园林。其议堂北有一园林。名曰乐林。纵广万由旬亦如娑罗园林。

娑罗．极妙二园中间生昼度树。下围七由旬。高百由旬。枝叶四布五十由旬。树墙七重。七重栏楯．七重罗网．七重行树。周匝校饰。以七宝成。乃至无数众鸟相和而鸣。亦复如是。又其睒摩．乐林二园中间有跋难陀池。其水清凉。无有垢秽。宝堑七重。周匝砌厕。七重栏楯．七重罗网．七重行树。周匝校饰。七宝所成。于其池中生四种华。华叶纵广一由旬。香气流布亦一由旬。根如车毂。其汁流出。色白如乳。味甘如蜜。无数众鸟相和而鸣。又其池边有七重阶亭。门墙七重。七重栏楯．七重罗网．七重行树。周匝校饰。七宝所成。乃至无数众鸟相和悲鸣。亦复如是。

其阿须伦王臣下宫殿。有纵广万由旬者。有九千．八千。极小宫殿至千由旬。宫墙七重。七重栏楯．七重罗网．七重行树。周匝校饰。以七宝成。乃至无数众鸟相和而鸣。亦复如是。其小阿须伦宫殿有纵广千由旬．九百．八百。极小宫殿至百由旬。皆宫墙七重。七重栏楯．七重罗网．七重行树。周匝校饰。七宝所成。乃至无数众鸟相和悲鸣。亦复如是。

其议堂北有七宝阶道入于宫中。复有阶道趣娑罗园。复有阶道趣极妙园。复有阶道趣睒摩园。复有阶道趣乐林园。复有阶道趣昼度树。复有阶道趣跋难陀池。复有阶道趣大臣宫殿。复有阶道趣小阿须伦宫殿。若阿须伦王欲诣娑罗园游观时。即念毗摩质多阿须伦王。毗摩质多阿须伦王复自念言。罗呵阿须伦王念我。即自庄严驾乘宝车。无数大众侍从围绕。诣罗呵阿须伦王前。于一面立。时。阿须伦王复念波罗呵阿须伦王。波罗呵阿须伦王复自念言。王今念我。即自庄严驾乘宝车。无数大众侍从围绕。诣罗呵王前。于一面立。

时。阿须伦王复念睒摩罗阿须伦王。睒摩罗阿须伦王复自念言。今王念我。即自庄严驾乘宝车。无数大众侍从围绕。诣罗呵王前。于一面立。时。王复念大臣阿须伦。大臣阿须伦复自念言。今王念我。即自庄严驾乘宝车。无数大众侍从围绕。诣罗呵王前。于一面立。时。王复念小阿须伦。小阿须伦复自念言。今王念我。即自庄严。与诸大众诣罗呵王前。于一面立。

时。罗呵王身着宝衣。驾乘宝车。与无数大众前后围绕。诣娑罗林中。有自然风。吹门自开。有自然风。吹地令净。有自然风。吹花散地。花至于膝。时。罗呵王入此园已。共相娱乐。一日。二日。乃至七日。娱乐讫已。便还本宫。其后游观极妙园林。睒摩园林．乐园林。亦复如是。时。罗呵王常有五大阿须伦侍卫左右。一名提持。二名雄力。三名武夷。四名头首。五名摧伏。此五大阿须伦常侍卫左右。其罗呵王宫殿在大海水下。海水在上。四风所持。一名住风。二名持风。三名不动。四者坚固。持大海水。悬处虚空。犹如浮云。去阿须伦宫一万由旬终不堕落。阿须伦王福报．功德．威神如是。

第四分世记经四天王品第七

佛告比丘。须弥山王东千由旬提头赖吒天王城。名贤上。纵广六千由旬。其城七重。七重栏楯．七重罗网．七重行树。周匝校饰。以七宝成。乃至无数众鸟相和而鸣。亦复如是。须弥山南千由旬有毗楼勒天王城。名善见。纵广六千由旬。其城七重。七重栏楯．七重罗网．七重行树。周匝校饰。以七宝成。乃至无数众鸟相和而鸣。亦复如是。须弥山西千由旬有毗楼婆叉天王城。名周罗善见。纵广六千由旬。其城七重。七重栏楯．七重罗网．七重行树。周匝校饰。以七宝成。乃至无数众鸟相和而鸣。亦复如是。须弥山北千由旬有毗沙门天王。王有三城。一名可畏。二名天敬。三名众归。各各纵广六千由旬。其城七重。七重栏楯．七重罗网．七重行树。周匝校饰。以七宝成。乃至无数众鸟相和而鸣。亦复如是。

众归城北有园林。名伽毗延头。纵广四千由旬。园墙七重。七重栏楯．七重罗网．七重行树。周匝校饰。以七宝成。乃至无数众鸟相和而鸣。亦复如是。园城中间有池名那邻尼。纵广四十由旬。其水清澄。无有垢秽。以七宝堑厕砌其边。七重栏楯．七重罗网．七重行树。周匝校饰。七宝所成。中生莲花。青．黄．赤．白．杂色。光照半由旬。其香芬薰闻半由旬。又其花根大如车毂。其汁流出。色白如乳。味甘如蜜。乃至无数众鸟相和悲鸣。亦复如是。

除日月宫殿。诸四天王宫殿纵广四十由旬。宫墙七重。七重栏楯．七重罗网．七重行树。周匝校饰。以七宝成。乃至无数众鸟相和而鸣。亦复如是。其诸宫殿有四十由旬．二十由旬。极小纵广五由旬。从众归城有宝阶道至贤上城。复有阶道至善见城。复有阶道至周罗善见城。复有阶道至可畏城．天敬城。复有阶道至伽毗延头园。复有阶道至那邻尼池。复有阶道至四天王大臣宫殿。

若毗沙门天王欲诣伽毗延头园游观时。即念提头赖天王。提头赖天王复自念言。今毗沙门王念我。即自庄严驾乘宝车。与无数干沓和神前后围绕。诣毗沙门天王前。于一面立。时。毗沙门王复念毗楼勒天王。毗楼勒天王复自念言。今毗沙门王念我。即自庄严驾乘宝车。与无数究槃茶神前后围绕。诣毗沙门天王前。于一面立。毗沙门王复念毗楼婆叉。毗楼婆叉复自念言。今毗沙门王念我。即自庄严驾乘宝车。无数龙神前后围绕。诣毗沙门王前。于一面立。毗沙门王复念四天王大臣。四天王大臣复自念言。今毗沙门王念我。即自庄严驾乘宝车。无数诸天前后导从。诣毗沙门天王前。于一面立。

时。毗沙门天王即自庄严。着宝饰衣。驾乘宝车。与无数百千天神诣伽毗延头园。有自然风。吹门自开。有自然风。吹地令净。有自然风。吹花散地。花至于膝。时。王在园共相娱乐。一日．二日。乃至七日。游观讫已。还归本宫。毗沙门王常有五大鬼神侍卫左右。一名般阇楼。二名檀陀罗。三名醯摩跋陀。四名提偈罗。五名修逸路摩。此五鬼神常随侍卫。毗沙门王福报．功德．威神如是。

第四分世记经忉利天品第八

佛告比丘。须弥山王顶上有三十三天城。纵广八万由旬。其城七重。七重栏楯．七重罗网．七重行树。周匝校饰。以七宝成。城高百由旬。上广六十由旬。城门高六十由旬。广三十由旬。相去五百由旬有一门。其一一门有五百鬼神守侍卫护三十三天。金城银门。银城金门。乃至无数众鸟相和悲鸣。亦复如是。其大城内复有小城。纵广六万由旬。其城七重。七重栏楯．七重罗网．七重行树。周匝校饰。以七宝成。城高百由旬。广六十由旬。城门相去五百由旬。高六十由旬。广三十由旬。一一城门有五百鬼神侍卫门侧。守护三十三天。金城银门。银城金门。水精城琉璃门。琉璃城水精门。赤珠城马瑙门。马瑙城赤珠门。车磲城众宝门。

其栏楯者。金栏银桄。银栏金桄。水精栏琉璃桄。琉璃栏水精桄。赤珠栏马瑙桄。马瑙栏赤珠桄。车磲栏众宝桄。其栏楯上有宝罗网。其金罗网下悬银铃。其银罗网下悬金铃。琉璃罗网悬水精铃。水精罗网悬琉璃铃。赤珠罗网悬马瑙铃。马瑙罗网悬赤珠铃。车磲罗网悬众宝铃。其金树者。金根金枝银叶花实。其银树者。银根银枝金叶花实。其水精树。水精根枝琉璃花叶。其琉璃树。琉璃根枝水精花叶。其赤珠树。赤珠根枝马瑙花叶。马瑙树者。马瑙根枝赤珠花叶。车磲树者。车磲根枝众宝花叶。

其七重城。城有四门。门有栏楯。七重城上皆有楼阁台观周匝围绕。有园林浴池。生众宝花。杂色参间。宝树行列。华果繁茂。香风四起。悦可人心。凫雁．鸳鸯．异类奇鸟。无数千种。相和而鸣。其小城外中间有伊罗钵龙宫。纵广六千由旬。宫墙七重。七重栏楯．七重罗网．七重行树。周匝校饰。以七宝成。乃至无数众鸟相和悲鸣。亦复如是。其善见城内有善法堂。纵广百由旬。七重栏楯．七重罗网．七重行树。周匝校饰。以七宝成。其堂下基纯以真金。上覆琉璃。其堂中柱围十由旬。高百由旬。当其柱下敷天帝御座。纵广一由旬。杂色间厕。以七宝成。其座柔软。软若天衣。夹座两边左右十六座。

堂有四门。周匝栏楯。以七宝成。其堂阶道纵广五百由旬。门郭七重。七重栏楯．七重罗网．七重行树。周匝校饰。以七宝成。乃至无数众鸟相和而鸣。亦复如是。善见堂北有帝释宫殿。纵广千由旬。宫墙七重。七重栏楯．七重罗网．七重行树。周匝校饰。以七宝成。乃至无数众鸟相和悲鸣。亦复如是。善见堂东有园林。名曰粗涩。纵广千由旬。园墙七重。七重栏楯．七重罗网．七重行树。周匝校饰以七宝成。乃至无数众鸟相和而鸣。亦复如是。粗涩园中有二石垛。天金校饰。一名贤。二名善贤。纵广各五十由旬。其石柔软。软若天衣。

善见宫南有园林。名曰画乐。纵广千由旬。园墙七重。七重栏楯．七重罗网．七重行树。周匝校饰。以七宝成。乃至无数众鸟相和而鸣。亦复如是。其园内有二石垛。七宝所成。一名昼。二名善昼。各纵广五十由旬。其垛柔软。软若天衣。善见堂西有园林。名杂。纵广千由旬。园墙七重。七重栏楯．七重罗网．七重行树。周匝校饰。七宝所成。乃至无数众鸟相和而鸣。亦复如是。其园中有二石垛。一名善见。二名顺善见。天金校饰。七宝所成。各纵广五十由旬。其垛柔软。软若天衣。善见堂北有园林。名曰大喜。纵广千由旬。园墙七重。七重栏楯．七重罗网．七重行树。周匝校饰。以七宝成。乃至无数众鸟相和而鸣。亦复如是。其园中有二石垛。一名喜。二名大喜。车磲校饰。纵广五十由旬。其垛柔软。软若天衣。

其粗涩园．画乐园中间有难陀池。纵广百由旬。其水清澄。无有垢秽。七重宝堑周匝砌厕。栏楯七重．七重罗网．七重行树。周匝校饰。以七宝成。其池四面有四梯陛。周匝栏楯间以七宝。乃至无数众鸟相和而鸣。亦复如是。又其池中生四种花。青．黄．赤．白．缥。杂色间厕。其一花叶荫一由旬。香气芬熏闻一由旬。根如车毂。其汁流出。色白如乳。味甘如蜜。其池四面复有园林。其杂园林．大喜园林二园中间有树名昼度。围七由旬。高百由旬。枝叶四布五十由旬。树外空亭纵广五百由旬。宫墙七重。七重栏楯．七重罗网．七重行树。周匝校饰。以七宝成。乃至无数众鸟相和而鸣。亦复如是。

其余忉利天宫殿纵广千由旬。宫墙七重。七重栏楯．七重罗网．七重行树。周匝校饰。以七宝成。乃至无数众鸟相和而鸣。亦复如是。其诸宫殿有纵广九百．八百。极小百由旬。宫墙七重。七重栏楯．七重罗网．七重行树。周匝校饰。乃至无数众鸟相和而鸣。亦复如是。诸小天宫纵广百由旬。有九十．八十。极小至十二由旬。宫墙七重。七重栏楯．七重罗网．七重行树。周匝围绕。以七宝成。乃至无数众鸟相和而鸣。亦复如是。

善见堂北有二阶道至帝释宫殿。善见堂东有二阶道至粗涩园。复有阶道至画乐园观。复有阶道至杂园中。复有阶道至大喜园。复有阶道至大喜池。复有阶道至昼度树。复有阶道至三十三天宫。复有阶道至诸天宫。复有阶道至伊罗钵龙王宫。若天帝释欲粗涩园中游观时。即念三十三天臣。三十三天臣即自念言。今帝释念我。即自庄严驾乘宝车。与无数众前后围绕至帝释前。于一面立。帝释复念其余诸天。诸天念言。今帝释念我。即自庄严。与诸天众相随至帝释前。于一面立。帝释复念伊罗钵龙王。伊罗钵龙王复自念言。今帝释念我。龙王即自变身出三十三头。一一头有六牙。一一牙有七浴池。一．一浴池有七大莲华。一一莲花有一百叶。一一花叶有七玉女。鼓乐弦歌。抃舞其上。时。彼龙王作此化已。诣帝释前。于一面立。

时。释提桓因着众宝饰。璎珞其身。坐伊罗钵龙王第一顶上。其次两边各有十六天王。在龙顶上次第而坐。时。天帝释与无数诸天眷属围绕诣粗涩园。有自然风。吹门自开。有自然风。吹地令净。有自然风。吹花散地。众花积聚。花至于膝。时。天帝释于贤．善贤二石垛上随意而坐。三十三王各次第坐。复有诸天不得侍从见彼园观。不得入园五欲娱乐。所以者何。斯由本行功德不同。复有诸天得见园林而不得入。不得五欲共相娱乐。所以者何。斯由本行功德不同。复有诸天得见．得入。不得五欲共相娱乐。所以者何。斯由本行功德不同。复有诸天得入．得见。五欲娱乐。所以者何。斯由本行功德同故。

游戏园中。五欲自娱。一日．二日。至于七日。相娱乐已。各自还宫。彼天帝释游观画乐园．杂园．大喜园时。亦复如是。何故名之为粗涩园。入此园时。身体粗涩。何故名为画乐园。入此园时。身体自然有种种画色以为娱乐。何故名为杂园。常以月八日．十四日．十五日。除阿须伦女。放诸婇女与诸天子杂错游戏。是故名为杂园。何故名为大喜园。入此园时。娱乐欢乐。故名大喜。何故名为善法堂。于此堂上思惟妙法。受清净乐。故名善法堂。何故名为昼度树。此树有神。名曰漫陀。常作伎乐以自娱乐。故名昼度。又彼大树枝条四布。花叶繁茂如大宝云。故名昼度。

释提桓因左右常有十大天子随从侍卫。何等为十。一者名因陀罗。二名瞿夷。三名毗楼。四名毗楼婆提。五名陀罗。六名婆罗。七名奢婆。八名灵醯鬼。九名物罗。十名难头。释提桓因有大神力。威德如是。阎浮提人所贵水花。优钵罗花．钵头摩花．拘物头花．分陀利花．须干头花。柔软香洁。其陆生花。解脱花．蒼卜花．婆罗陀花．须曼周那花．婆师花．童女花．拘耶尼．郁单曰．弗于逮．龙宫．金翅鸟宫水陆诸花。亦复如是。阿须伦宫水中生花。优钵罗花．钵头摩花．拘物头花．分陀利花。柔软香洁。陆生花。殊好花。频浮花．大频浮花．伽伽利花．大伽伽利花．曼陀罗花．大曼陀罗花。四天王．三十三天．焰摩天．兜率天．化自在天．他化自在天所贵水陆诸花。亦复如是。

天有十法。何等为十。一者飞去无限数。二者飞来无限数。三者去无碍。四者来无碍。五者天身无有皮肤．骨体．筋脉．血肉。六者身无不净大小便利。七者身无疲极。八者天女不产。九者天目不眴。十者身随意色。好青则青。好黄则黄。赤．白众色。随意而现。此是诸天十法。人有七色。云何为七。有人金色。有人火色。有人青色。有人黄色。有人赤色。有人黑色。有人魔色。诸天．阿须伦有七色。亦复如是。

诸比丘。萤火之明不如灯烛。灯烛之明不如炬火。炬火之明不如积火积火之明不如四天王宫殿．城墎．璎珞．衣服．身色光明。四天王宫殿．城墎．璎珞．衣服．身色光明不如三十三天光明。三十三天光明不如焰摩天光明。焰摩天光明不如兜率天光明。兜率天光明不如化自在天光明。化自在天光明不如他化自在天光明。他化自在天光明不如梵迦夷天宫殿．衣服身色光明。梵迦夷天宫殿．衣服．身色光明不如光念天光明。光念天光明不如遍净天光明。遍净天光明不如果实天光明。果实天光明不如无想天光明。无想天光明不如无造天。无造天光明不如无热天。无热天光明不如善见天。善见天光明不如大善天。大善天光明不如色究竟天。色究竟天光明不如地自在天。地自在天光明不如佛光明。从萤火光至佛光明。合集尔所光明。不如苦谛光明。集谛．灭谛．道谛光明。是故。诸比丘。欲求光明者。当求苦谛．集谛．灭谛．道谛光明。当作是修行。

阎浮提人身长三肘半。衣长七肘。广三肘半。瞿耶尼．弗于逮人身亦三肘半。衣长七肘。广三肘半。郁单曰人身长七肘。衣长十四肘。广七肘。衣重一两。阿须伦身长一由旬。衣长二由旬。广一由旬。衣重六铢。四天王身长半由旬。衣长一由旬。广半由旬。衣重半两。忉利天身长一由旬。衣长二由旬。广一由旬。衣重六铢。焰摩天身长二由旬。衣长四由旬。广二由旬。衣重三铢。兜率天身长四由旬。衣长八由旬。广四由旬。衣重一铢半。化自在天身长八由旬。衣长十六由旬。广八由旬。衣重一铢。他化自在天身长十六由旬。衣长三十二由旬。广十六由旬。衣重半铢。自上诸天。各随其身而着衣服。

阎浮提人寿命百岁。少出多减。拘耶尼人寿命二百岁。少出多减。弗于逮人寿三百岁。少出多减。郁单曰人尽寿千岁。无有增减。饿鬼寿七万岁。少出多减。龙．金翅鸟寿一劫。或有减者。阿须伦寿天千岁。少出多减。四天王寿天五百岁。少出多减。忉利天寿天千岁。少出多减。焰摩天寿天二千岁。少出多减。兜率天寿天四千岁。少出多减。化自在天寿天八千岁。少出多减。他化自在天寿天万六千岁。少出多减。梵迦夷天寿命一劫。或有减者。光音天寿命二劫。或有减者。遍净天寿命三劫。或有减者。果实天寿命四劫。或有减者。无想天寿命五百劫。或有减者。无造天寿命千劫。或有减者。无热天寿命二千劫。或有减者。善见天寿命三千劫。或有减者。大善见天寿命四千劫。或有减者。色究竟天寿命五千劫。或有减者。空处天寿命万劫。或有减者。识处天寿命二万一千劫。或有减者。不用处天寿命四万二千劫。或有减者。有想无想天寿命八万四千劫。或有减者。齐此为众生。齐此为寿命。齐此为世界。齐此名为生．老．病．死往来所趣。界．入聚也。

佛告比丘。一切众生以四食存。何谓为四。抟．细滑食为第一。触食为第二。念食为第三。识食为第四。彼彼众生所食不同。阎浮提人种种饭．麨面．鱼肉以为抟食。衣服．洗浴为细滑食。拘耶尼．弗于逮人亦食种种饭麨面．鱼肉以为抟食。衣服．洗浴为细滑食。郁单曰人唯食自然粳米。天味具足以为抟食。衣服．洗浴为细滑食。龙．金翅鸟食鼋鼍．鱼鳖以为抟食。洗浴．衣服为细滑食。阿须伦食净抟食以为抟食。洗浴．衣服为细滑食。四天王．忉利天．焰摩天．兜率天．化自在天．他化自在天食净抟食以为抟食。洗浴．衣服为细滑食。自上诸天以禅定喜乐为食。何等众生触食。卵生众生触食。何等众生念食。有众生因念食得存。诸根增长。寿命不绝。是为念食。何等识食。地狱众生及无色天。是名识食。

阎浮提人以金银．珍宝．谷帛．奴仆治生贩卖以自生活。拘耶尼人以牛羊．珠宝市易生活。弗于逮人以谷帛．珠玑市易自活。郁单曰人无有市易治生自活。阎浮提人有婚姻往来．男娶女嫁。拘耶尼人．弗于逮人亦有婚姻．男娶女嫁。郁单曰人无有婚姻．男女嫁娶。龙．金翅鸟．阿须伦亦有婚姻．男女嫁娶。四天王．忉利天。乃至他化自在天亦有婚姻．男娶女嫁。自上诸天无复男女。阎浮提人男女交会。身身相触以成阴阳。拘耶尼．弗于逮．郁单曰人亦身身相触以成阴阳。龙．金翅鸟亦身身相触以成阴阳。阿须伦身身相近。以气成阴阳。四天王．忉利天亦复如是。焰摩天相近以成阴阳。兜率天执手成阴阳。化自在天熟视成阴阳。他化自在天暂视成阴阳。自上诸天无复淫欲。

若有众生身行恶。口言恶。意念恶。身坏命终。此后识灭。泥梨初识生。因识有名色。因名色有六入。或有众生身行恶。口言恶。意念恶。身坏命终。堕畜生中。此后识灭。畜生初识生。因识有名色。因名色有六入。或有众生身行恶。口言恶。意念恶。身坏命终。堕饿鬼中。此后识灭。饿鬼初识生。因识有名色。因名色有六入。或有众生身行善。口言善。意念善。身坏命终。得生人中。此后识灭。人中初识生。因识有名色。因名色有六入。

或有众生身行善。口言善。意念善。身坏命终。生四天王。此后识灭。四天王识初生。因识有名色。因名色有六入。彼天初生。如此人间一．二岁儿。自然化现。在天膝上坐。彼天即言。此是我子。由行报故。自然智生。即自念言。我由何行。今生此间。即复自念。我昔于人间身行善。口言善。意念善。由此行故。今得生天。我设于此命终。复生人间者。当净身．口．意。倍复精勤。修诸善行。儿生未久便自觉饥。当其儿前有自然宝器。盛天百味自然净食。若福多者饭色为白。其福中者饭色为青。其福下者饭色为赤。彼儿以手探饭着口中。食自然消化。如酥投火。彼儿食讫。方自觉渴。有自然宝器盛甘露浆。其福多者浆色为白。其福中者浆色为青。其福下者浆色为赤。其儿取彼浆饮。浆自消化。如酥投火。

彼儿饮食已讫。身体长大。与余天等。即入浴池沐浴澡洗。以自娱乐。自娱乐已。还出浴池。诣香树下。香树曲躬。手取众香。以自涂身。复诣劫贝衣树。树为曲躬。取种种衣。着其身上。复诣庄严树。树为曲躬。取种种庄严。以自严身。复诣鬘树。树为曲躬。取鬘贯首。复诣器树。树为曲躬。即取宝器。复诣果树。树为曲躬。取自然果。或食或含。或漉汁而饮。复诣乐器树。树为曲躬。取天乐器。以清妙声和弦而歌。向诸园林。彼见无数天女鼓乐弦歌。语笑相向。其天游观。遂生染着。视东忘西。视西忘东。其初生时。知自念言。我由何行。今得生此。当其游处观时。尽忘此念。于是便有婇女侍从。

若有众生身行善。口言善。意念善。身坏命终。生忉利天。此后识灭。彼初识生。因识有名色。因名色有六入。彼天初生。如阎浮提二．三岁儿。自然化现。在天膝上。彼天即言。此是我男。此是我女。亦复如是。或有众生身．口．意善。身坏命终。生焰摩天。其天初生。如阎浮提三．四岁儿。或有众生身．口．意善。身坏命终。生兜率天。其天初生。如此世间四．五岁儿。或有众生身．口．意善。身坏命终。生化自在天。其天初生。如此世间五．六岁儿。或有众生身．口．意善。身坏命终。生他化自在天。其天初生。如此世间六．七岁儿。亦复如是。

佛告比丘。半月三斋云何为三。月八日斋．十四日斋．十五日斋。是为三斋。何故于月八日斋。常以月八日。四天王告使者言。汝等案行世间。观视万民。知有孝顺父母．敬顺沙门．婆罗门．宗事长老．斋戒布施．济诸穷乏者不．尔时．使者闻王教已．遍案行天下．知有孝顺父母．宗事沙门．婆罗门．恭顺长老．持戒守斋．布施穷乏者．具观察已．见诸世间不孝父母．不敬师长．不修斋戒．不济穷乏者．还白王言．天王．世间孝顺父母．敬事师长．净修斋戒．施诸穷乏者．甚少．甚少．尔时．四天王闻已．愁忧不悦．答言．咄此为哉．世人多恶．不孝父母．不事师长．不修斋戒．不施穷乏．减损诸天众．增益阿须伦众．若使者见世间有孝顺父母．敬事师长．勤修斋戒．布施贫乏者．则还白天王言．世间有人孝顺父母．敬事师长．勤修斋戒．施诸穷乏者．四天王闻已．即大欢喜．唱言．善哉．我闻善言．世间乃能有孝顺父母．敬事师长．勤修斋戒．布施贫乏．增益诸天众．减损阿须伦众．

何故于十四日斋．十四日斋时．四天王告太子言．汝当案行天下．观察万民．知有孝顺父母．敬事师长．勤修斋戒．布施贫乏者不．太子受王教已．即案行天下．观察万民．知有孝顺父母．宗事师长．勤修斋戒．布施贫乏者．具观察已．见诸世间有不孝顺父母．不敬师长．不修斋戒．不施贫乏者．还白王言．天王．世间孝顺父母．敬顺师长．净修斋戒．济诸贫乏者．甚少．甚少．四天王闻已．愁忧不悦言．咄此为哉．世人多恶．不孝父母．不事师长．不修斋戒．不济穷乏．减损诸天众．增益阿须伦众．太子若见世间有孝顺父母．敬事师长．勤修斋戒．布施贫乏者．即还白王言．天王．世间有人孝顺父母．敬顺师长．勤修斋戒．施诸贫乏者．四天王闻已．即大欢喜．唱言．善哉．我闻善言．世间能有孝事父母．宗敬师长．勤修斋戒．布施贫乏．增益诸天众．减损阿须伦众．是故十四日斋．

何故于十五日斋．十五日斋时．四天王躬身自下．案行天下．观察万民．世间宁有孝顺父母．敬事师长．勤修斋戒．布施贫乏者不．见世间人多不孝父母．不事师长．不勤斋戒．不施贫乏．时．四天王诣善法殿．白帝释言．大王．当知世间众生多不孝父母．不敬师长．不修斋戒．不施贫乏．帝释及忉利诸天闻已．愁忧不悦言．咄此为哉．世人多恶．不孝父母．不敬师长．不修斋戒．不施穷乏．减损诸天众．增益阿须伦众．四天王若见世间有孝顺父母．敬事师长．勤修斋戒．布施贫乏者．还诣善法堂．白帝释言．世人有孝顺父母．敬事师长．勤修斋戒布施贫乏者．帝释及忉利诸天闻是语已．皆大欢喜．唱言．善哉．世间乃有孝顺父母．敬事师长．勤修斋戒．布施贫乏者．增益诸天众．减损阿须伦众．是故十五日斋戒．是故有三斋．尔时．帝释欲使诸天倍生欢喜．即说偈言．

　　常以月八日　　十四十五日
　　受化修斋戒　　其人与我同

佛告比丘．帝释说此偈．非为善受．非为善说．我所不可．所以者何．彼天帝释淫．怒．痴未尽．未脱生．老．病．死．忧．悲．苦恼。我说其人未离苦本。若我比丘漏尽阿罗汉。所作已办。舍于重担。自获己利。尽诸有结。平等解脱。如此比丘应说此偈。

  常以月八日 十四十五日
  受化修斋戒 其人与我同

  佛告比丘。彼比丘说此偈者。乃名善受。乃名善说。我所印可。所以者何。彼比丘淫．怒．痴尽已。脱生．老．病．死．忧．悲．苦恼。我说其人离于苦本。

  佛告比丘。一切人民所居舍宅。皆有鬼神。无有空者。一切街巷四衢道中。屠儿市肆及丘冢间。皆有鬼神。无有空者。凡诸鬼神皆随所依。即以为名。依人名人。依村名村。依城名城。依国名国。依土名土。依山名山。依河名河。

  佛告比丘。一切树木极小如车轴者。皆有鬼神依止。无有空者。一切男子．女人初始生时。皆有鬼神随逐拥护。若其死时。彼守护鬼摄其精气。其人则死。

  佛告比丘。设有外道梵志问言。诸贤。若一切男女初始生时。皆有鬼神随逐守护。其欲死时。彼守护鬼神摄其精气。其人则死者。今人何故有为鬼神所触娆者。有不为鬼神所触娆者。设有此问汝等应答彼言。世人为非法行。邪见颠倒。作十恶业。如是人辈。若百若千乃至有一神护耳。譬如群牛．群羊。若百若千一人守牧。彼亦如是。为非法行。邪见颠倒。作十恶业。如是人辈。若百若千乃有一神护耳。若有人修行善法。见正信行。具十善业。如是一人有百千神护。譬如国王。国王．大臣有百千人卫护一人。彼亦如是。修行善法。具十善业。如是一人有百千神护。以是缘故。世人有为鬼神所触娆者。有不为鬼神所触娆者。

  佛告比丘。阎浮提人有三事胜拘耶尼人。何等为三。一者勇猛强记。能造业行。二者勇猛强记。勤修梵行。三者勇猛强记。佛出其土。以此三事胜拘耶尼。拘耶尼人有三事胜阎浮提。何等为三。一者多牛。二者多羊。三者多珠玉。以此三事胜阎浮提。阎浮提有三事胜弗于逮。何等为三。一者勇猛强记。能造业行。二者勇猛强记。能修梵行。三者勇猛强记。佛出其土。以此三事胜弗于逮。弗于逮有三事胜阎浮提。何等为三。一者其土极广。二者其土极大。三者其土极妙。以此三事胜阎浮提。

  阎浮提有三事胜郁单曰。何等为三。一者勇猛强记。能造业行。二者勇猛强记。能修梵行。三者勇猛强记。佛出其土。以此三事胜郁单曰。郁单曰复有三事胜阎浮提。何等为三。一者无所系属。二者无有我。三者寿定千岁。以此三事胜阎浮提。阎浮提人亦以上三事胜饿鬼趣。饿鬼趣有三事胜阎浮提。何等为三。一者长寿。二者身大。三者他作自受。以此三事胜阎浮提。阎浮提人亦以上三事胜龙．金翅鸟。龙．金翅鸟复有三事胜阎浮提。何等为三。一者长寿。二者身大。三者宫殿。以此三事胜阎浮提。

阎浮提以上三事胜阿须伦。阿须伦复有三事胜阎浮提。何等为三。一者宫殿高广。二者宫殿庄严。三者宫殿清净。以此三事胜阎浮提。阎浮提人以此三事胜四天王。四天王复有三事胜阎浮提。何等为三。一者长寿。二者端正。三者多乐。以此三事胜阎浮提。阎浮提人亦以上三事胜忉利天．焰摩天．兜率天．化自在天．他化自在天。此诸天复有三事胜阎浮提。何等为三。一者长寿。二者端正。三者多乐。

佛告比丘。欲界众生有十二种。何等为十二。一者地狱。二者畜生。三者饿鬼。四者人。五者阿须伦。六者四天王。七者忉利天。八者焰摩天。九者兜率天。十者化自在天。十一者他化自在天。十二者魔天。色界众生有二十二种。一者梵身天。二者梵辅天。三者梵众天。四者大梵天。五者光天。六者少光天。七者无量光天。八者光音天。九者净天。十者少净天。十一者无量净天。十二者遍净天。十三者严饰天。十四者小严饰天。十五者无量严饰天。十六者严饰果实天。十七者无想天。十八者无造天。十九者无热天。二十者善见天。二十一者大善见天。二十二者阿迦尼吒天。无色界众生有四种。何等为四。一者空智天。二者识智天。三者无所有智天。四者有想无想智天。

佛告比丘。有四大天神。何等为四。一者地神。二者水神。三者风神。四者火神。昔者。地神生恶见言。地中无水．火．风。时。我知此地神所念。即往语言。汝当生念言。地中无水．火．风耶。地神报言。地中实无水．火．风也。我时语言。汝勿生此念。谓地中无水．火．风。所以者何。地中有水．火．风。但地大多故。地大得名。

佛告比丘。我时为彼地神次第说法。除其恶见。示教利喜。施论．戒论．生天之论。欲为不净。上漏为患。出要为上。敷演开示。清净梵行。我时知其心净。柔软欢喜。无有阴盖。易可开化。如诸佛常法。说苦圣谛．苦集谛．苦灭谛．苦出要谛。演布开示。尔时。地神即于座上远尘离垢。得法眼净。譬如净洁白衣。易为受色。彼亦如是。信心清净。遂得法眼。无有狐疑。见法决定。不堕恶趣。不向余道。成就无畏。而白我言。我今归依佛。归依法。归依僧。尽形寿不杀．不盗．不淫．不欺．不饮酒。听我于正法中为优婆夷。

佛告比丘。昔者。水神生恶见言。水中无地．火．风。时。地神知彼水神心生此见。往语水神言。汝实起此见。言水中无地．火．风耶。答曰。实尔。地神语言。汝勿起此见。谓水中无地．火．风。所以者何。水中有地．火．风。但水大多故。水大得名。时。地神即为说法。除其恶见。示教利喜。施论．戒论．生天之论。欲为不净。上漏为患。出要为上。敷演开示。清净梵行。时。地神知彼水神其心柔软。欢喜信解。净无阴盖。易可开化。如诸佛常法。说苦圣谛．苦集谛．苦灭谛．苦出要谛。演布开示。时。彼水神即远尘离垢。得法眼净。犹如净洁白衣。易为受色。彼亦如是。信心清净。得法眼净。无有狐疑。决定得果。不堕恶趣。不向余道。成就无畏。白地神言。我今归依佛。归依法。归依僧。尽形寿不杀．不盗．不淫．不欺．不饮酒。听我于正法中为优婆夷。

佛告比丘。昔者。火神生恶见言。火中无地．水．风。时。地神．水神知彼火神心生此见。共语火神言。汝实起此见耶。答曰。实尔。二神语言。汝勿起此见。所以者何。火中有地．水．风。但火大多故。火大得名耳。时。二神即为说法。除其恶见。示教利喜。施论．戒论．生天之论。欲为不净。上漏为患。出要为上。敷演开示。清净梵行。二神知彼火神其心柔软。欢喜信解。净无阴盖。易可开化。如诸佛常法。说苦圣谛．苦集谛．苦灭谛．苦出要谛。演布开示。时。彼火神即远尘离垢。得法眼净。犹如净洁白衣。易为受色。彼亦如是。信心清净。遂得法眼。无有狐疑。决定得果。不堕恶趣。不向余道。成就无畏。白二神言。我今归依佛．法．圣众。尽形寿不杀．不盗．不淫．不欺．不饮酒。听我于正法中为优婆夷。

佛告比丘。昔者。风神生恶见言。风中无地．水．火。地．水．火神知彼风神生此恶见。往语之言。汝实起此见耶。答曰。实尔。三神语言。汝勿起此见。所以者何。风中有地．水．火。但风大多故。风大得名耳。时。三神即为说法。除其恶见。示教利喜。施论．戒论．生天之论。欲为不净。上漏为患。出要为上。敷演开示。清净梵行。三神知彼风神其心柔软。欢喜信解。净无阴盖。易可开化。如诸佛常法。说苦圣谛．苦集．苦灭．苦出要谛。演布开示。时。彼风神即远尘离垢。得法眼净。譬如净洁白衣。易为受色。彼亦如是。信心清净。逮得法眼。无有狐疑。决定得果。不堕恶趣。不向余道。成就无畏。白三神言。我今归依佛．法．圣众。尽形寿不杀．不盗．不淫．不欺．不饮酒。愿听我于正法中为优婆夷。慈心一切。不娆众生。

佛告比丘。云有四种。云何为四。一者白色。二者黑色。三者赤色。四者红色。其白色者地大偏多。其黑色者水大偏多。其赤色者火大偏多。其红色者风大偏多。其云去地或十里．二十里．三十里。至四十四千里。除劫初后时云上至光音天。电有四种。云何为四。东方电名身光。南方电名难毁。西方电名流炎。北方电名定明。以何缘故。虚空云中有此电光。有时身光与难毁相触。有时身光与流炎相触。有时身光与定明相触。有时难毁与流炎相触。有时难毁与定明相触。有时流炎与定明相触。以是缘故。虚空云中有电光起。复有何缘。虚空云有雷声起。虚空中有时地大与水大相触。有时地大与火大相触。有时地大与风大相触。有时水大与火大相触。有时水大与风大相触。以是缘故。虚空云中有雷声起。

相师占雨有五因缘不可定知。使占者迷惑。云何为五。一者云有雷电。占谓当雨。以火大多故。烧云不雨。是为占师初迷惑缘。二者云有雷电。占谓当雨。有大风起。吹云四散。入诸山间。以此缘故。相师迷惑。三者云有雷电。占谓当雨。时大阿须伦接揽浮云。置大海中。以此因缘。相师迷惑。四者云有雷电。占谓当雨。而云师.雨师放逸淫乱。竟不降雨。以此因缘。相师迷惑。五者云有雷电。占谓当雨。而世间众庶非法放逸。行不净行。悭贪嫉妒。所见颠倒。故使天不降雨。以此因缘。相师迷惑。是为五因缘。相师占雨不可定知。

佛说长阿含经卷第二十一

第四分世记经三灾品第九

佛告比丘。有四事长久。无量无限。不可以日月岁数而称计也。云何为四。一者世间灾渐起。坏此世时。中间长久。无量无限。不可以日月岁数而称计也。二者此世间坏已。中间空旷。无有世间。长久迥远。不可以日月岁数而称计也。三者天地初起。向欲成时。中间长久。不可以日月岁数而称计也。四者天地成已。久住不坏。不可以日月岁数而称计也。是为四事长久。无量无限。不可以日月岁数而计量也。

佛告比丘。世有三灾。云何为三。一者火灾。二者水灾。三者风灾。有三灾上际。云何为三。一者光音天。二者遍净天。三者果实天。若火灾起时。至光音天。光音天为际。若水灾起时。至遍净天。遍净天为际。若风灾起时。至果实天。果实天为际。云何为火灾。火灾始欲起时。此世间人皆行正法。正见不倒。修十善行。行此法时。有人得第二禅者。即踊身上升于虚空中。住圣人道.天道.梵道。高声唱言。诸贤。当知无觉.无观第二禅乐。第二禅乐。时。世间人闻此声已。仰语彼言。善哉。善哉。唯愿为我说无觉.无观第二禅道。时。空中人闻其语已。即为说无觉.无观第二禅道。此世间人闻彼说已。即修无觉无观第二禅道。身坏命终。生光音天。

是时。地狱众生罪毕命终。来生人间。复修无觉.无观第二禅。身坏命终。生光音天。畜生.饿鬼.阿须伦.四天王.忉利天.炎天.兜率天.化自在天.他化自在天.梵天众生命终。来生人间。修无觉.无观第二禅。身坏命终。生光音天。由此因缘地狱道尽。畜生.饿鬼.阿须伦乃至梵天皆尽。当于尔时。先地狱尽。然后畜生尽。畜生尽已。饿鬼尽。饿鬼尽已。阿须伦尽。阿须伦尽已。四天王尽。四天王尽已。忉利天王尽。忉利天王尽已。炎摩天尽。炎摩天尽已。兜率天尽。兜率天尽已。化自在天尽。化自在天尽已。他化自在天尽。他化自在天尽已。梵天尽。梵天尽已。然后人尽。无有遗余。人尽无余已。此世败坏。乃成为灾。其后天不降雨。百谷草木自然枯死。

佛告比丘。以是当知。一切行无常。变易朽坏。不可恃怙。有为诸法。甚可厌患。当求度世解脱之道。其后久久。有大黑风暴起。吹大海水。海水深八万四千由旬。吹使两披。取日宫殿。置于须弥山半。去地四万二千由旬。安日道中。缘此世间有二日出。二日出已。令此世间所有小河．汱浍．渠流皆悉干竭。

佛告比丘。以是当知。一切行无常。变易朽坏。不可恃怙。凡诸有为甚可厌患。当求度世解脱之道。其后久久。有大黑风暴起。海水深八万四千由旬。吹使两披。取日宫殿。置于须弥山半。去地四万二千由旬。安日道中。缘此世间有三日出。三日出已。此诸大水。恒河．耶婆那河．婆罗河．阿夷罗婆提河．阿摩怯河．辛陀河．故舍河皆悉干竭。无有遗余。

以是当知。一切行无常。变易朽坏。不可恃怙。凡诸有为甚可厌患。当求度世解脱之道。其后久久。有大黑风暴起。海水深八万四千由旬。吹使两披。取日宫殿。置于须弥山半。安日道中。缘此世间有四日出。四日出已。此诸世间所有泉源．渊池。善见大池．阿耨大池．四方陀延池．优钵罗池．拘物头池．分陀利池．离池。纵广五十由旬皆尽干竭。

以是故知。一切无常。变易朽坏。不可恃怙。凡诸有为甚可厌患。当求度世解脱之道。其后久久。有大黑风暴起。吹大海水。使令两披。取日宫殿。置于须弥山半。安日道中。缘此世间有五日出。五日出已。大海水稍减百由旬。至七百由旬。以是可知。一切行无常。变易朽坏。不可恃怙。凡诸有为甚可厌患。当求度世解脱之道。是时。大海稍尽。余有七百由旬．六百由旬．五百由旬．四百由旬乃至百由旬在。以是可知。一切行无常。变易朽坏。不可恃怙。凡诸有为甚可厌患。当求度世解脱之道。时。大海水稍稍减尽。至七由旬．六由旬．五由旬。乃至一由旬在。

佛告比丘。以是当知。一切行无常。变易朽坏。不可恃怙。凡诸有为甚可厌患当求度世解脱之道。其后海水稍尽。至七多罗树．六多罗树。乃至一多罗树。

佛告比丘。以是当知。一切行无常。变易朽坏。不可恃怙。凡诸有为甚可厌患。当求度世解脱之道。其后海水转浅七人．六人．五人．四人．三人．二人．一人。至腰。至膝。至于腨．踝。

佛告比丘。以是当知。一切行无常。变易朽坏。不可恃怙。凡诸有为甚可厌患。当求度世解脱之道。其后海水犹如春雨后。亦如牛迹中水。遂至涸尽。不渍人指。

佛告比丘。以是当知。一切行无常。变易朽坏。不可恃怙。凡诸有为甚可厌患。当求度世解脱之道。其后久久。有大黑风暴起。吹海底沙。深八万四千由旬。令着两岸飘。取日宫殿。置于须弥山半。安日道中。缘此世间有六日出。六日出已。其四天下及八万天下诸山．大山．须弥山王皆烟起燋燃。犹如陶家初然陶时。六日出时亦复如是。

佛告比丘。以是当知。一切行无常。变易朽坏。不可恃怙。凡诸有为甚可厌患。当求度世解脱之道。其后久久。有大黑风暴起。吹海底沙。八万四千由旬。令着两岸飘。取日宫殿。置于须弥山半。安日道中。缘此世间有七日出。七日出已。此四天下及八万天下诸山．大山．须弥山王皆悉洞然。犹如陶家然灶焰起。七日出时亦复如是。

佛告比丘。以此当知。一切行无常。变易朽坏。不可恃怙。凡诸有为甚可厌患。当求度世解脱之道。此四天下及八万天下诸山．须弥山皆悉洞然。一时。四天王宫．忉利天宫．炎摩天宫．兜率天．化自在天．他化自在天．梵天宫亦皆洞然。

佛告比丘。是故当知。一切行无常。变易朽坏。不可恃怙。凡诸有为法甚可厌患。当求度世解脱之道。此四天下。乃至梵天火洞然已。风吹火焰至光音天。其彼初生天子见此火焰。皆生怖畏言。咄。此何物。先生诸天语后生天言。勿怖畏也。彼火曾来。齐此而止。以念前火光。故名光念天。此四天下。乃至梵天火洞然已。须弥山王渐渐颓落。百由旬．二百由旬。至七百由旬。

佛告比丘。以是当知。一切行无常。变易朽坏。不可恃怙。凡诸有为甚可厌患。当求度世解脱之道。此四天下乃至梵天火洞然已。其后大地及须弥山尽无灰烬。是故当知。一切行无常。变易朽坏。不可恃怙。凡诸有为甚可厌患。当求度世解脱之道。其此大地火烧尽已。地下水尽。水下风尽。是故当知。一切行无常。变易朽坏。不可恃怙。凡诸有为甚可厌患。当求度世解脱之道。

佛告比丘。火灾起时。天不复雨。百谷草木自然枯死。谁当信者。独有见者。自当知耶。如是乃至地下水尽。水下风尽。谁当信者。独有见者。自当知耶。是为火灾。云何火劫还复。其后久久。有大黑云在虚空中。至光音天。周遍降雨。渧如车轮。如是无数百千岁雨。其水渐长。高无数百千由旬。乃至光音天。

时。有四大风起。持此水住。何等为四。一名住风。二名持风。三名不动。四名坚固。其后此水稍减百千由旬。无数百千万由旬。其水四面有大风起。名曰僧伽。吹水令动。鼓荡涛波。起沫积聚。风吹离水。在于空中自然坚固。变成天宫。七宝校饰。由此因缘有梵迦夷天宫。其水转减至无数百千万由旬。其水四面有大风起。名曰僧伽。吹水令动。鼓荡涛波。起沫积聚。风吹波离水。在于空中自然坚固。变成天宫。七宝校饰。由此因缘有他化自在天宫。

其水转减至无数千万由旬。其水四面有大风起。名曰僧伽。吹水令动。鼓荡涛波。起沫积聚。风吹离水。在虚空中自然坚固。变成天宫。七宝校饰。由此因缘有化自在天宫。其水转减至无数百千由旬。有僧伽风。吹水令动。鼓荡涛波。起沫积聚。风吹离水。在虚空中自然坚固。变成天宫。七宝校饰。由此因缘有兜率天宫。其水转减至无数百千由旬。有僧伽风。吹水令动。鼓荡涛波。起沫积聚。风吹离水。在虚空中自然坚固。变成天宫。由此因缘有炎摩天宫。其水转减至无数百千由旬。水上有沫。深六十万八千由旬。其边无际。譬如此间。穴泉流水。水上有沫。彼亦如是。

以何因缘有须弥山。有乱风起。吹此水沫造须弥山。高六十万八千由旬。纵广八万四千由旬。四宝所成。金．银．水精．琉璃。以何因缘有四阿须伦宫殿。其后乱风吹大海水吹大水沫。于须弥山四面起大宫殿。纵广各八万由旬。自然变成七宝宫殿。复何因缘有四天王宫殿。其后乱风吹大海水沫。于须弥山半四万二千由旬。自然变成七宝宫殿。以是故名为四天王宫殿。以何因缘有忉利天宫殿。其后乱风吹大水沫。于须弥山上自然变成七宝宫殿。复以何缘有伽陀罗山。其后乱风吹大水沫。去须弥山不远。自然化成宝山。下根入地四万二千由旬。纵广四万二千由旬。其边无际。杂色间厕。七宝所成。以是缘故有伽陀罗山。

复以何缘有伊沙山。其后乱风吹大水沫。去伽陀罗山不远。自然变成伊沙山。高二万一千由旬。纵广二万一千由旬。其边无际。杂色参间。七宝所成。以是缘故有伊沙山。其后乱风吹大水沫。去伊沙山不远。自然变成树辰陀罗山。高万二千由旬。纵广万二千由旬。其边无际。杂色参间。七宝所成。以是因缘有树辰陀罗山。其后乱风吹大水沫。去树辰陀罗山不远。自然变成阿般泥楼山。高六千由旬。纵广六千由旬。其边无际。杂色参间。七宝所成。以是缘故有阿般尼楼山。

其后乱风吹大水沫。去阿般尼楼山不远。自然变成弥邻陀罗山。高三千由旬。纵广三千由旬。其边无际。杂色参间。七宝所成。以是因缘有尼邻陀罗山。其后乱风吹大水沫。去尼邻陀罗山不远。自然变成比尼陀山。高千二百由旬。纵广千二百由旬。其边无际。杂色参间。七宝所成。以是缘故有比尼陀山。其后乱风吹大水沫。去比尼陀山不远。自然变成金刚轮山。高三百由旬。纵广三百由旬。其边无际。杂色参间。七宝所成。以是因缘有金刚轮山。何故有月．有七日宫殿。其后乱风吹大水沫。自然变成一月宫殿．七日宫殿。杂色参间。七宝所成。为黑风所吹还到本处。以是因缘有日．月宫殿。

其后乱风吹大水沫。自然变成四天下及八万天下。以是因缘有四天下及八万天下。其后乱风吹大水沫。在四天下及八万天下。自然变成大金刚轮山。高十六万八千由旬。纵广十六万八千由旬。其边无限。金刚坚固。不可毁坏。以是因缘有大金刚轮山。其后久久。有自然云遍满空中。周遍大雨。渧如车轮。其水弥漫。没四天下。与须弥山等。其后乱风吹地为大坑。涧水尽入中。因此为海。以是因缘有四大海水。海水咸苦有三因缘。何等为三。一者有自然云遍满虚空。至光音天。周遍降雨。洗濯天宫。涤荡天下。从梵迦夷天宫．他化自在天宫。下至炎摩天宫．四天下．八万天下．诸山．大山．须弥山王皆洗濯涤荡。其中诸处有秽恶咸苦诸不净汁。下流入海。合为一味。故海水咸。二者昔有大仙人禁咒海水。长使咸苦。人不得饮。是故咸苦。三者彼大海水杂众生居。其身长大。或百由旬．二百由旬。至七百由旬。呼哈吐纳。大小便中。故海水咸。是为火灾。

佛告比丘。云何为水灾。水灾起时。此世间人皆奉正法。正见。不邪见。修十善业。修善行已。时。有人得无喜第三禅者。踊身上升于虚空中。住圣人道．天道．梵道。高声唱言。诸贤。当知无喜第三禅乐。无喜第三禅乐。时。世间人闻此声已。仰语彼言。善哉。善哉。愿为我说是无喜第三禅道。时。空中人闻此语已。即为演说无喜第三禅道。此世间人闻其说已。即修第三禅道。身坏命终。生遍净天。

尔时。地狱众生罪毕命终。来生人间。复修第三禅道。身坏命终。生遍净天。畜生．饿鬼．阿须轮．四天王．忉利天．炎摩天．兜率天．化自在天．他化自在天．梵天．光音天众生命终。来生人间。修第三禅道。身坏命终。生遍净天。由此因缘。地狱道尽。畜生．饿鬼．阿须伦．四天王。乃至光音天趣皆尽。当于尔时。先地狱尽。然后畜生尽。畜生尽已。饿鬼尽。饿鬼尽已。阿须伦尽。阿须伦尽已。四天王尽。四天王尽已。忉利天尽。忉利天尽已。炎摩天尽。炎摩天尽已。兜率天尽。兜率天尽已。化自在天尽。化自在天尽已。他化自在天尽。他化自在天尽已。梵天尽。梵天尽已。光音天尽。光音天尽已。然后人尽无余。人尽无余已。此世间败坏。乃成为灾。

其后久久。有大黑云暴起。上至遍净天。周遍大雨。纯雨热水。其水沸涌。煎熬天上。诸天宫殿皆悉消尽。无有遗余。犹如酥油置于火中。煎熬消尽。无有遗余。光音天宫亦复如是。以此可知。一切行无常。为变易法。不可恃怙。有为诸法。甚可厌患。当求度世解脱之道。

其后此雨复浸梵迦夷天宫。煎熬消尽。无有遗余。犹如酥油置于火中。无有遗余。梵迦夷宫亦复如是。其后此雨复浸他化自在天．化自在天．兜率天．炎摩天宫。煎熬消尽。无有遗余。犹如酥油置于火中。无有遗余。彼诸天宫亦复如是。其后此雨复浸四天下及八万天下诸山．大山．须弥山王。煎熬消尽。无有遗余。犹如酥油置于火中。煎熬消尽。无有遗余。彼亦如是。是故当知。一切行无常。为变易法。不可恃怙。凡诸有为甚可厌患。当求度世解脱之道。其后此水煎熬大地。尽无余已。地下水尽。水下风尽。是故当知。一切行无常。为变易法。不可恃怙。凡诸有为甚可厌患。当求度世解脱之道。

佛告比丘。遍净天宫煎熬消尽。谁当信者。独有见者。乃能知耳。梵迦夷宫煎熬消尽。乃至地下水尽。水下风尽。谁当信者。独有见者。乃当知耳。是为水灾。

云何水灾还复。其后久久。有大黑云充满虚空。至遍净天。周遍降雨。渧如车轮。如是无数百千万岁。其水渐长。至遍净天。有四大风。持此水住。何等为四。一名住风。二名持风。三名不动。四名坚固。其后此水稍减无数百千由旬。四面有大风起。名曰僧伽。吹水令动。鼓荡涛波。起沫积聚。风吹离水。在虚空中。自然变成光音天宫。七宝校饰。由此因缘有光音天宫。其水转减无数百千由旬。彼僧伽风吹水令动。鼓荡涛波。起沫积聚。风吹离水。在虚空中。自然变成梵迦夷天宫。七宝校饰。如是乃至海水一味咸苦。亦如火灾复时。是为水灾。

佛告比丘。云何为风灾。风灾起时。此世间人皆奉正法。正见。不邪见。修十善业。修善行时。时有人得清净护念第四禅。于虚空中住圣人道．天道．梵道。高声唱言。诸贤。护念清净第四禅乐。护念清净第四禅乐。时。此世人闻其声已。仰语彼言。善哉。善哉。愿为我说护念清净第四禅道。时。空中人闻此语已。即为说第四禅道。此世间人闻其说已。即修第四禅道。身坏命终。生果实天。

尔时。地狱众生罪毕命终。来生人间。复修第四禅。身坏命终。生果实天。畜生．饿鬼．阿须伦．四天王乃至遍净天众生命终。来生人间。修第四禅。身坏命终。生果实天。由此因缘。地狱道尽。畜生．饿鬼．阿须伦．四天王。乃至遍净天趣皆尽。尔时。地狱先尽。然后畜生尽。畜生尽已。饿鬼尽。饿鬼尽已。阿须伦尽。阿须伦尽已。四天王尽。四天王尽已。如是展转至遍净天尽。遍净天尽已。然后人尽无余。人尽无余已。此世间败坏。乃成为灾。其后久久。有大风起。名曰大僧伽。乃至果实天。其风四布。吹遍净天宫．光音天宫。使宫宫相拍。碎若粉尘。犹如力士执二铜杵。杵杵相拍。碎尽无余。二宫相拍亦复如是。以是当知。一切行无常。为变易法。不可恃怙。凡诸有为甚可厌患。当求度世解脱之道。

其后此风吹梵迦夷天宫．他化自在天宫。宫宫相拍。碎如粉尘。无有遗余。犹如力士执二铜杵。杵杵相拍。碎尽无余。二宫相拍亦复如是。以是当知。一切行无常。为变易法。不可恃怙。凡诸有为甚可厌患。当求度世解脱之道。其后此风吹化自在天宫．兜率天宫．炎摩天宫。宫宫相拍。碎若粉尘。无有遗余。犹如力士执二铜杵。杵杵相拍。碎尽无余。彼宫如是碎尽无余。以是当知。一切行无常。为变易法。不可恃怙。凡诸有为甚可厌患。当求度世解脱之道。

其后此风吹四天下及八万天下。诸山．大山．须弥山王置于虚空。高百千由旬。山山相拍。碎若粉尘。犹如力士手执轻糠散于空中。彼四天下．须弥诸山碎尽分散。亦复如是。以是可知。一切行无常。为变易法。不可恃怙。凡诸有为甚可厌患。当求度世解脱之道。其后风吹大地尽。地下水尽。水下风尽。是故当知。一切行无常。为变易法。不可恃怙。凡诸有为甚可厌患。当求度世解脱之道。

佛告比丘。遍净天宫．光音天宫。宫宫相拍。碎若粉尘。谁当信者。独有见者。乃能知耳。如是乃至地下水尽。水下风尽。谁能信者。独有见者。乃能信耳。是为风灾。云何风灾还复。其后久久。有大黑云周遍虚空。至果实天。而降大雨。渧如车轮。霖雨无数百千万岁。其水渐长。至果实天。时。有四风持此水住。何等为四。一名住风。二名持风。三名不动。四名坚固。其后此水渐渐稍减无数百千由旬。其水四面有大风起。名曰僧伽。吹水令动。鼓荡涛波。起沫积聚。风吹离水。在于空中自然变成遍净天宫。杂色参间。七宝所成。以此因缘有遍净天宫。其水转减无数百千由旬。彼僧伽风吹水令动。鼓荡涛波。起沫积聚。风吹离水。在于空中自然变成光音天宫。杂色参间。七宝所成。乃至海水一味咸苦。亦如火灾复时。是为风灾。是为三灾。是为三复。

第四分世记经战斗品第十

佛告比丘。昔者。诸天与阿须伦共斗。时。释提桓因命忉利诸天而告之曰。汝等今往与彼共战。若得胜者。捉毗摩质多罗阿须伦。以五系系缚。将诣善法讲堂。吾欲观之。时。忉利诸天受帝释教已。各自庄严。时。毗摩质多罗阿须伦命诸阿须伦而告之曰。汝等今往与彼共战。若得胜者。捉释提桓因。以五系系缚。将诣七叶讲堂。吾欲观之。时。诸阿须伦受毗摩质多阿须伦教已。各自庄严。

于是。诸天．阿须伦众遂共战斗。诸天得胜。阿须伦退。时。忉利诸天捉阿须伦王。以五系系缚。将诣善法堂所。示天帝释。时。阿须伦王见天上快乐。生慕乐心。即自念言。此处殊胜。即可居止。用复还归阿须伦宫为。发此念时。五系即得解。五乐在前。若阿须伦生念欲还诣本宫殿。五系还缚。五乐自去。时。阿须伦所被系缚。转更牢固。魔所系缚复过于是。计吾我人为魔所缚。不计吾我人魔缚得解。爱我为缚。爱爱为缚。我当有为缚。我当无为缚。有色为缚。无色为缚。有色无色为缚。我有想为缚。无想为缚。有想无想为缚。我为大患．为痈．为刺。是故。贤圣弟子知我为大患．为痈．为刺。舍吾我想。修无我行。观彼我为重担．为放逸．为有。当有我是有为。当有无我是有为。有色是有为。无色是有为。有色无色是有为。有想是有为。无想是有为。有想无想是有为。有为为大患．为刺．为疮。是故。贤圣弟子知有为为大患．为刺．为疮故。舍有为。为无为行。

佛告比丘。昔者。诸天子与阿须伦共斗。时。释提桓因命忉利天而告之曰。汝等今往与阿须伦共斗。若得胜者。捉毗摩质多阿须伦。以五系系缚。将诣善法讲堂。吾欲观之。时。忉利诸天受帝释教已。各即自庄严。时。毗摩质多阿须伦复命诸阿须伦而告之曰。汝等今往与彼共战。若得胜者。捉释提桓因。以五系系缚。将诣七叶讲堂。吾欲观之。时。诸阿须伦受毗摩质多阿须伦教已。各自庄严。于是。诸天．阿须伦众遂共战斗。诸天得胜。阿须伦退。忉利诸天捉阿须伦。以五系系缚。将诣善法堂所。示天帝释。彷徉游善法堂上。阿须伦王遥见帝释。于五系中恶口骂詈。时。天帝侍者于天帝前。即说偈言。

　　天帝何恐怖　　自现己劣弱
　　须质面毁呰　　默听其恶言
时。天帝释即复以偈答侍者曰。
　　彼亦无大力　　我亦不恐畏
　　如何大智士　　与彼无智诤
尔时。侍者复作偈颂白帝释言。
　　今不折愚者　　恐后转难忍
　　宜加以杖捶　　使愚自改过
时。天帝释复作偈颂答侍者曰。
　　我常言智者　　不应与愚诤
　　愚骂而智默　　即为信胜彼
尔时。侍者复作偈颂白帝释言。
　　天王所以默　　恐损智者行
　　而彼愚骇人　　谓王怀怖畏
　　愚不自忖量　　谓可与王敌
　　没死来触突　　欲王如牛退
时。天帝释复作偈颂答侍者曰。
　　彼愚无知见　　谓我怀恐怖
　　我观第一义　　忍默为最上
　　恶中之恶者　　于瞋复生瞋
　　能于瞋不瞋　　为战中最上
　　夫人有二缘　　为己亦为他
　　众人诤有讼　　不报者为胜
　　夫人有二缘　　为己亦为他
　　见无诤讼者　　乃谓为愚骇
　　若人有大力　　能忍无力者
　　此力为第一　　于忍中最上
　　愚自谓有力　　此力非为力
　　如法忍力者　　此力不可沮

佛告比丘。尔时。天帝释岂异人乎。勿造斯观。时。天帝释即我身是也。我于尔时。修习忍辱。不行卒暴。常亦称赞能忍辱者。若有智之人欲弘吾道者。当修忍默。勿怀忿诤。

佛告比丘。昔者。忉利诸天与阿须伦共斗。时。释提桓因语质多阿须伦言。卿等何为严饰兵仗。怀怒害心。共战诤为。今当共汝讲论道义。知有胜负。彼质多阿须伦语帝释言。正使舍诸兵仗。止于诤讼论义者。谁知胜负。帝释教言。但共论议。今汝众中．我天众中。自有智慧知胜负者。时。阿须伦语帝释言。汝先说偈。帝释报言。汝是旧天。汝应先说。尔时。质多阿须伦即为帝释而作颂曰。

　　今不折愚者　　恐后转难忍
　　宜加以杖捶　　使愚自改过

时。阿须伦说此偈已。阿须伦众即大欢喜。高声称善。唯诸天众默然无言。时。阿须伦王语帝释言。汝次说偈。尔时。帝释即为阿须伦而说偈言。

　　我常言智者　　不应与愚诤
　　愚骂而智默　　即为胜彼愚

时。天帝释说此偈已。忉利诸天皆大欢喜。举声称善。时。阿须伦众默然无言。尔时。天帝语阿须伦言。汝次说偈。时。阿须伦复说偈言。

　　天王所以默　　恐损智者行
　　而彼愚駃人　　谓王怀怖畏
　　愚不自忖量　　谓可与王敌
　　没死来触突　　欲王如牛退

时。阿须伦王说此偈已。阿须伦众踊跃欢喜。举声称善。时。忉利天众默然无言。时。阿须伦王语帝释言。汝次说偈。时。天帝释为阿须伦而说偈言。

　　彼愚尢知见　　谓我怀恐畏
　　我观第一义　　忍默为最上
　　恶中之恶者　　于瞋复生瞋
　　能于瞋不瞋　　为战中最胜
　　夫人有二缘　　为己亦为他
　　众人为诤讼　　不报者为胜
　　夫人有二缘　　为己亦为他
　　见无诤讼者　　不谓为愚駃
　　若人有大力　　能忍无力者
　　此力为第一　　于忍中最上
　　愚自谓有力　　此力非为力
　　如法忍力者　　此力不可沮

释提桓因说此偈已。忉利天众踊跃欢喜。举声称善。阿须伦众默然无言。时。天众．阿须伦众各小退却。自相谓言。阿须伦王所说偈颂。有所触犯。起刀剑仇。生斗讼根。长诸怨结。树三有本。天帝释所说偈者。无所触娆。不起刀剑。不生斗讼。不长怨结。绝三有本。天帝所说为善。阿须伦所说不善。诸天为胜。阿须伦负。

佛告比丘。尔时。释提桓因岂异人乎。勿造斯观。所以者何。即我身是。我于尔时。以柔濡言。胜阿须伦众。

佛告比丘。昔者。诸天复与阿须伦共斗。时。阿须伦胜。诸天不如。时。释提桓因乘千辐宝车怖惧而走。中路见睒婆罗树上有一巢。巢有两子。即以偈颂告御者言。颂曰。

　　此树有二鸟　　汝当回车避
　　正使贼害我　　勿伤二鸟命

尔时。御者闻帝释偈已。寻便住车回避鸟。尔时。车头向阿须伦。阿须伦众遥见宝车回向。其军即相谓言。今天帝释乘千辐宝车回向我众。必欲还斗。不可当也。阿须伦众即便退散。诸天得胜。阿须伦退。

佛告比丘。尔时。帝释者岂异人乎。勿造斯观。所以者何。即我身是也。我于尔时。于诸众生起慈愍心。诸比丘。汝等于我法中出家修道。宜起慈心。哀愍黎庶。

佛告比丘。昔者。诸天与阿须伦共斗。尔时。诸天得胜。阿须伦退。时。天帝释战胜还宫。更造一堂。名曰最胜。东西长百由旬。南北广六十由旬。其堂百间。间间有七交露台。一一台上有七玉女。一一玉女有七使人。释提桓因亦不忧供给。诸玉女衣被．饮食．庄严之具。随本所造。自受其福。以战胜阿须伦。因欢喜心而造此堂。故名最胜堂。又千世界中所有堂观无及此堂。故名最胜。

佛告比丘。昔者。阿须伦自生念言。我有大威德。神力不少。而忉利天．日月诸天常在虚空。于我顶上游行自在。今我宁可取彼日月以为耳珰。自在游行耶。时。阿须伦王瞋恚炽盛。即念捶打阿须伦。捶打阿须伦即复念言。今阿须伦王念我。我等当速庄严。即敕左右备具兵仗。驾乘宝车。与无数阿须伦众前后导从。诣阿须伦王前。于一面立。时。王复念舍摩梨阿须伦。舍摩梨阿须伦复自念言。今王念我。我等宜速庄严。即敕左右备具兵仗。驾乘宝车。与无数阿须伦众前后导从。诣阿须伦王前。在一面立。

时。王复念毗摩质多阿须伦。毗摩质多阿须伦复自念言。今王念我。我等宜速庄严。即敕左右备具兵仗。驾乘宝车。与无数阿须伦众前后导从。往诣王前。在一面立。时。王复念大臣阿须伦。大臣阿须伦即自念言。今王念我。我等宜速庄严。即敕左右备具兵仗。驾乘宝车。与无数阿须伦众前后导从。往诣王前。于一面立。时。王复念诸小阿须伦。诸小阿须伦复自念言。今王念我。我等宜速庄严。即自庄严。备具兵仗。与无数众相随。往诣王前。于一面立。时。罗呵阿须伦王即自庄严。身着宝铠。驾乘宝车。与无数百千阿须伦众兵仗严事。前后围绕出其境界。欲往与诸天共斗。

250

尔时。难陀龙王．跋难陀龙王以身缠绕须弥山七匝。震动山谷。薄布微云。渧渧稍雨。以尾打大海水。海水波涌。至须弥山顶。时。忉利天即生念言。今薄云微布。渧渧稍雨。海水波涌。乃来至此。将是阿须伦欲来战斗。故有此异瑞耳。

尔时。海中诸龙兵众无数巨亿。皆持戈鉾．弓矢．刀剑。重被宝铠。器仗严整。逆与阿须伦共战。若龙众胜时。即逐阿须伦入其宫殿。若龙众退。龙不还宫。即[马*奔]趣伽楼罗鬼神所。而告之曰。阿须伦众欲与诸天共战。我往逆斗。彼今得胜。汝等当备诸兵仗。众共并力。与彼共战。时。诸鬼神闻龙语已。即自庄严。备诸兵仗。重被宝铠。与诸龙众共阿须伦斗。得胜时。即逐阿须伦入其宫殿。若不如时。不还本宫。即退走奔持华鬼神界。而告之言。阿须伦众欲与诸天共斗。我等逆战。彼今得胜。汝等当备诸兵仗。众共并力。与彼共战。

诸持华鬼神闻龙语已。即自庄严。备诸兵仗。重被宝铠。众共并力。与阿须伦斗。若得胜时。即逐阿须伦入其宫殿。若不如时。不还本宫。即退走奔常乐鬼神界。而告之言。阿须伦众欲与诸天共斗。我等逆战。彼今得胜。汝等当备诸兵仗。与我并力。共彼战斗。时。诸常乐鬼神闻是语已。即自庄严。备诸兵仗。重被宝铠。众共并力。与阿须伦斗。若得胜时。即逐阿须伦入其宫殿。若不如时。不还本宫。即退走奔四天王。而告之曰。阿须伦众欲与诸天共斗。我等逆战。彼今得胜。汝等当备诸兵仗。众共并力。与彼共战。

时。四天王闻此语已。即自庄严。备诸兵仗。重被宝铠。众共并力。与阿须伦共斗。若得胜时。即逐阿须伦入其宫殿。若不如者。四天王即诣善法讲堂。白天帝释及忉利诸天言。阿须伦欲与诸天共斗。今忉利诸天当自庄严。备诸兵仗。众共并力。往共彼战。时。天帝释命一侍天而告之曰。汝持我声往告焰摩天．兜率天．化自在天．他化自在天子言。阿须伦与无数众欲来战斗。今者诸天当自庄严。备诸兵仗。助我斗战。时。彼侍天受帝教已。即诣焰摩天。乃至他化自在天。持天帝释声而告之曰。彼阿须伦无数众来战斗。今者诸天当自庄严。备诸兵仗。助我战斗。

时。焰摩天子闻此语已。即自庄严。备诸兵仗。重被宝铠。驾乘宝车。与无数巨亿百千天众前后围绕。在须弥山东面住。时。兜率天子闻此语已。即自庄严。备诸兵仗。重被宝铠。驾乘宝车。与无数巨亿百千天众围绕。在须弥山南面住。时。化自在天子闻此语已。亦严兵众。在须弥山西面住。时。他化自在天子闻此语已。亦严兵众。在须弥山北住。

时。天帝释即念三十三天忉利天。三十三天忉利天即自念言。今帝释念我。我等宜速庄严。即敕左右备诸兵仗。驾乘宝车。与无数巨亿诸天众前后围绕。诣天帝释前。于一面立。时。天帝释复念余忉利诸天。余忉利诸天即自念言。今帝释念我。我等宜速庄严。即敕左右备诸兵仗。驾乘宝车。与无数巨亿诸天众前后围绕。诣帝释前。于一面立。时。帝释复念妙匠鬼神。妙匠鬼神即自念言。今帝释念我。我宜速庄严。即敕左右备诸兵仗。驾乘宝车。无数千众前后围绕。诣帝释前立。时。帝释复念善住龙王。善住龙王即自念言。今天帝释念我。我今宜往。即诣帝释前立。

时。帝释即自庄严。备诸兵仗。身被宝铠。乘善住龙王顶上。与无数诸天鬼神前后围绕。自出天宫与阿须伦往斗。所谓严兵仗．刀剑．鉾槊．弓矢．斫釿．钺斧．旋轮．罥索。兵仗铠器。以七宝成。复以锋刃加阿须伦身。其身不伤。但刃触而已。阿须伦众执持七宝刀剑．鉾槊．弓矢．斫釿．钺斧．旋轮．罥索。以锋刃加诸天身。但触而已。不能伤损。如是欲行诸天共阿须伦斗。欲因欲是。

佛说长阿含经卷第二十二

第四分世记经三中劫品第十一

佛告比丘。有三中劫。何等为三。一名刀兵劫。二名谷贵劫。三名疾疫劫。云何为刀兵劫。此世间人本寿四万岁。其后稍减寿二万岁。其后复减寿万岁。转寿千岁。转寿五百岁。转寿三百岁．二百岁。如今人寿于百岁少出多减。其后人寿稍减。当寿十岁。是时女人生五月行嫁。时。世间所有美味。酥油．蜜．石蜜．黑石蜜。诸有美味皆悉自然消灭。五谷不生。唯有稊稗。是时。有上服锦绫．缯绢．劫贝．刍摩皆无复有。唯有粗织草衣。尔时。此地纯生荆棘．蚊虻．蜂螫．蚖蛇．毒虫。金银．琉璃．七宝珠玉自然没地。唯有石沙秽恶充满。是时。众生但增十恶。不复闻有十善之名。乃无善名。况有行善者。尔时。人有不孝父母。不敬师长。能为恶者。则得供养。人所敬待。如今人孝顺父母。敬事师长。能为善者。则得供养。人所敬待。彼人为恶。便得供养。亦复如是。时人命终堕畜生中。犹如今人得生天上。时人相见怀毒害心。但欲相杀。犹如猎师见彼群鹿。但欲杀之。无一善念。其人如是。但欲相杀。无一善念。尔时。此地沟涧．溪谷．山陵．堆阜。无一平地。时人行来恐怖惶惧。衣毛为竖。

时。七日中有刀剑劫起。时人手执草木．瓦石。皆变成刀剑。刀剑锋利。所拟皆断。展转相害。其中有黠慧者见刀兵相害。恐怖逃避。入山林．坑涧无人之处。七日藏避。心口自言。我不害人。人勿害我。其人于七日中。食草木根。以自存活。过七日已。还出山林。时。有一人得共相见。欢喜而言。今见生人。今见生人。犹如父母与一子别。久乃相见。欢喜踊跃。不能自胜。彼亦如是。欢喜踊跃。不能自胜。是时。人民于七日中。哭泣相向。复于七日中。共相娱乐。

欢喜庆贺。时人身坏命终。皆堕地狱中。所以者何。斯由其人常怀瞋怒。害心相向。无慈仁故。是为刀兵劫。

佛告比丘。云何为饥饿劫。尔时。人民多行非法。邪见颠倒。为十恶业。以行恶故。天不降雨。百草枯死。五谷不成。但有茎秆。云何为饥饿。尔时。人民收扫田里．街巷．道陌．粪土遗谷。以自存活。是为饥饿。复次。饥饿时。其人于街巷．市里．屠杀之处及丘冢间。拾诸骸骨。煮汁饮之。以此自存。是为白骨饥饿。复次。饥饿劫时。所种五谷尽变成草木。时人取华煮汁而饮。复次。饥饿时。草木华落。覆在土下。时人掘地取华煮食。以是自存。是为草木饥饿。尔时。众生身坏命终。堕饿鬼中。所以者何。斯由其人于饥饿劫中。常怀悭贪。无施惠心。不肯分割。不念厄人故也。是为饥饿劫。

佛告比丘。云何为疾疫劫。尔时。世人修行正法。正见。不颠倒见。具十善行。他方世界有鬼神来。此间鬼神放逸淫乱。不能护人。他方鬼神侵娆此世间人。挝打捶杖。接其精气。使人心乱。驱逼将去。犹如国王敕诸将帅有所守护。余方有贼寇来侵娆。此放逸之人劫于村国。此亦如是。他方世界有鬼神来。取此间人。挝打捶杖。接其精气。驱逼将去。

佛告比丘。正使此间鬼神不放逸淫乱。他方世界有大力鬼神来。此间鬼神畏怖避去。彼大鬼神侵娆此人。挝打捶杖。接其精气。杀之而去。譬如国王．若王大臣。遣诸将帅守卫人民。将帅清慎。无有放逸。他方有强猛将帅人。兵众多来破村城。掠夺人物。彼亦如是。正使此间鬼神不敢放逸。他方世界有大力鬼神来。此间鬼神恐怖避去。彼大鬼神侵娆此人。挝打捶杖。接其精气。杀之而去。时。疾疫劫中人民身坏命终。皆生天上。所以者何。斯由时人慈心相向。展转相问。汝病差不。身安隐不。以此因缘得生天上。是故名为疾疫劫。是为三中劫也。

第四分世记经世本缘品第十二

佛告比丘。火灾过已。此世天地还欲成时。有余众生福尽．行尽．命尽。于光音天命终。生空梵处。于彼生染着心。爱乐彼处。愿余众生共生彼处。发此念已。有余众生福．行．命尽。于光音天身坏命终。生空梵处。时。先生梵天即自念言。我是梵王大梵天王。无造我者。我自然有无所承受。于千世界最得自在。善诸义趣。富有丰饶。能造化万物。我即是一切众生父母。其后来诸梵复自念言。彼先梵天即是梵王大梵天王。彼自然有。无造彼者。于千世界最尊第一。无所承受。善诸义趣。富有丰饶。能造万物。是众生父母。我从彼有。彼梵天王颜貌容状常如童子。是故梵王名曰童子。

或有是时。此世还成世间。众生多有生光音天者。自然化生。欢喜为食。身光自照。神足飞空。安乐无碍。寿命长久。其后此世变成大水。周遍弥满。当于尔时。天下大闇。无有日月．星辰．昼夜。亦无岁月．四时之数。其后此世还欲变时。有余众生福尽．行尽．命尽。从光音天命终。来生此间。皆悉化生。欢喜为食。身光自照。神足飞空。安乐无碍。久住此间。尔时。无有男女．尊卑．上下。亦无异名。众共生世。故名众生。

是时。此地有自然地味出。凝停于地。犹如醍醐。地味出时。亦复如是。犹如生酥。味甜如蜜。其后众生以手试尝知为何味。初尝觉好。遂生味着。如是展转尝之不已。遂生贪着。便以手掬。渐成抟食。抟食不已。余众生见。复效食之。食之不已。时。此众生身体粗涩。光明转灭。无复神足。不能飞行。尔时。未有日月。众生光灭。是时。天地大闇。如前无异。其后久久。有大暴风吹大海水。深八万四千由旬。使令两披飘。取日宫殿。着须弥山半。安日道中。东出西没。周旋天下。

第二日宫从东出西没。时众生有言。是即昨日也。或言。非昨也。第三日宫绕须弥山。东出西没。彼时众生言。定是一日。日者。义言是前明因。是故名为日。日有二义。一曰住常度。二曰宫殿。宫殿四方远见故圆。寒温和适。天金所成。颇梨间厕。二分天金。纯真无杂。外内清彻。光明远照。一分颇梨。纯真无杂。外内清彻。光明远照。日宫纵广五十一由旬。宫墙及地薄如梓柏。

宫墙七重。七重栏楯．七重罗网．七重宝铃．七重行树。周匝校饰以七宝成。金墙银门。银墙金门。琉璃墙水精门。水精墙琉璃门。赤珠墙马瑙门。马瑙墙赤珠门。车碟墙众宝门。众宝墙车碟门。又其栏楯。金栏银桄。银栏金桄。琉璃栏水精桄。水精栏琉璃桄。赤珠栏马瑙桄。马瑙栏赤珠桄。众宝栏车碟桄。车碟栏众宝桄。金网银铃。银网金铃。水精网琉璃铃。琉璃网水精铃。赤珠网马瑙铃。马瑙网赤珠铃。车碟网众宝铃。众宝网车碟铃。其金树者银叶华实。银树者金叶华实。琉璃树者水精华实。水精树者琉璃华实。赤珠树者马瑙华实。马瑙树者赤珠华实。车碟树者众宝华实。众宝树者车碟华实。宫墙四门。门有七阶。周匝栏楯。楼阁台观．园林浴池。次第相比。生众宝华。行行相当。种种果树。华叶杂色。树香芬馥。周流四远。杂类众鸟相和而鸣。

其日宫殿为五风所持。一曰持风。二曰养风。三曰受风。四曰转风。五曰调风。日天子所止正殿。纯金所造。高十六由旬。殿有四门。周匝栏楯。日天子座纵广半由旬。七宝所成。清净柔软。犹如天衣。日天子自身放光照于金殿。金殿光照于日宫。日宫光出照四天下。日天子寿天五百岁。子孙相承。无有间异。其宫不坏。终于一劫。日宫行时。其日天子无有行意。言我行住常以五欲自相娱乐。日宫行时。无数百千诸大天神在前导从。欢乐无倦。好乐捷疾。因是日天子名为捷疾。

日天子身出千光。五百光下照。五百光傍照。斯由宿业功德。故有此千光。是故日天子名为千光。宿业功德云何。或有一人供养沙门．婆罗门。济诸穷乏。施以饮食．衣服．汤药．象马．车乘．房舍．灯烛。分布时与。随其所须。不逆人意。供养持戒诸贤圣人。由彼种种无数法喜光明因缘。善心欢喜。如刹利王水浇头种初登王位。善心欢喜。亦复如是。以此因缘。身坏命终。为日天子。得日宫殿。有千光明。故言善业得千光明。

复以何等故。名为宿业光明。或有人不杀生。不盗。不邪淫。不两舌．恶口．妄言．绮语。不贪取。不瞋恚．邪见。以此因缘。善心欢喜。犹如四衢道头有大浴池。清净无秽。有人远行。疲极热渴。来入此池。澡浴清凉。欢喜爱乐。彼十善者。善心欢喜。亦复如是。其人身坏命终。为日天子。居日宫殿。有千光明。以是因缘故。名善业光明。

复以何缘名千光明。或有人不杀．不盗．不淫．不欺．不饮酒。以此因缘。善心欢喜。身坏命终。为日天子。居日宫殿。有千光明。以是因缘故。名善业千光明。六十念顷名一罗耶。三十罗耶名摩睺多。百摩睺多名优波摩。日宫殿六月南行。日行三十里。极南不过阎浮提。日北行亦复如是。

以何缘故日光炎热。有十因缘。何等为十。一者须弥山外有佉陀罗山。高四万二千由旬。顶广四万二千由旬。其边无量。七宝所成。日光照山。触而生热。是为一缘日光。炎热。二者佉陀罗山表有伊沙陀山。高二万一千由旬。纵广二万一千由旬。周匝无量。七宝所成。日光照山。触而生热。是为二缘日光炎热。

三者伊沙陀山表有树提陀罗山。上高万二千由旬。纵广万二千由旬。周匝无量。七宝所成。日光照山。触而生热。是为三缘日光炎热。四者去树提陀罗山表有山名善见。高六千由旬。纵广六千由旬。周匝无量。七宝所成。日光照山。触而生热。是为四缘日光炎热。五者善见山表有马祀山。高三千由旬。纵广三千由旬。周匝无量。七宝所成。日光照山。触而生热。是为五缘日光炎热。六者去马祀山表有尼弥陀罗山。高千二百由旬。纵广千二百由旬。周匝无量。七宝所成。日光照山。触而生热。是为六缘日光炎热。

七者去尼弥陀罗山表有调伏山。高六百由旬。纵广六百由旬。周匝无量。七宝所成。日光照山。触而生热。是为七缘日光炎热。八者调伏山表有金刚轮山。高三百由旬。纵广三百由旬。周匝无量。七宝所成。日光照山。触而生热。是为八缘日光炎热。复次。上万由旬有天宫殿。名为星宿。琉璃所成。日光照彼。触而生热。是为九缘日光炎热。复次。日宫殿光照于大地。触而生热。是为十缘日光炎热。尔时。世尊以偈颂曰。

　　以此十因缘　　日名为千光

　　　　光明炎炽热　　　佛日之所说
　　佛告比丘。何故冬日宫殿寒而不可近。有光而冷。有十三缘。虽光而冷。云何为十三。一者须弥山．佉陀罗山中间有水。广八万四千由旬。周匝无量。其水生杂华。优钵罗华．拘勿头．钵头摩．分陀利．须干提华。日光所照。触而生冷。是为一缘日光为冷。二者佉陀罗山．伊沙陀罗山中间有水。广四万二千由旬。纵广四万二千由旬。周匝无量。有水生诸杂华。日光所照。触而生冷。是为二缘日光为冷。

　　三者伊沙陀罗山去树提陀罗山中间有水。广二万一千由旬。周匝无量。生诸杂华。日光所照。触而生冷。是为三缘日光为冷。四者善见山．树提山中间有水。广万二千由旬。周匝无量。生诸杂华。日光所照。触而生冷。是为四缘日光为冷。五者善见山．马祀山中间有水。广六千由旬。生诸杂华。日光所照。触而生冷。是为五缘日光为冷。六者马祀山．尼弥陀罗山中间有水。广千二百由旬。周匝无量。生诸杂华。日光所照。触而生冷。是为六缘日光为冷。尼弥陀罗山．调伏山中间有水。广六百由旬。周匝无量。生诸杂华。日光所照。触而生冷。是为七缘日光为冷。调伏山．金刚轮山中间有水。广三百由旬。周匝无量。生诸杂华。日光所照。触而生冷。是为八缘日光为冷。

　　复次。此阎浮利地大海江河。日光所照。触而生冷。是为九缘日光为冷。阎浮提地河少。拘耶尼地水多。日光所照。触而生冷。是为十缘日光为冷。拘耶尼河少。弗于逮水多。日光所照。触而生冷。是为十一缘日光为冷。弗于逮河少。郁单曰河多。日光所照。触而生冷。是为十二缘日光为冷。复次。日宫殿光照大海水。日光所照。触而生冷。是为十三缘日光为冷。佛时颂曰。

　　　　以此十三缘　　　日名为千光
　　　　其光明清冷　　　佛日之所说
　　佛告比丘。月宫殿有时损质盈亏。光明损减。是故月宫名之为损。月有二义。一曰住常度。二曰宫殿。四方远见故圆。寒温和适。天银．琉璃所成。二分天银。纯真无杂。内外清彻。光明远照。一分琉璃。纯真无杂。外内清彻。光明远照。月宫殿纵广四十九由旬。宫墙及地薄如梓柏。宫墙七重。七重栏楯．七重罗网．七重宝铃．七重行树。周匝校饰以七宝成。乃至无数众鸟相和而鸣。

　　其月宫殿为五风所持。一曰持风。二曰养风。三曰受风。四曰转风。五曰调风。月天子所止正殿。琉璃所造。高十六由旬。殿有四门。周匝栏楯。月天子座纵广半由旬。七宝所成。清净柔软。犹如天衣。月天子身放光明。照琉璃殿。琉璃殿光照于月宫。月宫光出照四天下。月天子寿天五百岁。子孙相承。无有异系。其宫不坏。终于一劫。月宫行时。其月天子无有行意。言我行住常以五欲自相娱乐。月宫行时。无数百千诸大天神常在前导。好乐无倦。好乐捷疾。因是月天名为捷疾。

月天子身出千光明。五百光下照。五百光傍照。斯由宿业功德故有此光明。是故月天子名曰千光。宿业功德云何。世间有人供养沙门．婆罗门。施诸穷乏饮食．衣服．汤药．象马．车乘．房舍．灯烛。分布时与。随意所须。不逆人意。供养持戒诸贤圣人。犹是种种无数法喜。善心光明。如刹利王水浇头种初登王位。善心欢喜。亦复如是。以是因缘。身坏命终。为月天子。月宫殿有千光明。故言善业得千光明。

复以何业得千光明。世间有人不杀。不盗。不邪淫。不两舌．恶口．妄言．绮语。不贪取．瞋恚．邪见。以此因缘。善心欢喜。犹如四衢道头有大浴池清净无秽。有人远行。疲极热渴。来入此池。澡浴清凉。欢喜快乐。彼行十善者。善心欢喜。亦复如是。其人身坏命终。为月天子。居月宫殿。有千光明。以是因缘故。名善业千光。

复以何因缘得千光明。世间有人不杀．不盗．不淫．不欺．不饮酒。以此因缘。善心欢喜。身坏命终。为月天子。居月宫殿。有千光明。以是因缘故。名善业千光。六十念顷名一罗耶。三十罗耶名摩睺多。百摩睺多名优婆摩。若日宫殿六月南行。日行三十里。极南不过阎浮提。是时。月宫殿半岁南行。不过阎浮提。月北行亦复如是。

以何缘故月宫殿小小损减。有三因缘故月宫殿小小损减。一者月出于维。是为一缘故月损减。复次。月宫殿内有诸大臣身着青服。随次而上。住处则青。是故月减。是为二缘月日日减。复次。日宫有六十光。光照于月宫。映使不现。是故所映之处月则损减。是为三缘月光损减。

复以何缘月光渐满。复有三因缘使月光渐满。何等为三。一者月向正方。是故月光满。二者月宫诸臣尽着青衣。彼月天子以十五日处中而坐。共相娱乐。光明遍照。遏诸天光。故光普满。犹如众灯烛中燃大炬火。遏诸灯明。彼月天子亦复如是。以十五日在天众中。遏绝众明。其光独照。亦复如是。是为二因缘。三者日天子虽有六十光照于月宫。十五日时月天子能以光明逆照。使不掩翳。是为三因缘月宫团满无有损减。复以何缘月有黑影。以阎浮树影在于月中。故月有影。

佛告比丘。心当如月。清凉无热。至檀越家。专念不乱。复以何缘有诸江河。因日月有热。因热有炙。因炙有汗。因汗成江河。故世间有江河。有何因缘世间有五种子。有大乱风。从不败世界吹种子来生此国。一者根子。二者茎子。三者节子。四者虚中子。五者子子。是为五子。以此因缘。世间有五种子出。此阎浮提日中时。弗于逮日没。拘耶尼日出。郁单曰夜半。拘耶尼日中。阎浮提日没。郁单曰日出。弗于逮夜半。郁单曰日中。拘耶尼日没。弗于逮日出。阎浮提夜半。若弗于逮日中。郁单曰日没。阎浮提日出。拘耶尼夜半。阎浮提东方。弗于逮为西方。阎浮提为西方。拘耶尼为东方。拘耶尼为西方。郁单曰为东方。郁单曰为西方。弗于逮为东方。

所以阎浮提名阎浮者。下有金山。高三十由旬。因阎浮树生。故得名为阎浮金。阎浮树其果如蕈。其味如蜜。树有五大孤。四面四孤。上有一孤。其东孤孤果乾闼和所食。其南孤者七国人所食。一曰拘楼国．二曰拘罗婆．三名毗提．四名善毗提．五名漫陀．六名婆罗．七名婆梨。其西孤果海虫所食。其北孤果者禽兽所食。其上孤果者星宿天所食。七大国北有七大黑山。一曰裸土。二曰白鹤。三曰守宫。四者仙山。五者高山。六者禅山。七者土山。此七黑山上有七婆罗门仙人。此七仙人住处。一名善帝。二名善光。三名守宫。四名仙人。五者护宫。六者伽那那。七者增益。

佛告比丘。劫初众生食地味已。久住于世。其食多者颜色粗悴。其食少者颜色光润。然后乃知众生颜色形貌优劣。互相是非。言。我胜汝。汝不如我。以其心存彼我。怀诤竞故。地味消竭。又地皮生。状如薄饼。色味香洁。尔时。众生聚集一处。懊恼悲泣。椎胸而言咄哉为祸。今者地味初不复现。犹如今人得盛美味。称言美善。后复失之以为忧恼。彼亦如是忧恼悔恨。后食地皮。渐得其味。其食多者颜色粗悴。其食少者颜色润泽。然后乃知众生颜色形貌优劣。互相是非。言。我胜汝。汝不如我。以其心存彼我。怀诤竞故。地皮消竭。

其后复有地肤出。转更粗厚。色如天华。软若天衣。其味如蜜。时。诸众生复取共食。久住于世。食之多者颜色转损。食甚少者颜色光泽。然后乃知众生颜色形貌优劣。互相是非。言。我胜汝。汝不如我。以其心存彼我。怀诤竞故。地肤消竭。其后复有自然粳米。无有糠糩。不加调和。备众美味。尔时。众生聚集而言。咄哉为祸。今者地肤忽不复现。犹如今人遭祸逢难称言。苦哉。尔时。众生亦复如是懊恼悲叹。

其后众生便共取粳米食之。其身粗丑。有男女形。互相瞻视。遂生欲想。共在屏处为不净行。余众生见言。咄此为非。云何众生共生有如此事。彼行不净男子者。见他呵责。即自悔过言。我所为非。即身投地。其彼女人见其男子以身投地。悔过不起。女人即便送食。余众生见。问女人言。汝持此食。欲以与谁。答曰。彼悔过众生堕不善行者。我送食与之。因此言故。世间便有不善夫主之名。以送饭与夫。因名之为妻。

其后众生遂为淫逸。不善法增。为自障蔽。遂造屋舍。以此因缘故。始有舍名。其后众生淫逸转增。遂成夫妻。有余众生寿．行．福尽。从光音天命终。来生此间。在母胎中。因此世间有处胎名。尔时。先造瞻婆城。次造伽尸婆罗捺城。其次造王舍城。日出时造。即日出时成。以此因缘。世间便有城郭．郡邑王所治名。

尔时。众生初食自然粳米时。朝收暮熟。暮收朝熟。收后复生。无有茎秆。时。有众生默自念言。日日收获。疲劳我为。今当并取以供数日。即时并获。积数日粮。余人于后语此人言。今可相与共取粳米。此人答曰。我已先积。不须更取。汝欲取者。自随意去。后人复自念言。前者能取二日余粮。我岂不能取三日粮耶。此人即积三日余粮。复有余人语言。共取粮去来。此人答曰。我已取三日余粮。汝欲取者。自随汝意。此人念言。彼人能取三日粮。我岂不能取五日粮耶。取五日粮已。时众生竞积余粮故。是时粳米便生糠糩。收已不生。有枯秆现。

尔时。众生集在一处。懊恼悲泣。拍胸而言。咄此为哉。自悼责言。我等本皆化生。以念为食。身光自照。神足飞空。安乐无碍。其后地味始生。色味具足。时我等食此地味。久住于世。其食多者颜色转粗。其食少者色犹光泽。于是众生心怀彼我。生憍慢心言。我色胜。汝色不如。净色憍慢故。地味消灭。更生地皮。色香味具。我等时复共取食之。久住于世。其食多者色转粗悴。其食少者色犹光泽。于是众生心怀彼我。生憍慢心言。我色胜。汝色不如。净色憍慢故。地皮消灭。更生地肤。转更粗厚。色香味具。我等时复共取食之。久住于世。其食多者色转粗悴。其食少者色犹光泽。于是众生心怀彼我。生憍慢心言。我色胜。汝色不如。净色憍慢故。地肤灭。更生自然粳米。色香味具。我等时复共取食之。朝获暮熟。暮获朝熟。收以随生。无有载收。由我尔时竞共积聚故。便生糠糩。收已不生。现有根秆。我等今者宁可共封田宅。以分疆畔。

时。即共分田以异疆畔。计有彼我。其后遂自藏己米。盗他田谷。余众生见已。语言。汝所为非。汝所为非。云何自藏己物。盗他财物。即呵责言。汝后勿复为盗。如是不已。犹复为盗。余人复呵言。汝所为非。何故不休。即便以手杖打。将诣众中。告众人言。此人自藏粳米。盗他田谷。盗者复言。彼人打我。众人闻已。懊恼涕泣。拊胸而言。世间转恶。乃是恶法生耶。遂生忧结热恼苦报。此是生．老．病．死之原。坠堕恶趣。有田宅疆畔别异。故生诤讼。以致怨仇。无能决者。我等今者宁可立一平等主。善护人民。赏善罚恶。我等众人各共减割以供给之。

时。彼众中有一人形质长大。容貌端正。甚有威德。众人语言。我等今欲立汝为主。善护人民。赏善罚恶。当共减割以相供给。其人闻之。即受为主。应赏者赏。应罚者罚。于是始有民主之名。初民主有子。名曰珍宝。珍宝有子。名曰好味。好味有子。名曰静斋。静斋有子。名曰顶生。顶生有子。名曰善行。善行有子。名曰宅行。宅行有子。名曰妙味。妙味有子。名曰味帝。味帝有子。名曰水仙。水仙有子。名曰百智。百智有子。名曰嗜欲。嗜欲有子。名曰善欲。善欲有子。名曰断结。断结有子。名曰大断结。大断结有子。名曰宝藏。

宝藏有子。名曰大宝藏。大宝藏有子。名曰善见。善见有子。名曰大善见。大善见有子。名曰无忧。无忧有子。名曰洲渚。洲渚有子。名曰殖生。殖生有子。名曰山岳。山岳有子。名曰神天。神天有子。名曰遣力。遣力有子。名曰牢车。牢车有子。名曰十车。十车有子。名曰百车。百车有子。名曰牢弓。牢弓有子。名曰百弓。百弓有子。名曰养牧。养牧有子。名曰善思。

从善思已来有十族。转轮圣王相续不绝。一名伽冤粗。二名多罗婆。三名阿叶摩。四名持施。五名伽楞伽。六名瞻婆。七名拘罗婆。八者般阇罗。九者弥私罗。十者声摩。伽冤粗王有五转轮圣王。多罗婆王有五转轮圣王。阿叶摩王有七转轮圣王。持施王有七转轮圣王。伽楞伽王有九转轮圣王。瞻婆王有十四转轮圣王。拘罗婆王有三十一转轮圣王。般阇罗王有三十二转轮圣王。弥私罗王有八万四千转轮圣王。声摩王有百一转轮圣王。最后有王。名大善生从。

声摩王有子。名乌罗婆。乌罗婆有子。名渠罗婆。渠罗婆有子。名尼求罗。尼求罗有子。名师子颊。师子颊有子。名曰白净王。白净王有子。名菩萨。菩萨有子。名罗睺罗。由此本缘有刹利名。尔时。有一众生作是念言。世间所有家属万物皆为刺棘痛疮。今宜舍离。入山行道。静处思惟。时。即远离家刺。入山静处。树下思惟。日日出山。入村乞食。村人见已。加敬供养。众共称善。此人乃能舍离家累。入山求道。以其能离恶不善法。因是称曰为婆罗门。

婆罗门众中有不能行禅者。便出山林。游于人间。自言。我不能坐禅。因是名曰无禅婆罗门。经过下村。为不善法。施行毒法。因是相生。遂便名毒。由此因缘。世间有婆罗门种。彼众生中习种种业以自营生。因是故世间有居士种。彼众生中习诸技艺以自生活。因是世间有首陀罗种。世间先有此释种出已。然后有沙门种。刹利种中有人自思惟。世间恩爱污秽不净。何足贪着也。于是舍家。剃除须发。法服求道。我是沙门。我是沙门。婆罗门种．居士．首陀罗种众中有人自思惟。世间恩爱污秽不净。何足贪着。于是舍家。剃除须发。法服求道。我是沙门。我是沙门。

若刹利众中。有身行不善。口行不善。意行不善。行不善已。身坏命终。一向受苦。或婆罗门．居士．首陀罗。身行不善。口行不善。意行不善。彼行不善已。身坏命终。一向受苦。刹利种身行善。口行善。意念善。身坏命终。一向受乐。婆罗门．居士．首陀罗身行善。口行善。意等念善身坏命终。一向受乐。刹利种身中有二种行。口．意有二种行。彼身．意行二种已。身坏命终。受苦乐报。婆罗门．居士．首陀罗身二种行。口．意二种行。彼身．意行二种行已。身坏命终。受苦乐报。

刹利众中剃除须发。服三法衣。出家求道。彼修七觉意。彼以信坚固出家为道。修无上梵行。于现法中自身作证。我生死已尽。梵行已立。所作已办。更不受后有。婆罗门．居士．首陀罗剃除须发。服三法衣。出家求道。彼修七觉意。彼以信坚固出家为道。修无上梵行。于现法中作证。我生死已尽。梵行已立。更不受后有。此四种中。出明行成。得阿罗汉为最第一。是时。梵天说是偈言。

  刹利生为最　　能集诸种姓
  明行成具足　　天人中为最

  佛告诸比丘。彼梵天说此偈为善说。非不善说。善受。非不善受。我所印可。所以者何。我今如来．至真．等正觉亦说此偈。

  刹利生为最　　能集诸种姓
  明行成具足　　天人中为最

  尔时。诸比丘闻佛所说。欢喜奉行。

以此书献给全球佛经阅读者，佛教研究者，佛学爱好者，以及佛教信仰者。

www.ingramcontent.com/pod-product-compliance
Lightning Source LLC
Chambersburg PA
CBHW070132080526
44586CB00015B/1657